校企合作开发教材

管理会计理论与实务

主编 ◎ 张自巧/蒋占华

中国财经出版传媒集团
中国财政经济出版社

图书在版编目（CIP）数据

管理会计理论与实务 / 张自巧，蒋占华主编 . —北京：中国财政经济出版社，2019. 6
ISBN 978 - 7 - 5095 - 9001 - 0

Ⅰ. ①管…　Ⅱ. ①张…　②蒋…　Ⅲ. ①管理会计　Ⅳ. ①F234. 3

中国版本图书馆 CIP 数据核字（2019）第 093036 号

责任编辑：钱红叶等　　责任校对：张　凡
封面设计：智点创意　　版式设计：南博文化

中国财政经济出版社 出版
URL：http：//www. cfeph. cn
E - mail：cfeph @ cfemg. cn

社址：北京市海淀区阜成路甲 28 号　邮政编码：100142
营销中心电话：010 - 88191537
北京鑫海金澳胶印有限公司印装　各地新华书店经销
787 × 1092 毫米　16 开　18. 25 印张　437 000 字
2019 年 6 月第 1 版　2019 年 6 月北京第 1 次印刷
定价：50. 00 元
ISBN 978 - 7 - 5095 - 9001 - 0
（图书出现印装问题，本社负责调换）
本社质量投诉电话：010 - 88190744
打击盗版举报热线：010 - 88191661　QQ：2242791300

编委会

主　　　编： 张自巧　洛阳理工学院

蒋占华　中国盐业集团有限公司

编写组成员： 吕化周　洛阳理工学院会计学院

张治强　洛阳理工学院会计学院

蔡　洁　洛阳理工学院会计学院

李连清　机械科学研究总院集团有限公司

张　龙　中盐吉兰泰盐化集团有限公司

倪金瑞　中国中材国际工程股份有限公司

郝　峡　中节能建筑节能有限公司

薛　贵　国新资本有限公司

孙爱民　中材高新股份有限公司

胡　嘉　四川长虹电子控股集团

韩晓彤　中煤科工集团北京华宇工程有限公司

前　言

《管理会计理论与实务》是洛阳理工学院会计学院管理会计课程建设小组联合中国盐业集团有限公司、致同会计师事务所（特殊普通合伙）河南分所等单位富有经验的管理会计知名专家联合开发的校企合作教材。教材依据《中华人民共和国会计法》《财政部关于全面推进管理会计体系建设的指导意见》《管理会计基本指引》《管理会计应用指引》设置教材体系，以反映我国近年来管理会计研究的新成果、新发展和新变化。校企合作联合开发教材，不仅有利于管理会计工具方法在企业管理实践中落地，真正实现业财融合，而且有利于提升应用型大学人才培养质量，真正实现协同育人，满足新时代对管理会计人才培养的需求。

本教材主要特色如下：

1. 内容新，体系完整。教材吸纳和总结了最新的管理会计理论研究和实践应用成果，站在企业管理者的视角进行内容重构。教材共分十三章，前四章是管理会计的基础理论部分。主要讲述管理会计的形成和发展演进、主要基础理论及管理会计工具方法，为后续学习打下基础。第五章到第十一章是管理会计的核心部分，在充分考虑管理会计人才需求与岗位能力需求的基础上，分模块设置。主要包括战略与规划管理、预算管理、营运管理、投融资管理、成本管理、风险管理和绩效管理。学习掌握运用管理会计工具方法进行规划、预算、投融资决策、控制成本、规避风险和科学进行业绩评价的基本技能。第十二章管理会计报告和第十三章管理会计信息化是管理会计的新内容和新发展。学习掌握管理会计报告的格式及编制要点，培养管理会计信息系统建设的基本能力。

2. 体例新，突出应用。教材由校企合作开发，严格按照中国特色管理会计体系建设指导意见的要求设计教学大纲，结合实务中管理会计岗位需求，设置教材章节，并在每一章后附有企业真实应用案例，将管理会计的理论和方法进一步具体化，方便学生理解并能够将理论联系实际加以应月，培养学生的应用能力。

3. 案例新，推广借鉴。教材所附案例多是收录到财政部管理会计案例库中的案例，或是企业在管理会计工具方法应用实践中的真实成功案例。我们将案例纳入教材进行分享，使得管理会计理论和方法更加充实、案例总结更加丰富，内容编排更“接地气”。本教材既可以作为经济管理类管理会计教材使用，也可以作为企业管理工作者管理会计的工具书。

本教材适合会计学、财务管理及相关专业的本科生、专科生作为教材学习，也可以作为实务工作者的培训教材，对科研教研、项目建设、教材开发、社会培训有着十分重要的意义，应用前景广阔。

本教材由张自巧、蒋占华主编。具体分工如下：第一章由蒋占华、李连清、薛贵、韩晓彤、胡嘉、张龙编写，第三章由吕化周、郝峡、胡嘉、倪金瑞编写，第二章、第四章、第五章、第六章、第十章由张自巧编写，第七章、第九章由蔡洁编写；第八章由张自巧、孙爱民、韩晓彤、郝峡编写；第十一章由张治强编写，第十二章由郝峡、孙爱民、倪金瑞、张龙、李连清、薛贵编写，第十三章由胡嘉、薛贵、郝峡、张龙、孙爱民、韩晓彤、李连清编写。最后由张自巧、蒋占华定稿并总纂。

蒋占华指导的 2018 级会计专业在读研究生：财政部科学研究院仝岩、李瑾、盛小雄，中央财经大学刘家祺、王蕴之，中国矿业大学（北京）蒋凯萍、吕榕榕、银以卫；中盐集团陈翔参与了部分章节编写和审校工作。

本教材编写过程中，参阅了大量国内外资料，吸收并引用了许多学者的研究成果，在此一并表示衷心的感谢。

张自巧　蒋占华

目　录

第一章

总　论

【教学目标】通过对管理会计形成与发展的回顾，了解不同环境影响下管理会计体系的设计思想及主要特征；理解管理会计的概念、职能与目标；掌握管理会计与财务会计、财务管理的区别与联系。

【引导案例】A公司是一家纸制品生产公司，主要生产各种复印纸、包装纸等。每一类纸张又有许多规格，如复印纸分为A4、B5等，包装纸又可区分为普通包装纸和专用包装纸等。以前由于竞争不激烈，公司的成本会计系统只按大类计算成本，业绩报告分别反映复印纸和包装纸的业绩。2018年，当地又开设了一家新的包装纸生产公司，生产A公司所生产的包装纸中的普通纸系列产品。由于其报价低于A公司，所以A公司的一些普通包装纸业务开始流失。面对这种情况，A公司的领导层要求会计人员立即提供详细的业绩分析报告。会计人员经过一番努力，调整了包装纸的成本计算体系，终于拿出了反映各种规格包装纸利润率的业绩报告。原来的业绩报告表明，包装纸的平均利润率达到了40%。重新分析后却发现，普通包装纸的利润率为50%，而专用包装纸几乎不赚钱。于是A公司决定将包装纸生产部门划分为普通包装纸和专用包装纸两个责任中心。对于普通包装纸采取了降价措施，并要求管理会计人员密切关注竞争对手的业绩信息，每周提供一次报告，以便及时根据该公司的财务业绩、定价策略和市场渗透情况做出反馈。而对于专业包装纸，则要求管理会计人员提供相应的建议，以便帮助监督和控制其成本，以提高专业包装纸的利润率。会计人员明显感到在新的竞争环境下，自身的责任更重了，迫切需要掌握新的管理会计技能来适应管理者的新要求。

第一节　管理会计的发展历程

一、管理会计的产生与发展

会计从产生时就作为一种管理活动而存在。随着科技的进步和社会经济的发展，管理会计（Management Accounting）从会计系统中分化出来，逐步形成并发展壮大，现已成为一门与财务会计并列共生且相对独立的新兴学科，拥有比较完整的理论和方法体系。其主要经历了如下四个发展阶段。

（一）萌芽期（19 世纪初—20 世纪 30 年代）

管理会计的起源可以追溯到受产业革命影响而产生的层级组织，如创立于 19 世纪初期的美国纺织工厂和钢铁公司。层级式组织使经营和交易活动内部化，从而使内部产品缺乏相应的“市场价格”，由此提出了既能满足衡量劳动效率，又能评价管理者业绩的管理会计信息需求。当时的管理会计重视加工成本，提供诸如每道加工工序及每名劳工的每小时成本以及衡量加工工序效率的标准。同时，利用管理会计信息激励员工实现生产率目标。

19 世纪中期，铁路和电信行业引发了行业组织创新，成为最早出现现代大型企业的领域。现代企业的特点是将许多单位置于其控制之下，这些单位位于不同地点、进行不同类型的经济活动、处理不同类型的产品和服务，由此也对管理会计信息提出了新的要求：只有有效的管理会计系统，才能有效率地协调运输、加工及配销等活动，并且评价各地区分部经理人的业绩。当时各产业中都有相应的管理会计创新，例如，铁路业为监督多样且分散的营业活动，创造了控制现金收支的新程序以及汇总其内部营运与业绩的考核指标。

20 世纪初期，集权功能模式企业体制（“U”形组织结构）开始出现，为管理会计系统的创新提供了机会。其中，影响最深远的管理会计创新是投资报酬率指标，为企业整体及各部门业绩评价、管理当局进行资产分配提供了依据。

20 世纪 20 年代，分权式企业组织结构——事业部制（“M”形组织结构）开始出现。事业部制的目的，在于克服以杜邦公司为代表的集权功能式企业体制存在的两大弱点。以通用公司为代表的事业部制公司，进一步发展管理会计的技术和方法，使之更好地适应事业部制公司管理的要求。

（二）形成期（20 世纪 40—50 年代）

在第二次世界大战结束后，各国纷纷致力于发展经济。随着科学技术的发展，社会生产力迅速提高，跨国公司不断涌现，企业经营管理的环境日益复杂化。企业管理当局开始认识到，要在激烈的市场竞争中立于不败之地，必须依托技术创新、方法创新和制度创新，加强对企业各项生产经营活动的事前规划与事中控制。于是，大量企业开始把职能管理、行为科学、数量管理等理论和方法应用到管理实践中，而更为显著的变化是把现代计算机技术应用于日常的控制和决策。从此，企业步入了现代管理的崭新阶段。

管理会计的发展与演进是与企业管理中出现的新问题密切相关的，推动管理会计从原始萌芽状态迅速发展到相对成熟阶段的重要动力是以西蒙为代表的管理科学理论的发展。人们日益发现，以泰罗制为核心的科学管理理论存在着重大缺陷：即只注重提高生产效率而忽视目标决策，强调物而忽视人的主观作用，这些缺陷在新的环境下必然要为管理科学理论所取代。

现代管理科学的发展及其在企业管理中的成功应用，为管理会计奠定了理论和方法基础：一方面，早期管理会计的技术方法得到了进一步的发展，标准成本系统发展为以目标管理为前提的标准成本制度，利润坐标图发展为更科学、更实用的本量利分析技术。另一方面，管理科学理论进一步拓展了会计的管理职能，即从解释过去转为控制现在和筹划未来，并借助运筹学中的有关理论和技术，建立了经营决策会计和投资决策会计的方法体系，借助职能管理和行为科学理论，建立了责任会计的方法体系。

至此，一个以强化内部管理、提高经济效益为目的的管理会计体系终于形成。1952 年在伦敦举行的国际会计师联合会代表大会上，通过了“管理会计”这一专门术语，会计也因此被细分为财务会计和管理会计两大领域。

（三）发展期（20 世纪 60—80 年代初）

作为一门新生科学，管理会计学通过不断吸收现代管理科学，特别是系统论、控制论、信息论、决策论和代理理论等研究成果，使管理会计理论和方法体系日臻完善。20 世纪 70 年代，管理会计的专门方法和技术不仅被制造业广泛采用，而且被推广到了包括服务业和非营利组织在内的各种经济组织中。事实证明，管理会计不仅是实现管理现代化的重要手段，且发展成为现代管理科学的重要组成部分。

为了适应管理会计的迅速发展，1972 年，美国会计师联合会（National Association of Accountants，简称 NAA）成立了独立的“管理会计师协会”（the Institute of Management Accountants，简称 IMA）。该协会的管理会计实务委员会已陆续发布了一系列管理会计实务报告。同年，英国也成立了“成本与管理会计师协会”（the Institute of Cost and Management Accountants，简称 ICMA）。它们分别出版了各自的专业性刊物《管理会计》月刊，且都在全球范围内发行，影响颇广。与此同时，美英等国先后举行了执业管理会计师资格考试，从此在西方国家开始了管理会计职业化的转变。1972 年，美国管理会计协会主持举行了第一次执业管理会计师（Certificate of Management Accounting，简称 CMA）资格考试，至此，在西方国家，除了注册会计师（Certified Public Accountant，简称 CPA）之外，又出现了专门的执业管理会计师。1980 年 4 月，国际会计师联合会在巴黎举行了第一次欧洲会议，其主题是讨论如何应用和推广管理会计。会议达成的共识为：管理会计具有强大的生命力，任何企业欲在复杂多变的环境中生存并发展，应用和推广管理会计是应予考虑的一个战略性问题。

（四）壮大期（20 世纪 80 年代中期至今）

20 世纪 80 年代中期以来，社会经济环境发生了巨大的变化，其总体特征表现为：第一，生产顾客化。消费者需求向多样化、个性化发展，社会需求的这种变化，反映到生产组织上来，就是能对客户多样化、个性化需求迅速作出反应的“顾客化生产”，这不可避免地替代传统的大批量生产，以确保在最短的时间内生产出能满足顾客多样化需求的新产品。第二，竞争的国际化。随着经济的发展、新技术革命的推动，现在的竞争已远远超出原有的国界而日趋国际化。不仅原材料、资金、产品等生产要素在国际流动，而且人力资源这一竞争的关键要素也日趋具有全球流动的特征。第三，变化常态化。随着经济的发展、科技的进步和竞争的加剧，变化已经成为常态。无论是市场的增长、顾客的需求、产品生命周期、技术更新速度，还是竞争的性质，没有一个是不变的，而且往往难以预料。例如，电脑数控机床和机器人、电脑辅助设计、电脑辅助生产以及弹性制造系统等高科技成果在生产中的广泛应用，使企业生产组织和生产管理显示出许多革命性的变革，适时生产系统、全面质量管理等新概念、新理论和新方法相继形成，对作为管理重要工具的会计提出了新的挑战。人们开始研究生产技术、生产组织的重大变革对管理会计的影响，作业成本计算法、作业管理、质量成本计算与管理、人力资源管理会计等新的研究领域开始得到人们的重视和研究。

二、我国管理会计的发展历程

管理会计的理论和方法是在改革开放初期开始引进到中国的。经过 30 多年的引进、消化和吸收，管理会计对改善我国企业管理水平发挥了重要的作用，但管理会计的中国化仍然任重道远。迄今为止，我国管理会计的发展历程大致经历了以下四个阶段。

（一）宣传介绍阶段

这段时期持续 3—5 年。在这个阶段，我国会计理论工作者积极从事外文管理会计教材的翻译工作。1979 年由机械工业部组织翻译出版了第一部《管理会计》；国家有关部门委托国内著名专家、教授编写的分别用于各种类型财经院校教学使用的两本《管理会计》教材于 1982 年前后与读者见面；而后又出版了大量有关管理会计的普及性读物；财政部、国家教育委员会先后在厦门大学、上海财经大学和大连理工大学等院校举办了全国性的管理会计师资格培训班和有关讲座，聘请外国学者来主讲管理会计课程。

（二）吸收消化阶段

大约从 1983 年起，我国会计学界多次掀起学习管理会计、应用管理会计、建立具有中国特色的管理会计体系的热潮。在全国范围内，许多会计实务工作者积极参与“洋为中用，吸收消化管理会计知识”的活动，有些单位成功地运用管理会计的方法，解决了一些实际问题。但是由于当时我国经济体制改革的许多措施尚未实施，尤其是我国财务会计管理体制改革仍旧沿用计划经济模式的方法，管理会计中国化的问题实际上难以取得重大突破，甚至出现了怀疑管理会计能否在中国行得通的思潮，管理会计的发展出现了减速。

（三）改革创新阶段

1993 年我国财务会计管理体制转轨转型，会计界开始走向与国际惯例接轨的正确道路，为管理会计在中国的发展创造了新的契机。迅速掌握能够适应市场经济发展需要的经济管理知识，借鉴发达国家管理会计的成功经验来指导新形势下的会计工作，不仅是广大会计工作者的迫切要求，而且已转变成他们的自觉行动。社会主义市场经济的大环境、现代企业制度的建立健全以及新的宏观会计管理机制，为管理会计开辟了前所未有的用武之地。在这个阶段，已有许多有识之士不再满足于照搬照抄国外书本上现成的结论，而是从我国实际出发，通过开展调查研究管理会计在我国企业应用的案例等方式，积极探索一条行之有效的中国式管理会计之路，以便切实加强企业内部管理机制、提高经济效益。从此，我国进入了管理会计改革创新和良性循环这一新的发展阶段。

（四）体系成型阶段

自从中国总会计师协会的主管部门由中国科协重新归为财政部，管理会计开始改变在我国会计发展中的短板角色。2014 年，财政部下发《关于全面推进管理会计体系建设的指导意见（征求意见稿）》，政策力度史无前例，并将运用管理会计理论与方法的单位，由企业延伸到行政事业单位。2016 年，《管理会计基本指引》《会计改革与创新“十三五”规划纲要》《管理会计应用指引征求意见稿》相继出台，管理会计已上升至国家战略层面，管理会计至此迎来新的时代拐点，标志着我国管理会计体系建设迈出了重要一步。2016 年 12 月 22 日，财政部在其官网发布了《管理会计应用指引第 100 号——战略管理》等 22 项管理会计应用指引征求意见稿，根据 2016 年 6 月发布的《管理会计基本指引》，管理会计指引体系包括基本指引、应用指引和案例库。此次应用指引征求意见稿的发布，可以说我国在迈向管理会计大国的建设上又迈出了坚实的一步。在现阶段，区块链、互联网等新思潮在起步阶段，某些观点上，财会学术界在思想碰撞，学者们正在结合中国实际进一步对管理会计理论与方法做更深层次的研究。中国管理会计体系涉及的是有关管理会计理论体系建设、管理会计制度规范建设、管理会计师人才队伍建设、管理会计信息化建设以及管理会计实践等一系列管理会计工作，是中国特色的管理会计理论与方法体系的建设。

第二节　管理会计的概念、职能与目标

一、管理会计的概念

（一）管理会计的定义

管理会计是会计的重要分支，主要服务于单位（包括企业和行政事业单位）内部管理的需要，是通过利用相关信息，有机融合财务与业务活动，在单位规划、决策、控制和评价等方面发挥重要作用的管理活动（财政部，2014）。

管理会计是什么？这是管理会计要把握的本质问题，是研究管理会计边界关键的问题。

早在 20 世纪 50 年代，美国会计学会（American Accounting Association，简称 AAA）管理会计委员会（1958）对管理会计进行了这样的定义，“管理会计是运用适当的技术和概念来处理某个主体历史和预期的经济数据，帮助管理当局制定计划，作出合理的决策，从而实现合理的经济目标。”适当的技术和概念其实就是管理会计所利用的会计确认、计量程序。1988 年，国际会计师联合会（International Federation of Accountants，简称 IFAC）财务与管理会计委员会对管理会计的定义：“管理会计是向管理当局提供用于企业内部计划、评价、控制以及确保企业资源合理使用、经管责任履行所需的（财务和经营的）信息进行确认、计量、归集、分析、编报、解释和传递的过程。”此定义指出了管理会计的会计方法属性，但没有明确管理会计确认、计量的对象。

管理会计的管理本质属性也暗含着管理会计与财务会计的重要区别，即服务对象的不同及所提供信息层次的区别。英国成本与管理会计师协会（1982）把管理会计的范围扩大到了除审计以外的会计的各个组成部分，认为除了外部审计以外的所有会计分支（包括簿计系统、资金筹措、编制财务计划和预算、实施财务控制、财务会计与成本会计等）均属于管理会计的范畴。这种解读一定程度上忽视了管理会计与财务会计的区别，没有深入把握管理会计管理本质属性与会计方法属性。

总之，本书对管理会计本质的认识包括：（1）管理会计的会计方法属性，即以会计确认、计量、记录、报告、评价最基本的方法为企业管理提供决策有用信息，从而形成了一个支持企业管理的信息系统。（2）管理会计的管理本质属性，即管理会计的信息提供始终围

绕着管理的需要，每一种管理理论的提出都是管理会计发展的指南针，管理会计正在不断完善中推进管理理论及其应用的成熟。(3) 管理会计有所作为的对象包括战略、战术和作业等多层次管理活动，在提供相应层次信息基础上传递决策有用信息，进而参与管理，辅助决策，实现组织目标。(4) 管理会计处理的数据包括财务和非财务数据，输出的信息也是多样的，而不仅仅局限于财务信息。

（二）管理会计的基本内容

管理会计基本内容，主要包括规划与决策会计（Planning & Decision Accounting）和控制与业绩评价会计（Control & Performance Evolution Accounting）两大部分。管理会计信息系统的基本内容见图 1－1。

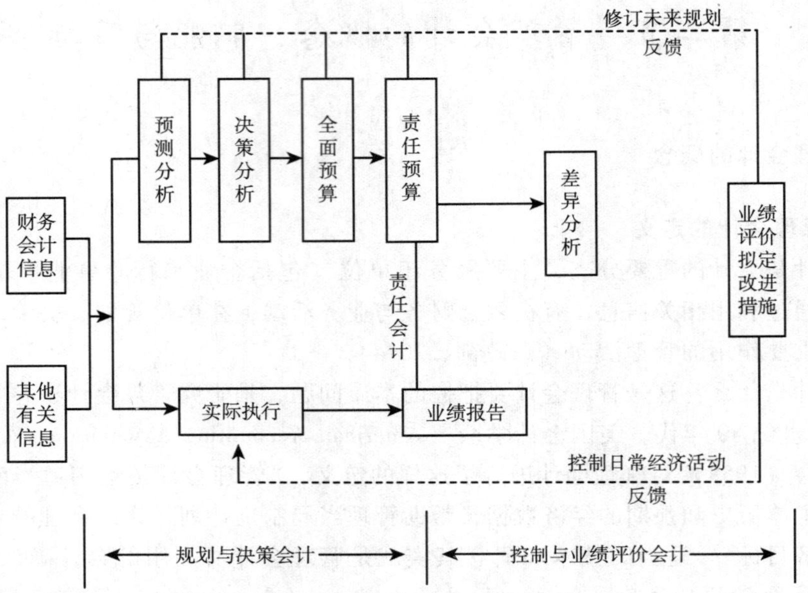

图 1－1　管理会计信息系统的基本内容

1. 规划与决策

规划就是事先选定目标，并拟定出具体方法以达到目标的过程。决策就是在经营过程中通过分析比较，对确定未来是否要采取某项行动，或在几种可行性方案中进行抉择的过程。规划与决策会计是为企业管理中的预测前景和规划未来服务的。首先，利用财务会计信息与其他有关信息，对利润、成本、销售及资金等专门问题进行科学的预测分析和决策分析；然后在这个基础上，把通过决策程序所确定的目标用数量形式加以汇总、协调，编成企业的全面预算（即企业整体计划的数量说明）；再按照责任制的要求加以分解，形成各个责任中心的责任预算，用来规划和把握未来的经济活动。规划与决策会计可保证企业的各项资源能得到最经济、最合理、最有效的利用，以便获得最大的经济效益。

2. 控制与业绩评价

控制是通过一定手段对实际活动施加影响，使之能按预定的目标或计划进行的过程，如发现问题，应修改目标或采取应对措施来完成既定目标；业绩评价是根据责任会计的要求，通过预算与实际的对比来分析差异形成的原因并确定经济责任，以便对各个责任中心的实绩和成果进行恰当评价的过程。控制与业绩评价会计是为企业管理中分析过程和控制活动所服务的。首先，利用标准成本制度结合变动成本法，对日常发生的经济活动进行追踪、收集和计算；然后根据责任会计的要求把实际发生数与预算数进行对比和分析，并编制日常业绩报告来评价和考核各个责任中心的实际成果，确定他们的经济责任和应受的奖惩。同时，把经营过程中发现的重要问题立即反馈给有关部门，迅速采取有效措施，及时加以解决。

二、管理会计的职能

管理会计的基本职能可以概括为以下几个方面：

（一）预测经营前景

管理会计按照企业未来的战略规划、经营方针与经营总目标，充分考虑经济条件的约束与经济规律的作用，选择科学合理的量化模型，有计划、有目的地预计和推测企业未来的销售、成本、利润以及资金的变动趋势与发展水平，为企业经营决策提供有用可靠的信息。

（二）参与经营决策

决策是根据经营预测所获得的信息，在充分考虑若干可能情况的前提下，按照客观经济规律并通过特定程序对未来实践应用的方向、目标、原则与方法等作出科学合理的判断，并通过比较分析权衡在若干方案中选择最优方案的过程。从管理会计的管理属性来看，管理会计是全局性的大账思维，是基于企业经营的理财活动、实践的方向和空间，着力解决企业发展的结构和效率与效益问题。其主要包括：产业结构、产能结构、成本结构、业务组织结构等如何做资源配置的分析决策；效率方面重点解决企业经营活动中，资源流动变慢或流动中断的问题。在企业整个决策过程中，决策是由企业最高管理者作出，而并非是管理会计，管理会计在整个企业经营决策过程中，发挥的是决策分析或咨询服务的职责。例如，管理会计的短期经营决策分析以及长期投资决策分析等，都是管理会计执行决策分析职能的具体体现。

（三）规划经营目标

计划是在根据企业历史数据的分析和对企业未来经营活动预测的基础上，对企业未来经营活动所作出的相应安排与策划。规划则是在预测数据等资料的基础上进行的更高层次的分析和判断，具有筹划的功能。管理会计的规划职能是通过编制各种计划和预算来实现，它要求在最终决策方案的基础上，将事先确定的有关经营目标分解到各个有关预算中去，从而合理有效地运用、分配企业资源，并为控制与绩效考核创造条件。例如，管理会计的本量利分析及全面预算管理等工具与内容，就是管理会计规划职能在应用中的体现。

（四）控制经营过程

控制是指通过指导、调整和干预经营活动，以促使企业经营活动按原定计划进行，从而达到企业预期的经营目标。通常，计划在一开始付诸实施的时候，控制也就随之开始，所以企业经营计划执行的过程，也是企业经营管理控制的过程。管理会计这一职能的发挥要求将企业事前规划与企业事中控制有机结合，即事前确定各项经营指标，根据执行过程中实际与计划发生的偏差进行原因分析，以便及时采取措施进行调整并改进管理，确保经营活动按计划运行。例如，管理会计全面预算管理、目标成本管理、责任会计等，都可以认为是管理会计控制职能的体现。管理会计控制经营过程的载体是业财融合的管理组织和流程，业务与财务融合，从业务前端发力，贯穿流程全过程发挥职能作用。

（五）考核评价经营业绩

考核评价经营业绩就是将实际经营业绩与企业预算进行分析与比较，对企业各职能部门或人员的工作做出客观公正的绩效考评。考核的目的并不在于奖惩多少，而在于激励士气。管理会计考核评价企业经营业绩的职能，是通过建立相关责任会计制度来实现的，即在各部门各单位及人员均明确各自责任的前提下，逐级考核责任指标的执行情况，找出优势和不足，从而为奖惩制度的实施和未来工作绩效的改进提供必要的客观数据依据。例如，管理会计的全面预算管理、标准成本、责任会计等工具都可以认为是管理会计考核评价职能的体现。

三、管理会计的目标

管理会计的目标是通过运用管理会计工具方法，参与单位规划、决策、控制、评价活动，并为之提供有用信息，推动单位实施战略规划。具体包括以下目标：

1. 为企业管理者制定决策和计划提供信息，并作为管理队伍的成员参与制定决策和计划过程。目前，管理会计分析在企业管理中的重要性日趋突出，管理会计不再只是被动的信息提供者，而是在制定决策和管理企业的业务活动中成为具有战略性地位的成员。

2. 协助管理者指导和控制经营活动。对企业日常经营活动的指导和控制，需要各种反映日常经营活动执行情况的资料。管理会计提供的信息能够反映经营过程中存在的问题，通过管理者“引导注意力”功能来协助管理，以便采取措施解决问题。

3. 激励管理者和其他员工为实现企业的目标而努力。管理会计的一个重要目标就是激励管理者和其他员工努力完成企业的目标，调动他们的工作积极性，采取措施，以改善经营、降低成本、提高产品质量、提高经济效益。

4. 计量和评价企业的业务活动和部门、管理者及其他员工的业绩。通过计量和评价企业的业务活动、部门、管理者和其他员工的业绩，作为表扬、升职、加薪等绩效奖励的基础，可以激励人们努力工作，从而有利于实现企业目标。

5. 评价企业的竞争位置，并与其他员工一同努力，保证企业在行业中的长期竞争力。管理会计的一项重要工作就是要不断评价本企业在竞争中所处的位置，如何在竞争中获胜，并在同行业中保持长久的竞争力。

四、财政部管理会计指引体系

2014 年 10 月 27 日，财政部以财会〔2014〕27 号印发《关于全面推进管理会计体系建设的指导意见》，分为：全面推进管理会计体系建设的重要性和紧迫性，指导思想、基本原则和主要目标、主要任务和措施，工作要求四部分。主要任务和措施是：推进管理会计理论体系建设，推进管理会计指引体系建设，推进管理会计人才队伍建设，推进面向管理会计的信息系统建设。

2016 年 6 月 22 日，财政部发布了《管理会计基本指引》，标志着我国管理会计体系建设取得新的重大突破。在深入研究和吸收各方意见的基础上，在《管理会计基本指引》中形成了涵盖目标、原则、要素等的基本框架，并以要素为主线铺陈章节。首章为总则，包括《管理会计基本指引》的制定依据、适用范围、管理会计目标、原则、要素等内容；第二章至第五章分别对总则中提出的应用环境、管理会计活动、工具方法、信息与报告这 4 个管理会计要素进行了展开；第六章为附则，包括《管理会计基本指引》的解释权限和施行日期等内容。

2017 年 9 月，财政部发布《管理会计应用指引第 100 号——战略管理》等 22 项应用指引；2018 年 8 月 17 日，财政部印发《管理会计应用指引第 202 号——零基预算》等 7 项应用指引征求意见稿；2018 年 12 月 27 日，财政部印发了《管理会计应用指引第 204 号——作业预算》等 5 项管理会计应用指引。至此，我国已经形成了战略管理、预算管理、成本管理、营运管理、投融资管理、绩效管理、风险管理和其他领域共 8 大领域管理会计应用指引。管理会计应用指引体系见表 1－1：

表 1－1 管理会计应用指引体系

应用领域	管理会计应用指引
战略管理	管理会计应用指引第 100 号——战略管理
	管理会计应用指引第 101 号——战略地图
预算管理	管理会计应用指引第 200 号——预算管理
	管理会计应用指引第 201 号——滚动预算
	管理会计应用指引第 202 号——零基预算
	管理会计应用指引第 203 号——弹性预算
	管理会计应用指引第 204 号——作业预算
成本管理	管理会计应用指引第 300 号——成本管理
	管理会计应用指引第 301 号——目标成本法
	管理会计应用指引第 302 号——标准成本法
	管理会计应用指引第 303 号——变动成本法
	管理会计应用指引第 304 号——作业成本法

续表

应用领域	管理会计应用指引
营运管理	管理会计应用指引第 400 号——营运管理 管理会计应用指引第 401 号——本量利分析 管理会计应用指引第 402 号——敏感性分析 管理会计应用指引第 403 号——边际分析 管理会计应用指引第 404 号——内部转移定价 管理会计应用指引第 405 号——多维度盈利能力分析
投融资管理	管理会计应用指引第 500 号——投融资管理 管理会计应用指引第 501 号——贴现现金流法 管理会计应用指引第 502 号——项目管理 管理会计应用指引第 503 号——情景分析 管理会计应用指引第 504 号——约束资源优化
绩效管理	管理会计应用指引第 600 号——绩效管理 管理会计应用指引第 601 号——关键业绩指标法 管理会计应用指引第 602 号——经济增加值法 管理会计应用指引第 603 号——平衡计分卡 管理会计应用指引第 604 号——绩效棱柱模型
风险管理	管理会计应用指引第 700 号——风险管理 管理会计应用指引第 701 号——风险矩阵 管理会计应用指引第 702 号——风险清单
其他	管理会计应用指引第 801 号——企业管理会计报告 管理会计应用指引第 802 号——管理会计信息系统 管理会计应用指引第 803 号——行政事业单位

第三节　管理会计与相关学科的关系

一、管理会计与财务会计

传统的财务会计与新兴的管理会计同属于现代企业会计信息系统，两者之间既存在密切联系，又存在显著区别，了解两者之间的关系对于深入理解管理会计的内涵至关重要。

（一）管理会计与财务会计的区别

1. 信息服务对象的侧重点不同。管理会计的信息服务对象主要是企业内部管理当局、各职能部门、职工及董事会，其目的是为了帮助企业内部管理人员更好地作出预测决策、制定规划预算、实施控制考核，从而提高企业的内部管理水平和经济效益。

财务会计的信息服务对象主要是企业外部利益相关者，如投资者、债权人、税务机关、监督机构以及政府部门等，企业外部利益相关者不直接参与经营管理，而是通过阅读和研究财务报告，评估企业内部管理人员的经营业绩，并作出是否参与或继续参与企业活动的决策。

2. 信息作用时效不同。管理会计横跨过去、现在和未来三个时态，并以面向未来为主导。即管理会计以过去已经发生并生成的财务或非财务信息为基础，进行预测决策、规划控制以及责任考核。

财务会计主要在于反映过去，即对企业过去已经发生的经济活动或事项进行事后的核算和监督，以反映企业过去的财务状况、经营成果和现金流量。

3. 会计核算主体不同。管理会计以企业内部责任单位为会计主体，它既可以是整个企业，也可以将企业划分为若干责任中心。

财务会计以整个企业作为会计主体，进行统一的会计核算和监督，提供反映企业整体情况的财务会计信息，它关注的是企业的整体经济利益。

4. 信息约束标准不同。管理会计主要是对内服务的，不存在统一的标准或固定的规范和依据，也不受企业会计准则和企业会计制度的约束。

财务会计主要是对外服务的，提供的信息是一种社会化的公共产品，因此，财务会计受到统一的标准约束。

5. 信息精确程度不同。管理会计虽然以过去实际发生的财务或非财务信息为基础进行加工，但它是面向未来的，由于未来经济活动具有不确定性，在信息的处理、计算和分析过程中都需要涉及主观判断，因此，管理会计提供的信息一般只能相对精确。

财务会计以过去实际发生的交易或事项为依据进行确认、计量、记录和报告，需要遵循客观、公正的原则，因此，财务会计对其所提供信息精确程度要求很高。

6. 报告编制时间不同。管理会计可以根据具体的需要编制各种各样的报表，报表的编制时间也不受固定期间的限制。此外，可以编制过去期间的报表，也可以编制未来某一期间的报表。

财务会计必须按规定的时间来编制财务报表，分为年、半年、季度和月份，以反映企业在特定时点的财务状况以及特定期间的经营成果和现金流量。

7. 信息属性和信息载体不同。管理会计主要是向企业内部管理人员提供满足其管理决策的特定信息，既包括定量信息，也包括定性信息。管理会计的信息载体为没有统一格式和固定报告日期的报表或报告。

财务会计主要是向企业外部利益相关者提供以货币为计量单位的信息。企业会计准则规定，会计确认、计量、记录和报告应当选择货币作为计量单位。财务会计的信息载体为具有统一格式和固定报告日期的财务报表。

8. 会计核算程序不同。管理会计核算程序不固定，也没有强制性，企业可以根据自己的实际情况自行设计管理会计核算程序。

财务会计有固定的会计核算程序，带有强制性。即从凭证生成到登记入账，直至出具财务报告，财务会计都必须按照既定的程序进行。

9. 会计核算方法不同。管理会计可采用多种核算方法，提出不同的选择方案，核算时需运用大量的现代数学知识。

财务会计在核算时往往只需采用简单的算术方法。

10. 体系完善程度不同。管理会计目前还缺乏规范性和统一性，正处于不断发展和完善的阶段。

财务会计具有相对成熟和稳定的体系，虽然随着经济的快速发展，为了应对新形势新问题，财务会计工作也在不断地发生着变革，但财务会计体系已形成了通用的会计规范和统一的会计模式。

（二）管理会计与财务会计的联系

1. 最终目标相同。管理会计与财务会计都是以企业生产经营活动为对象，以提高企业的经济效益、实现企业价值最大化为最终目标。两者是从内外两个不同的角度发挥着各自的经济职能，共同为企业的经济发展服务。财务会计在为企业外部利益相关者提供财务报告的同时，也为企业内部管理人员进行管理和决策提供了准确可靠的信息，这将有助于强化内部管理，达到提高企业经济效益的目标。管理会计则直接参与企业的管理决策，以帮助企业改善经营管理和提高经济效益。因此，管理会计与财务会计的最终奋斗目标是一致的。

2. 相互分享部分信息。管理会计与财务会计能够相互分享部分信息。管理会计所需要的最重要、最基本的资料都来源于财务会计，通过对财务会计所提供的信息进行深加工和再利用，以便更好地为企业内部管理服务。同时，部分管理会计信息有时也可以作为财务会计信息对外公开发布，如现金流量表最初只是管理会计进行长期投资决策时使用的一种内部报表，后来陆续被一些国家列为财务报告的必要内容。

3. 财务会计的改革将推动管理会计的发展。目前，我国正在开展一系列会计改革，如企业会计审计准则与国际趋同等，这些改革不仅有助于提升我国会计工作的质量和促进会计的发展，而且更重要的是能改变我国财务人员过去那种只重历史、单纯做账的职业观念和工作方式，使他们能够从管理的角度，以面向未来的方式审视企业会计环境，思考如何适应社会主义市场经济条件下企业经营管理的新环境，从而为开创管理会计工作的新局面创造条件。

二、管理会计与财务管理

研究者对管理会计与财务管理的广泛研究，使各学科外延进一步扩大，导致学科间界限越来越模糊。目前，管理会计与财务管理同样存在着内容交叉重复的现象。比如，财务管理课程中的长期投资决策分析、存货管理、销售预测、资金需求量预测、本量利分析及全面预算等。从两者关系来看，既有一定联系，又有本质的区别。

从两者的联系来看，管理会计与财务管理最终的目的都是为企业加强管理提供服务，都是以企业再生产过程中的资金运动为研究对象，两者均可以采用定量分析与定性分析相结合的方法体系。管理会计与财务管理有时甚至采用相同的分析方法，如趋势分析法、因素分析法、平衡计分卡等。

从两者不同点来看，首先，管理会计与财务管理属于不同的独立学科。管理会计仍然属于现代会计学科，而财务管理属于财务学科。其次，两者研究的内容不同。管理会计主要以现代企业经营活动及其价值实现为对象，通过对财务等信息的深加工和再利用，为企业进行决策提供参考。财务管理则研究企业如何在激烈的竞争中进行科学的筹资、投资决策，如何合理利用财务杠杆，来降低资本成本、提高经济效益，以及如何正确估量和尽量减少财务风险等。最后，两者的职能不同。管理会计的主要职能在于提供信息，管理会计人员是企业内部生产经营活动的参谋者，而不是决策者；财务管理人员则具有决策权。

复 习 题

一、单项选择题

1. 下列各项中，作为与传统的财务会计相对立概念而存在的是（ ）。
A. 现代会计 B. 企业会计
C. 管理会计 D. 成本会计学
2. 下列说法正确的是（ ）。
A. 管理会计是经营管理型会计，财务会计是报账型会计
B. 财务会计是经营管理型会计，管理会计是报账型会计
C. 管理会计是对外报告会计
D. 财务会计是对内报告会计
3. 从服务对象上看，现代管理会计侧重服务于（ ）。
A. 企业的投资人 B. 企业的债权人
C. 企业内部各级经营管理者 D. 以上都是
4. 在现代企业会计系统中，管理会计又可称为（ ）。
A. 报账型会计 B. 内部会计
C. 外部会计 D. 责任会计
5. 管理会计与财务会计的关系是（ ）。
A. 最终目标相同、共享部分信息 B. 最终目标相同、共享全部信息
C. 最终目标不同、共享部分信息 D. 最终目标不同、共享全部信息

二、多项选择题

1. 下列各项中，属于管理会计职能的有（ ）。
A. 预测经营前景 B. 参与经营决策
C. 规划经营目标 D. 控制经营过程
2. 下列各项中，属于管理会计基本内容的有（ ）。
A. 预测与决策会计 B. 控制与业绩评价会计
C. 非营利组织会计 D. 财务会计
3. 管理会计与财务会计之间有许多不同之处，如（ ）。
A. 信息服务对象的侧重不同 B. 信息作用时效不同
C. 会计核算主体不同 D. 信息约束标准不同
4. 在确定管理会计的目标时，需要考虑以下哪些因素（ ）。
A. 社会需要 B. 个人价值
C. 个人需要 D. 实现的可能

5. 以下说法正确的有（ ）。

A. 我国管理会计的发展历程大致经历了四个阶段

B. 管理会计又被称为“外部会计”

C. 管理会计的产生与发展主要经历了三个阶段

D. 管理会计与财务管理之间没有任何关系

三、判断题

1. 管理会计在整个企业经营决策过程中，发挥的是决策分析或咨询服务的职责。（ ）

2. 管理会计是隶属于财务会计的一个分支。（ ）

3. 管理会计是运用适当的技术和概念来处理某个主体历史和预期的经济数据，帮助管理当局制定计划，作出合理的决策，从而实现合理的经济目标。（ ）

4. 管理会计的职能不包括控制经营过程职能。（ ）

5. 管理会计主要是通过传统的记账、算账，并定期编制报表的专门方法，提供企业一定日期的财务状况，以及一定期间的经营成果和资金流动情况的一整套信息处理系统。（ ）

四、简答题

1. 简述我国管理会计的发展进程。

2. 简述管理会计的基本职能。

第二章

主要基础理论及工具方法

【学习目标】 本章主要讲授管理会计的主要基础理论及管理会计工具方法。通过本章的学习，需要掌握科学管理理论、组织行为学、权变理论、信息经济学、代理理论、竞争战略理论以及闭环管理理论等对管理会计理论和实践研究的影响；成本习性的概念以及成本按性态分析的意义；各种管理会计工具方法的概念及应用范围。

【引导案例】 随着市场竞争的加剧和互联网技术的不断提升，企业日益认识到价值链资源整合，甚至价值网资源整合的重要性。价值链分析方法作为一种有效的管理会计工具，能够帮助企业实现价值分析，提升核心竞争力。

中国最大的B2B电子商务企业——阿里巴巴，以其独特的经营模式和优创的价值链理论，引领着中国电子商务贸易领域的交易市场。阿里巴巴的成功并不是一个偶然，而是一个经过精心设计创作推出的集优秀人才与先进思维方式及科技化营销手段于一体的成功企业集团。基于价值链的有效管理成为阿里巴巴迅速成长以及成熟的营养器。

内部价值链管理。马云提出："阿里巴巴是靠团队打天下的，而不是靠个人英雄主义"。可以看出，阿里巴巴集团已经充分认识到团队合作对企业成长的重要性。阿里已经建立了一整套细致且完善的人才培养激励制度，并通过理想激励与股权激励的整合，增强了员工的归属感，使他们能够心甘情愿地为企业的理想而奋斗。同时，阿里巴巴还认识到了社会环境对人力资源管理的影响，通过引入优秀管理人才实现了自身管理理念的升级。这些措施都能在提升员工积极性的基础上实现企业生产效率的提高，从而实现生产周期的缩短。由于阿里巴巴集团主要是通过向买卖双方提供在线交易机会和条件，从交易平台收益的规模化管理中获益的，它在这方面主要采用的是拆分、细化现有平台的策略，通过更加贴合客户的需求，提升商品与服务质量，最终实现现有资金链的升级。

横向价值链管理。作为电商行业领先者的阿里巴巴能够通过规模效应打击竞争者，保持企业的市场占有率。而京东则主要是通过差异化战略来限制竞争者发展的。

纵向价值链管理。在面向供应商的纵向价值链分析阶段，阿里巴巴集团在经营的早期深受供应问题的困扰。由于供应数量有限，阿里巴巴选择了通过降低淘宝卖家准入门槛来吸引更多的供应商。这一策略在最初的确有助于资金的稳定流通，但也为企业带来了严重的商品质量不合格问题。随着市场竞争的加剧，这一问题极大地影响了企业的后续发展。因此，在改进与供应商关系方面，阿里选择的是通过细化与拆分原有平台、提高筛选供应商的标准，同时利用细分的市场实现了供应商供货的专业性与稳定性，优化了市场环境，最终实现了经营效率的提高。在面向顾客的纵向价值链分析阶段，阿里巴巴选择的是提高商品与顾客需求切合度的方法。通过对顾客需求的细分，为不同的顾客设计了个性化的商品与服务，从而实现了顾客满意度的提升，这在资金链上体现为存货周转率与应收账款周转率的上升。

第一节 主要基础理论概述

管理会计既是会计的分支，也是管理的分支，在其形成和发展过程中，一系列管理理论对其产生了深远的影响，并为其奠定了坚实的理论基础。

一、科学管理理论

经过南北战争以后，20世纪初的美国资本主义经济得到较快发展，可是，企业管理仍以经验为主，劳动生产率极为低下。这种情况首先引起了同企业管理有关而又具有科学技术知识的一批工程技术人员和管理人员的注意。他们进行各种实验，努力把当时科学技术的最新成就应用于企业的生产和管理，以便大幅度地提高劳动生产率，从而形成了一套科学管理的理论和方法。弗雷德里克·温斯洛·泰勒的科学管理理论就是其中最突出的代表。

科学管理理论倡导以全面的调查研究和科学的知识代替个人的经验判断，采用严格的计量方法来研究成本的发生和变化，并确定标准和加强控制，以提高劳动生产率。于是企业管理中开始有了计划职能和执行职能的分离，有了计件工资制等。正是由于企业管理开始重视对内部生产过程的计划和监控，重视对内部生产效率的衡量和激励，才产生了对管理会计职能的需求。

科学管理理论为管理会计的系统控制方法奠定了理论基础。泰勒科学管理理论研究的重心是如何通过对动作和作业的研究，确定完成作业的标准时间以及标准的计件工资，以此作为事前控制和事后考核评价的依据，起到促进劳动生产率提高的作用。这一基本理论使管理的重心由单纯的事后反映和分析转移到事前和事中的控制，不仅导致了一直沿用至今的管理会计的重要控制方式——标准成本制度的形成，而且奠定了管理会计系统控制方法的基础，使管理会计具有了区别于传统财务会计的基本特征。

科学管理理论为成本性态分析奠定了基础。泰勒的科学管理理论首次注意到了产品生产成本和产量之间的依存关系，揭开了成本性态研究的序幕，为管理会计中最为重要和基本的成本分类——成本性态分析奠定了基础。

二、组织行为学

人是管理的主体，也是管理的对象，社会的进步促使组织中的管理者必须重视对人的管理。组织行为学产生于20世纪40年代，是研究在组织中以及组织与环境相互作用中，人们从事工作的心理活动和行为反应规律性的科学。它采用系统分析的方法，综合运用心理学、社会学、人类学、生理学、生物学、经济学和政治学等知识，研究一定组织中人的心理和行为的规律性，从而提高各级领导者和管理者对人的行为预测和引导能力，以便更有效地实现组织预定的目标。

组织行为学对管理会计理论和方法体系的影响主要体现在以下方面：

1. 转变了管理会计的观念。如果说科学管理时代的管理会计观念还只是将控制的着眼点放在对生产过程中物的控制的话，组织行为学带来的是从“物本”观念向“人本”观念的转变。管理会计开始从重视人的需求，激发人的动机，引导人的行为方面考虑管理会计信息系统的设计，增强了管理会计信息在企业管理中的能动作用。

2. 为责任会计理论和方法的形成提供了基础。以组织行为学为基础的对激励机制的研究，促进了管理的民主化和职能的分散化，许多大的公司开始采用分权管理模式。最高管理层不仅要将一定程度的决策权下放到下级部门，而且还要将企业的经营总目标逐级分解落实到企业各部门和职工个人，形成内部组织的分目标和个人目标，使各单位和职工都承担起对企业目标实现的经济责任，并且从整个企业的经营目标实现中获得个人需求的满足。按照这一组织行为学的基本原理，管理会计的预算控制和业绩评价系统不断发展和完善，形成了系统的责任会计理论和方法体系。管理会计的业绩评价系统能考虑特定企业、特定时期的企业组织特点和不同层次人们的需求特征，在调动人的积极性和促进企业目标实现方面起着重要作用。

知识经济时代的到来，给企业管理带来了契机，同时也带来了挑战。如何提高作为知识经济实体的人的积极性，发挥其潜在的能量，已成为企业管理的关键。以人的心理和行为为研究对象的组织行为学，为管理会计适应现代企业管理的需要拓展了思路，并显现了无穷的魅力。

三、权变理论

20 世纪六七十年代，企业管理所处的内外部环境都发生了很大的变化，出现了一系列需要解决的新问题和新矛盾。与此相适应，也出现了诸多针对特定问题的管理理论学派，被称为“管理理论的丛林”。权变理论认为，每个组织的内在要素和外在环境条件都各不相同，因而在管理活动中不存在适用于任何情景的原则和方法。成功管理的关键在于对组织内外状况的充分了解和有效的应变策略。该学派的理论核心就是通过组织的各个子系统内部和各子系统之间的相互联系，以及组织和所处的环境之间的联系，来确定各种变数的关系类型和结构类型。

权变理论促进了对特定企业内外环境及其变化的关注，减少了管理模式和方法选择中的模糊性，这对管理会计模式的选择和具体管理方法的应用有重要的指导意义。权变理论指出，组织是一个开放系统，应当进行“有机”管理，以便满足和平衡内部需要并适应环境状况；在不确定和动荡的环境中运营的组织需要有更高程度的内部差异性，同时组织需要适当整合，将这些差异部门维系起来。环境与组织的依赖关系如图 2－1 所示。

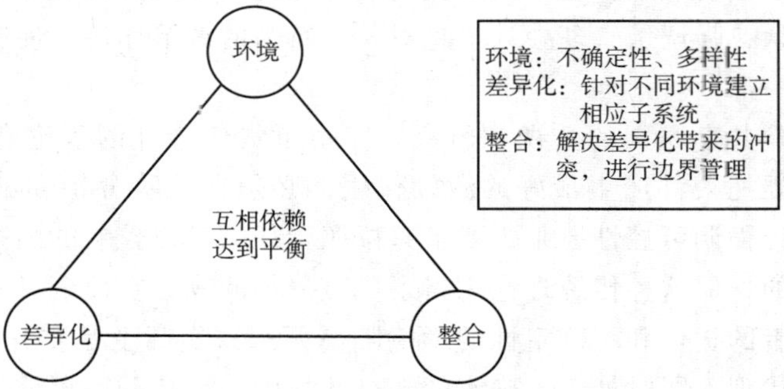

图 2－1　组织与环境关系图

四、信息经济学

信息经济学从信息成本和信息效益角度促进了管理会计对其信息质量的研究，为管理会计各种技术分析方法应用和发展提供了理论指导。

20 世纪 60 年代初产生的信息经济学是研究信息经济现象和信息经济过程的学科，其主要研究内容包括：信息的经济作用、信息的成本和价值、信息的经济效果、信息产业结构、信息系统、信息技术和信息经济理论。信息经济学认为信息同其他资源一样，具有效益和成本。信息的效益来源于信息的决策有用性，信息的成本是指在信息的生成过程中发生的各种耗费。管理会计信息价值的大小不仅取决于其对决策的有用程度，而且取决于信息效益与信息成本的比较，只有信息效益大于信息成本的信息系统才是经济可行的。信息经济学对信息效益和信息成本的研究使我们对信息系统的改进和完善有了理性的认识。这种认识缩短了管理会计理论研究和实践的距离，促进了管理会计的健康发展。

五、代理理论

代理理论是由詹森和麦克林于 1976 年提出的。代理理论主要涉及企业资源的提供者与资源的使用者之间的契约关系。按照代理理论，经济资源的所有者是委托人，负责使用以及控制这些资源的经理人员是代理人。代理理论认为，委托人和代理人之间的立场、观点和利益不尽相同，在一个企业组织中，委托人总是希望代理人能从企业整体的长远利益出发，追求利润最大化；而代理人却往往要考虑其他很多非利润因素，谋求个人利益的最大化。这样就可能出现两种不良倾向：道德风险和逆向选择。尽管通过对代理人的任务执行情况进行监督和检查可以在一定程度上限制代理人的行为，但由于信息不对称现象的客观存在，以及信息成本的问题，委托人不可能通过检查和监督完全消除上述两种不利倾向。于是为了促进委托人与代理人的目标和利益一致，就必须有一套科学的约束与激励机制来加以协调。

代理理论对委托和代理关系的分析，提升了管理会计系统的地位。在代理理论体系中，管理会计的信息从两方面对促进委托人利益最大化有重要意义。一是决策前的信息有助于决策者增强对未来环境的认识，减少决策的不确定性，有助于代理人完成委托任务。二是决策执行结果的信息提供使委托人能将对代理人的报酬计划和经营业绩联系起来，委托人和代理人根据契约规定分享经营成果，这对激励代理人为委托人利益而努力尤为重要。这种对管理会计信息价值的确认，强调了管理会计信息对人的行为的调节作用，使管理会计信息系统成为企业制度建设的一部分。

代理理论对风险共享原则的重视和研究，丰富了责任会计的理论和实践。代理理论认为，要对代理人和委托人都产生最好的激励作用，必须在风险分担和利益共享之间取得平衡。传统的管理会计强调可控性原则，要求只按照责任人可以控制的因素和范围进行业绩评价，这无疑是正确的，但这种传统理论忽略了风险分担问题，在出资者和最高管理层之间强调可控性，将管理者的责任和不确定性的影响隔离开来，实际上是委托人承担了所有风险。事实上，委托人和代理人同时处于不确定的随机环境中，可控和不可控是相对的，只有正确考虑两者之间的风险分担，才能使责任会计所提供的信息有效地影响企业及各个环节的行为，实现企业效益最大化。

六、竞争战略理论

“竞争战略”由被誉为“竞争战略之父”的美国学者迈克尔·波特于1980年提出，它是指企业在同一使用价值的竞争上采取进攻或防守的长期行为。波特为商界人士提供了三种卓有成效的竞争战略，分别是总成本领先战略、差别化战略和专一化战略。

总成本领先战略要求建立起高效规模的生产设施，在经验的基础上全力以赴降低成本，加强成本与管理费用的控制，最大限度地减小研究开发、服务、推销、广告等方面的成本费用。为了达到这些目标，就要在管理方面对成本给予高度的重视。尽管质量、服务以及其他方面也不容忽视，但贯穿于整个战略之中的是使成本低于竞争对手。该公司成本较低，意味着当别的公司在竞争过程中已失去利润时，这个公司依然可以获得利润。总成本领先地位非常吸引人。一旦公司赢得了这样的地位，所获得的较高的边际利润又可以重新对新设备、现代设施进行投资以维护成本上的领先地位，而这种再投资往往是保持低成本状态的先决条件。

差别化战略是将产品或公司提供的服务差别化，树立起一些全产业范围中具有独特性的东西。实现差别化战略可以有许多方式：设计名牌形象、技术上的独特、性能特点、顾客服务、商业网络及其他方面的独特性。最理想的情况是公司在几个方面都有其差别化特点。例如，履带拖拉机公司不仅以其商业网络和优良的零配件供应服务著称，而且以其优质耐用的产品质量享有盛誉。差别化战略一旦成功实施，就成为在一个产业中赢得高水平收益的积极战略。波特认为，推行差别化战略有时会与争取占有更大的市场份额的活动相矛盾。推行差别化战略往往要求公司对于这一战略的排他性有思想准备。在建立公司的差别化战略的活动中总是伴随着很高的成本代价，有时即便全产业范围的顾客都了解公司的独特优点，也并不是所有顾客都愿意或有能力支付公司要求的高价格。

专一化战略是主攻某个特殊的顾客群、某产品线的一个细分区段或某一地区市场。这一战略依据的前提思想是：公司业务的专一化能够以高的效率、更好的效果为某一狭窄的战略对象服务，从而超过在较广阔范围内竞争的对手们。波特认为，这样做的结果是公司或者通过满足特殊对象的需要而实现了差别化，或者在为这一对象服务时实现了低成本，或者两者兼得。这样的公司可以使其赢利的潜力超过产业的普遍水平。这些优势保护公司抵御各种竞争力量的威胁。

波特认为，这三种战略是每一个公司必须明确的，因为徘徊其间的公司处于极其糟糕的战略地位。这样的公司缺少市场占有率，缺少资本投资，从而削弱了“打低成本牌”的资本。波特的竞争战略研究开创了企业经营战略的崭新领域，对全球企业发展和管理理论研究的进步，都做出了重要的贡献。

七、闭环管理理论

闭环管理是综合闭环系统、管理的封闭原理、管理控制、信息系统等原理形成的一种管理方法。它把全公司的供—产—销管理过程作为一个闭环系统，并把该系统中的各项专业管理如物资供应、成本、销售、质量、人事、安全等作为闭环子系统，使系统和子系统内的管理构成连续封闭的回路且使系统活动维持在一个平衡点上；另一方面面对变化的客观实际，进行灵敏、正确有力的信息反馈并作出相应变革，使矛盾和问题得到及时解决，决策、控制、反馈、再决策、再控制、再反馈……从而在循环积累中不断提高，促进企业超越自我不断发展。

总之，科学管理理论、组织行为学、权变理论、信息经济学、代理理论、竞争战略理论以及闭环管理理论等多种理论中的概念和原理兼收并蓄，融为一体，为管理会计的理论研究和实践提供了丰富的营养，极大地推动了当代管理会计的发展。

第二节　成本界定和成本性态分析

一、成本的界定

会计学中，“成本”是最令人难以捉摸的一个名词，在不同场合，可以代表多种不同的含义。如果有人告诉你：“这个东西的成本为 2.80 元”，你根本不可能了解其确切的意义；假如在成本之前冠上一个特定说明，例如直接成本、全部成本、机会成本、差异成本等，或许意义就会变得比较明确。

财务会计中的成本，专指按某种产品和商品所归集的与其有某种关联的费用，其本质属性是“对象性”或“归属性”。其归集的方法和过程以制造企业最为典型。

管理会计的出现使成本概念多样化，人们在各种场合，以许多不同的方式使用成本这个概念。管理会计中的成本不仅包括传统意义上财务会计的成本费用概念，还包括决策中要出现的成本概念；不仅可以按产品归集成本，还可以依据需要，按不同的经营管理目的和不同的经济用途，确定成本归集的对象。这样一来，财务会计信息就被管理会计加工、组合、延伸、改制成各种影响企业决策的会计信息，供决策者参考。

所谓成本性态（Cost Behavior），也称成本习性，是指成本的变动与业务量（Volume，生产量或销售量）之间的依存关系。进行成本性态分析，就是对成本与产量之间的依存关系进行分析，从数量上具体掌握成本与产量之间的联系，以便为企业进行最优管理决策和改善经营管理提供有价值的资料。对成本按性态进行划分，可以说是管理会计这一学科的重要基石，管理会计作为决策会计的角色，其许多决策方法，尤其是短期决策方法都需要借助成本性态这一概念。

二、成本按性态分类

依据成本性态，通常可以将成本区分为固定成本、变动成本和混合成本三类。

（一）固定成本

1. 固定成本的概念及特征。固定成本是指在相关范围内，其总额不随业务量的变动而始终保持不变的有关成本。如按直线法计提的厂房、机器设备的折旧费、管理人员工资、广告宣传费、劳动保护费、职工培训费等。固定成本的基本特征是：（1）在相关范围内，固定成本总额不受业务量变动的影响；（2）在相关范围内，单位固定成本与业务量呈反比例变动，即随着业务量增加，单位固定成本将随之减少，反之亦然。

【例 2－1】甲企业采用某设备加工 A 产品，该设备按月计提的折旧额为 40000 元，其最大生产能力为 8000 件，则 A 产品的产量在 8000 件之间变动对固定成本的影响如表 2－1 所示。

表 2－1　　　　A 产品产量与成本关系一览表

产量（件）	固定成本总额（元）	单位固定成本（元）
2000	40000	20
4000	40000	10
6000	40000	6.67
8000	40000	5

将表 2－1 中的数据在坐标图中表示如图 2－2 和图 2－3 所示。

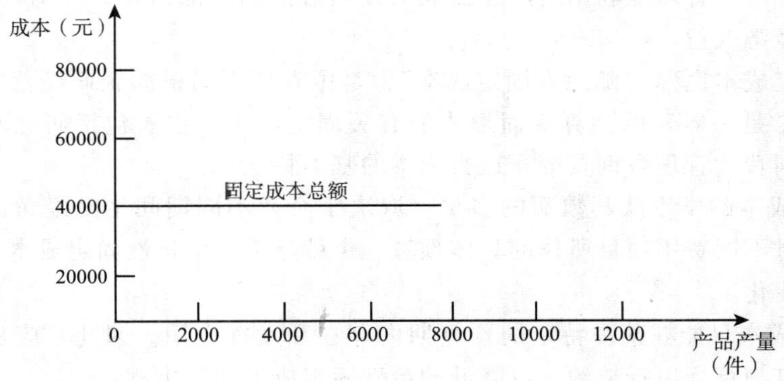

图 2－2　固定成本的性态模型（1）

图 2－2 说明，当 A 产品的产量在 0—8000 件范围内变动时，其固定成本总额一直保持在 40000 元的水平上，并未因产量的变动而发生相应的变动。

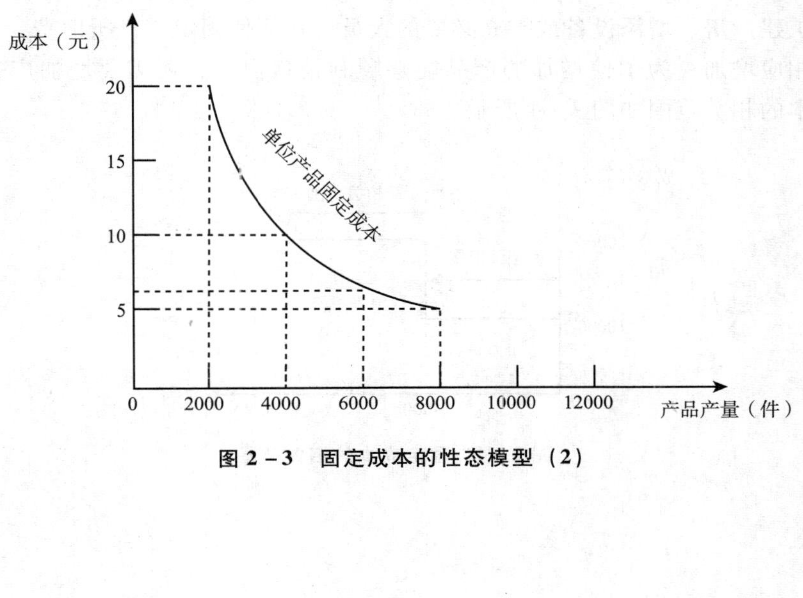

图 2－3　固定成本的性态模型（2）

图 2－3 说明，当 A 产品的产量在 0—8000 件范围内变动时，产量的增加会导致单位产品负担的固定成本下降。

2. 固定成本的分类。固定成本按其支出数额是否受管理当局短期决策行动的影响，进一步划分为约束性固定成本和酌量性固定成本。

约束性固定成本又称“经营能力成本”，是指与企业生产经营能力的形成及其正常维护相联系的有关固定成本，如厂房及其设备的折旧费、保险费、财产税、管理人员工资、照明费等。这类成本的基本特征是：

（1）其支出数额的大小受企业已经形成的生产经营能力和已经建立的基本组织机构的制约，其短期内很难有重大改变，将在较长时间内继续存在。因此，这部分成本具有很大的约束性，管理当局的短期决策行动不能轻易改变其数额。

（2）约束性固定成本实质上是生产经营能力成本，由于现代企业日益采用“资本密集型”“技术密集型”的经营方式，约束性固定成本在成本中所占的比重呈不断上升趋势。因此，企业应更经济、合理地利用生产经营能力，通过提高产品产量，相对降低其单位成本，以取得更大的经济效益。

酌量性固定成本也称“随意性固定成本”，是由管理当局根据企业经营方针的要求确定一定期间（通常是一年）的预算额而形成的有关固定成本，主要包括研究开发费、广告宣传费、职工培训费、管理咨询费等。这类成本的基本特征是：

（1）这类成本的发生及其数额的多少，取决于企业不同期间生产经营的实际需要，取决于管理当局对不同费用项目所作的具体预算。也就是说，酌量性固定成本可以随企业经营方针的改变而变化。

（2）这类成本只能在某一特定的预算期内存在和发挥作用。因此，应从严格控制费用预算入手，精打细算，厉行节约，以降低酌量性固定成本的发生额。

3. 固定成本的相关范围。固定成本总额不受业务量变动的影响是有限制条件的，这种限制条件在管理会计中通常称为“相关范围”。相关范围是指能使成本保持某种特定状态不变的业务量范围或时间范围。一旦超过相关范围，固定成本总额也会发生变动。如企业在现有生产经营能力条件下，其固定成本总额相对稳定。一旦超过现有的生产经营能力增加产量，势必要扩建产房、增添设备或扩充必要的人员，从而使固定资产折旧费、修理费和管理人员工资等相应增加；为了使增加的产品能够顺利销售出去，还需要增加广告宣传费支出等。固定成本的相关范围如图 2－4 所示。

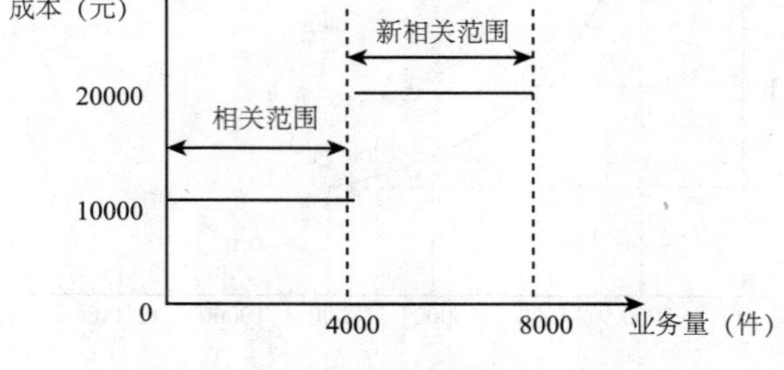

图 2－4　固定成本的相关范围

（二）变动成本

1. 变动成本的概念及特征。变动成本是指在一定的期间和一定的业务量范围内，其总额随着业务量的变动呈正比例变动的成本。如直接材料费、直接人工费、产品包装费、按件计酬的工人薪金、推销佣金以及按加工量计算的固定资产折旧费等。变动成本的基本特征是：（1）在相关范围内，变动成本与业务量保持正比例的变动关系，即业务量发生某种变动，其变动成本数额也将随之发生相应的变动，且两者变动的方向和变动的比率相同；（2）单位变动成本在相关范围内不受业务量的影响而保持不变。

【例 2－2】仍沿用前例资料，该企业生产的 A 产品，单位变动成本为 4 元，则在相关范围内，产量变动对变动成本的影响如表 2－2 所示。

表 2－2　　A 产品产量变动对变动成本的影响

产量（件）	变动成本总额（元）	单位变动成本（元）
1000	4000	4
2000	8000	4
3000	12000	4
4000	16000	4

将表 2－2 中的有关数据在坐标图中表示，则变动成本与业务量之间的关系如图 2－5 和图 2－6 所示。

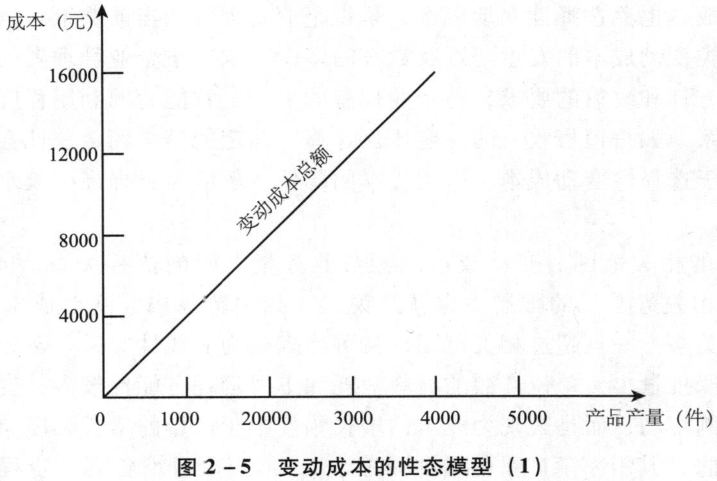

图 2－5　变动成本的性态模型（1）

图 2－5 说明，当 A 产品的产量发生增减变动时，变动成本总额随着业务量发生相应的增减变动，且与产量变动的方向相同，比率相等。

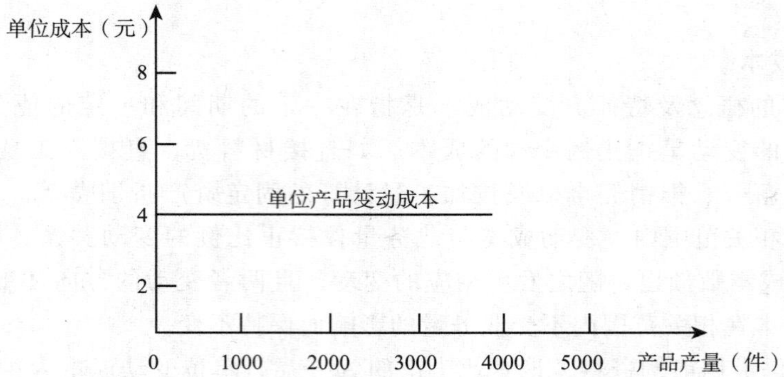

图 2－6 变动成本的性态模型（2）

图 2－6 说明，当 A 产品的产量在 0—4000 件范围内变动时，单位产品变动成本并未随之发生相应的变动，始终保持在 4 元/件的水平上。

2. 变动成本的分类。借用固定成本分类的思想，变动成本也可以进一步划分为约束性变动成本和酌量性变动成本。

约束性变动成本也称技术性变动成本，是指企业管理者的当前决策无法改变其支出数额的变动成本。这类变动成本的发生与否及数额的多少是由某种产品的特定工艺技术设计所决定的，只要技术设计不变，该产品的原材料单耗或者若干种原材料之间的配比等也将不变。显然，在该种产品所耗原材料的价格保持不变的情况下，原材料成本总额的增减必定同产品产量的增减保持同方向、等比例。如生产某型号柴油机所需外购的油嘴油泵、电脑主板等。这类成本的降低一般应通过改进产品设计、技术革新和技术革命等措施来实现。

酌量性变动成本也称选择性变动成本，是指企业管理者的当前决策可以改变其支出数额的变动成本。这类变动成本的发生与否及数额的多少，取决于企业管理者的意志或某一会计期间的特定经营方针和政策的要求，与企业现有的生产经营能力的利用程度和产品产销数量并没有多大的关系。如按销售收入的一定比例计算、确定的销售佣金、社会福利和慈善事业捐赠费等，即属于选择性变动成本。这类成本的降低一般应通过提高决策水平、强化预算控制等措施来实现。

3. 变动成本的相关范围。变动成本总额与业务量之间的依存关系，同固定成本一样，也存在着一定“相关范围”的限制。也就是说，在相关范围内，变动成本总额和业务量之间呈完全的线性关系；一旦超过相关范围，就可能表现为非线性关系。例如，当一种产品刚开始生产时，生产批量小，单位产品的材料消耗和工时消耗可能比较多，变动成本总额与产量不一定呈正比例变动，而是表现为成本的增长幅度小于产量的增长幅度，使其总成本线呈现一定的向下弯曲（其斜率随产量的增加而缩小）；但当产量增长到一定程度后，各项材料消耗和人工消耗都比较稳定，从而使变动成本总额和业务量之间呈现出完全的线性关系，这个范围就是变动成本的“相关范围”；如果产量超出这一范围继续增产，就可能出现一些新的不经济因素，如高价采购原材料、多支付工人加班加点的工资等，使产品的单位变动成本大幅度增加，从而使变动成本总额线呈现一定的向上弯曲（其斜率随产量的增加而增大）。变动成本的相关范围如图 2－7 所示。

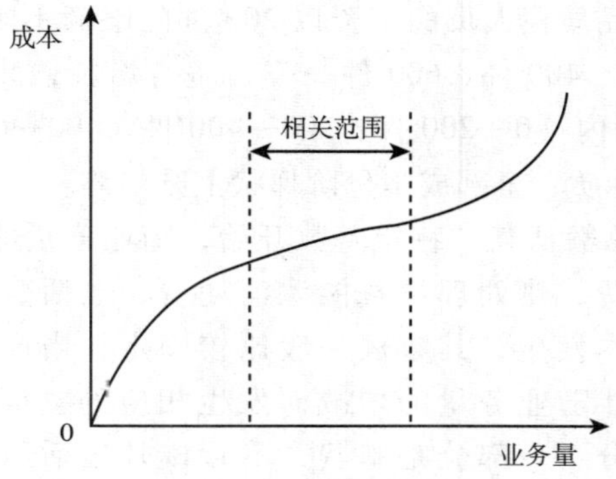

图 2-7 变动成本相关范围

（三）混合成本

1. 混合成本的概念及特征。混合成本是指混合了“固定成本”和“变动成本”两种不同性态的成本，即随着业务量的增减变动，总数额也将与之相应变动，且变动幅度不等的有关成本。如设备维修费、机械动力费、检验人员工资、水电费等。混合成本的特征是：（1）混合成本的增减变动受业务量的影响，业务量增加，混合成本总额也将增加；业务量减少，混合成本总额也将减少。（2）混合成本的这种变动并不完全取决于业务量的变动，还受到生产经营过程中某些特定因素的影响和制约，其总额的变动通常不直接与业务量的变动成特定比例。

2. 混合成本的类型。混合成本可以进一步区分为半固定成本、半变动成本、延期变动成本、曲线式混合成本等。

半固定成本又称阶梯式成本，是指总额依次在不同业务量水平上保持相对固定的有关成本，如产品检验人员和货运人员的工资等。作为半固定成本，当业务量在某一特定范围内增减变动时，其总额固定不变；当业务量一旦突破该特定范围而达到另一特定范围时，其总额即跳跃式上升（成倍增长），随后保持不变。直到业务量再次突破这一特定范围时才又一次跳跃式上升（成倍增长）。半固定成本的这种特征，如图 2-8 所示。

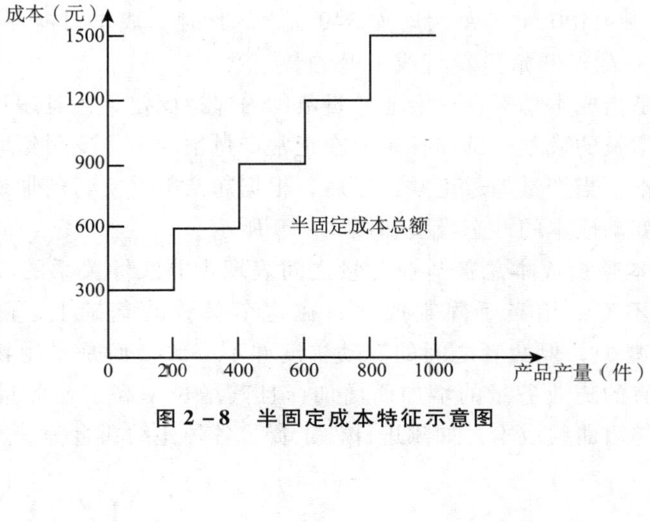

图 2-8 半固定成本特征示意图

图 2 - 8 说明，当某产品质检人员的工资以 200 件的限额不断增加时，一方面，成本总额在不同产量点上（200 件、400 件、600 件……）垂直增长，此时具有“变动”性质；另一方面，又在不同产量范围内（0—200 件、200—400 件、400—600 件……）分阶段地保持稳定，使之具有“固定”性质，全部成本呈阶梯状上升趋势。

半变动成本是指成本总额从某一特定基数开始，随业务量的增减而呈正比例增减的有关成本，如机器设备维修费、热处理设备能源消耗费、电话费等。作为半变动成本，当业务量为零时也有某些成本发生，其数额一般比较固定；当产品开始产出后，成本总额在原固定基数的基础上，伴随业务量的增减而发生相应的、等幅度的增减。例如，每月的住宅电话费包括两个部分：一部分是基费，不管该月通话与否都应支付；另一部分是根据实际通话时间的长短收取的费用，实际通话时间越长，其电话费就越多。半变动成本的这种性状，如图 2 - 9 所示。

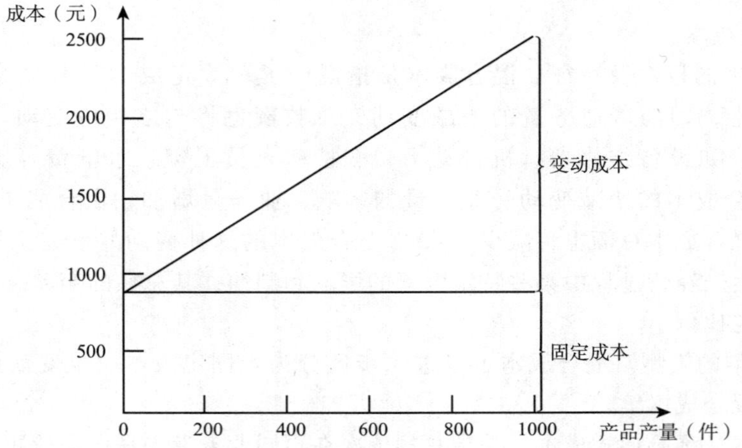

图 2 - 9　半变动成本特征示意图

图 2 - 9 说明，当某产品的生产尚未正式开始时，成本总额已为 800 元，此时的成本具有“固定”性质；当开始生产时，且其产量分别增加到 200 件、400 件、600 件……1000 件（每次增加 200 件）时，相应地，其成本总额即在 800 元的基础上，依次增加到 1140 元、1480 元……2500 元（每次增加 340 元），此时的成本具有“变动”性质，全部成本从纵轴上的某一截点开始呈斜直线上升趋势。

延期变动成本是指成本总额在一定业务量范围内保持固定，一旦超过该范围，则随业务量增加而呈正比例增长的成本。例如，企业在正常产量情况下，支付给职工的工资是固定不变的，属于固定成本；当产量超过正常水平后，根据超产数量支付的加班费或超产奖金则属于变动成本。延期变动成本的性态模型如图 2 - 10 所示。

曲线式混合成本是指成本总额与业务量之间表现为非线性关系的成本。这类成本通常有一个基数，一般不变，相当于固定成本；在这个基数的基础上，随着业务量的增加，成本也逐步增加或减少，但两者之间的变动幅度并不一致，而是呈抛物线上升或下降的趋势。这类成本中，有的随业务量的增加而增加，且其增长率高于业务量，变化率呈递增状态，故通常称之为递增曲线成本，如累进计件工资、各种违约罚金等。递增曲线成本的变化

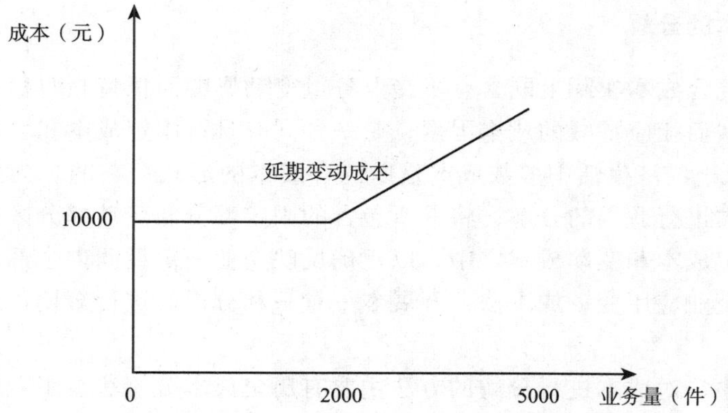

图 2-10　延期变动成本特征示意图

趋势如图 2-11 所示。有的则于最初阶段不随业务量的增加而增加，只是当业务量增加到一定程度时才开始逐渐增加，但此增长速度却低于业务量，变化率呈递减状态，故通常称之为递减曲线成本，如电炉设备热处理电耗等。递减曲线成本的变化趋势如图 2-12 所示。

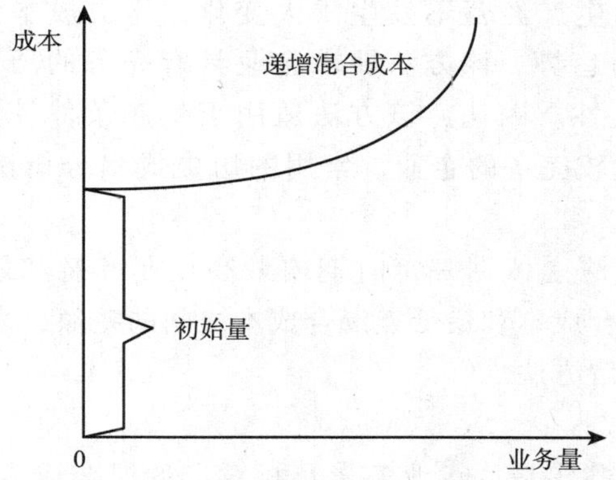

图 2-11　递增曲线成本变化趋势图

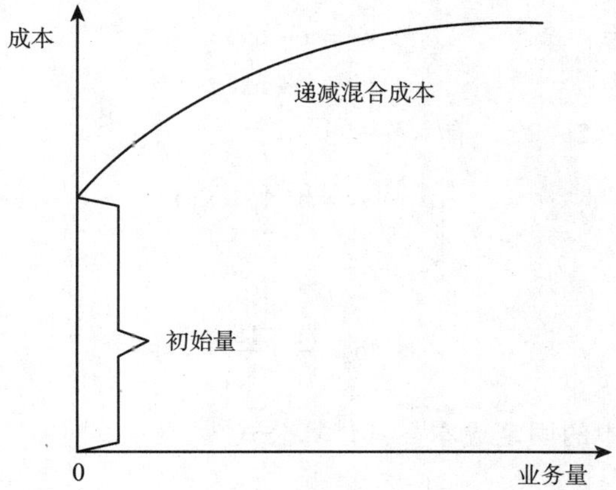

图 2-12　递减曲线成本变化趋势图

三、混合成本的分解

前已述及，混合成本实际上既含有不受业务量变动影响而保持相对稳定的成本因素，又含有随业务量增减而相应增减的成本因素，是一种同时具有固定成本和变动成本双重特性的“中间”成本。由于经济生活中多数成本是以混合成本的形式存在的。为此，必须采用一定的方法对混合成本进行适当的分解，将其所包含的固定部分和变动部分区别开来，纳入前述一般意义上的固定成本和变动成本之中，以正确反映企业一定期间内全部成本同业务量之间的依存关系，为企业应用变动成本法、开展本—量—利分析、进行短期预决策、实施责任会计等奠定基础。

在实际工作中，对成本进行分解的方法主要有历史成本分析法、工业工程法、契约检查法、账户分析法等。

（一）历史成本分析法

历史成本分析法是根据过去一定时期内成本与业务量之间的历史资料，采用一定的数学方法对其进行加工处理，从而确定成本中固定成本和变动成本的一种定量分析方法。该方法认为，只要企业的生产经营不发生重大变化，历史成本信息就可以较为准确地反映现在和未来的成本变动趋势。该方法要求企业具有完备的历史成本资料，成本数据与业务量资料应该存在相关性。因此，该方法适用于生产条件较为稳定、成本水平波动不大，以及历史成本资料比较完备的企业。常用的历史成本分析法有高低点法、散布图法、回归分析法等。

1. 高低点法。高低点法是依据一定时期内最高点业务量和最低点业务量之间的差额，以及与之相应的最高点混合成本和最低点混合成本之间的差额，来推算成本项目中固定成本和变动成本的一种成本分解方法。

高低点法的基本步骤是：

（1）从历史资料中，找出最低点业务量及相对应的混合成本和最高点业务量及相对应的混合成本。

（2）计算混合成本中的单位变动成本。

设高点的成本性态为：$y_1 = a + bx_1$ （2－1）

设低点的成本性态为：$y_2 = a + bx_2$ （2－2）

用式（2－1）减式（2－2），有

$$y_1 - y_2 = b(x_1 - x_2) \qquad (2-3)$$

移项后可求解 b：

$$b = \frac{y_1 - y_2}{x_1 - x_2} \qquad (2-4)$$

（3）计算混合成本中的固定成本。其计算公式为：

$$a = y_1 - x_1 \qquad (2-5)$$

$$a = y_2 - x_2 \qquad (2-6)$$

（4）建立成本性态模型。若以 y 表示总成本，a 表示固定成本总额，b 表示单位变动成本，x 表示业务量，则成本与业务量之间的关系模型为：$y=a+bx$。

【例 2－3】 甲企业 2018 年上半年设备维修费和机器工作小时之间的资料如表 2－3 所示。要求采用高低点法对设备维修费进行分解，并预测当 9 月份机器工作小时为 5200 机时时，其预计的设备维修费用是多少？

表 2－3　甲企业 2018 年上半年设备维修费和机器工作小时资料

月份	机器工作小时（机时）	设备维修费（元）
1	4000	3000
2	4800	3400
3	5400	3960
4	5000	3500
5	5600	3800
6	4400	3180

具体计算分析如下：

首先，确定该企业上半年机器工作小时的最高点和最低点，以及与之相对应的设备维修费。最低点为 1 月份：4000 机器小时，设备维修费 3000 元；最高点为 5 月份：5600 机器小时，设备维修费 3800 元。

其次，计算单位变动成本。

$$b=\frac{3800-3000}{5600-4000}=0.5\text{（元/机时）}$$

再次，计算固定成本总额。将上述最高点的设备维修费与机器工作小时数据代入公式：

$a=3800-0.5\times5600=1000$（元）

或者，将上述最低点的设备维修费与机器工作小时数据代入公式，可以得出相同的结果：

$a=3000-0.5\times4000=1000$（元）

设备维修费和机器工作小时之间的关系可描述为：$y=1000+0.5x$

最后，预测 9 月份的设备维修费。

$y=1000+0.5\times5200=3600$（元）

值得注意的是，采用高低点法时，选择资料应以业务量的高低为标准，而不能以成本的高低来选择。如本例中，3 月份的成本虽然很高，但该期数据不能作为最高点。

高低点法的优点是计算简便，易于理解；但由于其以业务量最高和最低时期的情况来代表整体情况，使得建立起来的成本模型可能不具有代表性，其结果误差较大。这种方法主要适用于生产经营活动比较正常、成本增减变动趋势比较小的中、小型企业。

2. 散布图法。散布图法的基本原理与高低点法一样，也认为混合成本的性态可以近似地描述为 $y=a+bx$，区别在于 a 和 b 是通过坐标图而非方程式计算得到的。基本做法是：在以横轴代表业务量、纵轴代表成本的坐标图中，分别标明一定期间内业务量及与之相对应的混合成本的坐标点；然后，经目测，于坐标点中确定一条可以近似地反映业务量与混合成本之间相互关系的趋势直线，借以确定混合成本总额中固定成本和变动成本的一种成本分解方法。

散布图法的基本步骤是：

（1）根据业务量和混合成本的历史观测数据，确定相应的坐标点（散布点）。

（2）用目测法确定最能反映成本平均变动趋势的直线。

（3）确定混合成本中的固定成本总额。成本趋势直线与纵坐标轴的交点即为固定成本数额。

（4）确定混合成本中的单位变动成本。根据成本趋势直线上的任何一点业务量以及与之相对应的混合成本，即可计算出混合成本中的单位变动成本。

$$b = \frac{y - a}{x} \tag{2-7}$$

（5）建立成本性态模型。

【例 2－4】乙企业 2018 年发生的维修成本和机器工作小时之间的资料如表 2－4 所示。要求采用散布图法对维修成本进行分解。

表 2－4　　乙企业 2018 年发生的维修成本和机器工作小时资料

月份	机器工作小时（机时）	维修成本（元）
1	3000	1800
2	3300	1950
3	3450	2025
4	3750	2175
5	3900	2250
6	4200	2400
7	4500	2550
8	4800	2700
9	5100	2850
10	5250	2925
11	3800	2200
12	4600	2600

具体计算分析如下：

首先，作出直角坐标图，以横轴（x 轴）表示机器工作小时，以纵轴（y 轴）表示维修成本。分别标出各月份机器工作小时及与之相应的维修成本的坐标点，即散布点，如图 2－13 所示。

其次，通过目测，画出最能反映维修成本平均变动趋势的直线，并将其左下方延长，使之与纵轴相交。此时，纵截距的读数即为固定成本总额，而成本趋势直线的斜率则为单位维修成本，亦即单位变动成本。

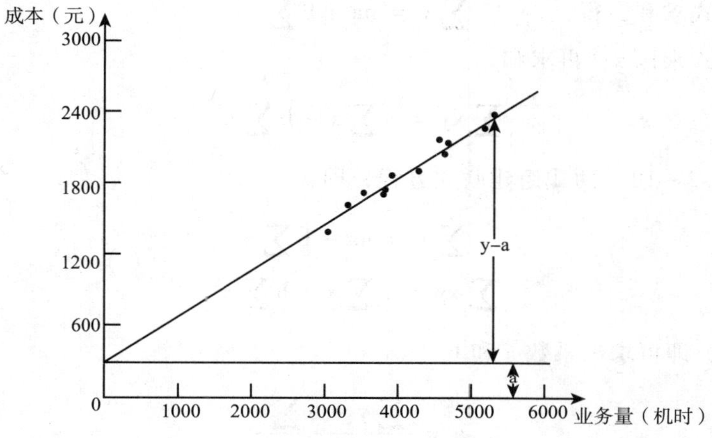

图 2－13　乙企业维修成本散布图

图 2－13 中，成本趋势直线同纵轴相交所形成的截距即为维修成本中的固定成本部分，其数额约为 305 元，在图中以 a 表示。根据数学原理，图中趋势直线的斜率（设以 b 表示）应为此直线倾角的正切，即图中 y－a 同产量（x）相除所得的商数。因而，若令产量为 5250 机时，则

$$b=\frac{y-a}{x}=\frac{2925-305}{5250}=0.499\ (\text{元/机时})$$

这就是说，当产量为 5250 机时、维修成本为 2925 元时，固定成本部分为 305 元，变动成本总额为 2619.75（0.499×5250）元，单位变动成本为 0.499 元/机时。为此，该企业维修成本同机器工作小时之间的相互关系可以描述为：$y=305+0.499x$。

散布图法的优点是形象直观，易于理解。由于考虑了所提供的全部历史资料，排除了高低点法两组资料所带来的偶然性，其计算结果比高低点法准确。但由于成本趋势直线是通过目测绘制的，目测因人而异，从而影响计算结果的客观性和准确性。

3. 回归分析法。回归分析法是运用数理统计中常用的最小平方法的原理，根据过去一定期间业务量（x）和成本（y）的历史资料，计算出最能代表业务量（x）和成本（y）的回归直线，借以确定混合成本中固定成本和变动成本的一种成本分解方法。如前述散布图法的基本原理，在散布点之间可以绘制许多条反映 x 和 y 之间相互关系的直线，究竟哪一条准确呢？从数学的观点来看，与全部观测数据的误差平方和最小的直线最为准确，这条直线在数学上被称为回归直线。由于这种方法要使所有成本（y）的误差平方和最小，故也称“最小平方法”。

回归分析法的基本步骤是：

（1）确定成本与业务量之间的相互关系，并用回归方程 $y=a+bx$ 予以表示。该方程表示回归直线同观测数据“散布点”距离（误差）的平方和为最小值。

（2）求解回归方程中 a、b 参数值。用回归直线法分解混合成本的过程，也就是求解关于 a 和 b 的二元一次方程的过程。假设有 n 个（x，y）观测数值（如不同业务量条件下的成本）。就可以建立一组决定回归直线的联立方程式。回归系数 a、b 计算公式推导如下：

$$y=a+bx \qquad (2-8)$$

对（2－8）式求和，得　$\sum y = na + b\sum x$　（2－9）

将（2－8）式乘以x，再求和，

$$\sum xy = a\sum x + b\sum x^2 \quad (2-10)$$

将（2－9）（2－10）两式组建联立方程，即

$$\sum y = na + b\sum x$$
$$\sum xy = a\sum x + b\sum x^2$$

在此基础上，即可求出系数a和b。

$$a = \frac{\sum y - b\sum x}{n} \quad (2-11)$$

$$b = \frac{n\sum xy - \sum x\sum y}{n\sum x^2 - (\sum x)^2} \quad (2-12)$$

（3）建立成本与业务量之间的关系模型。

【例2－5】依据【例2－3】中表2－3的资料，采用回归分析法对成本进行分解。

首先，对前例中的历史数据进行加工处理，具体结果如表2－5所示。

表2－5　　历史数据加工结果

月份	机时（X）	设备维修费（Y）	XY	X^2	Y^2
1	4000	3000	12000000	16000000	9000000
2	4800	3400	16320000	23040000	11560000
3	5400	3960	21384000	29160000	15681600
4	5000	3500	17500000	25000000	12250000
5	5600	3800	21280000	31360000	14440000
6	4400	3180	13992000	19360000	10112400
合计	29200	20840	102476000	143920000	73044000

其次，计算a、b的值。

$$b = \frac{6 \times 102476000 - 29200 \times 20840}{6 \times 143920000 - 29200 \times 29200} \approx 0.58 \text{（元/机时）}$$

$$a = \frac{20840 - 0.58 \times 29200}{6} \approx 650 \text{（元）}$$

$Y = 650 + 0.58x$

最后，预测9月份设备维修费。9月份预计设备维修费 $y = 650 + 0.58 \times 5200 = 3666$（元）

回归分析法的计算结果比前两种方法更为准确，但计算过程比较繁琐。如果采用计算机，则其计算过程将大为简化。

采用回归分析法进行成本分解时，必须强调业务量（x）与成本（y）应具有相关性。

回归分析法最终要近似地描述成本与业务量之间的线性关系，描述的关系是否准确，除了依赖数学方法本身的科学性外，更重要的是成本与所选用的业务量是否确实存在线性联系。如果不存在线性联系，分析就失去意义。判断成本与业务量之间线性关系的程度可通过计算相关系数 r 确定。计算公式如下：

$$r = \frac{n\sum xy - \sum x\sum y}{\sqrt{[n\sum x^2 - (\sum x)^2][n\sum y^2 - (\sum y)^2]}} \tag{2-13}$$

相关系数 r 说明 x 与 y 之间关系的密切程度，其值一般都在 0 到 ±1 之间。当 r = -1 时，说明 x 与 y 完全负相关；当 r = 0 时，说明 x 与 y 不存在任何联系；当 r = +1 时，说明 x 与 y 完全正相关，即可以用 y = a - bx 来描述；当 r≈ +1 时，说明 x 与 y 基本正相关，可近似地写成 y = a + bx 的形式。如本例的相关系数 r 可计算如下：

$$r = \frac{6 \times 102476000 - 29200 \times 20840}{\sqrt{[6 \times 143920000 - 29200^2][6 \times 73044000 - 20840^2]}} \approx 0.9643$$

r 接近于 1，说明设备维修费与机器工作小时之间基本呈线性关系，可近似地用回归直线来描述。

（二）工业工程法

工业工程法是运用工业工程的研究方法，逐项研究决定成本高低的每个因素，在此基础上直接估算固定成本和单位变动成本的一种成本分解方法。

使用工业工程法分解成本的基本做法是：

1. 选择需要研究的成本项目。

2. 观察现行工作方法并记录全部事实，主要是投入的成本和产出的数量。

3. 进行全面的科学分析，研究出最实用、最有效、最经济的新工作方法。

4. 把新方法确定为标准的方法，并测定新方法每项投入的成本，将与产量有关的部分归集为单位变动成本，将与产量无关的部分归集为固定成本。

【例 2-6】 A 车间的燃料用于铸造工段的熔炉，具体分为点火（耗用木柴和焦炭）和融化铁水（耗用焦炭）两项操作。对这两项操作进行观测和技术测定，寻找最佳的操作方法。按照最佳的操作方法每次点火都要使用木柴 0.4 吨、焦炭 6 吨，融化 1 吨铁水要使用焦炭 0.6 吨；每个工作日点火一次，全月工作 26 天，点火燃料属于固定成本；融化铁水所用燃料与产量相联系，属变动成本。木柴价格每吨为 400 元，焦炭每吨价格为 720 元。

根据上述资料计算：

每日固定成本 = 0.4 × 400 + 6 × 720 = 4480（元）

每月固定成本 = 4480 × 26 = 116480（元）

每吨铸件变动成本 = 0.6 × 720 = 432（元）

设燃料总成本为 y，产量为 x 吨铸件，则每月燃料总成本为 y = 116480 + 432x。

工业工程法适用于任何可以从客观立场进行观察的投入产出过程，如直接材料、直接人工等成本，也可以用于办公室、装运、仓库等非制造本的测定，对于不能直接把成本归属于特定投入与产出的，或者不能单独进行观察的联合过程，如各种间接成本，则不能使用这种方法。

工业工程法，可以在没有历史数据、历史成本数据不可靠，或者需要对历史成本分析结论进行验证的情况下使用。尤其是在建立标准成本和编制预算时，使用工业工程法，比历史成本分析更加科学客观先进。工业工程法是一种独立的分析方法，也是最有效的一种方法。然而，工业工程法的分析成本较高，因为对投入产出过程进行观察、分析和测定，往往需要耗用较多的人力、物力、财力和时间。

（三）契约检查法

契约检查法，是根据企业签订的契约或合同、既定的管理与核算制度以及支付费用的规定等估算固定成本或单位变动成本的方法。

【例2-7】按供电局规定，丙企业的变压器维持费为每月16000元，电费每度1.2元，用电额度每月40000度，超额用电按正常电费的20倍计价。每件产品平均用电8度，照明用电每月8000度。

根据以上资料：

用电额度内最大产量＝（用电额度－照明用电）÷单位产品耗电

＝（40000－8000）÷8＝4000（件）

设产量为x，电量为y，产量在4000件以内时的电费：

y＝单价×（照明用电＋生产用电）＋变压器维持费

＝1.2×（8000＋8x）＋16000＝25600＋9.6x

产量在4000件以上时的电费：

y＝4000件的电费＋4000件以上部分的电费

＝（25600＋9.6×4000）＋1.2×20×（x－4000）×8

＝64000＋192x－768000＝－704000＋192x

契约检查法适用于有明确计算办法的各项成本，如电费、电话费、折旧费、专用工具分摊、工资支付等。这种方法的应用依据有关的正式文件而非历史成本数据。

（四）账户分析法

账户分析法，是根据各个账户（包括明细账户）的本期发生额，通过直接判断其与业务量之间的相互变动关系，将混合成本分解为固定成本和变动成本的一种方法。由于每个账户所记录的成本内容不同，或者成本估计要求的准确性不同，分别采用近似分类和比例分配两种具体做法。

1. 近似分类：将比较接近固定成本的项目归入固定成本，比较接近变动成本的项目归入变动成本。

2. 比例分配：将不宜简单归入固定成本或变动成本的项目，通过一定比例将其分解成固定成本和变动成本两部分。

【例2-8】丁丁商店的成本费用本期发生额如表2-6所示，采用账户分析法进行成本分解。

表 2－6 账户分析法 单位：元

项目	总成本	变动成本	固定成本
商品成本	32000	32000	
工资	1948	748	1200
福利费	192		192
广告	1324	924	400
房地产租赁费	212		212
保险费	56		56
修理费	180		180
易耗品	400	120	280
水电费	200		200
利息	400	400	
折旧	1000		1000
合计	37912	34192	3720

首先，对每个项目进行研究，根据固定成本和变动成本的概念及特点结合企业具体情况来判断，确定账户项目属于哪一类成本。例如，商品成本与商店销量关系密切，基本上属于变动成本；福利费、租金、保险、修理费、水电费、折旧等基本与销量无关，视为固定成本。

其次，对于工资、广告和易耗品等这些混合成本，与商店销量关系不像商品成本那么密切，不能直接凭经验判断进行归属，要使用工业工程法、契约检查法或历史成本分析法，寻找一个合适的比例，将其分为固定和变动成本两部分。

账户分析法，主要用于特定期间总成本的分析，是混合成本诸多方法中最为简便的一种，也是相关决策分析中应用比较广泛的一种。但由于分析结果的可靠性在很大程度上取决于有关分析人员的判断能力，因而不可避免地带有一定的片面性和局限性。

从混合成本分解的各种方法中不难看出，成本分解的过程实际上是一个对成本性态进行研究的过程。上述成本分解的各种方法，短长互见。因此，应该根据不同的分解对象所需的精确程度和所能承担的成本支出来选择适当的分解方法，得到分析结果后，还应采取其他方法进行补充和印证，以获得准确的成本数据。

四、成本性态分析的特点与意义

（一）成本性态分析的特点

由于相关范围的存在，成本性态分析通常具有相对性、暂时性和可转化性等特点。

1. 相对性是指在同一时期内同一成本项目在不同企业之间可能具有不同的性态。

2. 暂时性是指就同一企业而言，同一成本项目在不同时期可能有不同的性态。从长远看，任何一种成本不可能永久地保持不变，也不可能与业务量永久地保持线性关系。此外，传统成本性态将固定成本简单地作短期的期间化处理，掩盖了大量的长期性和战略性的重要信息，使企业多项活动的绩效难以真正体现。因此，就某一企业而言，应当经常进行成本性态分析，而不能将某次成本性态分析的结果作为一成不变的标准。

3. 可转化性是指在同一时空条件下，某些成本项目可以在固定成本和变动成本之间实现相互转化。因此，任何企业在进行成本性态分析时，都要从实际出发，具体问题具体分析。

（二）成本性态分析的意义

1. 成本性态分析是采用变动成本计算法的前提条件。研究成本性态的直接目的，是为了向企业管理当局提供有关固定成本及变动成本的信息，以满足管理当局规划与控制企业经济活动的要求。而变动成本计算的目的也在于此。进行变动成本计算的首要条件就是将企业一定时期发生的所有成本划分为固定成本和变动成本两大类，在此基础上计算出企业的期间损益。可见，进行成本性态分析、正确区分变动成本与固定成本，是进行变动成本计算的基础。

2. 成本性态分析对成本—产量—利润之间相互依存关系的分析提供了便利。成本—产量—利润依存关系的分析，是管理会计的基础分析方法，在分析中所使用的成本函数需要对过去的数据进行分析、研究，并在此基础上相对准确地将成本分解为固定成本和变动成本两大类。若不经过这一程序，就不可能确定反映成本性态的成本函数，也就无法进行成本—产量—利润的分析。

3. 成本性态分析是正确制定经营决策的基础。为了分清相关成本和非相关成本，短期决策首先需要将成本按其性态划分为固定成本和变动成本两类。固定成本既然不随产量的变动而变动，在短期经营决策中一般也就属于非相关成本；而变动成本则属于相关成本。理解这一概念，是正确进行短期经营决策的关键。此外，在经营决策中还必须应用许多特殊的成本概念，而这些成本概念有许多是建立在成本按其性态进行分类的基础之上的。

4. 成本性态分析，也是正确评价各部门工作业绩的基础。在管理会计的控制职能中，控制程序的一个重要部分就是衡量、评价实际工作的业绩，以及将其与计划的（或预算的）指标相比较。就成本控制而言，为了正确评价基层各部门控制成本的成效，亦应将成本划分为可控和不可控两部分。由于变动成本和固定成本划分的依据是成本与产量的关系，对于生产的基层单位来说，大多数变动成本是可控成本。而评价一个部门的工作业绩，最主要的就是看其对可控成本控制得如何，是否达到了预期的目标。

五、成本性态分析的应用与局限性

（一）成本性态分析在成本管理中的应用

1. 成本性态分析在成本控制中的应用。所有成本都可区分变动成本和固定成本两类。变动成本一般会受消耗定额执行情况的影响，因而控制和降低单位产品的变动成本，主要应从控制和降低单位产品消耗量入手。其主要途径通常有：（1）提高劳动生产率；（2）编制先进合理的劳动定额和定员，制定出勤率指标，控制非生产性损失，实行合理的工资制度和奖励制度，努力降低产品成本中的工资费用；（3）降低材料的消耗，不断降低材料的消耗是降低成本的重要途径；（4）努力降低材料采购成本，如控制材料采购费用、确定最优订购批量；（5）加强现有设备的技术改造，提高生产设备的利用程度。

2. 成本定额制定在目标考核中的应用。各种成本中既有固定成本，又有变动成本，而在这些成本当中，很多固定成本是已成定局的，是各个使用部门所不能改变的，属于不可控成本。成本是否可控并不是固定对什么项目成本而言，而是必须与一个具体责任单位或个人联系起来。某项成本对某一责任单位来说是不可控的成本，但对另一个责任单位或个人来说可能就是可控成本。另外，是否可控还必须同成本发生的时间相联系进行考察。此外，成本可控与否还要视不同层次的权限而定。

成本性态分析在企业成本管理中具有重大的意义，得到了广泛的应用，但由于它与我国传统财务会计的完全成本法有着较大的区别，在实际应用中也会不可避免地存在着一些问题。由于相关范围的多变性，使得成本性态分析只能用于短期分析，而不能用于企业的长期分析。

（二）成本性态分析的局限性

1.“相关范围”的限定有局限性。如前所述，固定和变动的成本性态，只是在一段有限的产量范围之内，才是正确的。这一限定本身，就使成本性态的分析研究，不可避免地带有一定的局限性。

2.“成本与产量之间完全线性联系”的假定，不尽切合实际。为达到会计分析的目的，成本性态分析假设在相关范围内，成本与业务量的变动关系是线性的，用直线方程 $y = a + bx$ 来描述成本性态。但在许多情况下，成本与业务量之间的联系是非线性的，就需要用非线性函数来描述其实际成本性态，这样得出的方程式可能相当复杂。例如，曲线成本要使用二次方程或高次方程来描述；当引起成本变动的变量不止一个时（如成本变动同时依存于人工小时和机器工作小时这两个变量），就要使用多元线性方程来描述，建立和计算这些方程式，往往要花费很多时间和精力。这种以复杂曲线方程或多元方程取代一元线性方程来描述实际成本性态之目的，是为了适应生产技术构造越来越复杂、货币价值变动越来越剧烈的实际情况，也是为了得到更准确的描述变化多端的实际成本性态的有效成本函数，企业也能利用这些复杂的数学方法以取得更为精确的成本性态分析，从而得到更为有效的结果。但是，为了得到这些信息，其付出的代价还需与得到和利用它们可能带来的好处进行权衡和比较，才能决定取舍。不过，在引进电子计算机技术以后，许多复杂的问题都可以迎刃而解，许多非线性回归分析和多元回归分析都会变得简便起来。

第三节　管理会计基本工具方法

一、管理会计工具方法概论

管理会计工具方法是实现管理会计目标的具体手段，是单位应用管理会计时所采用的战略地图、滚动预算管理、作业成本管理、本量利分析、平衡计分卡等模型、技术、流程的统称。管理会计工具方法具有开放性，随着实践发展不断丰富完善。

二、管理会计工具方法简介

单位应用管理会计，应结合自身实际情况，根据管理特点和实践需要选择适用的管理会计工具方法，并努力实现管理会计工具的系统化、集成化。管理会计工具方法主要应用于以下领域：战略管理、预算管理、成本管理、营运管理、投融资管理、绩效管理、风险管理等。

（一）战略管理

战略管理领域应用的管理会计工具方法包括但不限于战略地图、价值链管理等。

战略地图是由罗伯特·卡普兰（Robert S. Kaplan）和戴维·诺顿（David P. Norton）提出，并在平衡计分卡的基础上发展而来的。与平衡计分卡相比，增加了两个层次的含义，一是颗粒层，即每一个层面下都可以分解为很多要素；二是动态发展，即战略地图是动态发展的，可以结合战略规划过程来绘制。战略地图是以平衡计分卡的四个层面目标（财务层面、客户层面、内部层面、学习与成长）为核心，通过分析这四个层面目标的相互关系而绘制的企业战略因果关系图。战略地图的核心内容包括：企业通过运用人力资本、信息资本和组织资本等无形资产（学习与成长），才能创新和建立战略优势和效率（内部流程），进而使公司把特定价值带给市场（客户），从而实现股东价值（财务）。

价值链管理是改变作业管理策略和将组织调整到具有有效性和高效率的战略位置，以利用产生的每一个竞争机会。在价值链管理中，最终客户决定什么是价值以及怎样制造和提供价值。价值链管理的目标是创造一个价值链战略，这个战略是为了满足和超越客户的需要和欲望，为了达成链中成员的充分无缝整合。一个好的价值链可以使链中的各成员像团队般的工作，每个成员都为了全过程增加相应的价值——快速组装、更准确的信息、更快的客户反应速度和更好的服务等等。价值链中的各成员合作得越好，就会更好地为客户解决问题。

（二）预算管理

预算管理领域应用的管理会计工具方法包括但不限于全面预算管理、滚动预算管理、作业预算管理、零基预算管理、弹性预算管理等。

全面预算管理，是利用预算对企业内部各部门、各单位的各种财务及非财务资源进行分配、考核、控制，以便有效地组织和协调企业的生产经营活动，完成既定的经营目标。

滚动预算又称连续预算或永续预算，是指在编制预算时，使预算期与会计年度脱离，随着预算的执行不断延伸补充预算，逐期向后滚动，使预算期始终保持为一个固定期间的一种预算编制方法。按照滚动的时间单位不同，可以分为逐月滚动、逐季滚动和混合滚动。

作业预算是根据公司作业活动和业务流程之间的关系合理配置公司资源而编制预算的方法。作为企业管理控制的一种手段，作业预算的目的在于科学预测未来一定时期的最优资源需求量组合，使企业以最低的成本完成预期的战略目标。作业预算的基本特点是将作业成本法引入企业预算管理过程中，编制作业层次的预算，而不是传统的产品层次的预算，从而将企业经营控制的重点由产品转变为作业。

零基预算是指在编制成本费用预算时，不考虑以往会计期间所发生的费用项目或费用数额，而是以所有的预算支出为零作为出发点，一切从实际需要与可能出发，逐项审议预算期内各项费用的内容及其开支标准是否合理，在综合平衡的基础上编制费用预算的一种方法。

弹性预算又叫可变预算，通常随着销售量的变化而变化，主要用于费用预算。其基本思路是按固定费用（在一定范围内不随产量变化的费用）和变动费用（随产量变化的费用）分别编制固定预算和可变预算，以确保预算的灵活性。

（三）成本管理

成本管理领域应用的管理会计工具方法包括但不限于目标成本管理、标准成本管理、变动成本管理、作业成本管理、生命周期成本管理等。

目标成本管理就是在企业预算的基础上，根据企业的经营目标，在成本预测、成本决策、测定目标成本的基础上，进行目标成本的分解、控制分析、考核、评价的一系列成本管理工作。目标成本管理以管理为核心，核算为手段，效益为目的，对成本进行事前测定、日常控制和事后考核，从而形成一个全企业、全过程、全员的多层次、多方位的成本体系，以达到少投入多产出获得最佳经济效益的目的。

标准成本是指在正常生产经营条件下应该实现的，可以作为控制成本开支，评价实际成本，衡量工作效率的依据和尺度的一种目标成本。标准成本管理是基于标准成本法的一种成本管理方法，应依据各生产流程的操作规范，利用健全的生产、工程、技术测定（包括时间及动作研究、统计分析、工程实验等方法），对各成本中心及产品制定合适的数量化标准，再将该数量化标准金额化，作为成本绩效衡量与标准产品成本计算的基础。

变动成本以成本性态分析为前提条件，是指在组织常规的成本计算过程中，只将变动生产成本作为产品成本的构成内容，而将固定生产成本和非生产成本作为期间成本，并按贡献式损益确定程序计算损益的一种成本计算模式。变动成本管理是基于变动成本法的一种成本管理方法，对于短期决策、评价各部门业绩、简化成本计算工作、提高管理水平具有非常重要的意义。

作业成本管理是基于作业成本法的新型集中化管理方法，通过对作业及作业成本的确认、计量，最终计算产品成本，同时将成本计算深入作业层次，对企业所有作业活动追踪并动态反映，进行成本链分析，包括动因分析、作业分析等，为企业决策提供准确信息，指导企业有效地执行必要的作业，消除和精简不能创造价值的作业，从而达到降低成本，提高企业经济效率的目的。

生命周期成本是指在产品经济有效使用期间所发生的与该产品有关的所有成本，包括产品设计成本、制造成本、使用成本、废弃处置成本和环境保护成本等。生命周期成本管理是基于生命周期成本，对一个产品系统生命周期整个阶段，从原材料的提取和加工，到产品生产、包装、市场营销、使用、再使用和产品维护，直至再循环和最终废物处置的环节，进行管理和评价的一种新型成本管理方法。

（四）营运管理

营运管理领域应用的管理会计工具方法包括但不限于本量利分析、敏感性分析、边际分析、标杆管理等。

本量利分析是成本、业务量和利润三者依存关系分析的简称，是在成本习性分析的基础上，运用数学模型和图式，对成本、利润、业务量与单价等因素之间的依存关系进行具体的分析，研究其变动的规律性，以便为企业进行经营决策和目标控制提供有效信息的一种方法。

敏感性分析是从定量分析的角度研究有关因素发生某种变化对某一个或一组关键指标影响程度的一种不确定分析技术。敏感性分析通过从多个不确定性因素中逐一找出对投资项目经济效益指标有重要影响的敏感性因素，并分析、测算其对项目经济效益指标的影响程度和敏感性程度，进而判断项目承受风险的能力。

边际分析是为作出最佳选择而对有关备选方案的边际成本、边际收入和边际利润所进行的观察、计量与分析，认为只有当边际收入等于（或趋近于）边际成本，边际利润等于（或趋近于）零时，企业的盈利总额将达到最大值。可见，边际分析的结果及其所揭示的边际收入同边际成本之间的数量关系是确定有关产品最佳产销规模的重要依据，这种决策分析方法可应用于产品生产和产品定价等决策中。

标杆管理又称“基准管理”，其本质是不断寻找最佳实践，以此为基准不断地“测量分析与持续改进”。标杆管理是创造模版的工具，它可以帮助企业创造自身的管理模式或工作模版，是实现管理创新并获得竞争优势的最佳工具。西方管理学界将标杆管理与企业再造、战略联盟一起并称为20世纪90年代三大管理方法。标杆管理方法较好地体现了现代知识管理中追求竞争优势的本质特性，具有巨大的实效性和广泛的适用性。

（五）投融资管理

投融资管理领域应用的管理会计工具方法包括但不限于贴现现金流法、项目管理等。

贴现现金流法就是把企业未来特定期间内的预期现金流量还原为当前现值。由于企业价值的真髓是未来盈利的能力，只有当企业具备这种能力时，其价值才会被市场认同。因此，理论界通常把贴现现金流法作为企业价值评估的首选方法，在评估实践中也得到了大量的应用，并且已经日趋完善。

项目管理是管理学的一个分支学科，指在项目活动中运用专门的知识、技能、工具和方法，使项目能够在有限资源限定条件下，实现或超过设定的需求和期望的过程。项目管理是对一些成功地达成一系列目标相关的活动（譬如任务）的整体监测和管控，包括策划、进度计划和维护组成项目活动的进展。

（六）绩效管理

绩效管理领域应用的管理会计工具方法包括但不限于关键指标法、经济增加值、平衡计分卡等。

关键绩效指标（KPI）是通过对组织内部流程的输入端、输出端的关键参数进行设置、取样、计算、分析，衡量流程绩效的一种目标式量化管理指标。是把企业的战略目标分解为可操作的工作目标的工具，是用于衡量工作人员工作绩效表现的量化指标，是企业绩效管理的基础。KPI可以使部门主管明确部门的主要责任，并以此为基础，明确部门人员的业绩衡量指标。建立明确的切实可行的KPI体系，是做好绩效管理的关键。

经济增加值（EVA）指从税后净营业利润中扣除包括股权和债务的全部投入的资本成本后的所得。其核心思想是资本投入是有成本的，企业的盈利只有高于其资本成本（包括股权成本和债务成本）时才会为股东创造价值。

平衡计分卡（BSC）是从财务、客户、内部运营、学习与成长四个角度，将组织的战略落实为可操作的衡量指标和目标值的一种新型绩效管理体系。设计平衡计分卡的目的就是要建立“实现战略制导”的绩效管理系统，从而保证企业战略得到有效的执行。

（七）风险管理

风险管理领域应用的管理会计工具方法包括但不限于单位风险管理框架、风险矩阵模型等。

企业风险管理是指企业对风险进行有效评估、预警、应对，为企业风险管理目标的实现提供合理保证的过程和方法。企业风险管理并不能替代内部控制，企业应当建立健全内部控制制度，并作为风险管理的工作基础。

风险矩阵也称风险热度图、风险坐标图等，是指按照风险发生的可能性和风险发生后果的严重程度，将风险绘制在矩阵图中，展示风险及其重要性等级的风险管理工具。

企业在应用管理会计时，应结合自身实际情况，根据管理特点和实践需要选择适用的管理会计工具方法，并加强管理会计工具方法的系统化、集成化应用。

复 习 题

一、单项选择题

1. 在相关范围内，单位变动成本（　　）。

A. 随产量增加而减少　　B. 随产量增加而增加

C. 在各种产量水平下保持不变　　D. 在不同的产量水平下各不相同

2. 在缺乏历史数据可供参考时，混合成本分解通常采用的方法是（　　）。

A. 高低点法　　B. 散布图法

C. 回归分析法　　D. 工程分析法

3. 下列各项中属于变动成本的是（　　）。

A. 广告费　　B. 不动产财产税

C. 管理人员工资　　D. 生产一线工人工资

4. 主要涉及企业资源的提供者与资源的使用者之间契约关系的理论是（　　）。

A. 科学管理理论　　B. 权变理论

C. 代理理论　　D. 行为科学理论

5. 阶梯式混合成本又可称为（　　）。

A. 半固定成本　　B. 半变动成本

C. 延期变动成本　　D. 曲线变动成本

二、多项选择题

1. 下列属于绩效管理领域应用的管理会计工具方法包括（　　）。

A. 关键指标法　　B. 经济增加值

C. 平衡计分卡　　D. 项目管理

E. 风险矩阵

2. 管理会计工具方法主要应用于（　　）领域。

A. 战略管理　　B. 预算管理
C. 成本管理　　D. 投融资管理
E. 绩效管理

3. 下列属于酌量性固定成本的有（　　）。
A. 研究开发费　　B. 广告宣传费
C. 职工培训费　　D. 机器设备折旧费
E. 生产工人工资

4. 在一定相关范围内，成本与产量的关系呈一条平行于 x 轴直线的有（　　）。
A. 固定成本　　B. 单位变动成本
C. 变动成本　　D. 半变动成本
E. 单位变动成本

5. 成本依据性态可分为（　　）。
A. 固定成本　　B. 制造成本
C. 变动成本　　D. 非制造成本
E. 半变动成本

三、判断题

1. 在短期决策中，所有固定成本或折旧费都是沉没成本。（　　）
2. 成本估计是探索特定成本的性态的过程。主要内容是需要运用一定的方法估计成本与产量之间的关系，将混合成本分解为固定成本和变动成本，并建立相应的成本函数模型。（　　）
3. 生产成本中的直接成本就是变动成本，间接成本就是固定成本。（　　）
4. 成本领先要求企业必须要以低于行业平均价格销售产品。（　　）
5. 科学管理理论既重视技术因素，也重视人的社会因素。（　　）
6. 任何一种成本计算法的产生总是同其特定的经济环境相联系的。（　　）
7. 由于相关范围的存在，成本性态分析通常具有相对性、暂时性和可转化性等特点。（　　）
8. 采用高低点法进行成本性态分析时，若业务量最高点、最低点与成本最高点、最低点不一致时，高低点坐标的选择以业务量为准。（　　）
9. 定期支付的广告费属于约束性固定成本。（　　）
10. 机会成本实质上是一种主观上的价值判断，因此可有可无。（　　）

四、简答题

1. 什么是成本性态？为什么说成本性态分析是管理会计的分析方法基础？
2. 什么是混合成本？主要有哪些分解方法？
3. 固定成本和变动成本为何要有相关范围这一前提？
4. 你认为企业应如何应用管理会计工具？

第三章

变动成本法

【教学目标】 通过本章的学习，领会变动成本法的原理；掌握变动成本法与完全成本法在成本构成、存货计价以及分期损益等方面存在的差异；熟练掌握变动成本法和完全成本法下单位成本、期间成本和税前利润的计算；掌握变动成本法和完全成本法在税前利润计算中差异产生的原因及规律；理解变动成本法和完全成本法的优缺点。

【引导案例】 2017 年 3 月 12 日，某医药工业公司财务科长根据本公司各企业的会计年报及有关文字说明，写了一份公司年度经济效益分析报告送交经理室。经理对报告中提到的两个企业情况颇感困惑：一个是专门生产输液原料的甲制药厂，另一个是生产制药原料的乙制药厂。甲制药厂 2015 年销售不景气，库存大量积压，贷款不断增加，资金频频告急，2016 年该厂对此积极努力，一方面适当生产，另一方面则想方设法广开渠道，扩大销售，减少库存，但报表上反映的利润 2016 年却比 2015 年下降。乙制药厂情况则相反，2016 年市场不景气，销售量比 2015 年下降，但年度财务决算报表上几项经济指标除资金外都比上年好。被经理这么一提，公司财务科长也觉得有问题，于是他将这两个厂交上来的有关报表和财务分析拿出来进行进一步的研究。研究发现，不同的成本计算法导致税前利润产生了差异。究竟采用哪种成本计算方法才能切实加强企业内部管理，提高经济效益呢？

第一节　变动成本法与完全成本法的比较

一、完全成本法的含义及作用

（一）完全成本法的含义

在讲述变动成本法之前，有必要简要介绍一下传统的成本计算方法——完全成本法。变动成本法是与传统的成本计算法相对立的概念。所谓完全成本法是指在组织常规的产品成本计算过程中，以成本按照经济用途分类为前提，在计算产品成本和存货成本时，把产品生产过程中所消耗的直接材料、直接人工以及全部制造费用（包括变动性制造费用和固定性制造费用）都吸收到产品成本和存货成本中，而将非生产成本作为期间成本处理的一种成本计算方法。由于这种成本计算法将生产过程中的全部生产成本作为产品成本和存货成本的构成内容，故又称为吸收成本法或全部成本法。

（二）完全成本法的作用

根据传统的财务会计理论，完全成本法的主要作用表现在以下几方面：

（1）存货计价。根据国际会计准则和公认会计原则的规定，企业对外编制财务报表时，存货项目必须采用完全成本法计价，即企业的存货必须按照包含制造费用的全部生产成本来进行估价。

（2）评估盈利能力。企业在经营中要想获得盈利就必须取得足够的营业收入，以补偿所消耗的全部生产成本。从而使企业管理人员对各种产品或服务的盈利能力进行评估。

（3）定价决策。许多企业采用完全成本加成定价法对其生产或销售的产品进行定价。只有完全成本法才能确定产品的全部成本，从而为定价提供基础数据。

二、变动成本法的含义及作用

（一）变动成本法的含义

变动成本法是指在组织常规的产品成本计算过程中，以成本性态分析为前提，在计算产品成本时只包括产品生产过程中所消耗的直接材料、直接人工和变动性制造费用即变动生产成本，而把固定性制造费用及非生产成本作为期间成本处理，按贡献式损益确定程序计量损益的一种产品成本计算方法（见图 3－1）。变动成本法是管理会计中广泛采用的一种成本计算方法。

变动成本法是美国会计学家哈里斯于 1936 年首次提出的。发生于 20 世纪 30 年代末的资本主义世界前所未有的经济危机，对变动成本法由理论到实践的发展起到了极大的推进作用。第二次世界大战后，随着科学技术的迅猛发展和市场环境的日趋严峻，预测、决策和控制的重要性日益突出，人们要求会计工作能提供更为广泛、深入和适用的信息，当然也包括成本方面的信息。与完全成本法相比，变动成本能够为预测、决策、控制提供更为有用的信息。于是，变动成本法作为一种非传统的计算方法，被广泛应用于西方企业的内部管理。

由于变动成本法是以部分成本作为产品成本，这与公认的成本归属原则不符，因此引起会计界的争议。但由于变动成本法比传统的财务会计中的全部成本法更能提供广泛而实用的经济信息，因此，从 20 世纪 60 年代以来，变动成本法在美国及其他西方国家被普遍应用于企业内部管理。

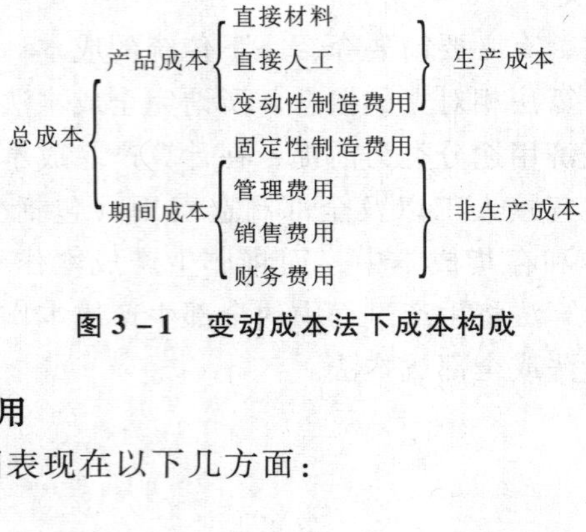

图 3－1　变动成本法下成本构成

（二）变动成本法的作用

变动成本法的主要作用表现在以下几方面：

（1）能够提供每种产品的盈利能力资料。每种产品的盈利能力资料，是管理会计要提供的重要管理信息之一，因为利润的规划和经营管理中许多重要的决策，都要以每种产品的盈利能力作为考虑的重要因素。而每种产品的盈利能力可以通过其边际贡献来综合体现。边际贡献是销售收入减去变动成本后的差额。显然，各种产品的边际贡献要用来补偿整个企业的固定成本，补偿之后还有余额，企业才能实现最终利润。而各种产品边际贡献的确定，又有赖于变动成本的计算。

（2）可以为正确地制定经营决策以及进行成本的计划和控制提供许多有价值的资料。以边际贡献分析为基础，进行盈亏临界点和本—量—利分析，有利于揭示产量与变动成本的内在规律，找出生产、销售、成本和利润之间的依存关系，并用于预测前景、规划未来（如规划目标成本、目标利润及编制弹性预算等）。同时，这些资料也有利于正确地制定短期经营决策。因为就短期而言，企业现有的生产能力一经形成，在短期内就很难改变，所以用于维持现有生产能力的固定成本就是一种与短期决策无关的成本。但变动成本则会受到短期决策的影响，这是因为短期经营决策常常借助边际贡献的信息来进行。

（3）变动成本计算便于和标准成本、弹性预算和责任会计等直接结合，在计划和日常控制的各个环节发挥重要作用。变动成本和固定成本具有不同的成本性态，对于变动成本可通过制定标准成本和建立弹性预算进行日常控制。在一般情况下，变动成本的高低，可反映出生产部门和供应部门的工作业绩，完成的好坏应由他们负责。例如，在直接材料、直接人工和变动性制造费用方面，若有所节约或超支，就可视为其业绩好坏的反映，这样就便于分清各部门的经济责任。而固定成本的高低一般不是基层生产单位所能控制的，通常应由管理部门负责，可以通过制定费用预算加以控制。因此，变动成本计算法，有利于进行科学的成本分析和正确的成本控制，也有利于正确评价各部门的工作业绩。

（三）完全成本法和变动成本法的特点

从前面完全成本法和变动成本法的概念不难发现，两种方法的根本区别或者说分歧在于如何看待固定性制造费用，这一区别也决定了两种不同成本计算方法各自的特点。

1. 完全成本法的特点

（1）符合公认会计准则的要求。公认会计准则认为会计分期是对持续经营的人为分割，应该加深这种人为因素对企业经营成果的影响，尽量保证持续经营假设下经营的均衡性。

（2）强调固定性制造费用和变动性制造费用在成本补偿方式上的一致性。完全成本法认为，只要是与产品生产有关的耗费，均应从产品销售收入中得到补偿，固定性制造费用也不例外。因为从成本补偿的角度讲，用于直接材料的成本与用于固定性制造费用的支出并无区别。所以，固定性制造费用应与直接材料、直接人工和变动性制造费用一起共同构成产品的成本，而不能人为地将它们割裂开来。

（3）强调生产环节对企业利润的贡献。由于完全成本法下固定性制造费用也被归集于产品而随产品流动，因此，本期已销产品和期末未销产品在成本构成上是完全一致的。在一定销售量的条件下，产量大则单位产品成本下降，使企业利润增高，所以，客观上完全成本法有刺激生产的作用。这也就是说，从一定意义上讲，完全成本法强调了固定性制造费用对企业利润的影响。

2. 变动成本法的特点

(1) 以成本性态分析为基础计算产品成本。变动成本法将产品的制造费用按成本性态划分为变动性制造费用和固定性制造费用两部分，认为只有变动性制造费用才构成产品成本，而固定性制造费用应作为期间成本处理。换句话说，变动成本法认为固定性制造费用转销的时间选择十分重要，它应该属于为取得收益而已经付出的成本。

(2) 强调不同的制造费用在补偿方式上存在着差异性。变动成本法认为产品的成本应该在其销售的收入中获得补偿，而固定性制造费用与产品的销售无关，只与企业是否经营有关，因此，不应该将其纳入产品成本，而应在发生的当期确认为费用。

(3) 强调销售环节对企业利润的贡献。由于变动成本法将固定性制造费用作为期间成本，所以在一定产量条件下，本期间发生的固定性制造费用全部计入当期成本，导致损益对销量的变化更为直接敏感，这在客观上有刺激销售的作用。产品销售收入与变动成本的差量是管理会计中的一个重要概念，即边际贡献。以边际贡献减去期间成本就是利润。由边际贡献这个概念不难看出，变动成本法强调的是变动成本对企业利润的影响。

(四) 采用变动成本法的理论依据

管理会计认为，在进行成本计算、界定产品成本与期间成本时，必须摆脱财务会计传统思维定式束缚，重新认识产品成本和期间成本的本质。变动成本计算的理论依据主要基于以下观点：

(1) 产品成本只应该包括变动生产成本。在管理会计中，产品成本是指那些在生产过程中发生的，随产品实体的流动而流动，只有当产品实现销售时才能与相关收入实现配比、得以补偿的成本。显然，只有与产量有关的变动生产成本才能随产品实体流动而流动，因此，只有变动生产成本才能构成产品成本的内容。

(2) 固定制造费用应当作为期间成本处理。在管理会计中，期间成本是指那些不随产品实体的流动而流动，而是随企业生产经营持续时间长短而增减，其效益随期间的推移而消逝，不能递延到下期，只能于发生的当期计入利润表并由当期收入补偿的费用，因而与产品实体流动情况无关，不能计入期末存货。

显然，并非在生产领域内发生的所有成本都是产品成本。如生产成本中的固定性制造费用，在相关范围内，它的发生与各期的实际产量的多少或有无并没有因果关系。我们设想一下，如果当期产品产量为零，就不会存在“产品”这个成本的物质承担者，也就不应当有“产品成本”存在。在变动成本法下，解释这种现象十分简单，事实也的确如此。如果同样现象发生在完全成本法下，就会发生一方面产品产量为零（暂不考虑季节性停产的原因），而另一方面由于车间厂房设备照提折旧而导致的固定性制造费用不为零，产品成本同时不为零的奇特现象。

从这个意义上看，固定性制造费用只是定期地创造了可供利用的生产能量，因而与期间的关系更为密切。在这一点上，固定性制造费用与销售费用、管理费用和财务费用等非生产成本只是定期地创造了维持企业经营的必要条件一样，具有时效性。不管这些能量和条件能否在当期被利用，利用得是否有效，这种成本的发生额都不会受到丝毫的影响，其效益随着时间的推移而逐渐丧失，不能递延到下期。因此，固定性制造费用应当与非生产成本一样作为期间成本处理。

第二节　变动成本法与完全成本法的关系

变动成本法与完全成本法在计算产品成本和确定利润时，对固定性制造费用的处理方式截然不同，导致两者在应用前提条件、产品成本范围、存货计价以及期间利润计算方面都存在显著的差异。

一、应用的前提条件不同

应用变动成本法要求首先进行成本性态分析，把全部成本分为变动成本和固定成本两大部分。其中将生产成本分解为变动生产成本和固定生产成本；将期间成本分解为变动期间成本（如变动销售及管理费用）和固定期间成本（如固定销售及管理费用）。

应用完全成本法要求首先把全部成本按照经济用途分为生产成本和非生产成本。凡在生产领域中为生产产品发生的成本就归于生产成本，发生在流通领域和服务领域由于组织日常销售或进行日常行政管理而发生的成本则归属于非生产成本。

二、产品成本和期间成本的构成内容不同

在变动成本法下，产品成本只包括变动生产成本（即直接材料、直接人工和变动性制造费用），而固定生产成本（即固定性制造费用）和非生产成本（销售费用、管理费用和财务费用）则全部作为期间成本处理。

在完全成本法下，产品成本则包括全部生产成本（即直接材料、直接人工、变动性制造费用和固定性制造费用），只有非生产成本（销售费用、管理费用和财务费用）作为期间成本处理。如图 3－2 所示。

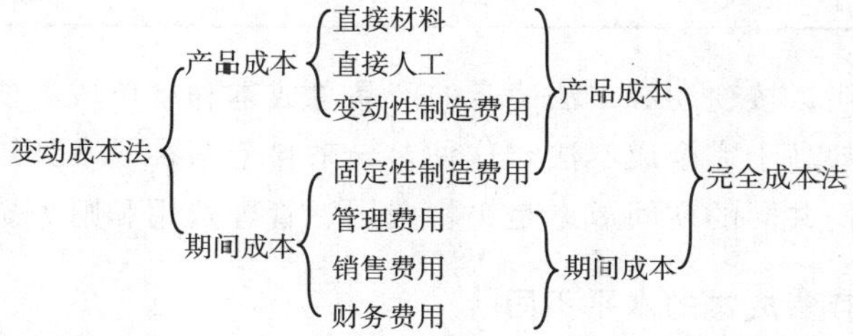

图 3－2　完全成本法与变动成本法下成本的构成

【例 3－1】某公司只产销一种产品，其 2017 年的业务量、成本及售价资料如表 3－1 所示。

表 3-1 公司 2017 年的业务量、成本及售价资料

期初存货量	0 件	直接材料	300000 元
本年生产量	5000 件	直接人工	50000 元
本年销售量	4000 件	变动性制造费用	50000 元
期末存货量	1000 件	固定性制造费用	200000 元
销售单价	200 元/件	变动性销售费用	20000 元
		固定性销售费用	10000 元
		变动性管理费用	5000 元
		固定性管理费用	15000 元
		固定性财务费用	20000 元

要求：分别用变动成本法和完全成本法计算该公司的产品成本和期间成本。

依上述资料分别按变动成本法和完全成本法计算当期的产品成本和期间成本，见表3-2。

表 3-2 产品成本及期间成本计算表 单位：元

项目		变动成本法		完全成本法	
		总成本	单位成本	总成本	单位成本
产品成本	直接材料	300000	60	300000	60
	直接人工	50000	10	50000	10
	变动性制造费用	50000	10	50000	10
	固定性制造费用			200000	40
	合　计	400000	80	600000	120
期间成本	固定性制造费用	200000			
	销售费用	30000		30000	
	管理费用	20000		20000	
	财务费用	20000		20000	
	合　计	270000		70000	

本例计算结果表明，按变动成本法确定的产品总成本和单位成本要比完全成本法的相应数值低，而期间成本却高于完全成本法。这种差异来自于两种成本计算法对固定性制造费用的不同处理方法，它们共同的期间成本是销售费用、管理费用和财务费用。

三、销售成本和存货成本的水平不同

广义的产品有销货和存货两种实物形态。在期末存货和本期销货均不为零的条件下，本期发生的产品成本最终要表现为销售成本和存货成本。因为在变动成本法下固定性制造费用被作为期间成本处理，直接计入当期利润表，不会转化为销售成本和存货成本，即采用变动成本法，不论是本期已销产品还是期末存货，成本只包括制造成本中的变动部分。而在完全成本法下，固定性制造费用被计入产品成本，并要在存货和销货之间进行分配，使一部分固定性制造

费用被期末存货吸收递延至下期，另一部分固定性制造费用作为销货成本计入当期利润表，即采用完全成本法，不论是本期已销产品还是期末存货，其成本中均包括了一定份额的固定性制造费用。显然，这必将导致两种成本计算法确定的期末存货成本和当期销售成本水平的不同。而且，变动成本法下的期末存货成本必然小于完全成本法下的期末存货成本。

【例 3－2】 仍以上例所示的表 3－2 资料为例。要求：分别按变动成本法和完全成本法计算确定期末存货成本和本期销售成本。计算结果如表 3－3 所示。

表 3－3　　期末存货成本和销售成本计算表　　单位：元

项目	变动成本法	完全成本法
期初存货成本	0	0
本期产品成本	400000	600000
可供销售产品成本	400000	600000
单位产品成本	80	120
期末存货量	1000	1000
期末存货成本	80000	120000
本期销货成本	320000	480000

在本例中，变动成本法下的期末存货成本全部由变动生产成本构成，为 80000 元。

在完全成本法下，期末存货成本为 120000 元，其中，除了包括 80000 元的变动生产成本外，还包括 40000（40×1000）元的固定性制造费用，从而导致变动成本法下的期末存货成本比完全成本法下的存货成本少了 40000 元。

同样道理，变动成本法的销货成本 320000 元完全是由变动生产成本组成的。而完全成本法下的销货成本 480000 元中则包括了 320000 元的变动生产成本和 160000（40×4000）元的固定性制造费用，因此，导致变动成本法下的销货成本比完全成本法下的销货成本少了 160000 元。

总之，上述两部分差异的产生，是因为变动成本法下，200000 元的固定性制造费用被全额计入当期的期间成本，而在完全成本法下，这部分固定性制造费用则被计入当期完工产品成本（其中有 40000 元计入存货成本，160000 元被计入销货成本）所造成的。

四、损益确定程序不同

两种成本计算法的区别不仅限于成本方面，还会影响到税前利润的计量程序。如在变动成本法下，只能按贡献式损益确定程序计算税前利润；而在完全成本法下则必须按传统式损益确定程序计算税前利润。

所谓贡献式损益确定程序是指在损益计量过程中，以成本性态分析为基础，首先用营业收入补偿本期实现销售产品的变动成本，从而确定边际贡献（暂不考虑销售税金及附加），然后再用边际贡献补偿固定成本以确定当期税前利润的过程。

而传统式损益确定程序则是指在损益计量过程中，以成本按经济用途分类为基础，首先用营业收入补偿本期已实现销售产品的生产成本，从而确定销售毛利，然后再以销售毛利补偿所有的非生产成本，以确定当期税前利润的过程。

（一）税前利润的计算方法不同

1. 在变动成本法下，税前利润应按下列两步计算：

第一步，计算贡献毛益。

$$贡献毛益 = 销售收入 - 变动成本总额 \tag{3-1}$$

其中：

$$变动成本总额 = 变动生产成本 + 变动非生产成本$$

$$变动生产成本 = 单位变动生产成本 \times 销售量$$

$$变动非生产成本 = 单位变动非生产成本 \times 销售量$$

第二步，确定税前利润。

$$税前利润 = 贡献毛益 - 固定成本总额 \tag{3-2}$$

其中：固定成本总额 = 固定生产成本 + 固定销售费用 + 固定管理费用 + 固定财务费用

2. 在完全成本法下，税前利润则按下列两步计算：

第一步，计算销售毛利。

$$销售毛利 = 销售收入 - 已销售产品生产成本 \tag{3-3}$$

其中：已销售产品生产成本 = 期初存货成本 + 本期生产成本 - 期末存货成本

第二步，计算税前利润。

$$税前净利 = 销售毛利 - 非生产成本 \tag{3-4}$$

其中：非生产成本 = 期间成本 = 销售费用 + 管理费用 + 财务费用

（二）利润表的格式及提供的中间指标有所不同

由于两种成本法的损益确定程序不同，使得所使用的利润表格式也存在一定的区别。变动成本法使用贡献式利润表；完全成本法使用传统式利润表。这两种利润表的格式见表3-4。

表3-4　两种成本法的利润表格式

贡献式利润表	传统式利润表
营业收入	营业收入
减：变动成本	减：已销售产品生产成本
变动生产成本	期初存货成本
变动销售费用	本期生产成本
变动管理费用	可供销售的产品生产成本
变动财务费用	期末存货成本
变动成本合计	已销售产品生产成本合计
边际贡献	销售毛利
减：固定成本	减：非生产成本
固定生产成本	销售费用
固定销售费用	管理费用
固定管理费用	财务费用
固定财务费用	非生产成本合计
固定成本合计	税前利润
税前利润	

【例3-3】依据【例3-1】中的相关资料，要求：分别按变动成本法和完全成本法编制当期利润表，见表3-5。

表3-5　两种成本法下的利润计算表　单位：元

贡献式利润表		传统式利润表	
营业收入	800000	营业收入	800000
减：变动成本		减：已销售产品生产成本	
变动生产成本	320000	期初存货成本	0
变动销售费用	20000	本期生产成本	600000
变动管理费用	5000	可供销售的产品生产成本	600000
变动财务费用		期末存货成本	120000
变动成本合计	345000	已销售产品生产成本合计	480000
边际贡献	455000	销售毛利	320000
减：固定成本		减：非生产成本	
固定性制造费用	200000	销售费用	30000
固定销售费用	10000	管理费用	20000
固定管理费用	15000	财务费用	20000
固定财务费用	20000	非生产成本合计	70000
固定成本合计	245000	税前利润	250000
税前利润	210000		

从表3-5中可以看出，贡献式利润表和传统式利润表的异同：

（1）两种成本法利润表中的营业收入相同。

（2）本期发生的销售费用、管理费用和财务费用都被全额计入当期利润表，但在计入两种利润表的位置和补偿的途径方面存在形式上的区别。

（3）两种成本法的利润表所提供的中间指标不同。如贡献式利润表的中间指标是“边际贡献”；传统式利润表的中间指标是“销售毛利”。这两个指标的意义和作用是完全不同的。

（三）计算出来的税前利润可能不同

由于两种方法对本期发生的固定性制造费用处理不同，可能导致计算出来的税前利润不同。

表3-5的计算结果表明，该公司贡献式利润表中的税前利润是210000元，传统式利润表的税前利润是250000元，两者相差40000元。这是因为在变动成本法下，本期发生的固定性制造费用200000元被作为期间成本全部计入了利润表；而在完全成本法下，本期发生的固定性制造费用200000元中，有160000（40×4000）元通过已销售产品的生产成本计入利润表，另外40000（40×1000）元被期末存货吸收并结转到下期。由于计入完全成本法利润表的固定性制造费用比计入变动成本法的固定性制造费用少了40000元，导致前者的税前利润比后者的税前利润多了40000元。

上例中是假设期初没有存货，那么当所生产的产品未全部销售出去时，按变动成本法计算的税前利润就小于完全成本法计算的税前利润。就产品的整个寿命周期而言，销售总量最多也只能等于生产总量，但就某个或某些会计期间而言，也可能出现销量大于产量的情况

(即销售了以前会计期间生产而未销售的产品)。为了较全面地说明变动成本法和完全成本法对损益计算的影响,再按以下两种情况进行分析。

1. 连续各期产量相同而销量不同

【例 3-4】假设某企业从事单一产品生产,连续 3 年的产量均为 5000 件,而 3 年销售量分别为 5000 件、4000 件、6000 件。单位产品售价为 200 元,单位产品变动成本 80 元,固定性制造费用为 200000 元,管理费用、销售费用和财务费用年度总额为 50000 元,且全部为固定成本。试用两种成本计算法计算各年税前利润。

根据上述资料,当分别采用变动成本法和完全成本法时,所计算的税前利润如表 3-6 所示。

表 3-6 **利润计算表** 单位:元

	第 1 年	第 2 年	第 3 年	合计
变动成本法下				
销售收入	1000000	800000	1200000	3000000
变动成本总额	400000	320000	480000	1200000
边际贡献总额	600000	480000	720000	1800000
固定成本总额				
固定性制造费用	200000	200000	200000	600000
管理费用、销售费用和财务费用	50000	50000	50000	150000
小计	250000	250000	250000	750000
税前利润	350000	230000	470000	1050000
完全成本法下				
销售收入	1000000	800000	1200000	3000000
已销售产品生产成本				
期初存货成本	0	0	120000	
当期生产成本	600000	600000	600000	1800000
可供销售产品成本	600000	600000	720000	
期末存货成本	0	120000	0	
销售成本	600000	480000	720000	1800000
销售毛利	400000	320000	480000	1200000
管理费用、销售费用和财务费用	50000	50000	50000	150000
税前利润	350000	270000	430000	1050000

注:变动成本法下单位成本 80 元;完全成本法下单位成本 80 + 200000 ÷ 5000 = 80 + 40 = 120(元)。

从上面的计算可以看出:第 1 年按两种方法计算的税前利润是相同的。由于期初存货数量为 0,产量等于销量(均为 5000 件),所以两种成本计算法下的税前利润均为 350000 元。这是因为固定性制造费用不论是作为固定成本(变动成本法下),还是作为已销售产品生产成本(完全成本法下)都全额算进了损益,从收入中得到补偿,故两种方法算出的税前利润相等。

第 2 年按完全成本法计算出的税前利润较变动成本法高 40000（270000 - 230000）元。这是因为该年的期末存货增加了 1000 件，完全成本法的单位成本比变动成本法高 40 元，也就是按完全成本法只有已销售产品所负担的固定性制造费用 160000（200000 ÷ 5000 × 4000）元计入了当年损益，将 40000（1000 × 40）元的固定性制造费用结转到了下一期。而变动成本法下，全部固定性制造费用（200000 元）均计入了当年损益。所以完全成本法的税前利润比变动成本法高 40000 元。

第 3 年按完全成本法计算出的税前利润较变动成本法低 40000（430000 - 470000）元。这是由于变动成本法下计入第 3 年损益的固定性制造费用仍为 200000 元，而在完全成本法下，由于该年的期末存货减少了 1000 件（期初存货 1000 件，当年产量 5000 件，当年销量 6000 件，是将期初存货 1000 件也销售出去了），第 2 年期末存货中的 40000 元固定性制造费用随着存货的销售计入了第 3 年的销售成本中，使销售成本增加，从而导致税前利润减少了 40000 元。

从表 3 - 6 中“合计”一栏可以看出，两种成本法下税前利润的 3 年合计数是相同的（1050000 元）。也就是说，从较长时期来看，各期产量和销量之间的关系所决定的两种成本法下税前利润的差异可以相互抵消。如本例中由于连续三个会计年度总的生产量和销售量相同，故两种方法计算出来的税前利润的总额也是相等的，这也是变动成本法主要用于短期决策的原因所在。

2. 连续各期销量相同而产量不同

【例 3 - 5】 假设某企业从事单一产品生产，连续 3 年的销售量均为 5000 件，而 3 年产量分别为 5000 件、6000 件、4000 件。单位产品售价为 200 元，单位产品变动成本 80 元，固定性制造费用为 200000 元，管理费用、销售费用和财务费用年度总额为 50000 元，且全部为固定成本。试用两种成本计算法计算各年税前利润。

根据上述资料，当分别采用变动成本法和完全成本法时，所计算的税前利润如表3 - 7 所示。

表 3 - 7　　利润计算表　　单位：元

	第 1 年	第 2 年	第 3 年	合计
变动成本法下				
销售收入	1000000	1000000	1000000	3000000
变动成本总额	400000	400000	400000	1200000
边际贡献总额	600000	600000	600000	1800000
固定成本总额				
固定性制造费用	200000	200000	200000	600000
管理费用、销售费用和财务费用	50000	50000	50000	150000
小计	250000	250000	250000	
税前利润	350000	350000	350000	1050000
完全成本法下				
销售收入	1000000	1000000	1000000	3000000

续表

	第1年	第2年	第3年	合计
已销售产品生产成本				
期初存货成本	0	0	113330	
当期生产成本	600000	680000	520000	1800000
可供销售产品成本	600000	680000	633330	
期末存货成本	0	113330	0	
销售成本	600000	566670	633330	1800000
销售毛利	400000	433330	366670	1200000
管理费用、销售费用和财务费用	50000	50000	50000	150000
税前利润	350000	383330	316670	1050000

注：变动成本法下单位成本80元；第1年完全成本法下单位成本 = 80 + 200000/5000 = 80 + 40 = 120（元）；第2年完全成本法下单位成本 = 80 + 200000/6000 = 80 + 33.33 = 113.33（元）；第3年完全成本法下单位成本 = 80 + 200000/4000 = 80 + 50 = 130（元）。

从表3－7可以看出：

（1）由于各年的销量相同，所以按变动成本法所计算的各年的税前利润相等，均为350000元。这是因为尽管各年的产量不同，但由于各年的固定性制造费用全部作为固定成本进入了当期损益，所以当其他条件未变时，税前利润也相等。也就是说，当我们采用变动成本法后，产量高低与存货增减对税前利润毫无影响，决定税前利润大小的主要因素就是销售量。

（2）由于各年的产量发生了变化，所以按完全成本法所计算的各年的税前利润完全不同。导致这种结果的原因就在于固定性制造费用需要在所生产的产品中进行分摊。在本例中，第2年的税前利润最大，这是因为第2年的产量（6000件）大于当年的销量（5000件），期末产成品存货（1000件）成本中负担了相应份额的固定性制造费用33330元，从而使当期的销售成本减少了33330元，税前利润较第1年也就增加了33330元。第3年的情况则正好相反：由于第3年的销售成本中不仅包括了由当年产品所负担的固定性制造费用，还包括了伴随着年初存货的销售而“递延”到了本期的固定性制造费用，所以第3年的税前利润较第1年减少了33330元。

（3）如果将第3年的税前利润与第2年进行比较，则两者相差66660元。也就是说，在产销不平衡的情况下，相邻年度税前利润的差量是它们与产销平衡年度税前利润差量的2倍。这是因为，当产销不平衡时，产量大于销量对于税前利润的影响与销量大于产量对于税前利润的影响是数额相同而方向相反的。

综上所述，变动成本法与完全成本法对各期损益计算的影响，依照产量和销量之间的相互关系，可以归纳为以下三种情况：

（1）当产量等于销量时，两者成本法计算的损益完全相同。表3－6和表3－7中的第1年就属于这种情况。在这种情况下，固定性制造费用是作为固定成本还是作为已销售产品生产成本，对计算损益来说并不重要，重要的是它已全额列为收入的减项而进入了损益。完全成本法期末存货吸收的固定性制造费用等于期初存货吸收的固定性制造费用，则两种成本计算法当期结转的固定性制造费用总额相等，故两种方法的税前利润必然相等。

但是，要注意的是，当产量等于销量时，上述结论是有一定前提条件的，即期末存货中的单位固定生产成本等于期初存货中的单位固定生产成本。如果两者不相等，这时按完全成本法计算的税前利润也不等于按变动成本法计算的税前利润。

（2）当产量大于销量时，按变动成本法计算的税前利润小于按完全成本法计算的税前利润。因为在变动成本法下，计入当期利润表的是当期发生的全部固定性制造费用；而在完全成本法下，相应份额的固定性制造费用被列做了当年的资产（即期末存货成本的一部分），完全成本法期末存货吸收的固定性制造费用大于期初存货吸收的固定性制造费用，也就是当期结转的固定性制造费用小于当期发生的固定性制造费用，因此，按完全成本法确定的税前利润一定大于按变动成本法确定的税前利润。表 3－6 和表 3－7 中的第 2 年就属于这种情况。

我们可以用以下公式来证明两种成本法分期税前利润差额与完全成本法下期末期初存货吸收释放的固定性制造费用差额之间的关系：

完全成本法计入当期利润表的固定性制造费用 = 期初存货释放的固定性制造费用 + 本期发生的固定性制造费用 − 期末存货释放的固定性制造费用　（3－5）

变动成本法计入当期利润表的固定性制造费用 = 本期发生的固定性制造费用　（3－6）

两种成本计算法计入当期利润表中固定性制造费用的差额 = (3－5) − (3－6)

= 完全成本法下期初存货释放的固定性制造费用 − 完全成本法下期末存货吸收的固定性制造费用

在其他因素相同的情况下，有下式成立：

两种成本计算法当期税前利润的差额 = 完全成本法下期末存货吸收的固定性制造费用 − 完全成本法下期初存货释放的固定性制造费用

=（期末库存数 × 完全成本法下本期单位固定性制造费用）

−（期初库存数 × 完全成本法下上期单位固定性制造费用）

= (1000 × 33.33) − (0 × 40) = 33330（元）

当然，这并不是说，当产量大于销量时，按完全成本法计算的税前利润一定大于按变动成本法计算的税前利润。因为两者税前利润的差额除了受生产量和销售量因素影响外，还受期初存货中的单位固定性制造费月和期末存货中单位固定性制造费用大小的影响。由于存货的计价方式除先进先出法外，还有加权平均法等，因此，当采用不同的计价方法时，其利润也将不同。

（3）当产量小于销量时，按变动成本法计算的税前利润大于按完全成本法计算的税前利润。此时完全成本法期末存货吸收的固定性制造费用小于期初存货吸收的固定性制造费用，导致完全成本法当期结转的固定性制造费用大于当期发生的固定性制造费用，因此，按完全成本法计算的税前利润小于按变动成本法计算的税前利润。表 3－6 和表 3－7 中的第 3 年就属于这种情况。

两种成本计算法当期税前利润的差额 = 完全成本法下期初存货释放的固定性制造费用 − 完全成本法下期末存货吸收的固定性制造费用

=（期初库存数×完全成本法下上期单位固定性制造费用）

-（期末库存数×完全成本法下本期单位固定性制造费用）

=（1000×33.33）-（0×40）=33330（元）

同样，当产量小于销量时，按变动成本法计算的税前利润大于按完全成本法计算的税前利润，理由同上。

第三节 对变动成本法和完全成本法的评价

从变动成本法和完全成本法的比较分析中，可以很清楚地看出变动成本法在确定成本和损益方面的特点，与完全成本法相比，变动成本法比较客观地反映了企业通过销售来实现生产经营结果的过程，可以更有效地应用于企业的内部管理。

一、变动成本法的优缺点

（一）变动成本法的优点

1. 变动成本法能够揭示利润和业务量之间的正常关系，有利于促使企业重视销售工作。如前所述，变动成本法能够如实地反映利润和销售量之间的正常关系，使利润真正成为反映企业经营状况的晴雨表，有助于促使企业管理者重视市场销售，认真研究市场动态，实现以销定产，防止因盲目生产带来的产品大量积压，提高企业的经济效益。

2. 变动成本法可以提供有用的成本信息，便于科学的成本分析和成本控制。

首先，按变动成本法计算的单位产品成本，不包括固定性制造费用，使产品成本不受固定成本和产量的影响，这就便于成本预测和成本控制采用更为科学的方法。

其次，变动成本法以成本性态分析为前提，将全部成本划分为固定成本和变动成本，揭示了成本总额和业务量之间的依存关系，为分清成本升降的原因提供了条件。一般情况下，产销量的变化和成本控制工作的好坏，是引起成本升降的两个主要因素。在变动成本法下，产品的单位成本只包括变动生产成本，单位变动成本和固定成本总额一般不受产销量变动的影响，其数额的变动往往是成本控制工作的原因引起的，这样就把产销量变动引起的成本升降同成本控制工作好坏导致的成本升降，清晰地区分开来，有利于科学的成本分析。

再次，变动成本法分别提供了变动生产成本、固定生产成本、变动非生产成本和固定非生产成本的资料，便于确定成本责任的归属。通常变动生产成本发生在生产过程中，其成本责任应归属于生产部门；固定生产成本的发生和生产过程没有直接的联系，其数额的高低不应由生产部门负责，而应有管理部门负责；变动非生产成本通常应由负责销售工作的部门负责；固定非生产成本应由管理部门负责。

最后，变动成本法提供的成本信息，有利于采用科学的成本控制方法。一般地，固定成本的发生和产量之间没有直接的因果关系，其成本控制应以总额控制为目标，一般采用固定预算控制；而变动成本总额随产销量的变动而变动，其成本控制的方向应该是单位成本的消耗，一般通过制定标准成本和弹性预算来控制。

3. 变动成本法提供的成本和损益资料，便于企业进行短期经营决策。变动成本法所提供的变动成本、固定成本、边际贡献和营业利润等资料，有助于揭示成本与业务量之间的依存关系，能反映出生产、销售和利润之间的内在关系，从而可以为正确地进行经济预测和经营决策，提供科学依据。

4. 采用变动成本法可以简化成本核算工作。变动成本法将固定生产成本列入期间成本，大大简化了将固定生产成本计入产品成本时的成本分摊工作，从而减少了由于分摊标准的多样性而带来的主观随意性，简化了成本核算，增强了会计信息的客观性和准确度，也使会计人员从繁重的成本核算工作中解脱出来。

（二）变动成本法的缺点

变动成本法对企业的内部管理有着十分重要的意义，但仍然存在以下缺点：

1. 变动成本法所计算出来的单位产品成本，不符合传统的成本观念。按传统成本观念的理解，生产成本是产品在生产过程中发生的全部耗费，既应该包括变动生产成本，也应该包括固定生产成本，这种观点在全世界范围内得到了广泛的认可。很显然，变动成本法不符合这一观念的要求。

2. 变动成本法不能适应长期决策的需要。变动成本法以成本性态分析为基础，以相关范围内固定成本总额和单位变动成本固定不变为前提条件，这在短期内是成立的。但成本性态受许多因素影响，不可能长期不变。而长期决策主要解决生产能力的增减和经营规模变动等问题，由于涉及的时间长，必然会突破相关范围的限制。因此，变动成本法不能适应长期决策的需要。

3. 采用变动成本法会对所得税产生一定的影响。由于目前国内外的财务会计都采用完全成本法，因此，产品存货的计价都包括了变动生产成本和固定生产成本。如果从某一年开始改用变动成本法，势必要在年初存货成本计价不变的情况下降低年末存货成本的计价，使该年计入利润表的销售成本增加，从而降低该年的营业利润，影响到国家的税收及投资者及时获得收益。从另外一个角度说，如果期末期初存货成本水平不等，也会造成其营业利润不同于完全成本法的结果，进而导致所得税上的时间性差异。这是妨碍变动成本法应用的很现实的原因。

二、完全成本法的优缺点

（一）完全成本法的优点

1. 完全成本法是从价值补偿角度计算成本，其产品生产成本中包括了变动性制造费用和固定性制造费用两部分，反映生产过程中的全部消耗，符合传统的成本概念，也易于人们理解，便于编制财务报表，是财务会计核算中确定盈亏的重要依据。

2. 由于完全成本法把固定性制造费用分配到每一单位产品，因此，促进企业积极扩大生产，就会降低每一单位产品分配的固定性制造费用，引起单位产成品的成本降低，提高经济效益。

（二）完全成本法的缺点

1. 完全成本法不利于成本管理。在完全成本法下，把固定性制造费用计入产品成本中，给成本管理带来了困难：第一，把固定性制造费用分配到各种产品中去，是一项繁重的工作，增加了成本计算量，同时也影响了成本计算的及时性和准确性。第二，由于产品中既包括了变动成本部分，也包括了固定成本部分，不易统一控制成本标准，使成本控制复杂化；同时固定成本分散在单位产品中，也使管理者难以对固定成本加以控制。第三，在分配固定成本过程中，遇到不同的产品时，就难以确定分配标准。第四，不能准确反映生产部门对成本的控制成果。一般来说，固定性制造费用对生产部门来说属于不可控成本，因为产量的增减必定引起生产成本的升降，但由于产品中吸收了固定成本内容，就不能反映生产部门的成绩与责任，难以对责任单位进行业绩考核与评价。

2. 难以反映真实的盈利情况。从完全成本法的构成内容可以看出，单位固定成本大小与产量呈反方向变动。当销售量与生产量变动不一致时，即销售量下降，而生产量上升时，企业盈利会产生令人难以理解的现象。现举例说明。

【例 3－6】 某企业生产甲产品，售价为 2000 元，单位变动成本为 100 元，每月固定性制造费用为 300000 元，一月份产量为 600 件，销量为 600 件，期末无存货。二月份产量为 2000 件，销量为 500 件，期末存货为 1500 件。则：

一月份单位产品成本 $= 100 + 300000 \div 600 = 600$（元）

二月份单位产品成本 $= 100 + 300000 \div 2000 = 250$（元）

从上述计算结果可以看出，虽然二月份销售量下降，但企业销售毛利反而增大（见表 3－8），而在一月份只不过由于生产量小，单位产品负担的固定性制造费用高，尽管销售情况很好，仍然没有销售状况差的二月份的盈利状况好。从经营角度而言，这样就会为了降低产品成本，盲目扩大生产，不问市场需求，造成虚盈实亏的后果。

表 3－8　　按完全成本法计算的盈利情况　　单位：元

摘要	一月份	二月份
销售收入	2000 × 600 = 1200000	2000 × 500 = 1000000
已销售产品生产成本	360000	125000
其中：期初存货成本	0	0
本期生产成本	600 × 600 = 360000	250 × 2000 = 500000
期末存货成本	0	250 × 1500 = 375000
销售毛利	840000	875000

此外，变动成本法和完全成本法还有共同的局限性：决策是面向未来的，而不论是完全成本法还是变动成本法，都是面向过去的，都是有关过去的经济活动的反映，所以除非它们能协助决策，否则它们所提供的成本信息的价值就不存在了。

第四节　变动成本法和完全成本法的融合

如前所述，按完全成本法核算的会计资料能够满足企业外部利益相关者的要求，但不能满足企业内部经营管理的需要；相反，按变动成本法能够满足企业内部经营管理的需要，却难以得到外界的认可。因此，无论使用哪一种成本计算法都有不可克服的缺陷。企业的会计核算工作必须提供两方面的信息：一方面，必须为企业内部管理部门进行日常经营管理决策提供有用的资料；另一方面，必须定期编制财务报表，把会计核算的结果定期提供给投资者、债权人以及其他有关各方。变动成本法和完全成本法能分别满足这两方面的需要，只有同时采用两种成本计算方法进行会计核算才能同时满足企业内部和外部两方面的需要。

一、变动成本法应用的不同设想

从前面的内容可以看出，变动成本法和完全成本法各有优缺点，而且从某种意义上讲，双方的不足之处可以相互弥补。比如，完全成本法对企业内部经营管理有很大的局限性，尤其不利于企业的短期决策；而变动成本法对企业内部经营管理有很大帮助，有利于企业的短期决策。再如，变动成本法不适用于编制对外企业会计报表；而完全成本法适用。凡此种种都说明，变动成本法与完全成本法之间不会也不应该是排斥关系，而应该是相互结合、相互补充的关系。

那么，完全成本法是传统的计算方法，如何在这个基础上应用变动成本法呢？显然不能搞两套平行的成本计算系统，而只能以一种成本方法为基础来建立统一的成本计算系统。到目前为止，有三种不同的观点：

第一种观点是采用“双轨制”。即在完全成本法的核算资料之外，另外设置一套变动成本法的核算系统，提供两套平行的成本核算资料，并以此为基础分别编制两个利润表，以分别满足不同的需要。这种方法能够充分发挥两种成本计算法的优点，提供的会计信息内容丰富。但是，在一个企业里同时采用两种成本计算法会造成人力、物力、财力和时间上的浪费，而且还会造成大量的重复计算。

第二种观点是采用“单轨制”。即以变动成本法完全取代完全成本法，最大限度地发挥变动成本法的优点。这种观点显然不符合现行会计制度的统一要求。按照现行会计制度，编制定期的会计报表、存货计价和收益的确定也应采用完全成本法。

第三种观点是采用“结合制”。即将变动成本法和完全成本法结合使用，日常核算建立在变动成本法的基础上，以满足企业内部经营管理的需要；期末对需要按完全成本法反映的有关项目进行调整，以满足对外报告的需要。这种观点在变动成本法的应用上，既充分发挥变动成本法的优点，又兼顾现行会计制度的统一要求。用变动成本法组织日常核算，对产品成本、存货成本、边际贡献和税前利润，都按变动成本法计算，以满足企业内部管理的需要；在编制会计报表时，对变动成本计算的期间成本进行调整，计算符合完全成本法的营业利润。这种方法能够有效地兼顾对内和对外两方面的需要。

以变动成本法为基础还有另外一个理由：变动成本法将固定性制造费用全部作为期间成本，只是在编制对外会计报表时做适当的分配调整，以确定应由当期已销售产品和期末存货分别负担的份额。这样做，不仅大大地减轻工作量，也更合乎逻辑。这种成本计算系统既在账户层次上将制造费用按成本性态进行划分、归类，满足管理要求，也兼顾了会计报表对账户信息的要求。

二、变动成本法的应用程序

通常情况下，由于企业成本计算的主要任务是为企业内部经营管理提供必要的成本数据，这是一项经常性的工作，而编制对外会计报表只是一项定期性工作。因此，日常会计核算应该采用变动成本法来核算成本、存货和利润，期末编制会计报表时，再按完全成本法的要求对会计报表上的有关成本、存货资产和利润项目进行调整，使对外的财务报表得以按完全成本法反映。

采用变动成本法进行日常核算，首先应该把全部的成本费用划分为变动成本和固定成本两大类。日常核算时按变动成本法要求把生产中发生的直接材料、直接人工和变动性制造费用计入生产成本和存货成本。固定性制造费用则不计入生产成本，而在期末直接结转本年利润。期末，为了满足按完全成本法编制会计报表的要求，要把固定性制造费用中应由销货分摊的部分加到“主营业务成本”项目上；应归属于期末在产品、产成品的一部分，仍应留在账户上，其余额附加在资产负债表中的在产品、产成品项目上，使其仍按完全成本反映。这样，既避免了成本计算上的重复，又同时兼顾了对内、对外提供成本信息的要求。

变动成本计算法是以成本按性态划分为基础的，这一基础工作质量的好坏，直接影响变动成本计算法实施的效果。但在实际工作中，仍然要考虑“成本—效益”原则，划分不可过于精确，因为这样做不但效率低，而且成本高。这直接关系到以变动成本法为基础的成本核算系统下的成本信息是否真的对企业的决策行为有所帮助。

复 习 题

一、单项选择题

1. 变动成本法把本期发生的固定性制造费用全部列作（ ）。

A. 间接成本　　B. 差额成本

C. 期间费用　　D. 边际成本

2. 变动成本法的存货成本必然（ ）完全成本法的存货成本。

A. 小于　　B. 等于

C. 大于　　D. 不确定

3. 变动成本法的应用前提首先是（ ）。

A. 进行成本性态分析　　B. 按经济用途分类

C. 划分责任中心　　D. 进行成本预算

二、多项选择题

1. 变动成本法的生产成本包括（ ）。

A. 直接材料　　B. 直接人工

C. 固定性制造费用　　D. 变动性制造费用

E. 财务费用

2. 采用变动成本法与采用完全成本法的处理相同的项目包括（　　）。

A. 销售费用　　B. 固定性制造费用

C. 管理费用　　D. 变动性制造费用

E. 财务费用

3. 当期末存货量和期初存货量均不为零，且固定性制造费用分配率相等时，若本期完全成本法下的营业利润小于变动成本法下的营业利润，则下列说法不正确的有（　　）。

A. 本期生产量大于本期的销售量　　B. 本期生产量等于本期销售量

C. 期末存货量大于期初存货量　　D. 期末存货量小于期初存货量

E. 不确定

4. 下列关于变动成本法的优点表述正确的包括（　　）。

A. 能够促使企业重视销售，防止盲目生产

B. 能提供企业管理层预测和短期决策的有用信息

C. 企业加强成本控制和正确进行业绩评价

D. 简化成本计算

E. 适应长期决策的需要

三、判断题

1. 完全成本法下，本期销货成本等于本期销量和本期单位成本的乘积。（　　）

2. 若产销平衡，则两种成本计算方法下税前利润相等。（　　）

3. 若生产量大于销售量，则变动成本法下税前净利润小于完全成本法下税前利润。（　　）

4. 若生产量小于销售量，则变动成本法下税前净利润大于完全成本法下税前利润。（　　）

5. 变动成本法可促使企业更加重视销售，防止盲目生产。（　　）

四、计算题

1. 某企业只产销一种产品，有关资料如下：生产量 2000 件，销售量 1500 件，期初存货 0 件，边际贡献率 40%，直接材料 60000 元，直接人工 40000 元，变动性制造费用每件 4 元，固定性制造费用总额 20000 元，变动性销售与管理费用每件 2 元，固定性销售、管理及财务费用总额 30000 元。

要求：

（1）确定产品的售价；

（2）用完全成本法和变动成本法计算单位产品成本；

（3）用完全成本法和变动成本法编制利润表；

（4）说明完全成本法和变动成本法计算的税前利润不同的原因。

2. 某企业只生产一种产品，第一年、第二年生产量分别为 8000 件和 5000 件，销售量分别为 7000 件和 4000 件，存货的计价采用先进先出法。每件产品售价为 500 元，生产成本为：单位变动生产成本 100 元，固定生产成本全年发生额 80000 元，变动性销售与管理费用为每件 50 元，固定性销售、管理与财务费用每年 600000 元。

要求：

（1）分别采用完全成本法和变动成本法计算第一年和第二年的单位产品成本；

（2）分别采用两种成本法计算第一年和第二年的税前利润；

（3）分析两种成本法计算的第一年和第二年的税前利润产生差异的原因，并进行调整。

五、简答题

1. 有人说变动成本法最符合收益与费用相配比的这一公认会计准则的要求，你认为这种说法对吗？为什么？

2. 采用变动成本法有哪些优点？又有哪些局限性？为什么说变动成本法是改善经营管理，提供经济效益的重要工具？

3. 现实经济生活中应怎样将完全成本法与变动成本法结合应用？

4. 完全成本法和变动成本法引起税前利润差额的变动规律是什么？

5. 变动成本法和完全成本法之间有哪些区别？

6. 为什么说只有在变动成本法下，利润才真正成为反映企业经营好坏的晴雨表？

六、案例分析题

某冰箱厂连续两年亏损，厂长召集有关部门的负责人开会研究扭亏为盈的方法。会议有关纪要如下：

厂长：我厂去年亏损500万元，比前年还糟。银行对于连续三年亏损的企业将停止贷款，如果今年不扭亏为盈，企业将被迫停产。

销售处长：问题的关键是我们每台冰箱按1600元出售，而每台冰箱的成本是1700元，如果提高售价，面临竞争，冰箱就卖不出去，其出路就是想办法，降低成本，否则销售越多，亏损越大。

生产厂长：我不同意。每台冰箱的制造成本只有1450元，我厂的设备和生产工艺是国内最先进的，技术力量强，熟练工人多，控制物耗成本的经验得到行业协会的认可。问题在于生产线的设计能力是10万台，目前因为销路打不开，去年只生产4万台，销售的5万台冰箱中，还有1万台是前年生产的。

厂长：成本是怎么回事？

财务处长：每台冰箱的变动成本是1050元，全厂固定性制造费用总额是1600万元，销售和管理费用总额为1250万元。我建议，生产部门满负荷生产，通过提高产量来降低单位产品所负担的固定性制造费用。这样，即使不提价、不扩大销售也能使企业扭亏为盈，度过危机。为了减少风险，今年应追加50万元来改进产品质量，这笔费用计入固定性制造费用；追加50万元做广告宣传；追加100万元做职工销售奖励。试问：

（1）去年亏损的500万元是怎么计算出来的？

（2）如果采纳财务处长的建议，今年能盈利多少？请你对该建议谈谈自己的看法。

第四章

本量利分析

【学习目标】 通过本章的学习，学生应在一般了解本量利分析基本概念和基本假定的基础上，重点掌握保本点、安全边际及安全边际率的定义和计算技巧；掌握有关因素对保本点的影响；掌握本量利分析的基本模型与应用；掌握本量利分析图的类型和特点。掌握本量利分析的盈亏平衡点的分析以及敏感性分析。

【引导案例】 安迪自制的奶茶很受朋友和家人的喜爱。有一天，朋友对安迪说："你应该开一家奶茶店，让更多的人分享这种美味"。于是，安迪决定试一试。安迪首先做了市场调查，认为主要消费群体为学生，于是决定把奶茶店开在一所大学的商业街上。为确保奶茶店顺利开张，安迪了解了许多有关食品销售的法律，并聘请了当地的职业食品化学分析师，分析奶茶的成分及含量。为开拓市场，安迪决定采取薄利多销的策略。安迪预计了租店面、购买食材、雇佣员工、送货、检验销售及库存、拜访潜在客户等需要花费的支出。同时，预计了每天不同奶茶产品的销售量。在此基础上，安迪决定对不同的奶茶进行不同的定价。在门店即将开张时，聪明的安迪向会计师鲍勃·莱恩咨询定价的合理性，鲍勃在看过安迪列示的成本清单及预计的销售量和目标利润之后，通过本量利分析，认为安迪对其中一种奶茶产品的定价过低，低于该产品的单位变动成本，而这种产品恰恰是最受欢迎的一款。在鲍勃的建议下，安迪及时修正了定价。

第一节　本量利分析法

一、本量利分析的产生与发展

本量利分析方法起源于20世纪初的美国，是西方发达国家的企业为加强内都管理和控制、提高自身市场竞争能力和抵御风险能力、以实现企业经营战略目标而建立起来的一种管理系统。最初在美国的通用电气、杜邦、通用汽车公司得以应用，很快发展成为大型工商企业的标准作业程序，到了20世纪50年代已经非常完善，并在西方会计实践中得到了广泛应用。目前，本量利分析方法在世界范围内都得到了广泛的应用，对企业预测、决策、计划和控制等经营活动的有效进行提供了良好保证。

二、本量利分析原理

（一）基本概念

本量利分析也称 CVP 分析（Cost-Volume-Profit Analysis），是以成本性态分析和变动成本法为基础，运用数学模型和图式，对成本、业务量与利润之间的依存关系进行分析，发现变动的规律性，为企业进行预测、决策、计划和控制等活动提供支持的一种方法。其中，“本”是指成本，包括固定成本和变动成本；“量”是指业务量，一般指销售量；“利”一般指营业利润。

（二）基本假设

在现实经济生活中，成本、销售数量、价格和利润之间的关系非常复杂。例如，成本与业务量之间可能呈线性关系也可能呈非线性关系；销售收入与销售量之间也不一定是线性关系，因为售价可能发生变动。为了建立本量利分析理论，必须对上述复杂的关系做一些基本假设，由此来严格限定本量利分析的范围，对于不符合这些基本假设的情况，可以进行本量利扩展分析。

1. 相关范围和线性关系假设。由于本量利分析是在成本性态分析基础上发展起来的，所以成本性态分析的基本假设也就成为本量利分析的基本假设。即在相关范围内，固定成本总额保持不变，变动成本总额随业务量变化成正比例变化，前者用数学模型来表示就是 $y = a$，后者用数学模型来表示就是 $y = bx$，所以，总成本与业务量呈线性关系，即 $y = a + bx$。相应地，假设售价也在相关范围内保持不变，这样，销售收入与销售量之间也呈线性关系，用数学模型来表示就是以售价为斜率的直线 $y = px$（p 为销售单价）。这样，在相关范围内，成本与销售收入均分别表现为直线。

由于有了相关范围和线性关系这种假设，就把在相关范围之外，成本和销售收入分别与业务量呈非线性关系的实际情况排除在外了。但在实际经济活动中，成本、销售收入和业务量之间却存在非线性关系这种现象。为了解决这一问题，可以放宽这些假设，讨论非线性条件下的情况。

2. 产销平衡假设。所谓产销平衡就是企业生产出来的产品总是可以销售出去，能够实现生产量等于销售量。在这一假设下，本量利分析中的量就是指销售量而不是生产量，进一步讲，在销售价格不变时，这个量就是指销售收入。但在实际经济生活中，生产量可能会不等于销售量，这时产量因素就会对本期利润产生影响。

3. 品种结构不变假设。该假设是指在一个生产和销售多种产品的企业里，由于各种产品的获利能力一般会有所不同，假定每种产品的销售收入占总销售收入的比重不会发生变化。但在现实经济生活中，企业很难始终按照一个固定的品种结构来销售产品，如果销售产品的品种结构发生较大变动，必然导致利润与原来品种结构不变假设下预计的利润有很大差别。有了这种假定，就可以使企业管理人员关注价格、成本和业务量对营业利润的影响。

（三）本量利分析的基本公式

建立本量利公式的主要因素包括固定成本（a）。单位变动成本（b）产销量（x）销售单价（p）营业利润（P）。依据这些变量之间的关系，即可建立有关本量利分析的基本公式：

$$营业利润 =（单价 - 单位变动成本）\times 业务量 - 固定成本$$

$$P = (p - b) \times x - a \quad (4-1)$$

由于本量利分析的数学模型是在上述公式的基础上建立起来的。所以，上述公式可以定为本量利关系的基本方程式。值得说明的是，在上述方程式涉及的五个因素中。通常假设其中三个为常量，那么剩下的两个因素构成因果函数关系。当已知两者之间的某一因素时，即可求得另一个因素值。

（四）本量利分析的优缺点

本量利分析方法通常包括保本点分析、保利分析点、敏感性分析、边际分析等。其主要优点是可以广泛应用于规划企业经济活动和营运决策等方面，简单易行、通俗易懂。主要缺点是仅考虑单因素变化的影响，是一种静态分析方法，且对成本性态分析较为依赖，一般只适用于短期分析。在实际工作中应用本量利分析原理时，必须从动态的角度去分析企业生产经营条件、销售价格、品种结构和产销平衡等因素的实际变动情况，调整分析结论。积极应用动态分析和敏感性分析等技术来克服本量利分析的局限性。

第二节　保本点分析

保本点也称为盈亏临界点（Break Even Point，简称 BEP），是指一定价格水平下，企业处于不盈不亏、不赚不赔、利润为零时的业务量（一般指销售量或销售额）点。在该业务量水平上有关产品的销售收入总额正好等于成本总额，即企业销售收入与变动成本之差（边际贡献总额）刚好与固定成本持平。

保本点分析是本量利分析的基础，对于企业规划目标利润、控制利润完成情况、估计经营风险非常有用。保本点分析所提供的信息，有利于企业合理计划和有效控制经营过程，如预测成本、收入、利润和预计售价、销量、成本水平的变动对利润的影响等。

一、单品种保本点分析

单一产品条件下保本点的测定一般情况下有三种方法。

（一）基本方程式法

基本方程式法是指在本量利关系基本方程式的基础上，根据保本点的定义，求出保本销售量和保本销售额的方法。单一产品的保本点有两种表现形式：一是保本销售量；另一种称为保本销售额。

$$保本销售量 = 固定成本 \div（单价 - 单位变动成本）\quad (4-2)$$

$$\begin{aligned}保本销售额 &= 单价 \times 保本销售量\\ &= 固定成本 \div 贡献毛益率\\ &= 固定成本 \div (1 - 变动成本率)\end{aligned} \quad (4-3)$$

【例 4－1】 设某企业生产和销售单一产品。该产品的单位售价为 50 元，单位变动成本为 30 元，固定成本为 50000 元。则盈亏临界点的销售量和销售额分别为：

$$X=\frac{50000}{50-30}=2500\ (件)$$

$$PX=50000\Big/\frac{50-30}{50}=\frac{50000}{40\%}=125000\ (元)$$

（二）贡献毛益法

进行本量利分析，需要明确贡献毛益的概念。贡献毛益也称创利额、边际贡献等，是指产品销售收入扣除变动成本后为企业所做的贡献。而这种贡献，要在扣除固定成本后才能成为真正的贡献（即利润），所以贡献毛益的称谓或许较为妥当。此外，销售收入要扣除全部变动成本才成为真正意义上的贡献毛益。而广义的变动成本。既包括制造过程中的变动成本（即产品变动成本），也包括非制造过程中的变动成本（即期间变动成本）。相应地，贡献毛益可以具体分为制造贡献毛益和营业贡献毛益。在本书中，如无特殊声明，贡献毛益是指营业贡献毛益，也就是已经扣除了全部变动成本的贡献毛益。

贡献毛益法就是利用贡献毛益与业务量、利润之间的关系直接计算保本量和保本额的一种方法。当企业处于保本点时，营业利润为零，即贡献毛益等于固定成本。

因为，　贡献毛益 = 销售额 × 贡献毛益率 = 销售量 × 单位贡献毛益

所以，　保本销售量 = 固定成本 ÷ 单位贡献毛益　（4 - 4）

保本销售额 = 固定成本 ÷ 贡献毛益率　（4 - 5）

上例中，采用贡献毛益法计算该企业保本点的销售量和销售额分别为：

单位贡献毛益 = 50 - 30 = 20（元）

贡献毛益率 = 20 ÷ 50 × 100% = 40%

保本销售量 = 50000 ÷ 20 = 2500（件）

保本销售额 = 50000 ÷ 40% = 125000（元）

（三）图解法

图解法是将本量利之间的关系反应在直角坐标系中，通过绘制保本图来确定保本点位置的一种方法。图解法具有形象直观，简明易懂的特点，但由于图解法依靠目测绘制，不可能十分准确，所以通常与公式法配合使用。企业在进行成本、业务量和利润的目标规划时，往往需要反复测算，测算时采用公式法可能更为方便。

保本图依据数据的特征和目的的不同，可以有以下多种形式。

1. 传统式。传统式是盈亏临界图最基本的形式，其特点是将固定成本置于变动成本之下，从而清晰地表明固定成本不随业务量变动的特征。传统式保本图的绘制方法如下。

首先，在直角坐标系中，以横轴表示销售数量，以纵轴表示成本和销售收入。这里有两个问题需要说明。一是除了销售数量，横轴还可以表示其他业务量，如销售收入、作业率、工时、服务量等。二是如以横轴表示销售收入，那么横轴与纵轴的金额刻度最好能保持一致，以便同时适应两个坐标轴。

其次，绘制固定成本线。固定成本线为一条与横轴平行的直线，其与纵轴的交点即为固

定成本总额。

再次，绘制总成本线。在横轴上任取一点的销售数量，计算其总成本并标于坐标系中。然后将此点与纵轴上的固定成本点相连并适当向上延伸即可。

最后，绘制销售收入线。同样，在横轴上任取一点的销售数量，计算出相应的销售收入并在纵轴上找出与此收入数相应的点。上述两点在坐标系中的交叉点就是在该销售数量下的收入额。将该交叉点与坐标原点相连并同样适当向上延伸即得到销售收入线。

【例 4 –2】设某企业生产和销售单一产品。销售单价为 60 元，正常销售量为 3000 件，固定成本总额为 50000 元。单位变动成本为 35 元。则该企业的传统式盈亏临界图如图 4 – 1 所示。

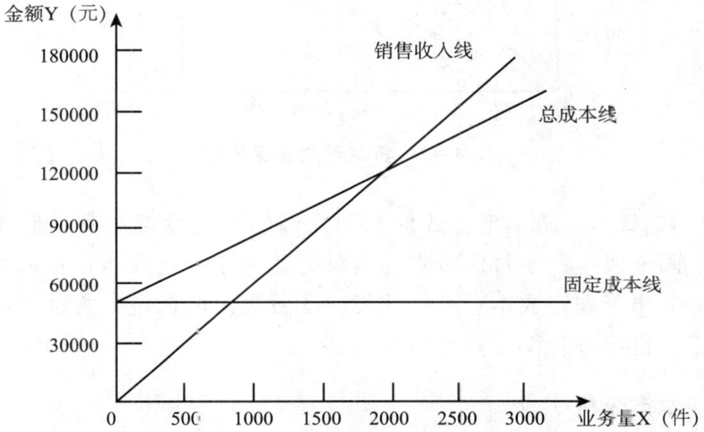

图 4 – 1　传统式保本图

图 4 – 1 保本图直观而又形象地描述了固定成本、单位变动成本、销售单价、业务量和利润之间的关系，具体表现在以下几个方面：

（1）在固定成本、单位变动成本、销售单价不变的情况下，即在盈亏临界点既定的情况下，销售量越大，实现的利润越多（当销售量超过盈亏临界点时），或者说亏损越少（当销售量低于盈亏临界点时）；反之，则利润越少，或亏损越多。这是保本图的基本关系。

（2）在总成本既定的情况下，保本点的位置随销售单价的变动而逆向变动；销售单价越高（表现在坐标图中就是销售收入线的斜率越大），保本点就越低，反之，保本点越高。

（3）在销售单价、单位变动成本既定的情况下，保本点的位置随固定成本总额的变动而同向变动；固定成本越大（表现在坐标图中就是总成本线与纵轴的交点越高），保本点就越高；反之，保本点越低。

（4）在销售单价和固定成本总额既定的情况下，盈亏临界点的位置随单位变动成本的变动而同向变动：单位变动成本越高（表现在坐标图中就是总成本线的斜率越大），盈亏临界点就越高；反之，盈亏临界点越低。

2. 贡献毛益式。贡献毛益式的特点是将固定成本置于变动成本之上，其绘制方法是：先确定销售收入线和变动成本线（均以原点为起点），然后以纵轴上与固定成本数相应的数值为起点，画一条与变动成本线平行的直线，也就是总成本线，这条线与销售收入线的交点即为保本点。按【例4－2】绘制的贡献毛益式保本图如图4－2所示。

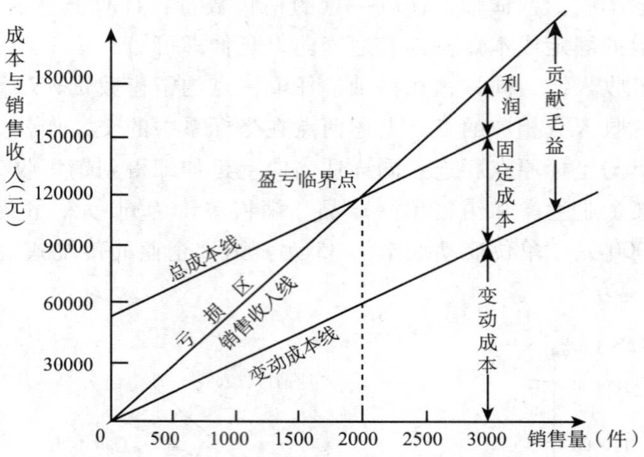

图4－2 贡献毛益式保本图

从图4－2中不难看出，贡献毛益式保本图强调的是贡献毛益及其形成过程。保本点的贡献毛益刚好等于固定成本；超过保本点的贡献毛益大于固定成本，也就是实现了利润；低于保本点的贡献毛益小于固定成本，则表明发生了亏损。应该说，贡献毛益式保本图更符合变动成本法的思路，也更符合保本点分析的思路。

二、多品种保本点分析

如果企业生产和销售多种产品时，单品种保本点分析的基本原理仍然适用，但需要考虑各产品的销售额占总销售额的比重。由于各产品的销售单价、单位变动成本存在差异，各自的边际贡献率也往往不同。所以，多品种保本点的高低与产品的销售结构有着直接的关系。

综合保本点反映的是几种产品的综合保本销售额。由于各产品单位售价、单位变动成本、贡献毛益率以及计量单位的不同，保本点无法用销售量来表示，而必须用销售额表示。综合保本点销售额一般采用加权平均贡献毛益率法来计算。在此基础上，再进一步根据品种结构计算出各种产品的保本销售额和保本销售量。

加权平均贡献毛益率法，是以各种产品共同形成的加权平均贡献毛益率为基础来计算多品种条件下综合保本点的一种方法。其计算公式如下：

$$\text{综合保本销售额}=\frac{\text{固定成本总额}}{\text{加权平均贡献毛益率}} \tag{4-6}$$

$$\text{某种产品的保本销售额}=\text{综合保本销售额}\times\text{该产品销售结构比重} \tag{4-7}$$

$$\text{某种产品的保本销售量}=\frac{\text{某种产品的保本销售额}}{\text{该种产品的销售单价}} \tag{4-8}$$

显然，使用加权平均贡献毛益率法来计算综合保本点的关键在于加权平均贡献毛益率的确定。加权平均贡献毛益率是指在每种产品的贡献毛益率基础上，以各种产品的销售收入占总销售收入的比例（即产品的品种构成）为权数，进行加权平均。其计算公式如下：

$$加权平均贡献毛益率 = \sum(某产品的贡献毛益率 \times 某产品的销售比重) \quad (4-9)$$

其中，

$$某产品的销售比重 = \frac{该产品的销售额}{各产品的总销售额} \times 100\% \quad (4-10)$$

【例 4-3】 设某企业的固定成本总额为 62000 元，该企业生产和销售甲、乙、丙三种产品（假设各种产品的产销完全一致），其有关资料如表 4-1 所示。

表 4-1 相关资料

项目 产品	产销量（件）	单位价格（元）	单位变动成本（元）	销售收入（元）	贡献毛益（元）	贡献毛益率
甲	5600	25	20	140000	5	20%
乙	4200	20	14	84000	6	30%
丙	2800	20	8	56000	12	60%
合计				280000		

要求：计算该企业甲乙丙三种产品计划年度的综合保本销售额及各种产品的保本销售量和保本销售额。

根据上述资料，可按如下步骤进行计算：

（1）计算三种产品的销售结构比重。

甲产品的销售结构比重 = 140000 ÷ 280000 = 50%

乙产品的销售结构比重 = 84000 ÷ 280000 = 30%

丙产品的销售结构比重 = 56000 ÷ 280000 = 20%

（2）计算三种产品的加权平均贡献毛益率。

加权平均贡献毛益率 = 50% × 20% + 30% × 30% + 20% × 60% = 31%

（3）计算综合保本销售额。

保本销售额 = 62000 ÷ 31% = 200000（元）

（4）按销售结构比重计算各种产品的保本销售量和保本销售额。

甲产品的保本销售额 = 200000 × 50% = 100000（元）

乙产品的保本销售额 = 200000 × 30% = 60000（元）

丙产品的保本销售额 = 200000 × 20% = 40000（元）

甲产品的保本销售量 = 100000 ÷ 25 = 4000（件）

乙产品的保本销售量 = 60000 ÷ 20 = 3000（件）

丙产品的保本销售量 = 40000 ÷ 20 = 2000（件）

三、相关因素变动对保本点的影响

如前所述，保本点就是使企业达到不盈也不亏状态的产品销售量。计算保本点时，我们曾假设固定成本、单位变动成本、销售价格以及产品品种结构等因素不变。而事实上，上述因素在企业生产经营过程中是经常变动的，并由此引起保本点的升降变动。显然，各因素的变动与保本点的取值之间存在必然的内在的联系，这种联系简单来说就是固定成本与变动成本的下降、销售价格的提高会使保本点的取值变小（图解法中表现为保本点由原来的位置左移）；反之，固定成本与变动成本的上升，销售价格的下降会使保本点的取值变大（图解法中表现为保本点由原来的位置右移）。品种结构的变动会导致加权平均贡献毛益率的变动，当品种结构的变化使得加权平均贡献毛益率有所提高，保本点也就相应降低。反之，保本点提高。

第三节 保利点分析

如前所述，保本点分析是本—量—利分析的基础，是在假设企业利润为零的经营状态下研究问题的。但保本经营和维持简单再生产绝不是企业生产经营的最终目的，确定保本点只是为管理当局建立一道经营中的预警线，企业生产经营的最终目的是为了获取盈利。因此，企业应该在保本点分析的基础上进行目标利润的规划分析，保利点分析是保本点分析的延伸和拓展。

一、保利点

保利点是指在产品销售单价和成本水平一定的情况下，为确保预先确定的目标利润能够实现，而应达到的销售量和销售额。保利点分析是在本量利分析方法的基础上，计算为达到目标利润所需达到的业务量、收入和成本的一种利润规划方法，该方法反映市场的变化趋势、企业战略规划目标以及管理层需求等。

1. 实现税前目标利润的保利点。根据本量利分析的基本方程式，即可推算出保利点的计算公式。

$$\text{实现目标利润的销售量}=\frac{\text{目标利润}+\text{固定成本}}{\text{单位产品贡献毛益}} \tag{4-11}$$

以 P_T表示目标利润；以 X_T表示实现目标利润的销售量。则有

$$X_T=\frac{P_T+a}{p-b}$$

上述模型表明，企业产品销售量在补偿固定成本后，还需要多少销售量才能实现目标利润？实现目标利润的保利点也可以用金额表示，既实现目标利润的销售额，只需将上式的等号左右都乘以产品单价，即

$$\text{实现目标利润的销售额}=\frac{\text{目标利润}+\text{固定成本}}{\text{贡献毛益率}} \tag{4-12}$$

上述保利销售量和保利销售额的公式均可拆分为两个部分：

$$\begin{aligned}\text{实现目标利润的销售额}&=\text{保本销售量}+\text{超过保本销售量}\\&=\frac{\text{固定成本}}{\text{单位产品贡献毛益}}+\frac{\text{目标利润}}{\text{单位产品贡献毛益}}\end{aligned} \tag{4-13}$$

$$实现目标利润的销售额 = 保本销售额 + 超过保本销售额 = \frac{固定成本}{贡献毛益率} + \frac{目标利润}{贡献毛益率} \quad (4-14)$$

【例 4-4】 设某企业生产和销售单一产品。产品单价为 50 元，单位变动成本为 25 元，固定成本为 50000 元。如目标利润定为 40000 元。则有：

$$实现目标利润的销售量 = \frac{40000 + 50000}{50 - 25} = 3600（件）$$

$$实现目标利润的销售额 = \frac{40000 + 50000}{50\%} = 180000（元）$$

2. 实现税后目标利润的保利点。上述保利点分析中，目标利润指的是税前目标利润。某些情况下，企业要确定的利润是税后净利润。从税后利润的角度进行目标利润的分析与预测，对企业而言或许更为实用。保净利点即实现税后目标利润的销售量和销售额。进行保利点分析，可以根据税前利润和税后利润之间的关系，推导出实现税后目标利润的销售量和销售额公式。

$$实现税后目标利润的销售量 = \frac{\frac{税后目标利润}{1 - 所得税税率} + 固定成本}{单位产品贡献毛益} \quad (4-14)$$

$$实现税后目标利润的销售额 = \frac{\frac{税后目标利润}{1 - 所得税税率} + 固定成本}{贡献毛益率} \quad (4-15)$$

假设在上例中其他条件不变，税后目标利润为 37500 元，所得税税率为 25%，则有：

$$实现税后目标利润的销售量 = \frac{\frac{37500}{1 - 25\%} + 50000}{25} = 4000（件）$$

$$实现税后目标利润的销售额 = \frac{\frac{37500}{1 - 25\%} + 50000}{50\%} = 200000（元）$$

二、多品种保利点分析

上述目标利润销售量和目标利润销售额的公式只适用于单品种生产条件。若企业生产多种产品，则其目标利润销售量和目标利润销售额的确定通常可以采用多品种保本点分析所采用的“综合贡献毛益率法”。首先，计算出实现目标利润的综合销售额；然后，根据各产品的销售结构比重及其销售单价，分别计算出各产品的目标利润销售量和目标利润销售额。有关计算公式如下：

$$实现目标利润的综合销售额 = \frac{目标利润 + 固定成本}{综合贡献毛益率} \quad (4-16)$$

$$某产品实现目标利润的销售额 = \begin{matrix}实现目标利润\\的综合销售额\end{matrix} \times \begin{matrix}该产品的\\销售结构比重\end{matrix} \quad (4-17)$$

$$某产品实现目标利润的销售量 = \frac{某产品实现目标利润的销售额}{该产品的销售单价} \quad (4-18)$$

多品种生产条件下，也可以按照上述相似的方式，进行税后目标利润销售量和销售额的分析。

三、相关因素变动对实现目标利润的影响

保利点分析模型是保本点模型的拓展和延伸，导致保本点变化的各个因素都可能对实现目标利润产生影响。此外，在进行实现税后目标利润的分析时，所得税税率的变化也会有影响。以下分别进行具体说明：

1. 固定成本对实现目标利润的影响。其他条件不变，固定成本与目标成本之间存在着此消彼长的关系。固定成本降低，则目标利润增大或者会使实现目标利润的销售量或销售额降低。

【例 4－5】设某企业生产和销售单一产品。该企业计划年度内预计销售产品 3600 件，全年固定成本预计为 50000 元。该产品单价为 50 元，单位变动成本为 25 元，则计划年度的目标利润为：

目标利润 $=3600\times(50-25)-50000=40000$（元）

或者先确定计划年度的目标利润为 40000 元，则实现目标利润的销售量和销售额分别为：

$$\text{实现目标利润的销售量}=\frac{40000+50000}{50-25}=3600\text{（件）}$$

$$\text{实现目标利润的销售额}=\frac{40000+50000}{50\%}=180000\text{（元）}$$

假设例题中其他条件不变，只是固定成本减少了 10000 元。则目标利润不仅可以实现，还能超过目标利润 10000 元。或者在比预计销售量低的销售量水平下实现目标利润。

2. 单位变动成本对实现目标利润的影响。单位变动成本同目标利润存在着反向变动关系，单位变动成本降低，则目标利润增大或者会使实现目标利润的销售量或销售额降低。

假设例 4－5 中其他条件不变，只是变动成本由 25 元降为 20 元。则预计可实现目标利润 58000 ［$3600\times(50-20)-50000$］元，比原目标利润多实现 18000 元。或者实现目标利润的销售量下降为 3000 件。

$$\text{实现目标利润的销售量}=\frac{40000+50000}{50-20}=3000\text{（件）}$$

3. 单位售价变动对实现目标利润的影响。单位售价同目标利润存在着同向变动关系，单位售价降低，则目标利润减少或者会使实现目标利润的销售量或销售额提高。

假设例 4－5 中其他条件不变，只是单位售价由 50 元降为 45 元。则可实现利润为 22000 ［$3600\times(45-25)-50000$］元，比目标利润少 18000 元。此时实现目标利润的销售量增加为：

$$\text{实现目标利润的销售量}=\frac{40000+50000}{45-25}=4500\text{（件）}$$

如果销售量可以超过预计的 3600 件而达到 4500 件，则目标利润尚能实现，否则无法实现。

4. 多因素同时变动对实现目标利润的影响。在现实经济生活中，除了所得税税率这一因素，上述影响利润的诸因素之间是有关联的，只不过有的关联性较强，有的较弱。比如为

了提高产品的产量，往往需要增加生产设备，这就会使折旧费用这项固定成本增加；为了使产品顺利的销售出去，可能又会增加广告费这项固定成本。企业采取诸如降低固定成本、单位变动成本或者提高单价等单项措施，可以使目标利润提高，但往往更多地采取综合措施以实现目标利润。需要说明的是，企业应该结合自身的情况，从对实现目标利润影响较大的因素开始，由大到小的顺序分析，而且这种分析往往要反复权衡和测算。此外，产品品种构成变动对实现目标的利润的影响参见“产品品种结构对保本点影响”，其道理同样适用于实现目标利润的分析。

第四节 敏感性分析

敏感性分析，研究的是一个确定的模型中某一个或某几个参数允许变化到怎样的数值（最大或最小），原最优解仍能保持不变；或者当某个参数的变化已经超出允许范围，怎样重新求得最优解。本量利关系中的敏感性分析主要研究两方面的问题：一是有关因素发生多大变化时会使企业由盈利变为亏损；二是有关因素变化对利润变化的影响程度。

一、有关因素临界点的确定

如前所述，销售量、单价、单位变动成本、固定成本诸因素中的某个或某几个因素的变动都会对利润产生影响。当这种影响是消极的并达到一定程度时，企业利润为零，进入盈亏临界状态。由于各个因素对利润的影响存在差异，因此，利润对不同因素变动的反应在敏感性上也存在差异。敏感性分析的目的就是确定引起利润进入盈亏临界状态时各个因素变化的临界值，即销售量和单价的最小允许值以及单位变动成本和固定成本的最大允许值。这种方法也称为最大最小法。

根据实现目标利润的模型可以推导出利润为零时求取最大最小值的相关公式：

$$x=\frac{a}{p-b} \tag{4-19}$$

$$p=b+\frac{a}{x} \tag{4-20}$$

$$b=p-\frac{a}{x} \tag{4-21}$$

$$a=x(p-b) \tag{4-22}$$

【例 4-6】设某企业生产和销售单一产品。计划年度内预计有关数据如下：销售量为 5000 件，单价为 50 元，单位变动成本为 20 元，固定成本为 60000 元。则目标利润为：

$P=5000\times(50-20)-60000=90000$（元）

（1）销售量的临界值（最小值）：$x=\frac{a}{p-b}=\frac{60000}{50-20}=2000$（件）

即产品销售量的最小允许值（盈亏临界点销量）为 2000 件，低于 2000 件时就会发生亏损；或者说，实际销量只要达到计划年度预计销售量的 40%（2000/5000），就可以保本。

(2) 单价的临界值（最小值）：$p = b + \frac{a}{x} = 20 + \frac{60000}{5000} = 32$（元）

即产品的单价不能低于32元这个最小值，或者说单价降低的幅度不能超过36%（18/50），否则便会发生亏损。

(3) 单位变动成本的临界值（最大值）：$b = p - \frac{a}{x} = 50 - \frac{60000}{5000} = 38$（元）

即单位变动成本不能高于38元这个最大值。或者说单位变动成本提高的幅度不能超过90%（18/20×100%），否则便会发生亏损。

(4) 固定成本的临界值（最大值）：$a = x(p - b) = 5000 \times (50 - 20) = 150000$（元）

即固定成本不能高于150000元这个最大值。或者说固定成本提高的幅度不能超过150%（90000/60000×100%），否则便会发生亏损。

二、有关因素变化对利润变化的影响程度

销售量、单价、单位变动成本和固定成本诸因素的变化对利润产生影响存在差异，有的因素虽然只发生了较小的变动，却导致利润发生了很大变化；换言之，利润对这些因素的变化十分敏感，这些因素也因此称为敏感因素。相反，有些因素虽然变化很大，但利润的变化却不大。也就是说利润对这些因素的变化并不敏感，这些因素称为非敏感因素。企业的决策人员需要知道利润对哪些因素的变化比较敏感，对哪些因素的变化不太敏感，以便分清主次，抓住重点，确保目标利润的实现。

反应敏感程度的指标称为敏感系数，其计算公式为：

$$敏感系数 = \frac{利润变动百分比}{因素值变动百分比} \tag{4-23}$$

敏感系数若为正数，表明该因素与利润呈同向增减变动关系；敏感系数若为负数，表明该因素与利润呈反向增减变动关系。

假设【例4-6】中销售量、单价、单位变动成本和固定成本分别增长20%，计算各因素的敏感系数。

(1) 销售量的敏感系数。销售量增长了20%，则有

$x = 5000 \times (1 + 20\%) = 6000$（件）

$P = 6000 \times (50 - 20) - 60000 = 120000$（元）

$$利润变化百分率 = \frac{120000 - 90000}{90000} \times 100\% = 33.33\%$$

$$销售量的敏感系数 = \frac{33.33\%}{20\%} = 1.67$$

(2) 单价的敏感系数。单价增长20%，则有

$p = 50 \times (1 + 20\%) = 60$（元）

$P = 5000 \times (60 - 20) - 60000 = 140000$（元）

$$利润变化百分率 = \frac{140000 - 90000}{90000} \times 100\% = 55.56\%$$

$$单价的敏感系数 = \frac{55.56\%}{20\%} = 2.78$$

（3）单位变动成本的敏感系数。单位变动成本增长 20%，则有

$b = 20 \times (1 + 20\%) = 24$（元）

$P = 5000 \times (50 - 24) - 60000 = 70000$（元）

$$利润变化百分率 = \frac{70000 - 90000}{90000} \times 100\% = -22.22\%$$

$$单位变动成本的敏感系数 = \frac{-22.22\%}{20\%} = -1.11$$

（4）固定成本的敏感系数。固定成本增长 20% 左右，则有

$a = 60000 \times (1 + 20\%) = 72000$（元）

$P = 5000 \times (50 - 20) - 72000 = 78000$（元）

$$利润变化百分率 = \frac{78000 - 90000}{90000} \times 100\% = -13.33\%$$

$$固定成本的敏感系数 = \frac{-13.33\%}{20\%} = -0.67$$

从上面的计算可以看出。在影响利润的诸因素中，最敏感的是单价（敏感系数 2.78，意味着利润将以 2.78 的速率随单价的变化而变化）；其次是销售量（敏感系数 1.67）；再次是单位变动成本（敏感系数 -1.11）；最后是固定成本（敏感系数 -0.67）。其中敏感系数为正值，表示该因素与利润为同向增减关系；敏感系数为负值，表示该因素与利润为反向增减关系。在进行敏感程度分析时，敏感系数是正值或负值无关紧要，关键是数值的大小，数值越大则敏感程度越高。

各因素的敏感系数也可以用以下简便公式计算，计算结果同上。

$$固定成本的敏感系数 = -\frac{固定成本}{利润} \tag{4-24}$$

$$单位变动成本的敏感系数 = -\frac{单位变动成本 \times 销售量}{利润} \tag{4-25}$$

$$销售价格的敏感系数 = \frac{销售价格 \times 销售量}{利润} \tag{4-26}$$

$$销售量的敏感系数 = \frac{(销售价格 - 单位变动成本) \times 销售量}{利润} \tag{4-27}$$

关于敏感性分析需要说明的问题：

（1）各因素敏感系数之间的排列顺序并不是固定的。上述各因素敏感系数的顺序是在【例 4-6】中所设立条件的基础上得到的，如果条件发生了变化，则各因素敏感系数之间的排列顺序也可能发生变化。

（2）关于敏感系数的符号和敏感系数的大小。当某一因素的敏感系数为负号，表明该因素的变动与利润的变动为相向关系；为正号则表明是同向关系；从上述公式中不难看出，由于各因素敏感系数的分母均为“P”，所以其相互间的大小关系直接决定于其各自分子数值的大小，应具体分析。

（3）通常情况下，由于 $x \cdot p > x \cdot (p - b)$，所以单价的敏感系数肯定大于销售量的敏感系数；$x \cdot p$ 既大于 a，又大于 xb（$x \cdot p$ 大于 a 与 $b \cdot x$ 之和企业才盈利），否则，企业可能连简单再生产都难以维持，现金支付也可能已经发生了严重困难，所以，单价的敏感系数一

般应该是最大的。也就是说涨价是企业提高盈利的最直接、最有效的手段，而价格下跌则是企业最大的威胁。

第五节 本量利的风险分析

一、安全边际分析

（一）安全边际

安全边际是指企业实际（或预计）销售量或销售额超过盈亏临界点销售量或销售额的差额。这个差额表明企业的销售量或销售额在超过保本点的销售量或销售额之后，到底有多大的盈利空间，或者说现在的销售量或销售额降低多少，就会发生亏损。

企业处于盈亏状态意味着该点销售量下实现的贡献毛益刚好可以弥补所有的固定成本。只有当销售量和销售额超过保本点时，其超出部分所提供的贡献毛益才能形成企业的利润。显然，超出部分越大，企业实现的利润也就越多，经济也就越安全，从这个意义上说，安全边际是从相反的角度来研究问题的。

安全边际可以用绝对数（安全边际量和安全边际额）也可以用相对数（安全边际率）来表示，即安全边际率：

$$安全边际量 = 实际或预计的销售量 - 保本销售量 \tag{4-28}$$

$$安全边际额 = 实际或预计的销售额 - 保本销售额 \tag{4-29}$$

$$安全边际率 = \frac{安全边际}{实际或预计销售量(额)} \times 100\% \tag{4-30}$$

【例4-7】某企业生产乙产品，该产品销售单价100元，单位变动成本60元，全年应担负的固定成本总额108000万元，预计年度销售量为3600台。计算该产品的安全边际和安全边际率。

根据上述资料计算如下：

保本销售量 = 108000 ÷ (100 - 60) = 2700（台）

保本销售额 = 2700 × 100 = 270000（元）

安全边际量 = 3600 - 2700 = 900（台）

安全边际额 = (3600 - 2700) × 100 = 90000（元）

安全边际率 = 900 ÷ 3600 × 100% = 25%

在西方企业管理中，评价生产经营安全与否通常采用安全边际率；尽管没有绝对的标准，但西方一些企业中所运用的一些经验数值可供参考。如表4-2所示。

表4-2 企业经营安全性检验标准

安全边际率	10%以下	10%—20%	20%—30%	30%—40%	40%以上
安全程度	危险	值得注意	比较安全	安全	很安全

（二）保本点作业率

保本点作业率是另一个用来衡量企业经营安全程度的指标。保本点作业率又称危险率，是指保本点销售量与实际或预计销售量的百分比。保本点作业率越小，说明企业生产经营的安全，其计算公式如下：

$$保本点作业率=\frac{保本量(额)}{实际或预计销售量(额)}\times100\% \qquad (4-31)$$

上述比率表明企业实现保本的业务量占正常业务量的比重。由于企业通常应当按照正常的销售量来安排企业的生产，在合理库存的条件下，企业产量与正常销售量应该大体相同，因此，盈亏临界点作业率还可以表示企业在保本状态下生产能力的利用程度。

上例中企业正常销售量为3600台，盈亏临界点作业率为75%（2700 ÷ 3600 × 100%）。也就是说，当企业的作业率只有达到75%以上才能实现盈利。

（三）安全边际率和利润的关系

安全边际表示超过保本点的销售量和销售额，只有安全边际才能为企业提供利润，而保本点的销售量和销售额只能为企业收回固定成本。利润的计算可以借助安全边际这一概念。即

$$\begin{aligned}利润&=安全边际销售量\times单位产品贡献毛益\\&=\frac{安全边际}{销售数量}\times\frac{销售}{单价}\times\frac{单位产品贡献毛益}{销售单价}\times100\%\\&=安全边际销售收入\times贡献毛益率\end{aligned}$$

将上式两边同除以产品销售收入，则有

$$销售利润率=安全边际率\times贡献毛益率 \qquad (4-32)$$

安全边际概念和上述有关计算公式在预测和决策分析中有着广泛的应用。

二、经营杠杆

（一）经营杠杆

经营杠杆也称营业杠杆，是指企业因固定成本的存在而出现的利润变动率大于销售量变动率的现象。根据成本性态，在一定产销量范围内，产销量的增加一般不会影响固定成本总额，但会使单位产品所负担的固定成本降低，从而提高单位产品利润，并使利润增长率大于产销量增长率；反之，产销量减少，会使单位产品所负担的固定成本升高，从而降低单位产品利润，并使利润下降率大于产销量的下降率。

一般来说，固定成本与变动成本相比，比例越大，经营杠杆越大。利润随销售量变动的敏感性越强。反之，经营杠杆越小，利润随销售量变动的敏感性越弱。

为了对经营杠杆进行量化，企业财务管理和管理会计中把利润变动率相当于销售量（或销售收入）变动率的倍数称之为“经营杠杆系数”或“经营杠杆率”，其计算公式如下：

$$经营杠杆率=\frac{利润变动率}{销售变动率}=\frac{(P_1-P_0)/P_0}{(S_1-S_0)/S_0}=\frac{\Delta P/P_0}{\Delta S/S_0} \qquad (4-33)$$

其中，P_0 表示基期利润；P_1 表示计划期利润；S_0 表示基期销售量（额）；S_1 表示计划期销售量（额）。经营杠杆率也可用简化公式计算：

$$经营杠杆率=\frac{基期贡献毛益总额}{基期利润} \tag{4-34}$$

【例 4-8】 甲公司在营业总额在 2400 万—3000 万元以内，固定成本总额为 800 万元，变动成本率为 60%。公司 2015—2017 年的销售收入总额分别为 2400 万元、2600 万元和 3000 万元。现以表 4-3 测算其营业杠杆利益。

表 4-3　　甲公司营业杠杆利益测算表　　单位：万元

年份	销售额	销售额增长率	变动成本	固定成本	营业利润	营业利润增长率
2015	2400		1440	800	160	
2016	2600	8%	1560	800	240	50%
2017	3000	15%	1800	800	400	67%

$$2016\ 年经营杠杆率=\frac{利润变动率}{销售变动率}=\frac{50\%}{8\%}=6.25$$

$$2017\ 年经营杠杆率=\frac{利润变动率}{销售变动率}=\frac{67\%}{15\%}=4.46$$

甲公司在营业总额为 2400 万—3000 万元的范围内，固定成本总额每年都是 800 万元即保持不变，随着销售收入总额的增长，息税前利润以更快的速度增长。在例题中，甲公司 2016 年与 2015 年相比，销售收入总额的增长率为 8%，同期息税前利润的增长率为 50%；2017 年与 2016 年相比，销售收入总额的增长率为 15%，同期息税前利润的增长率为 67%。由此可知，由于甲公司有效地利用了营业杠杆，获得了较高的营业杠杆利益，即息税前利润的增长幅度高于销售收入总额的增长幅度。

（二）经营杠杆率与安全边际率

经营杠杆率综合反映了市场和生产等不确定因素对利润变动的影响，所以在一定程度上可以反映企业经营风险的大小。一般来说，经营杠杆率越高，利润变动越激烈，企业的经营风险也就越大，因为利润会随着销售量的变化按经营杠杆率大小的幅度上下变动；反之，经营杠杆率越小，经营风险越小。一般情况下，在销售情况多变的企业中保持较低水平的经营杠杆系数是有利的。

经营杠杆率和安全边际率分别从不同的角度在一定程度上反映了企业的经营风险，两者之间具有紧密的联系：

$$\begin{aligned}经营杠杆率&=\frac{基期贡献毛益总额}{基期利润}\\&=\frac{基期贡献毛益总额}{基期贡献毛益总额\times 安全边际率}\\&=\frac{1}{安全边际率}\end{aligned} \tag{4-35}$$

经营杠杆率与安全边际率互为倒数。经营杠杆率越高，安全边际率就越低，企业的经营风险就越大。反之，经营杠杆率越低，安全边际率越高，企业的经营风险也就越小。

三、概率分析

本量利分析是建立在产品的销售单价、单位变动成本、固定成本等因素确定并且不发生变动的假设基础上的，但在企业的实际生产经营活动中，这些因素往往难以完全确定并且都会发生变化，即存在不确定情况。在这种情况下，要进行恰当的分析，就必须考虑这些因素在未来期间的各种可能值以及相应的概率，采用概率分析的方法进行不确定条件下的本量利分析。

采用概率分析法进行本量利分析一般包括以下步骤：

首先，对有关产品未来期间可能出现的销售单价、单位变动成本和固定成本进行充分的估计，并确定相应的概率。

其次，计算每种可能出现的售价、单位变动成本和固定成本的组合的保本销售量（额）和目标销售量（额）。

再次，计算每种组合下的联合概率。

最后，以联合概率为权数，对各种组合下的保本点和目标销售量进行加权求和，从而确定相应的期望值。

【例 4－9】某公司计划生产甲产品。有关售价、成本以及可能出现的概率如表 4－4 和表 4－5 所示，试采用概率分析的方法进行保本点分析。

表 4－4　　甲产品的成本、售价及概率

项目	可能出现的情况	概率	期望值
售价（元）	250	0.4	280
	300	0.6	
单位变动成本（元）	200	0.2	180
	220	0.8	
固定成本（元）	30000	0.9	31500
	45000	0.1	

表 4－5　　不确定状态下甲产品的本量利分析

售价（元）	单位变动成本（元）	固定成本（元）	保本销售量（件）	保本销售额（元）	联合概率	期望销售量（件）	期望销售额（元）
250（p＝0.4）	200（p＝0.2）	30000（p＝0.9）	600	150000	0.072	43	10800
		45000（p＝0.1）	900	225000	0.008	7	1800
	220（p＝0.8）	30000（p＝0.9）	1000	250000	0.288	288	72000
		45000（p＝0.1）	1500	375000	0.032	48	12000

续表

售价（元）	单位变动成本（元）	固定成本（元）	保本销售量（件）	保本销售额（元）	联合概率	期望销售量（件）	期望销售额（元）
300 （p=0.6）	200 （p=0.2）	30000 （p=0.9）	300	90000	0.108	32	9720
		45000 （p=0.1）	450	135000	0.012	5	1620
	220 （p=0.8）	30000 （p=0.9）	375	112500	0.432	162	48600
		45000 （p=0.1）	563	168750	0.048	27	8100
预测保本销售量和销售额						612	164640

表4－5中的数据计算如下，以第一行为例，第一步，计算每一组合的保本点销售量和保本点销售额。以组合1为例。在销售单价为300元、单位变动成本为200元、固定成本为3万元时：

保本点销售量＝30000÷（250－200）＝600（件）

保本点销售额＝30000×250＝150000（元）

第二步，计算每一组合的联合概率，如组合1，各因素相应的概率分别为0.4、0.2、0.9，所以联合概率为：

0.4×0.2×0.90＝0.072

第三步，计算每一组合的保本点期望值，如组合1的期望值为：

保本点期望值＝600×0.072＝43（件）

保本额期望值＝150000×0.072＝10800（元）

在不确定条件下，运用概率分析的方法进行本量利分析，考虑了多种可能及其概率。因此，其分析结果将更为合理并且贴近实际，但是用概率分析法进行本量利分析工作量较大。

复 习 题

一、单项选择题

1. 贡献毛益首先应当补偿（　　）。

A. 变动成本　　B. 利润分配

C. 固定成本　　D. 总成本费用

2. 下列会使盈亏临界点发生变化的因素是（　　）。

A. 销售量增加　　B. 总产量减少

C. 变动成本总额随产量增加而增加　　D. 固定成本减少

3. 某企业生产和销售单一产品，该产品的单位售价为50元，单位变动成本为30元，固定成本为 50000 元，则盈亏临界点的销售量是（　　）件。

A. 2500　　B. 3000

C. 2000　　D. 1000

4. 在销售量不变的情况下，盈亏临界点越高，则（　　）。

A. 盈利区的面积越大，亏损区的面积越大　　B. 只引起盈利区的变化

C. 盈利区的面积越小，亏损区的面积越大　　D. 只引起亏损区的变化

5. 贡献毛益率与变动成本率之间的关系是（　　）。

A. 变动成本率与贡献毛益率互为倒数　　B. 变动成本率与贡献毛益率之和等于 1

C. 变动成本率与贡献毛益率之和小于 1　　D. 变动成本率与贡献毛益率之和大于 1

二、多项选择题

1. 下列比率之间关系正确的包括（　　）。

A. 贡献毛益率 + 盈亏临界点作业率 = 1　　B. 贡献毛益率 + 变动成本率 = 1

C. 盈亏临界点作业率 + 安全边际率 = 1　　D. 安全边际率 + 变动成本率 = 1

E. 盈亏临界点作业率 + 变动成本率 = 1

2. 变动成本率高，意味着（　　）。

A. 贡献毛益率低　　B. 安全边际率低

C. 盈亏临界点作业率低　　D. 创利能力弱

E. 创利能力强

3. 企业经营安全程度的评价指标包括（　　）。

A. 安全边际量　　B. 安全边际额

C. 贡献毛益率　　D. 盈亏临界点作业率

E. 变动成本率

4. 下列各项中，引起利润增加的有（　　）。

A. 单价上升　　B. 单价下降

C. 单位变动成本降低　　D. 固定成本增加

E. 固定成本降低

5. 盈亏临界点作业率是指（　　）的百分比。

A. 盈亏临界点业务量占现有或预计销售量

B. 盈亏临界点销售额占现有或预计销售量

C. 盈亏临界点业务量占现有或预计销售额

D. 盈亏临界点销售额占现有或预计销售额

E. 盈亏临界点业务量占现有或预计安全边际

三、判断题

1. 本量利分析应用的前提条件与成本性态分析的假设完全相同。（　　）

2. 当销售量上升时，单位贡献边际上升，安全边际也上升。（　　）

3. 当销售产品的边际利润最接近零时，即可得到最佳的售价和最佳的销售量。（　　）

4. 在销售量不变的情况下，保本点越低，盈利区的三角面积就越缩小，亏损区的三角

面积就有所扩大。 （ ）

5. 安全边际率为正值，表示企业的业务量高于保本点，安全边际率越大，企业的风险越小，企业的经营状况也越好。 （ ）

四、计算题

1. 已知：某公司只生产一种产品，2017 年销售收入为 1000 万元，税前利润为 100 万元，变动成本率为 60%。要求：

（1）计算该公司 2017 年的固定成本；

（2）假定 2018 年该公司只追加 20 万元的广告费，其他条件均不变，试计算该年的固定成本；

（3）计算 2018 年该公司保本额。

2. 已知：某公司生产甲、乙、丙三种产品，其固定成本总额为 19800 元，三种产品的有关资料见表 4 – 6：

表 4 – 6

品种	销售单价（元）	销售量（件）	单位变动成本（元）
甲	2000	60	1600
乙	500	30	300
丙	1000	65	700

要求：

（1）采用加权平均法计算该厂的综合保本销售额及各产品的保本销售量。

（2）计算该公司营业利润。

3. 已知：某企业只产销一种产品，2017 年销售量为 8000 件，单价为 240 元，单位成本为 180 元，其中单位变动成本为 150 元，该企业计划 2018 年利润比 2017 年增加 10%。

要求：运用本量利分析原理进行规划，从哪些方面采取措施，才能实现目标利润（假定采取某项措施时，其他条件不变）。

4. 某企业只生产和销售一种产品，单位售价为 10 元，每月销售量为 2000 件，单位变动成本为 8 元，每月固定成本为 3000 元。为了增加利润，有两个方案可供选择：方案一，将售价降低 0.5 元，销售量可增加 35%；方案二，不降低售价而每月花费 500 元做广告，销售量可增加 20%。哪个方案更好？

5. 某企业只生产和销售一种产品，当年有关数据如下：销售产品 4000 件，产品单价 80 元，单位变动成本 50 元，固定成本 50000 元，实现利润 70000 元，计划年度目标利润 100000 元。

要求：

（1）实现目标利润的销售量。

（2）计算销售量、销售单价、单位变动成本及固定成本的敏感系数。

五、简答题

1. 本量利分析的基本假设有哪些？说明它们的具体含义。

2. 盈亏临界点分析在经营决策中有什么作用，试结合具体实例进行分析。

3. 盈亏临界图几种形式的适用条件分别是什么？在进行盈亏临界点分析时起到了什么作用？

4. 结合实例进行分析。通过本章的学习，说明本量利分析的优点和局限性。

第五章

战略与规划管理

【学习目标】 通过本章的学习，学生应在熟悉战略管理基本概念、原则及过程的基础上，重点掌握战略管理会计的基本理念和方法；掌握规划管理与战略管理的关系；掌握战略地图这一管理会计工具在战略及规划管理实践中的应用。

【引导案例】 徐州工程机械集团有限公司是中国装备工业的标志性企业，中国工程机械行业的开创者和领先者，产品涵盖工程机械、环境产业、重型卡车、矿山机械和基础零部件五大领域，始终保持中国工程机械行业第一位，位居世界工程机械行业第5位，移动式起重机规模实力全球第一，成为中国装备制造业不负重托的国之重器。徐工集团近年来能够保持较快发展。其中一个重要原因就是不断深化企业经营管理，创新管理模式。财务战略经营魔方就是徐工集团根据企业自身特点推行的一种管理模式。与传统魔方不同，徐工集团的财务经营魔方系统融合企业战略，职能战略和产品战略，将三者落实到一个可以旋转的魔方中，像搭建一座大厦一样搭建企业的财务经营管控体系。该体系分为三个层次，大魔方下套着小魔方。第一层次的三个维度是企业战略、产品战略和职能战略。第二层次是对一级魔方中的企业战略维度进行分解，分为愿景与文化层次、组织层面、管理层面和业务层面二级魔方。第三层次是在二级魔方的基础上再进一步分解。徐工集团的经营魔方管控体系，遵循可持续发展理念，考虑企业内外环境因素的影响，抓住大型企业集团实行战略管理的难点问题，采用系统集成的方法，将各子系统通过价值网连接在一起。融合于三维动态的魔方管控体系，帮助企业在动态环境中持续优化人力、财力、设备、信息等资源配置，不断改进研发、采购、生产、销售、服务等过程控制，进而提升企业战略协同能力和价值创造水平，最终促进集团战略目标落地。实践证明，徐工集团魔方管控体系具有显著的效益性和推广价值，并为其他大型企业加强经营管控和价值提升提供了一套行之有效的可复制的管理模板。

第一节　战略管理概述

一、战略管理的定义及原则

（一）战略管理的定义

“战略管理”一词最早由安索夫在《从战略计划到战略管理》一书中提出。安索夫认为：战略管理是指企业日常业务决策与长期计划决策相结合而形成的一系列经营管理业务。美国学者乔治·斯坦纳则认为：企业战略管理，是确定企业使命，根据企业外部环境和内部管理要素设定企业组织目标，保证目标的正确落实，并使企业使命最终得以实现的一个动态过程。总体上，战略管理可归纳为两种类型：一种以安索夫为代表的广义战略管理，主张运用战略对企业整体进行管理；二是以斯坦纳为代表的狭义战略管理，主张对战略的制定、实施、控制和修正进行管理。

战略管理是管理中最基本也是最重要的一个方面，是指对企业全局的、长远的发展方向、目标、任务、政策以及资源配置做出决策和管理的过程。

一般将战略分为三个层次：总体战略、业务单位战略和职能战略。

总体战略，又称公司层战略，是企业最高层次的战略。总体战略需要根据企业的目标，选择企业可以竞争的经营领域，合理配置企业经营所必需的资源，使各项经营业务相互支持、相互协调。

业务单位战略，是在总体战略的指导下，为在某个特定市场上展开成功的竞争而制定的战略计划，是企业内各主要职能部门的短期战略计划。一般可分为研发战略、市场战略、人力资源战略等。

职能战略，属于企业运营层级的战略，主要涉及企业内各职能部门，如营销、财务和生产等，如何更好地为各级战略服务，从而提高组织效率。

总体上，三个层次的战略都是企业战略管理的重要组成部分，但三者又有所不同。

（二）战略管理的原则

企业进行战略管理时，一般应遵循以下原则：

1. 目标可行原则。战略目标的设定，既应具有前瞻性，且通过一定的努力可以实现；又应具有适当的挑战性，能够使长期目标与短期目标有效衔接。

2. 资源匹配原则。企业应根据各业务部门与战略目标的匹配程度，相应进行资源配置。

3. 责任落实原则。企业应将战略目标落实到具体的责任中心和责任人，构成不同层级彼此相连的战略目标责任圈。

4. 协同管理原则。企业应以实现战略目标为核心，考虑不同责任中心业务目标之间的有效协同，加强各部门之间的协同管理，有效提高资源使用的效率和效果。

二、战略管理过程

战略管理过程是指企业应用战略管理工具、方法进行战略管理的过程，一般包括战略分析、战略制定、战略实施、战略评价和战略调整等。

（一）战略分析

战略分析的主要目的是评价影响企业目前和今后发展的关键因素，并确定在战略制定时需要考虑的具体影响因素。战略分析包括环境分析和可利用资源分析。

1. 环境分析。企业进行环境分析时，可应用态势分析法（Strength，Weakness，Opportunity，Threat，以下简称 SWOT 分析）、波特五力分析和波士顿矩阵分析等方法，分析企业的环境发展机会和竞争力，以及各业务流程在价值创造中的优势和劣势，并对每一业务流程按照其优势强弱划分等级，为战略目标确定奠定基础。

2. 可利用资源分析。企业进行可利用资源分析时，可将可利用资源分为有形资源和无形资源，分析这些资源在企业过去发展中发挥的作用，以及今后应如何发挥更大的作用，并绘制出相应资源发挥作用的情况图。

（二）战略制定

在战略分析后，需要制定并选择战略。

战略制定，是指企业根据确定的愿景和使命，设定战略目标，进行战略分析和选择的过程。

1. 战略制定方法。企业制定战略方案时，有三种形式：自上而下的方法、自下而上的方法及上下结合的方法。

2. 战略制定过程。战略目标的设定，应当采用自上而下和自下而上相结合的办法，即由企业高层设定初步目标，并充分沟通企业中层领导和下层员工的意见，吸收合理化建议并达成一致后确定。

企业设定战略目标后，各部门需要结合企业战略目标设定本部门战略目标，并将其具体化为一套财务关键指标和非财务指标的预测值；同时，设定的各关键指标的目标（预测）值，应与本企业的可利用资源相匹配，并有利于执行人更加积极有效地实现既定目标。

（三）战略实施

战略实施，是将企业的战略规划蓝图变成现实的管理过程。

战略实施是战略管理中最重要的过程。企业应加强战略管控，结合使用战略地图、价值链管理等多种管理会计工具、方法，将战略实施的关键业务流程化，并落实到企业现有的营运流程中，确保企业高效率和高效益地实现战略目标。

战略管控，是指应用管理会计的工具、方法等，将战略实施的关键业务流程化，融入企业现有的战略管理体系中的一个过程，包括对战略制定、战略实施等方面的全方位管控。

（四）战略评价

战略评价，是指企业通过检测战略实施进展，评价战略执行效果，审视战略的科学性和有效性，不断修正战略举措，以期达到预期目标的过程。企业一般应从以下方面进行战略评价：战略是否适应企业的内外部环境；战略是否达到有效的资源配置；战略涉及的风险程度是否可以接受；战略实施的时间和进度是否恰当等。

（五）战略调整

战略调整是与战略评价不可分割的一部分，是指根据企业情况的发展变化和战略评价结果，即参照实际营运事实、变化的营运环境、新思维、新机会和战略执行情况等，对所制定的战略及时进行调整，以保证战略对企业管理活动的有效指导。

战略调整一般包括调整企业的愿景、长期发展方向、战略目标及其战略举措等。

三、战略管理的作用

现代企业身处瞬息万变、危机四伏的外部环境中，过去重视内部效率的管理已经无法适应外部环境的变化。在这种情况下，战略管理显得尤为重要。

1. 战略管理能使企业明确自身在社会、行业、市场中所处的环境以及与外部环境各因素的关系。企业外部环境的迅速变化为企业带来了各种机遇与挑战，因此战略管理的基础就是战略形势研究，在调查研究的基础上，明确企业在社会、行业和市场中所处的位置以及与外部环境各因素的关系，及时抓住机遇，减少风险。

2. 战略管理能为企业提供更为清晰的方向和目标。全面分析了各种现状和预期结果之后，企业通过战略管理，能科学地、积极地、主动地明确自己的宗旨和目标，并确定相应的竞争优势。

3. 战略管理可以使企业决策过程与外部环境联系起来，提高各种决策工作和管理工作的效率和效果。战略管理强调更多的是前提决策和进攻—防御决策，从而改变和避免可能出现的问题，使企业能更积极主动地进行决策与管理，更好地掌握自己的命运。

总之，战略管理的理论和方法可以使人们更重视对环境的分析，便于形成适应外部环境的战略任务，加快的外部环境变化引起了人们对战略管理的重视，世界各大公司，包括通用电气、壳牌石油、IBM 等多采用了一定形式的战略管理。从 20 世纪 70 年代末开始，战略管理成为美国公司管理的重点和主要手段。这些都表明战略管理已成为现代企业取得成功的根本因素。

第二节　战略管理会计

一、战略管理会计的定义

战略管理会计概念是相对于传统管理会计而言的。随着竞争环境的不断变化，传统管理会计在许多方面受到了批评。主要表现在以下几方面：

1. 不能适应企业制造环境的变化。20 世纪 80 年代以来，企业面临的制造环境发生了很大的变化。在企业自动化方面，高级制造技术（AMT）、电脑辅助设计与制造（CAD/CAM）、柔性制造系统（FMS）、适时生产技术的使用已经普及；在管理方面，开始采用诸如零库存，全面质量管理等新的管理观念和技术。在这种环境下，直接人工成本下降，制造费用提高，各种间接成本在制造成本中所占的比例逐步增大。这引发了许多新的问题。例如，如何计算产品成本？如何评价企业自动化方面的投资？如何完善控制系统？如何完善业绩评价指标使之激励管理者实现企业战略目标等。

2. 不能适应市场竞争的需要。管理会计侧重考虑成本问题，在当今世界竞争激烈的环境中，衡量竞争优势的指标除成本指标之外，还有大量的非财务指标。与企业战略目标密切相关的非财务指标包括产品质量、生产的弹性、客户的满意程度、从接受订单到交付使用的时间等，这些都是传统管理会计所不能提供的。过度强调成本指标会使企业管理者或其他员工忽视市场、管理和战略等其他方面的许多重要因素。另外，管理会计技术的陈旧和滞后也导致传统管理会计不能满足战略管理的需要。

3. 缺乏重视外部环境的长远战略观念。传统管理会计注重内部成本和收益的比较，对企业的外部环境重视不够。管理会计应该指出企业在市场竞争中所处的相对地位，提供有利于企业针对竞争进行战略调整的财务和非财务信息，但传统管理会计却未能提供这种信息。另外，通过使用超出会计主体范围本身的竞争者信息来分析企业的竞争优势，以及通过与外部环境者的比较来研究本企业销售额、利润和现金流的相对变化，对实现企业的目标更有意义。但是，传统的管理会计也未能提供和解释这些有用的信息。

许多学者认为，战略管理会计、战略成本管理和战略成本计算技术可以克服传统管理会计的上述不足，由此被作为管理会计的新发展提上日程。1981 年，西蒙德斯（Simmonds）在《战略管理会计》一文中最先提出战略管理会计的概念。1988 年，布罗维奇（Bromwich）发表《管理会计的定义与范围——从管理角度的认识》一文，推进了对战略管理会计的研究。1989 年和 1994 年，布罗维奇和比玛尼（Bhimani）合作发表《管理会计：发展还是变革?》和《管理会计——发展的道路》两篇论文，进一步阐述了战略管理会计的定义："战略管理会计是这样一种管理会计：它收集并分析企业产品在市场和竞争对手方面的成本以及成本结构的信息，并在一定时间内监察企业和竞争对手的战略"。

战略管理会计是指以协助高层领导制定竞争战略、实施战略规划，从而促使企业良性循环并不断发展为目的，能够从战略的高度进行分析和思考，既提供顾客和竞争对手具有战略相关性的外向型信息，也提供本企业与战略相关的内部信息，服务于企业战略管理的一个会计分支。

二、战略管理会计的特点

战略管理会计具有如下特点：

1. 战略管理会计提供了超越企业会计主体本身的更广泛、更有用的信息。营造企业竞争优势是战略管理的重要目标之一，而企业的竞争优势取决于它所拥有的相对成本优势。在相同的条件下，谁拥有成本优势，谁就拥有竞争优势。相对成本在战略管理中尤为重要，与传统管理会计把视野局限在一个企业主体之内不同，战略管理会计特别关注企业外部环境的变化，重点搜集有关竞争对手的信息，了解自己的相对成本，使企业管理者知己知彼，采取相应的进攻或防御措施，凭借占优势的相对成本和较高的市场份额，使企业保持长期的相对竞争优势。

2. 战略管理会计提供了更多的与战略管理有关的非财务信息。传统管理会计所提供的信息更多的是财务信息，战略管理会计则大量提供了诸如质量、市场需求量、市场占有率等极为重要的非财务信息。如市场占有率，是反映企业战略地位的主要指标之一，它反映了企业竞争地位的变化，在一定程度上代表了未来的现金流入量。

3. 战略管理会计改进了企业绩效评价的尺度。多年来财务和会计都认为投资收益来源于投资本身。因此，传统管理会计用投资报酬率来评价企业的绩效，忽略了市场相对竞争地位在绩效评价中的作用。实际上，企业利润能否稳定增长很大程度上取决于企业相对的市场竞争地位。为增加销售额而进行的生产投资必须能够带来市场竞争地位的变化，这一变化应该是投资的重点。战略管理会计将战略管理思想贯穿于企业的绩效评价，以竞争地位变化带来的报酬取代传统的投资报酬指标，即在"不采取战略行动"和"采取战略行动"的前提下比较企业的竞争地位，以及由此带来的报酬的变化，对新的战略方案进行评价与决策。战略管理会计能够通过对竞争对手的分析，运用财务和非财务指标。利用战略绩效评价，增加企业的长期竞争优势。

4. 战略管理会计提供了更及时、更有效的业绩报告。传统管理会计的业绩报告一般是每月或者每周编报一次，而在制造周期已经大大缩短的今天，多数企业都建立了信息系统，这极大方便了各职能部门的管理人员，他们可以通过对这些信息系统的操作和控制，来监控各种资源的运用。电脑化的信息系统为实现数据的综合性和及时性提供了极大的帮助，编制管理会计业绩报告所需的时间也大为减少，使得管理会计在问题发生的当时或当天就能提供相关的信息。信息技术的发展为改进信息的质量和时效性提供了可能，战略管理会计的理念和技术为会计分析提供了可靠的基础，更容易取得时效性和相关性更强的信息。

三、战略管理会计的基本理念和方法

战略管理会计能够在企业会计实践中得到成功应用，并能克服传统管理会计模式的若干弊端，更好地为企业的战略目标服务，依靠的是一些区别于传统管理会计的理念和方法。下面对战略管理会计的基本理念和方法进行简单介绍：

（一）作业成本法

作业成本法（ABC），是一种区别于传统成本计算的新型的成本计算方法，20 世纪 80 年代以来，为了适应制造环境的变化，作业成本法应运而生。作业是指为特定目的而进行的耗费资源的工作，是联系投入与产出的纽带。作业成本法是一个以作业为基础的信息加工系统，着眼于成本发生的原因（即成本动因），依据资源耗费的因果关系进行成本分析。即先按作业对资源的耗费情况将成本分配到作业，再按成本对象所消耗的作业情况将作业的成本分配到成本核算对象。这就克服了传统成本计算系统下间接费用责任不清的缺陷，使以前的许多不可控间接费用在作业成本系统中变成了可控的。同时，作业成本法大大拓展了成本核算的范围，改进了成本分摊方法，及时提供了相对准确的成本信息，优化了业绩评价标准。

与传统的成本计算方法相比，作业成本法呈现的优势使得其成为战略管理会计的基本理念和方法之一，并得到了广泛的使用。首先，在如今的高技术生产条件和间接费用不可忽视的情况下，作业成本法依据成本动因进行的完全成本计算，提供了真实准确的成本信息，并启动了作业层次的成本信息，强调在作业层面上进行事前的预算控制，从而改变了传统管理会计强调产成品层面上的事后控制。可以说，作业成本法将传统的成本形态分析包含在内，进一步拓宽了成本分析的范围，能为企业进行最优战略决策、改善经营管理以及增强竞争提供更多有价值的信息。其次，作业成本法改变了依据组织结构进行设置和预算的传统责任会计模式，使得以作业中心为基础设置责任中心成为可能，从而加强了对许多不能归属于某一部门但可控的间接费用的控制。

（二）目标成本规划法

目标成本规划是一种对企业的未来利润进行战略性管理的技术。其做法是，首先确定待开发产品的生命周期成本，然后由企业在这个成本水平上开发生产拥有特定功能和质量，并且若以预计的价格出售就有足够盈利的产品。目标成本规划使得成本成为产品开发过程中的积极因素，而不是事后的消极结果。企业只要将待开发产品的预计售价扣除期望边际利润，即可得到目标成本。目标成本规划的关键就是设计能在目标成本水平上满足客户需求并可投产制造的产品。

目标成本规划所体现的战略成本管理思想主要体现在：（1）目标成本规划的实施意味着成本管理的范围扩大到产品的整个生命周期。（2）目标成本规划的一个基本特点就是市场导向性，目标成本由预计的市场价格倒推产生。按照这种目标成本进行成本控制和绩效评价，有助于增强企业的竞争地位。(3) 目标成本规划将成本管理重点由传统的生产制造过程移至产品的研究设计过程，这对实现企业的战略目标具有重要的意义。(4) 零部件层面的目标成本规划能够将产品层面的目标成本压力一部分传递给为制造产品所需的零部件提供货源的供应商，迫使供应商必须在一定程度上与产品制造商联合寻找降低成本的途径，使成本管理的范围超出了单个企业的界限。

目标成本规划一个重要战略思想就是以战略性成本管理观念改变了为降低成本而降低成本的传统观念。目标成本规划从市场的角度考察成本，指明了成本控制的努力方向。正因为如此，战略管理会计运用这一方法可以提供有利于企业保持和增强竞争力的信息。

(三) 全价值链分析

战略管理会计对传统管理的突破之一在于对问题的分析并不局限于一个会计主体，而是从前后联系的角度分析价值的形成，这就是全价值链分析。美国哈佛商学院著名战略学家迈克尔·波特在《竞争优势》一书中引入了“价值链”一词。波特指出，每一个企业都是用来进行设计、生产、营销、交货以及对产品起辅助作用的各种活动的集合，企业所有的互不相同但又相互关联的生产经营活动，构成了创造价值的一个动态过程，即价值链。

价值链将企业的生产经营活动分为基本活动和支持活动两大类。如图 5 - 1 所示。

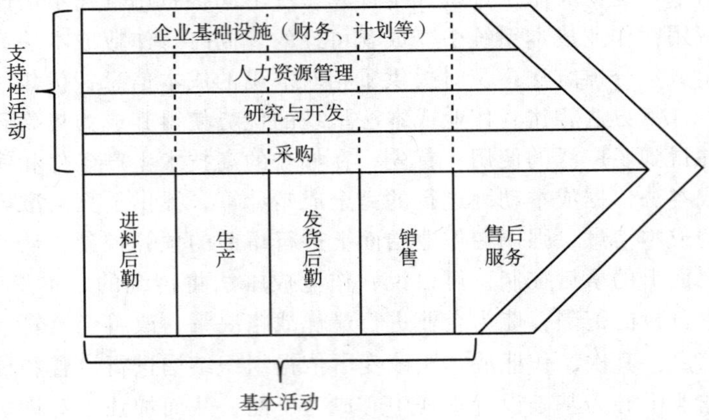

图 5 - 1　价值链

基本活动是指生产经营的实质性活动，一般可以分为进料后勤、生产加工、发货后勤、市场销售和售后服务五种活动。这些活动与商品实体的加工流转直接相关，是企业的基本增值活动。

支持活动是指用以支持主体活动而且内部之间又相互支持的活动，包括企业投入的采购管理、技术开发、人力资源管理和企业基础设施。采购管理、技术开发、人力资源管理三种支持活动既支持整个价值链的活动，又分别与每项具体的主体活动有着密切的联系。企业的基本职能活动，如财务等活动，支持整个价值链的运行，而不与每项活动直接发生联系。

为了判定企业竞争优势，有必要了解和加强企业竞争能力而分析其价值链。价值链分析的步骤如下：

1. 把整个价值链分解为与战略相关的作业、成本、收入和资产，并把它们分配到“有价值的作业”中；

2. 确定引起价值变动的各项作业，并根据这些作业，分析形成作业成本及其差异的原因；

3. 分析整个价值链中各节点企业之间的关系，确定核心企业与顾客和供应商之间作业的相关性；

4. 利用分析结果，重新组合或改进价值链，以更好地控制成本动因，产生可持续的竞争优势，使价值链中各节点企业在激烈的市场竞争中获得优势。

价值链分析能够帮助企业理解在运营环节中，有哪些环节能够创造价值，又有哪些环节无法创造价值。价值链是一个模块，企业需要利用这个模块来了解自己的成本定位，并确定可能促进业务层战略实施过程的多种方式。价值链表明了一个产品是如何从原材料阶段转移到最终客户手中的整个过程。通过价值链活动创造价值通常需要与供应商建立有效联盟，还需要与顾客发展稳定良好的关系。当公司与供应商和顾客建立了这种稳固良好的关系时，就可以说是有了“社会资本”。这些关系本身就是具有价值的，因为它们能产生知识的传递并获得公司内部所没有的资源。

传统管理会计分析的范围通常从采购开始到销售结束。从战略的角度看，传统管理会计“开始得太晚”，“结束得太早”；战略管理会计认为，企业与供应商、其他企业及最终消费者之间的联系同样有很大的利用价值。价值链分析恰恰将价值形成过程分解为战略上的相关作业，从外部环境的角度分析问题，把每个企业都当成整个价值创造作业链的一环，从分享利益的角度求得与供应商和顾客的合作与协调，科学的设置整个价值链。因此，全价值链分析作为一种重要的战略分析手段，在战略管理会计中得到了广泛的应用。

（四）SWOT 分析法

SWOT 分析法（Strength，Weakness，Opportunity，Threat，也称态势分析法，S 表示优势、W 表示劣势，O 表示机会、T 表示威胁），是指基于内外部竞争环境和竞争条件下的综合分析，就是将与研究对象密切相关的各种主要内部优势、劣势以及外部的机会和威胁等，通过调查列举出来，并依照矩阵形式排列，然后用系统分析的思想，把各种因素相互匹配起来加以分析，从中得出相应结论，而结论通常带有一定的决策性，对制定相应的发展战略、计划以及对策起到支撑作用。

按照 SWOT 分析法，战略规划应是一个企业“能够做的”（即企业的强项和弱项）和“可能做的”（即环境的机会和威胁）之间的有机组合，如图 5－2 所示。

外部环境 / 内部环境	机会	威胁
优势	增长型战略（SO） Ⅰ	多元化战略（ST） Ⅳ
劣势	扭转型战略（WO） Ⅱ	防御型战略（WT） Ⅲ

图 5－2　SWOT 分析

SWOT 分析法将公司的战略与公司内部资源、外部环境有机结合起来。其中，优劣势分析主要是着眼于企业自身的实力及其与竞争对手的比较，而机会和威胁分析将注意力放在外部环境的变化及其可能给企业带来的影响上。但是，外部环境的同一变化给具有不同资源和能力的企业带来的机会与威胁却可能完全不同，因此，两者之间又有紧密的联系。SWOT 分析有利于了解和分析自己的公司在做新业务前是否能充分发挥自己的长处，同时尽量避免自己的短处，以趋利避害，化劣势为优势，化挑战为机遇。同时，也使自己的公司知道该如何应对市场商机，即所谓的知己知彼、百战不殆，从而降低公司的经营和投资风险。可见，清楚地确定公司的资源优势和缺陷，了解公司所面临的机会和挑战，对于制定公司未来的发展战略有着至关重要的意义，见表 5－1。

表 5－1　一家洗衣店洗衣业务的 SWOT 分析

		优势	劣势
		1. 上门取件，洗好后送衣上门，方便快捷； 2. 线上线下结合营销，微信公众号在线预约取件与送货时间； 3. 校内选址与本校学生创业项目给客户带来高度的亲近感与信任感； 4. 校外洗衣店价格高，距离远，无取件送货服务	1. 市场及物流专家不足； 2. 企业内部管理者经验不足； 3. 网络系统还有需要完善的空间； 4. 经营范围及规模的局限，无法产生规模经济，前期利润较低； 5. 取件及送货工作量较大，需要投入较多成本； 6. 创业初期，企业内部各环节不够规范，对服务质量有影响
机会	1. 公司处于校园密集区，有较大的市场需求； 2. 由于北方寒冷时期较长，顾客倾向于找洗衣店洗衣； 3. 人们生活品质的提高，对衣服保养的需求也随之增加； 4. 创业者都是大学生，便于拓展人际脉络，易于宣传； 5. 国家和学校给予大学生自主创业的优惠政策	1. 更加完善取件和送货的服务，尽量提供低价、优质的服务； 2. 与校方合作，争取更多的优惠政策和便利条件； 3. 寒冷期大力宣传拓展业务，以便夏季的业务拓展（毕业季）； 4. 赞助各社团或大学生活动以扩大影响力和知名度	1. 与周围创业者多交流，多观察，在实践中不断积累经验； 2. 加大宣传力度，采取多种有效的营销方式； 3. 与学生合作，提供兼职机会，同时有助于扩大知名度和信任度； 4. 与计算机创业者合作，或咨询专业人士
威胁	1. 学校周边已存在洗衣店，竞争压力大； 2. 夏季为洗衣淡季； 3. 寒暑假客流量少，租金和固定资产的折旧成本； 4. 宿舍自带自助洗衣房，对客流量有所影响	1. 增加服务力度，提高洗衣质量，降低收费标准； 2. 累计洗衣次数，赠送洗衣服务，提高客户忠诚度，吸引新客户； 3. 完善配送服务，提高配送效率，提高核心竞争力； 4. 夏季开展增值服务，扩充公司业务，横向发展	1. 完善企业内部管理； 2. 优化网络系统的各方面，交互设计等等； 3. 加强对配送服务的培训，加强服务质量； 4. 标准化和服务环节，例如包装、微笑服务、洗衣质量、微信客服的服务标准化等由此提高市场竞争力

（五）预警分析

预警分析是一种事先预测可能影响企业竞争地位和财务状况的潜在因素，提醒管理层注意的分析方法。预警分析从战略的角度，通过对行业特点和竞争状况进行分析，使管理层在不利情况来临之前就采取防御措施，解决潜在的问题。预警分析可分为外部分析和内部分析。外部分析主要分析企业面临的市场状况、市场占有率；内部分析主要分析劳动生产率、机制运转效率、员工队伍是否稳定等。显然，能熟练预测内外部环境变化的企业具有较大的竞争优势。

（六）竞争对手分析

竞争对手分析主要是从市场的角度，通过对竞争对手的分析来考察企业的竞争地位，为企业的战略决策提供信息。竞争对手分析主要涉及以下问题：（1）竞争对手是谁；（2）竞争对手的目标、所采取的战略措施以及成功的可能性；（3）竞争对手的竞争优势和劣势（比如竞争对手的成本）；（4）面对外部企业的挑战，竞争对手是如何反应的。可见，在竞争对手分析基础上形成的企业战略更加有的放矢，可以准确击中竞争对手的要害，并有效地防御竞争对手的进攻。

（七）质量成本分析

战略管理关注更多有关竞争能力的非财务信息，其中之一便是质量。许多企业为此实施了全面质量管理，而质量成本分析是指从产品的研究、开发、设计、制造，一直到售后服务整个生命周期的质量成本分析方法。主要分析质量成本的四个组成部分，即预防成本、鉴定成本、内部失败成本和外部失败成本。只有全面掌握与质量有关的成本信息，管理者才能进行正确的质量成本预算，借以转变传统管理会计重产量、轻质量的观念。

由于篇幅所限，本节不能穷举战略管理会计的所有理念和方法，也不能对其一一进行详细的介绍，但可以预见的是，战略管理会计作为管理会计思想方法发展的历史趋势，必将涌现出越来越多的致力于重视外部环境和增强企业竞争力的方法和理念。

第三节　规划管理概述

一、规划管理的内涵

规划，通俗地说，就是实施总体目标的行动计划。领导者决定着一个组织发展的前途和命运，领导者对组织发展的规划制定是否合理，则直接影响着组织的活动效率。实践证明，规划得当，就能取得巨大效益。1957 年，日本经济学家村治和中山伊知郎等人提出了一个宏伟的经济发展规划，得到日本当局的赞赏，后来经过反复讨论，于 1960 年正式提交日本政府，成为日本《国民收入倍增规划》，结果使日本在经济上取得了大幅度的增长。正如美国通用电器公司的董事长威尔逊所说的：“我整天没做几件事，但有一件做不完的工作，那就是规划未来。”

规划管理是实施战略目标的重要手段，是通过对战略目标的细分并通过具体行动计划加以实施，以达到预期效果的过程。西方管理理论认为，规划管理的职能主要包括四个部分：

1. 确定目标以及目标的先后次序。

2. 预测对实现目标可能产生影响的未来事态。

3. 通过预算来执行规划。

4. 提出和贯彻指导实现预期目标的活动政策。

这四个部分相互联系，相互依赖，制订出全面的规划，并且引导组织达到预定的目标。缺少其中任何一个方面，都会给规划的实现造成障碍。

二、规划管理与战略管理的关系

规划管理和战略管理具有相似的特性，两者都具有全局性、长远性、前瞻性等特点，但两者又存在显著的区别：

1. 在概念的层次上，战略管理高于规划管理，战略管理强调的是思想，是涉及组织或者事业发展的思路。战略是制定规划的指导思想，任何一个组织的规划都是在既定的战略指导下形成的。

2. 在形成的时序上，战略先于规划，如果一个国家、一个地区、一个企业没有形成既定的战略思路，就很难制定其发展规划。因此，要制定发展规划，必须先着手研究其发展战略，在战略的指导下，再编制发展规划。

3. 在具体内容上，战略又“软”于规划，战略是规划的抽象原则，规划是战略的具体体现。从某种意义上说，战略是规划的纲要，规划是战略实现的蓝图。

综上所述，规划管理是介于战略管理与预算管理之间的，在中观层面的中期目标，是战略管理行为的具体分解，是预算管理的指导导向。

三、规划管理的流程

企业战略形成之后，需要通过规划管理来进一步分解目标，对战略目标和措施提出中期规划，规划管理系统的支持至企业的整个战略管理，指导企业在一定时期内合理分配有限的资源以期达到规定目标。

规划管理流程一般包括以下四大关键控制节点：

（一）确定企业总体战略目标

企业总体战略目标是战略计划与实施的对象，因此，首先要对企业集团的总体战略有一个明确和概括的阐述，说明集团总体战略的定位、战略的选择和实现将给集团带来的机遇和发展。内容通常涉及集团的总体战略目标和实施总体战略目标的方针政策，反映了集团的战略态势和战略思维。

（二）确定规划目标

规划目标要由企业战略目标细分而来，包括阶段目标、层级目标及维度目标。企业总体战略目标涉及内容较多，且时间跨度较长，因此，应先把总体战略目标分解成阶段目标，明确规定在什么阶段完成什么目标，以此来保证总体战略目标的实现。企业总体战略目标按阶段划分之后，还得按层级进行划分，或者两者同时进行。企业集团的规划目标需要在集团总部、控股子公司和职能部门分辨，分别划分为集团总部的总体规划目标与计划、子公司的业务战略目标与计划和职能部门的职能目标与计划。最后，依据平衡计分卡原理，根据财务维度、客户维度、业务流程维度和学习与成长维度，每一个维度由规划目标、若干规划指标和计划组成。

（三）制定行动计划

行动方案是一个企业为追求规划管理目标的实现，在企业阶段目标、层级目标和维度目标的具体指导下，进行的一系列耗费资源或重组资源的活动。集团总部、子公司和职能部门三大层次的规划战略目标、指标和目标值经董事会审批确定后，应赋予实现四大维度目标的具体行动方案，并采用统一的格式制定成各自的经营计划分解表，汇总交总部战略管控部门统一管理，以便战略实施和绩效考核。

（四）进行资源配置

实施行动计划必须有资源作保证，企业资源配置的效率将直接影响到规划目标实现的程度。因此，在企业集团的行动计划中，应该明确各个行动方案所需资源的来源及其分配方案，特别是明确对某些行动方案的资源配置的优先程度，以确保重点。尤其是当企业集团下属控股子公司的盈利水平和发展态势参差不齐时，应着重处理好重点与非重点的关系，既要突出重点，又要使重点与非重点之间协调发展；既要考虑每个子公司对资源的要求，也要有全盘的考虑，确保资源的总体平衡，见图 5－3。

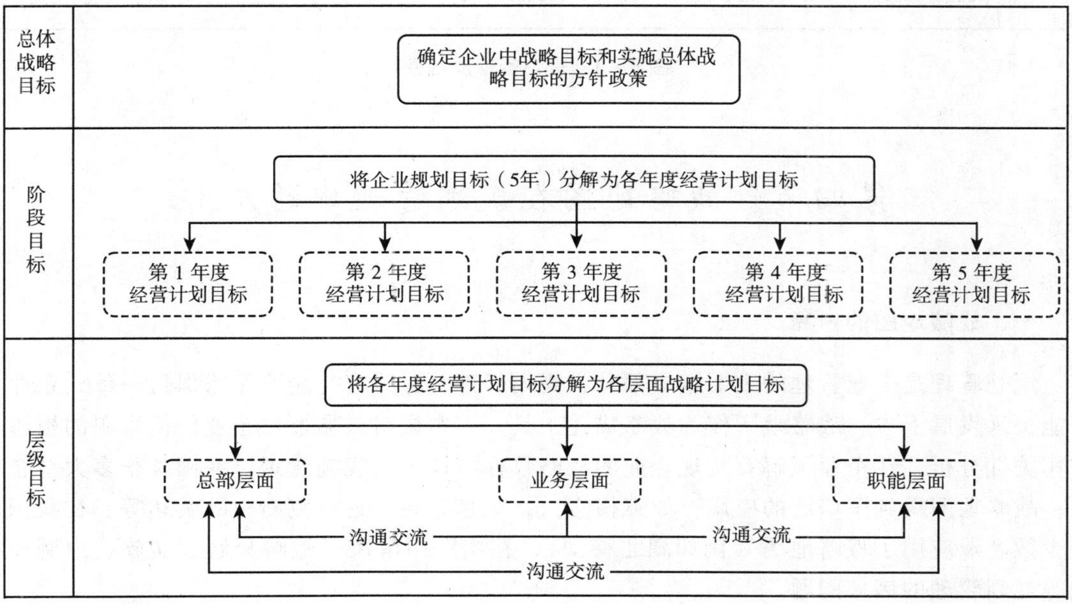

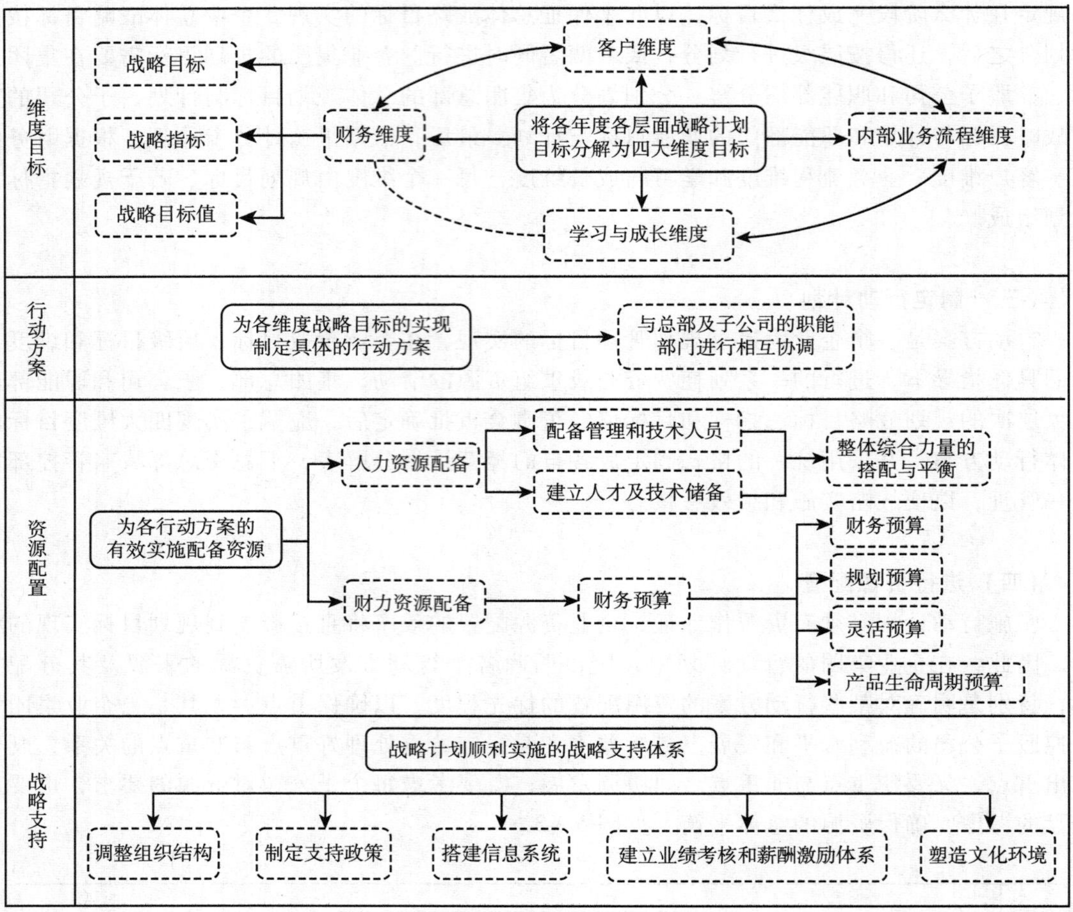

图 5-3 规划管理流程图

第四节 战略地图在规划管理中的应用

一、战略地图的内涵

规划管理是企业管理的重要组成部分，规划管理目标只有与企业战略保持一致，企业才可能长远发展下去。战略地图作为战略描述工具，其本质就是通过对企业价值来源的根源性和相关性分析，让企业了解要实现企业的战略目标应该如何实施管理。在国外很多大型企业中，战略地图得到了广泛的应用，如英格索兰、东京三菱、达特克斯—欧美达等。在我国也有少数企业应用了战略地图（例如湖北移动），在实践中解决了战略分解、实施、控制和评价等规划管理的诸多问题。

战略地图是在平衡计分卡的基础上发展起来的。平衡计分卡提供一个框架来传播使命和战略，包括财务维度、客户维度、内部业务流程维度、学习与成长维度的模型。战略地图在平衡计分卡四个维度模型的基础上，添加了一个细节层，用来说明战略的时间动态性，还添加了颗粒层，用来改善清晰性和重点。战略地图提供了一个思路性的框架，能够说明战略是如何将无形资产与创造价值的内部流程结合在一起的。

战略地图系统地描述了企业的战略与规划。企业在建立战略地图时必须明确一个逻辑关系：如何创造出价值以及要为谁创造价值。企业战略从财务层面开始的假设是：目标客户满意了，才能够实现期望的财务成果；目标客户的满意取决于企业为其创造的持续的差异化的价值；企业在内部流程层面创造出目标客户的价值主张，并将其传递给客户；学习与成长层面的无形资产为内部流程提供支持和保障，是企业战略成功的基础。四个层面的目标要协调一致才能为企业创造可持续的价值。

二、战略地图的实施

战略地图实施，是指企业利用管理会计工具方法，确保企业实现既定战略目标的过程。战略地图实施一般按照 KPI 设计、KPI 责任落实、规划执行、执行报告、持续改善、评价激励等程序进行。企业应用战略地图，应设计一套可以使各部门主管明确自身责任与战略目标相联系的考核指标，即进行战略 KPI 设计。

企业应对战略 KPI 进行分解，落实责任并签订责任书。具体可按以下程序进行：

1. 将战略 KPI 分解为责任部门的 KPI。企业应从最高层开始，将战略 KPI 分解到各责任部门，再分解到责任团队。每一责任部门、责任团队或责任人都有对应的 KPI，且每一 KPI 都能找到对应的具体战略举措。企业可编制责任表，描述 KPI 中的权、责、利和战略举措的对应关系，以便实施战略管控和形成相应的报告。每一责任部门的负责人可根据上述责任表，将 KPI 在本部门进行进一步分解和责任落实，层层建立战略实施责任制度。

2. 签订责任书。企业应在分解明确各责任部门 KPI 的基础上，签订责任书，以督促各执行部门落实责任。责任书一般由企业领导班子（或董事会）与执行层的各部门签订。责任书应明确规定一定时期内（一般为一个年度）要实现的 KPI 任务、相应的战略举措及相应的奖惩机制。

企业应以责任书中所列任务为基础，按责任部门的具体人员和团队情况，对任务和 KPI 进一步分解，并制定相应的执行责任书，进行自我管控和自我评价。同时，以各部门责任书和职责分工为基础，确定不同执行过程的负责人及协调人，并按照设定的战略目标实现日期，确定不同的执行指引表，采取有效战略举措，保障 KPI 实现。

3. 企业应编制规划执行报告，反映各责任部门的战略执行情况，分析偏差原因，提出具体管控措施。每一层级责任部门应向上一层级责任部门提交规划执行报告，以反映战略执行情况，制定下一步战略实施举措。企业应根据战略执行报告，分析责任人战略执行情况与既定目标是否存在偏差，并对偏差进行原因分析，形成纠偏建议，作为责任人绩效评价的重要依据。企业应在对战略执行情况进行分析的基础上，进行持续改善，不断提升战略管控水平。

三、战略地图的应用案例

以某大型上市公司 TDKJ 为例，讲述战略地图在该公司的应用。

（一）公司简介

TDKJ 成立于 2010 年 3 月 24 日，成立时注册资本 5000 万元。公司通过了国家科技部和中国科学院组织的“双高认证”，并经北京市科学技术委员会认定为高新技术企业。经中国证券监督管理委员会批准，于 2012 年 4 月 23 日公开发行人民币普通股 2500 万股，并于 2012 年 5 月 15 日在上海证券交易所上市交易。其后，公司于 2013 年、2014 年、2015 年、2017 年四次实施了资本公积转增股本的分配方案，并于 2016 年结合股权分置改革向大股东定向增发 2200 万股。截至 2017 年 7 月，公司股本达到 33720 万股。

TDKJ 成立以来，资产规模、股东权益、主营业务收入、净利润连年增长。截至 2017 年 6 月末，总资产由成立之初的不到亿元发展到 33.9 亿元，股东权益由 6000 多万元发展到 10.5 亿元。主营业务收入由成立当年 1.3 亿元发展到 2016 年 18.6 亿元，2017 年中期已实现 11.4 亿元，净利润由成立当年的 2412 万元发展到 2016 年的 2.1 亿元，2017 年中期已实现 1.1 亿元。

（二）战略目标

公司使命：煤炭工业现代化。

远景目标：建设国际知名、国内一流的高科技企业，成为国内最大的矿山工业过程自动化、机械化设备供应商；选煤技术成套装备开发与制造的龙头企业；最具实力的高效洁净煤矿建设与改造技术服务的运营商；技术最全面的地下工程特殊施工及建筑加固承建服务商。

业务定位：以煤矿高效洁净生产为主要服务对象的自动化、机械化专用设备制造及成套技术与装备集成的工程服务业。

主营业务：矿山工业过程自动化、机械化设备制造；煤炭洗选成套装备与洁净利用技术服务；煤矿高效洁净生产技术服务与经营；地下特殊工程施工等四个方向。四个方向业务整合为煤矿机械和示范工程两个板块。

近期目标：到 2019 年实现主营业务收入 60 亿元。将煤机板块发展成为在国内技术领先、生产规模最大（年产值 50 亿元）、煤机品种相对配套（包括：高效综采工作面技术装备、巷道快速掘进技术装备、无轨胶轮辅助运输技术装备、高效洁净重介洗选装备四大类主导产品）、市场占有率最高的煤机研发、生产、销售的集团公司，积极占领国内煤机行业的高端市场，并争取在国际煤机市场上占有一席之地，各主导产业争创国内市场占有率第一位。将示范工程板块发展成为在国内技术领先、最具实力的高效洁净煤矿建设与改造技术服务的运营商，实现技术服务和煤炭采选营业收入 10 亿元。

（三）战略地图的绘制

战略地图是一个通过说明股东、客户、业务流程和技能之间的关系来给战略下定义的逻辑结构。战略地图为建立与组织战略相联系的平衡计分卡提供了基础。平衡计分卡的每个衡量指标都是一个因果逻辑链条中的一环，该链条将战略所期望的结果和获得战略结果的驱动因素联系起来。战略地图描述了将无形资产转变成有形客户和财务结果的过程，为管理者提供了一个在知识经济中描述和管理战略的框架。

1. 公司层面的战略地图。TDKJ 的战略目标在于树立独特的品牌形象，在技术上总体保持领先地位，在服务上保持综合配套能力，在经营规模上占据较大市场份额，最终目标在于增加股东价值。根据 TDKJ 的战略目标，按照平衡计分卡战略管理思想，可以构建四个维度之间的逻辑关系。

在财务维度，TDKJ 的战略目标是增加股东价值，通过企业价值最大化体现出来。作为上市公司，股东价值最好的体现在于公司的市值。市值越高，表明公司的价值越大，从而股东价值也就越大。市值等于每股市价与股份数额的乘积，要提高市值关键在于提升每股市价。每股市价等于每股收益与市盈率的乘积。每股收益体现公司经营成果，而市盈率体现投资者对公司的预期，因此要提高市价，一方面要提升经营业绩，另一方面要提升投资者对公司的期望水平。不同的企业由于竞争战略不一样，提升每股收益的途径不一样。采用低成本战略的企业主要通过控制支出提升每股收益，采用差异化战略的企业主要通过提供差异化产品和服务提高毛利率水平。不论企业采用什么竞争战略，收入规模对提升每股收益都有决定性作用。

在客户维度，TDKJ 面临两类客户，一类是经营活动的对象——顾客，另一类是公司股票的持有者或潜在购买者——投资人。顾客是公司收益的来源，决定了公司每股收益的高低，最终影响到企业价值大小，所以，公司必须通过让顾客满意，保留现有顾客，增加新的顾客，从而增加收入规模，保持和提升毛利率水平。同时，投资人对公司看法影响公司市盈率水平，也直接影响公司价值，因此，公司也必须让投资人满意。

在内部业务流程维度，主要考虑如何通过改进业务流程达到客户满意，最终推动企业价值增加。TDKJ 采取集中差异化的竞争战略，主要通过提供先进的技术、全面的服务和性能可靠的产品来达到顾客满意的目标。技术的先进性表现为整体上达到国内领先、国际先进的水平，部分技术达到国际领先。全面服务表现为按照顾客需求提供技术开发、技术咨询、技术培训、技术设计、项目管理、生产装备、工程承包、系统集成、装备维修等全方位的服务和个性化定制服务。性能可靠的产品来自合理的产品设计、合格的原材料、精良的加工装备、高水平的技术工人、先进的加工工艺和高质量的协作件。原材料和协作件的品质需要通过供应商管理来保证。而达成投资人满意，需要加强公司与投资人的沟通，主要通过投资者关系管理实现。可以通过公开信息披露、业绩说明会、见面会、来电来函、现场参观、公司简报等多种方式，让投资人了解公司目前经营状况和今后发展方向，使投资人对公司有更全面、客观的认识，提高投资人对公司的关注度，保持投资人对公司未来发展的合理预期。

在学习与成长维度，主要是达成员工的岗位胜任能力和员工的满意度。只有员工具有岗位胜任能力，才能做好供应商管理，制造性能可靠的产品，开发先进技术，搞好投资者关系管理。但是，仅有岗位胜任能力是不够的，员工必须对目前的工作和今后的发展感到满意，才能全身心地投入工作，才能充分发挥自己的聪明才智为公司的发展做贡献。为了提升员工岗位胜任能力和员工满意度，一方面要招聘合格的员工，另一方面要加强员工培训，同时需要向竞争对手学习各种先进的技术和管理方法，当然作为学习的手段——完善的信息系统也是不可缺少的。通过前述内容，可以构建 TDKJ 的战略地图，如图 5－4 所示。

2. 部门层面的战略地图。职能部门只是企业管理或业务的一个个单元，部门面临的环境与企业是有差异的，各个部门业绩的发展结果、形成的循环也不一样。因此，部门层面的战略地图与公司层面的战略地图是不同的两套系统。但是，部门的长期发展必须与企业的战略发展相一致，部门的目标是企业目标的分解，从发展和目标上，企业与部门应当是一致的。部门层面战略地图的构建程序与公司层面相似，首先对部门职能和环境进行分析，构造

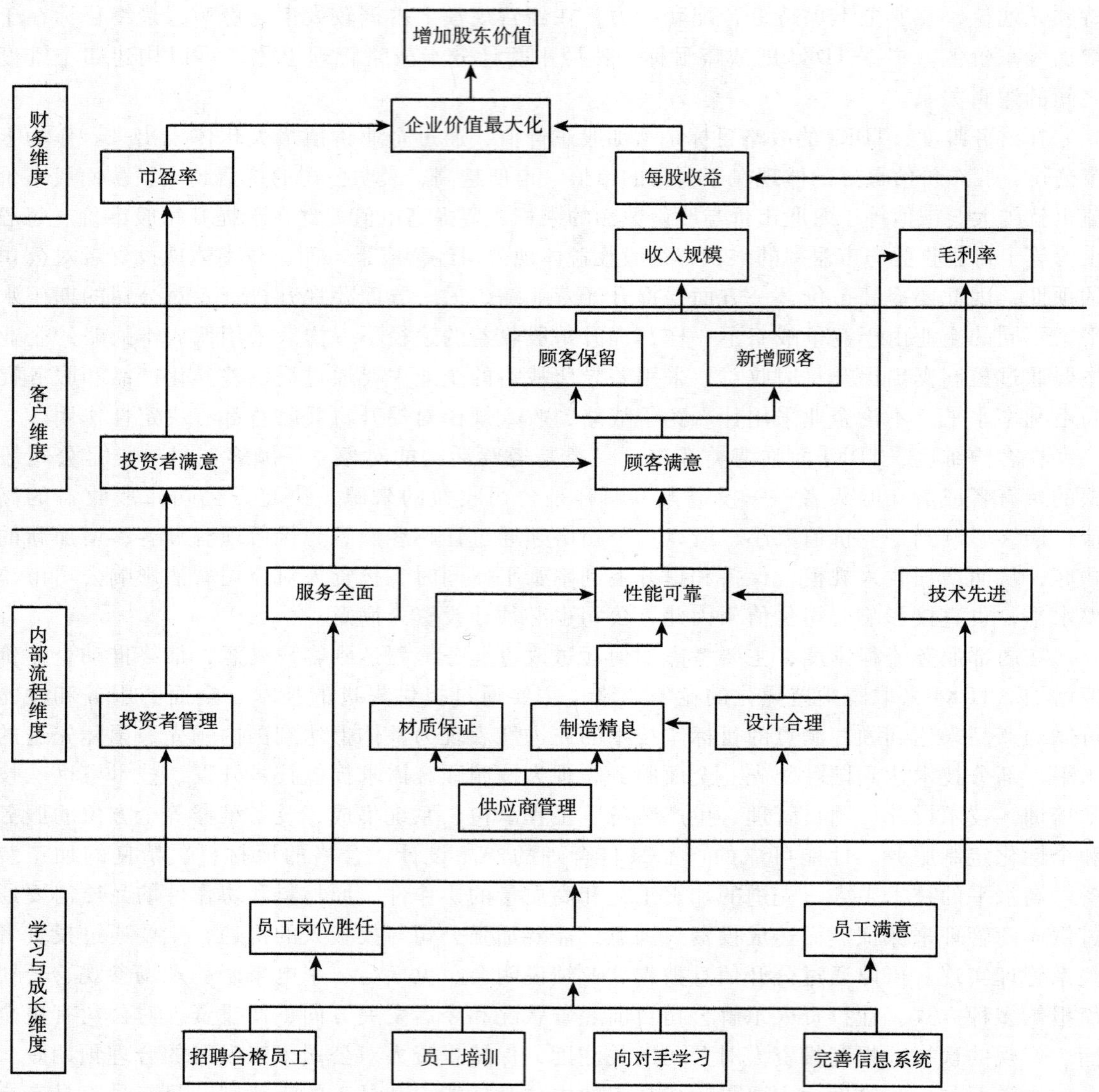

图 5－4　TDKJ 的战略地图

部门战略地图，确定关键影响因素。

在财务维度，各职能部门都有需要完成的财务指标。例如，市场部门的指标主要包括合同额、回款额、坏账损失额等；生产部门包括成本定额、质量损失额等；财务部门包括财务费用、税收支出、费用预算等。同时，加强部门之间的协作，减少企业在内部协调方面的投入，是提高企业运行效率、节约企业管理成本的有效措施，也是构建和谐社会的需要。降低内部协调管理成本是所有职能部门都需要完成的工作。

在客户维度，各职能部门面临内部和外部两方面的客户。外部客户包括顾客、投资者、银行、税务等利益相关方。内部客户包括上级领导、同级部门、下属单位。要获得较好的财务效果，离不开本部门自身努力，也离不开内部客户的支持，外部客户关系也同样重要。根据工作分工不同，有的职能部门既要面对外部客户，也要面对内部客户，有的职能部门则只面对内部客户。

在内部业务流程维度，要实现财务目标，要使得内部客户和外部客户都满意，需要进行创新，包括技术创新、管理创新等；要改进提高现有工作水平，也需要开展和谐组织建设活动。具体的创新内容根据部门性质有所差异。例如，市场部门需要创新经营模式，开拓新的市场领域和新的产品应用范围；生产部门要进行加工工艺创新，提高质量，降低成本；财务部门要进行管理创新，实现增收节支的目的。

学习与成长维度是改进业务流程、达成客户满意、实现财务目标的基础。在学习与成长维度，主要是招募符合工作需要的专业人才，并根据工作需要进行技能培训，同时要搞好企业文化建设，为创建和谐组织奠定文化基础。

按照平衡计分卡理论，结合职能部门业务特点，可以构建职能部门战略地图。图 5－5、图 5－6 是市场部门和财务部门战略地图示例。其他部门的战略地图可以按照类似的思路构建。

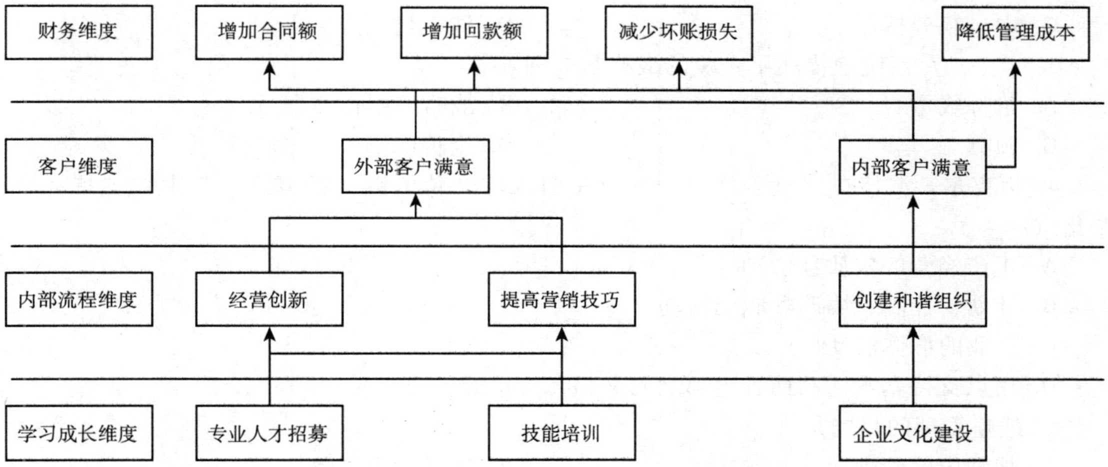

图 5－5　市场部门战略地图

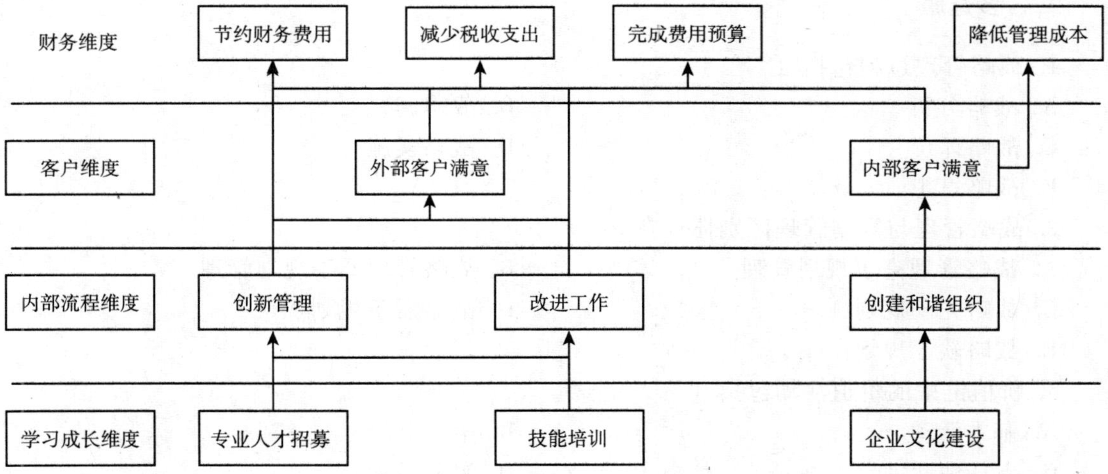

图 5－6　财务部门战略地图

复 习 题

一、单选题

1. （　　）是企业总体的、最高层次的战略。

A. 公司战略　　B. 职能战略

C. 市场战略　　D. 业务单位战略

2. 对企业外部环境和内部条件进行分析，从而找出两者最佳可行战略组合的一种分析工具是（　　）。

A. SWOT 分析　　B. 政策指导矩阵

C. 本量利分析　　D. 波士顿矩阵

3. （　　）系统地描述了企业的战略与规划。

A. 目标成本　　B. 战略地图

C. 预算　　D. 全价值链

4. 迈克尔·波特在《竞争优势》一书中引入的“价值链”的概念，其中“支持活动”是指（　　）。

A. 生产经营的实质性活动

B. 计划、控制、协调等职能活动

C. 产业的群体活动

D. 用以支持基本活动而且内部之间又相互支持的活动

5. 战略管理的目的是（　　）。

A. 加强内部管理　　B. 拓展市场空间

C. 提高企业的环境适应能力　　D. 保证计划的落实

二、多选题

1. 战略管理过程包括（　　）。

A. 战略分析　　B. 战略调整

C. 战略评价　　D. 战略实施

E. 战略思想

2. 战略管理与规划管理区别体现在（　　）。

A. 战略管理高于规划管理　　B. 战略管理低于规划管理

C. 战略先于规划　　D. 战略后于规划

E. 战略软于规划

3. 价值链中的价值活动包括（　　）。

A. 基本活动　　B. 生产活动

C. 支持性活动　　D. 采购活动

E. 销售活动

4. 下列属于战略管理会计的基本理念和方法的是（　　）。

A. 作业成本法　　B. 预警分析

C. 质量成本分析　　D. 目标成本规划

E. 全价值链分析

5. 战略地图是在平衡计分卡模型的基础上发展起来的，平衡计分卡提供一个框架来传播使命和战略，包括（　　）。

A. 财务　　B. 客户

C. 内部业务流程　　D. 学习与成长

E. 目标成本

三、判断题

1. 战略管理的目的是提高企业对外部环境的适应性，使企业做到可持续发展。（　　）

2. 一般来说，一个企业的战略可划分为三个层次，即公司战略、业务单位战略和职能战略。（　　）

3. 公司战略、经营战略以及职能战略虽然共同构成了一个企业的战略层次，但它们之间毫无关系。（　　）

4. 企业的价值链就是企业所从事的各种活动：设计、生产、销售、发运的集合体。（　　）

5. 规划管理目标只有与企业战略保持一致，企业才可能长远发展下去。（　　）

四、简答题

1. 简述规划管理与战略管理的关系。

2. 什么是价值链分析？当企业能够成功地运用这个工具时，企业能够获得哪些收益？

3. 战略地图在实践中解决了战略分解、实施、控制和评价等规划管理的诸多问题，结合实例，谈谈战略地图的具体应用过程。

五、案例分析题

泛美航空公司是美国境外的一家航线最广、历史最久的航空公司，也是美国国家航运业的化身。经过 50 多年的发展，至 1980 年初已成为全美第三大航空公司。

1927 年，美国的航空业还处于初创时期。这一年泛美航空公司创建。20 世纪 30 年代初，特里普为美国首次开通了横越太平洋的航线，泛美从此声名鹊起。到 40 年代后期，泛美已经成为世界上最大的航空公司，具备了全球航运的能力。第二次世界大战期间，泛美与政府间合作密切，取得了迅速的发展。

1980 年，泛美航空公司进行技术改造，淘汰老旧费油的 20 架 B707 客机，选择洛克希德制造的 L1101－500 型宽体客机。但就在此时，与波音 707 性能相似，但成本更低的新型飞机纷纷上市，如麦道公司的 MD80、波音公司的波音 757、波音 B767 等。相形之下，L1101－500 型飞机的单位飞行成本，都明显比新机种高得多，泛美公司为此后悔不迭。

为了摆脱困境，泛美公司不得不抛售一些贵重的非空运财产。但尽管采取了“拆东墙补西墙”的办法，在 1988 年美国 8 家最大的民航公司排名中，泛美仍位居最后。

1990 年 7 月开始的美国经济衰退和接着爆发的海湾战争，使所有的美国航空公司生意清淡。泛美公司更是捉襟见肘，于 1991 年 12 月 4 日宣告破产，成为该年倒闭的第三个美国大民航公司。

问题：

（1）泛美公司的陨落原因是什么？

（2）对你有何启示？

第六章

预算管理

【学习目标】 了解我国预算管理的发展历程；理解预算管理的概念、原则、主要工具方法和作用；掌握预算管理的主要内容及编制原理；掌握固定预算、滚动预算、弹性预算、概率预算等预算编制方法的企业实践中的应用。

【引导案例】 中海地产——探求地产行业存量时代破解之道

“变”，是当今中国房地产业的主题。告别了“白银时代”“黄金时代”，中国地产行业迎来“增量时代向存量时代的转变”。这是主赛道的切换，也是地产企业破局重生的另一种开始。当大多数房地产企业还在选择观望，思考流通为王的时候，中海地产早已率先迈出企业转型升级的坚实一步，将精细化、智能化企业管理纳入公司运营的核心竞争力。

国务院《关于全面实施预算绩效管理的意见》的出台，在国家政策层面提出了深化预算管理制度改革的要求。中海地产一马当先，推进企业全流程数字化改革进程，持续保持行业领先势头。

由于近些年中海地产商业业务飞速发展，管理的项目逐步增多，对于编制效率提出了更高的要求，不同资产获取模式的商业项目需要匹配相应的预算管理模型来实现基于业务的全面预算管理；商业地产营运成本的日益增加使成本费用的测算与管控重要性愈加凸显。在中海地产携手元年旗下子品牌元年C1举行的中海地产商业预算及成本费用管控系统建设项目启动会上，李红卫先生、孙广武先生代表中海地产总部致辞并发表看法：“商业预算及成本费用管控系统是全流程的业务管控，具有促进经营提升作用。所有业务线都是参与方及末端用户，需要认真规划，避免无限扩大需求”。

“凡事预则立，不预则废”。预算管理已经成为现代化企业不可或缺的重要管理模式。中海地产实施全面预算管理系统，足以说明企业高层领导的重视及他们的远见卓识和战略眼光。

第一节　预算管理概述

一、我国预算管理的发展历程

20 世纪 80 年代末 90 年代初，我国企业开始积极探索预算管理模式。如：新兴铸管股份有限公司于1994年推行全面预算管理，效果显著：1995年起人均利润连续多年居钢铁企业首位。90年代末，上海宝钢集团开始实施全面预算管理，以现金流量为核心，成效显著：第一年节约利息支出3000多万元。

随着改革开放的深入及我国市场经济体制的逐步完善，企业预算管理越发受到重视，已经上升到企业经营机制和战略管理的高度，在企业实践中被大力推行。2000年9月，国家经贸委发布《国有大中型企业建立现代企业制度和加强管理的基本规范（试行)》，明确要求企业建立全面预算管理制度；2001年4月，财政部发布《企业国有资本与财务管理暂行办法》，再次要求企业实行财务预算管理制度；2002年4月，财政部发布《关于企业实行财务预算管理的指导意见》，再一次强调企业应实行包括财务预算在内的全面预算管理制度。2008年6月，财政部、证监会、审计署、银监会、保监会联合制定《企业内部控制基本规范》，第三十三条“要求企业实施全面预算管理制度，明确各责任单位在预算管理中的职责权限，规范预算的编制、审定、下达和执行程序，强化预算约束”；2010年，财政部会同证监会、审计署、银监会、保监会制定《企业内部控制应用指引第15号——全面预算》等18项应用指引。上述多个行政规章、制度的颁布和执行，标志着企业全面预算管理在我国进入实施和规范阶段。

2014年，十二届全国人大常委会第十次会议表决通过了修改后的《中华人民共和国预算法》，预算法在出台20年后，终于完成了首次修改。这标志着我国的国家预算日益规范与透明，国家日益重视预算的作用，从而提升预算管理的社会认可度。2017年，《管理会计应用指引第200号——预算管理》《管理会计应用指引第201号——滚动预算》发布，进一步推动预算管理在我国企业的应用和推广。预算管理在我国国家机关、事业单位、企业的应用不断发展和成熟，最终将提高我国各类主体的管理水平，增强企业的竞争力。

二、预算管理的概念

预算管理，是指企业以战略目标为导向，通过对未来一定期间内的经营活动和相应的财务结果进行全面预测和筹划，科学、合理配置企业各项财务和非财务资源，并对执行过程进行监督和分析，对执行结果进行评价和反馈，指导经营活动的改善和调整，进而推动实现企业战略目标的管理活动。

正确理解预算管理应把握以下几点：

1. 预算管理不是单纯的财务预算，而是全面预算。预算管理是全面控制企业生产经营活动，引导企业战略目标落地的重要工作，是一种将企业所有关键问题整合为一体的有效管理控制方法。

2. 预算管理是以战略目标为导向推动实现企业战略目标的管理活动。预算管理起于企业战略规划，止于业绩考核评价，形成一个完整的管理闭环。将企业战略规划与经营管理活动有机地连接起来，使经营管理活动始终服务于企业战略规划的贯彻落地。

3. 预算管理是业务系统而不是财务系统。预算管理是企业管理者将企业所有经营、投资和财务等活动，运用数量化的系统工具编制为预算，使之成为企业预算期内具有高度权威性的行动指南，是协调完成战略与业务目标的业务系统。

4. 预算管理是管理平台而不仅是管理工具。预算管理不仅是企业战略目标达成的重要工具，也是各管理领域工具方法整合和协同的平台。

5. 预算管理是筹划控制而不仅是预测经营。预算管理的前提是预计经营成果，但本质作用在于筹划和控制。

三、预算管理的原则

1. 战略导向原则。预算管理应围绕企业的战略目标和业务计划有序开展，引导各预算责任主体聚焦战略、专注执行、达成绩效。

2. 过程控制原则。预算管理应通过及时监控、分析等把握预算目标的实现进度并实施有效评价，对企业经营决策提供有效支撑。

3. 融合性原则。预算管理应以业务为先导、以财务为协同，将预算管理嵌入企业经营管理活动的各个领域、层次、环节。

4. 平衡管理原则。预算管理应平衡长期目标与短期目标、整体利益与局部利益、收入与支出、结果与动因等关系，促进企业可持续发展。

5. 权变性原则。预算管理应刚性与柔性相结合，强调预算对经营管理的刚性约束，又可根据内外环境的重大变化调整预算，并针对例外事项进行特殊处理。

四、预算管理的主要工具方法

预算管理领域应用的管理会计工具方法，一般包括滚动预算、零基预算、弹性预算、作业预算等。

企业可根据其战略目标、业务特点和管理需要，结合不同工具方法的特征及适用范围，选择恰当的工具方法综合运用。可整合预算与战略管理领域的管理会计工具方法，强化预算对战略目标的承接分解；整合预算与成本管理、风险管理领域的管理会计工具方法，强化预算对战略执行的过程控制；整合预算与营运管理领域的管理会计工具方法，强化预算对生产经营的过程监控；整合预算与绩效管理领域的管理会计工具方法，强化预算对战略目标的标杆引导。

企业应用预算管理工具方法，一般按照预算编制、预算控制、预算调整、预算考核等程序进行。

五、预算管理的作用

预算管理的作用可以归纳为以下几个方面：

（一）明确生产经营活动的目标

预算不仅确定了实现企业总体规划所需要的各种资源及其比例，而且也确定了生产经营活动各个环节和部门目标及其实施所需要的各种资源及其比例。由此可见，预算管理不仅能全面地勾画出了整个企业未来生产经营活动的蓝图，而且也为各个部门的生产经营活动指明了方向，提出了数量要求，从而使企业全体员工明确了生产经营活动的目标，有利于目标的实现。

（二）协调各职能部门工作

预算管理是对企业经营活动和财务结果进行的全面预测和筹划，所以，企业预算管理不仅体现了企业的总体目标，而且也体现了各个生产经营部门的目标。预算的编制可以使各个生产经营部门认识到本部门与整个企业、本部门与其他部门之间的关系，从而在实现企业的总体目标过程中，自觉地相互配合，完成各自的具体目标，进而实现企业的总体目标。例如，销售预算需要根据企业利润总目标来编制，材料采购预算则必须与生产预算相衔接等等。

（三）控制日常经济活动

企业预算一经批准，就要付诸实施。在预算执行过程中，往往会与实际执行结果有差异，各有关部门要以全面预算为依据，通过计量、对比，及时地提供实际执行结果偏离预算的差额，并分析其原因，以便采取有效的措施，挖掘潜力，巩固成绩，纠正缺点，确保预算目标的完成。由此可见，全面预算是控制企业日常经营活动主要的依据。

（四）评价实际工作业绩

由于预算既反映了企业的总体规划，又反映了各个部门的具体目标，所以全面预算是评价企业整体业绩和部门业绩的重要依据。在预算执行的过程中，实际执行结果偏离预算的差额，不仅是控制企业日常经济活动的主要依据，也是评价各部门和全体员工工作业绩的重要标准。为了便于各部门和员工能够及时地了解自己的业绩，全面预算在经过制定和批准以后，必须发给各部门和员工。

第二节　预算管理的主要内容和预算编制原理

一、预算管理的主要内容

企业预算管理内容的本质是企业经营、投资、筹资等经济管理活动，表现为预算形式即：经营预算、专门决策预算和财务预算。

经营预算（也称业务预算），是指与企业日常业务直接相关的一系列预算，包括销售预算、生产预算、采购预算、费用预算、其他经营预算等。

专门决策预算是指企业重大的或不经常发生的、需要根据特定决策编制的预算，如固定资产投资预算、股权投资预算、筹资预算等。

财务预算是指与企业资金收支、财务状况或经营成果等有关的预算，包括资金预算、预计资产负债表、预计利润表等。

预算管理是一项系统化的管理工程，该工程包含了预算制度、预算组织、预算流程、预算方法、预算报表等重要因素，这些因素共同构成预算管理体系。预算管理体系内容见图 6 – 1。

企业预算管理具有全员、全方位、全过程的特点。这就要求在编制全面预算时，要做到“三个紧密结合”：一是业务预算与财务预算紧密结合。以市场需求为导向、以经济效益为中心，科学制定产品生产计划和营销方案，将业务预算作为财务预算的支撑和基础，做到企业生产经营预算与财务预算紧密结合。二是投资预算和筹资预算紧密结合。根据年度投资计

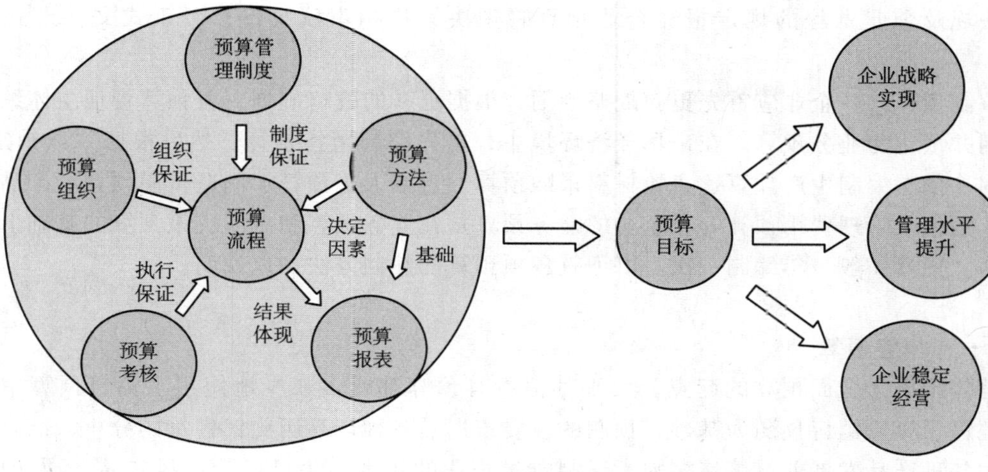

图 6-1 预算管理体系

划，合理预估投资完成进度，客观预计资金需求、来源和缺口，据此编制融资计划，做到投资预算和筹资预算的紧密结合。三是财务预算和风险管控紧密结合。在预算编制过程中，要求各单位不仅仅将全面预算作为资源调配的最终体现，更作为控制经营风险的有力工具，做到事前有规划，事中有控制。

二、预算管理的应用环境

企业实施预算管理的基础环境包括战略目标、业务计划、组织架构、内部管理制度、信息系统等。企业应按照战略目标，确立预算管理的方向、重点和目标。业务计划，是指按照战略目标对业务活动的具体描述和详细计划。企业应将战略目标和业务计划具体化、数量化为预算目标，促进战略目标落地。

预算管理企业可设置预算管理委员会等专门机构组织、监督预算管理工作。该机构的主要职责包括：审批公司预算管理制度、政策，审议年度预算草案或预算调整草案并报董事会等机构审批，监控、考核本单位的预算执行情况并向董事会报告，协调预算编制、预算调整及预算执行中的有关问题等。预算管理的机构设置、职责权限和工作程序应与企业的组织架构和管理体制互相协调，保障预算管理各环节职能衔接，流程顺畅。在实践中，常见董事会、预算管理委员会、预算工作组三级预算体系，同时在各级预算单位层面设立组长预算组织，层层落实，从而在组织机构和人员配备上保证预算工作的顺利实施。

企业应建立健全预算管理制度、会计核算制度、定额标准制度、内部控制制度、内部审计制度、绩效考核和激励制度等内部管理制度，夯实预算管理的制度基础。企业应充分利用现代信息技术，规范预算管理流程，提高预算管理效率。

三、预算的编制原理

企业一般按照分级编制、逐级汇总的方式，采用自上而下、自下而上、上下结合或多维度相协调的流程编制预算。预算编制流程与编制方法的选择应与企业现有管理模式相适应。同时，企业应建立和完善预算编制制度以保障预算编制质量。预算编制完成后，应按照相关法律法规及企业章程的规定报经企业预算管理决策机构审议批准，以正式文件形式下达执行。

编制预算时，企业应首先更新战略规划，根据更新的战略规划，各预算责任主体编制业务计划并量化为业务预算。在市场经济环境中，首先编制销售预算，然后根据"以销定产"的原则，依次编制生产预算、直接材料采购预算、直接人工预算、制造费用预算、产品成本预算、销售及管理费用预算等。企业的财务预算是在业务预算和专门决策预算的基础上编制出来的。预算一般一年编制一次。以下就各项预算的编制方法加以说明。

（一）销售预算

销售预算是全面预算的起点，几乎其他所有预算都或多或少地使用了销售预算中的数据。销售预算以销售预测为基础，预测的主要依据是各种产品历史销售量的分析，结合市场预测中各种产品发展前景等诸多因素，制定出企业的年度销售目标，包括产品、预计单价、数量、赊销政策等。

销售预算一般以年为单位，按季度编制。该预算根据企业年度销售目标确定的销售量和销售单价等参数进行编制，预计销售收入，并在此基础上预计企业年度和季度的现金收入额（其中各季度的现金收入额包括前期应收账款收回和本期销售货款的收入），以便为其后编制现金预算提供依据。

【例 6-1】假设 A 公司只生产一种产品，销售单价为 230 元，预算年度内四个季度的销售量经测算分别为 5000 件、6000 件、5800 件和 7200 件。根据以往经验，销货款在当季可收到 70%。其余部分将在下一季度收到，预计预算年度第 1 季度可收回上年第 4 季度的应收账款 140000 元。则 A 公司的销售预算及预计现金收入计算表如表 6-1 所示。

表 6-1　　A 公司销售预算及预计现金收入计算表　　单位：元

项目 \ 季度	1	2	3	4	全年
预计销售量/件	5000	6000	5800	7200	24000
预计销售单价	230	230	230	230	230
预计销售额	1150000	1380000	1334000	1656000	5520000
预计现金收入					
收到上季应收销货款	140000	345000	414000	400200	1299200
收到本季销货款	805000	966000	933800	1159200	3864000
现金收入合计	945000	1311000	1347800	1559400	5163200

（二）生产预算

生产预算主要是用来具体安排企业在预算期内的生产活动，确定预算期内有关产品的生产数量及其分布情况。生产预算以销售预算为编制基础，根据预计销售量按产品名称、数量分别编制生产预算。但应该注意的是，计划期间除必须备有足够的产品以供销售外，还应考虑到计划期期初和期末的预计存货量，目的就是要尽可能地避免由于存货过多而造成的资金积压和浪费，或由于存货不足，无货销售而导致收入下降的情况发生。生产预算中的预计产品生产数量可以按照以下公式计算：

预计生产量 = 预计销售量 + 预计期末存货量 - 预计期初存货量

【例 6-2】 A 公司预算年度内每季季末产成品存货量占其下季销售量的 15%，预算年度第 1 季度期初存货量 500 件，预算年度期末存货量 1000 件。据此编制该企业预算年度的生产预算如表 6-2 所示。

表 6-2　　**A 公司生产预算表**　　单位：件

项目 \ 季度	1	2	3	4	全年
预计销售量	5000	6000	5800	7200	24000
加：预计期末产品存货	900	870	1080	1000	3850
减：预计期初产品存货	500	900	870	1080	3350
预计生产量	5400	5970	6010	7120	24500

生产预算的数据通常以实物计算，但是在多品种情况下，也可以采用货币单位来计量。

（三）成本预算

成本预算是通过在业务源头上精细化成本具体内容从而达到管控的目的的一种手段。成本预算的编制应实现双重目标：一是明确成本与责任部门之间的关联，这是编制目标责任成本预算必须解决的问题，其基本依据是“谁负责、谁承担”；二是明确成本与产品之间的关联，这不仅是编制产品成本预算必须解决的问题，而且是成员企业进行相关决策的重要依据，其基本依据是“谁受益、谁承担”。为此，成本预算一方面应按照作业流程落实责任，另一方面应尽可能按照相对公平、合理的标准实现在各产品之间的分配，而非简单按现行核算习惯预计。

通常，生产成本预算包括直接材料预算、直接人工预算、制造费用预算等。

1. 直接材料预算。直接材料预算是以生产预算为基础编制的显示预算内直接材料数量和金额的计划。直接材料预算要根据生产需要量、预计采购量和预计原材料存货进行编制，而预计采购量与预计原材料存货的情况，要根据企业的生产组织特点、材料采购的方法和渠道进行统一的计划，其目的是为了在保证生产均衡有序进行的同时，避免直接材料存货不足或过多，影响资金周转效率和产品的生产效率。

直接材料预算中的预计生产需要量和预计采购量分别按照以下公式计算：

预计生产需要量 = 预计生产量 × 单位产品的材料消耗定额

预计采购量 = 预计生产需要量 + 计划期末预计存料量 - 计划期初预计存料量

在实际工作中，为便于现金预算的编制，包括对前期应付购货款和本期购货款支付情况的测算作为直接材料的附表。

【例 6-3】 续前例，假设 A 公司所生产的产品只需要一种原材料。单位产品消耗原材料定额为 20 千克，每千克为 3 元。预算年度内每季度末的材料存量占其下一季度生产用量的 20%，每季度所购材料货款当季支付 70%，下季度支付其余的 30%。预算年度第 1 季度期初材料存货量 20000 千克，预算年度期末材料存货量 25000 千克。年初应付账款余额为 40000 元。则 A 公司预算年度的直接材料采购预算及现金支出计算表如表 6-3 所示。

表 6-3　　A 公司预算年度的直接材料采购预算及现金支出计算表

项目＼季度	1	2	3	4	全年
预计生产量（件）	5400	5970	6010	7120	24500
单位产品材料消耗定额	20	20	20	20	20
生产需要量	108000	119400	120200	142400	490000
加：期末存料量	23880	24040	28480	25000	101400
减：期初存料量	20000	23880	24040	28480	96400
材料采购量	111880	119560	124640	138920	495000
材料单位成本	3	3	3	3	3
预计材料采购额	335640	358680	373920	416760	1485000
预计现金支出（元）					
应付上季赊购款	40000	100692	107604	112176	360472
应付本季现购款	234948	251076	261744	291732	1039500
现金支出	274948	351768	369348	403908	1399972

2. 直接人工预算。直接人工预算是以生产预算为基础，对预算期内完成预算生产任务所需的人工工时消耗量和人工成本进行规划和测算而编制的预算。

直接人工预算编制的主要依据是预计生产量、单位产品直接人工工时定额、单位工时工资率等，其中，单位工时工资率依据企业工资分配指导办法、社保费用提取基数和标准等确定。直接人工预算基本计算公式为：

$$\text{预计直接人工} = \text{预计生产量} \times \sum(\text{单位产品直接人工工时} \times \text{小时工资率})$$

【例 6-4】 续前例，假设 A 公司在预算期内所需直接人工工资率均为 4.5 元，单位产品的定额工时为 6 小时，并且 A 公司以现金支付的直接人工工资均于当期付款。则 A 公司的直接人工预算表如表 6-4 所示。

表 6-4　　A 公司预算年度的直接人工预算表

项目＼季度	1	2	3	4	全年
预计生产量（件）	5400	5970	6010	7120	24500
单位产品工时定额（小时/件）	6	6	6	6	6

续表

季度 项目	1	2	3	4	全年
总工时用量（小时）	32400	35820	36060	42720	147000
每小时工资率（元/小时）	4.5	4.5	4.5	4.5	4.5
预计直接人工成本（元）	145800	161190	162270	192240	661500

3. 制造费用预算。制造费用预算是在生产预算和直接人工预算的基础上，对预算期内除直接材料和直接人工之外为生产产品而发生的间接费用（即制造费用）进行规划和控制而编制的预算。制造费用不存在易于辨认的投入产出关系。为编制预算，制造费用常按其成本性态分为固定制造费用和变动制造费用两部分。固定制造费用可在上年的基础上根据预期变动加以适当修正进行预计。变动制造费用根据预计生产量乘以单位产品预定分配率进行预计。

为了全面反映企业资金收支，在制造费用预算中，通常包括费用方面预期的现金支出。折旧是制造费用中不需要付现的成本，因此，现金支出应扣除折旧费用。

制造费用预算为两个步骤：首先计算预计制造费用，然后再计算预计需用现金支付的制造费用。计算公式分别为：

预计制造费用 = 预计直接人工小时 × 预计变动费用分配率 + 预计固定制造费用

预计需用现金支付的制造费用 = 预计制造费用 − 折旧

其中，　变动制造费用分配率 = 变动制造费用预算总额 ÷ 相应分配标准预算总额

公式中相应分配标准预算总额可以选预计生产数量或者预算直接人工工时总额，如果企业生产多种产品，一般选择后者。

【例 6－5】续前例，假设 A 公司在预算期的变动制造费用为 117600 元，固定制造费用为 88200 元，其中折旧费用为 3500 元，预计直接人工总工时为 147000 小时，则变动制造费用分配率 = 117600 ÷ 147000 = 0.8（元/小时），固定制造费用参照上年每季度实际数适当修正调整。A 公司的制造费用预算表如表 6－5 所示。

表 6－5　　A 公司预算年度的制造费用预算表

季度 项目	1	2	3	4	全年
预计生产量（件）	5400	5970	6010	7120	24500
单位产品工时定额（小时/件）	6	6	6	6	6
预计总工时用量（小时）	32400	35820	36060	42720	147000
变动制造费用分配率（元/小时）	0.8	0.8	0.8	0.8	0.8
变动制造费用（元）	25920	28656	28848	34176	117600

续表

季度 项目	1	2	3	4	全年
固定制造费用（元）	18800	21000	22000	26400	88200
制造费用合计（元）	44720	49656	50848	60576	205800
减：折旧费用（元）	875	875	875	875	3500
制造费用预计现金支出（元）	43845	48781	49973	59701	202300

4. 产品成本预算

产品成本预算是指对预算期内的单位产品生产成本和生产总成本进行规划和测算。产品成本预算以生产预算、直接材料预算、直接人工预算、制造费用预算为基础编制。

【例 6-6】续前例，假设 A 公司采用变动成本法核算成本，则 A 公司的产品成本预算表如表 6-6 所示。

表 6-6　A 公司预算年度的产品成本预算表　单位：元

项目	单位产品成本			生产成本（24500 件）	销售成本（24000 件）	期末存货成本（1000 件）
	单价	单耗	成本			
预计直接材料	3	20	60	1470000	1440000	60000
预计直接人工	4.5	6	27	661500	648000	27000
预计变动制造费用	0.8	6	4.8	117600	115200	4800
合计			91.8	2249100	2203200	91800

（四）销售及管理费用预算

【例 6-7】续前例，假设预测 A 公司在预算期间的变动销售及管理费用为 480000 元，按销售量计算分配率，固定销售及管理费用 272000 元。则 A 公司销售及管理费用预算表如表 6-7 所示。

表 6-7　A 公司预算年度的销售及管理费用预算表　单位：元

季度 项目	1	2	3	4	全年
预计销售量（件）	5000	6000	5800	7200	24000
变动销售及管理费用分配率 [480000 ÷ 24000 = 20（元/件）]	20	20	20	20	20
变动销售及管理费用现金支出	100000	120000	116000	144000	480000
固定销售及管理费用现金支出	68000	68000	68000	68000	272000
现金支出合计（元）	168000	188000	184000	212000	752000

（五）专门决策预算

专门决策预算，是指对预算期内企业不经常发生的长期投资决策项目或者一次性专门业务活动进行规划和预测而编制的预算。主要包括固定资产投资预算、股权投资预算等。专门决策预算影响比较重大，发生频率低，编制方法根据决策特殊需求并结合企业具体情况自主确定。编制依据主要是，企业已审批的各个投资决策项目、税款的缴纳情况以及资金的筹措和使用情况等。

【例6-8】续前例，依据下列资料，编制A公司在预算期间的专门决策预算如表6-8所示。

（1）第一季度缴纳上年度所得税85624元，预算年度各季度末均预缴当季所得税30000元；

（2）上年度银行借款100000元，期限一年，于计划年度的第二季度末到期，年利率为4.5%，到期还本付息；

（3）第三季度购置生产机器一台，价值为80000元，预计可使用10年；

（4）第一季度向银行借款200000元，期限为6个月，年利率为4.5%，到期还本付息；第二季度向银行借款180000元，期限为9个月，年利率为4.5%，到期还本付息。假设借款发生在季初，还款发生在季末；

（5）新成立一个产品设计部门，总投入1600000元，按季平均投放资金。

表6-8　　A公司在预算期间的专门决策预算　　单位：元

项目＼季度	1	2	3	4	全年
缴纳所得税	115264	30000	30000	30000	205264
偿还借款及利息	0	309000	0	186075	495075
购入固定资产	0	0	80000	0	80000
项目投放	400000	400000	400000	400000	1600000
现金支出合计	515264	739000	510000	616075	2380339
银行借款	200000	180000	0	0	380000
现金收入合计	200000	180000	0	0	380000

（六）资金预算

资金预算是对企业预算期内的现金收支，现金结余以及现金筹措等情况进行规划和预测，以反映现金流量状况的预算。资金预算有四部分组成：现金收入、现金支出、现金多余或不足现金的筹措和使用。编制依据是：销售预算、直接材料预算、直接人工预算、制造费用预算、销售及管理费用预算和专门决策预算中所涉及的现金收支情况以及资金筹措情况等。现金预算一般按年分季（或分月）进行编制，以便对现金流量在预算期内进行调控。在实践中，为了有效地安排和筹措资金，现金预算的编制期间越短越好。

【例6-9】续前例，依据前述资料，编制A公司在预算期间的资金预算如表6-9所示。

表 6－9 **A 公司在预算期间的资金预算** 单位：元

项目 \ 季度	1	2	3	4	全年
期初现金余额	30400	27543	29804	102013	30400
加：销售现金收入（表 6－1）	945000	1311000	1347800	1559400	5163200
可用现金合计	975400	1338543	1377604	1661413	5193600
减：各项现金支出					
直接材料（表 6－3）	274948	351768	369348	403908	1399972
直接人工（表 6－4）	145800	161190	162270	192240	661500
制造费用（表 6－5）	43845	48781	49973	59701	202300
销售及管理费用（表 6－7）	168000	188000	184000	212000	752000
缴纳所得税（表 6－8）	115264	30000	30000	30000	205264
购入固定资产（表 6－8）	0	0	80000	0	80000
项目投放	400000	400000	400000	400000	1600000
现金支出合计	1147857	1179739	1275591	1297849	4901036
现金多余或不足	－172457	158804	102013	363564	292564
向银行借款	200000	180000	0	0	380000
偿还借款及利息	0	－309000	0	－186075	－495075
筹措资金合计	200000	－129000	0	－186075	－115075
期末现金余额	27543	29804	102013	177489	177489

（七）利润预算

利润预算是对企业预算期内的经营成果进行测算，通过编制利润预算表，可以了解各项业务计划后企业预期的盈利水平，有助于企业及时调整经营战略。利润预算是以业务预算、专门预算和现金预算为基础编制的。

【例 6－10】续前例，依据前述资料，编制 A 公司在预算期间的利润预算如表 6－10 所示。

表 6－10 **A 公司在预算期间的利润预算表** 单位：元

项　　目	金　　额
销售收入（表 6－1）	5520000
减：变动成本	
变动生产成本	2203200
变动销售及管理费用（表 6－7）	480000
贡献毛益总额	2836800
减：固定成本	
固定制造费用（表 6－5）	88200

续表

项　　目	金　　额
固定销售及管理费用（表 6－7）	272000
息税前利润	2476600
减：利息费用（表 6－8）	15075
税前利润	2461525
减：所得税	615381
税后利润	1846144

（八）资产负债预算

资产负债预算是用于总括反映企业预算期内财务状况的一种财务预算。资产负债预算表与实际的资产负债表内容格式基本相同，只是表内数据是反映预算期内的资产，负债和所有者权益信息。

【例 6－11】 续前例，根据表 6－11 A 公司基期资产负债表和上述预算期各项相关资料，编制 A 公司在预算期间的资产负债预算如表 6－12 所示。

表 6－11　　A 公司基期资产负债表　　单位：元

项目	年初数	项目	年初数
现金（表 6－9）	30400	应付账款（表 6－3）	40000
应收账款（表 6－1）	140000	应交税金（表 6－8）	85624
原材料（表 6－3）	60000	短期借款	100000
库存商品（表 6－2）	45900	流动负债总额	225624
流动资产总额	276300	实收资本	500000
在建工程	200000	未分配利润	15000
固定资产	300000	所有者权益合计	515000
累计折旧	35676		
资产合计	740624	负债及所有者权益合计	740624

表 6－12　　A 公司基期资产负债表　　单位：元

项目	年初数	年末数	项目	年初数	年末数
现金（表 6－9）	30400	177489	应付账款（表 6－3）	40000	125028
应收账款（表 6－1）	140000	496800	应交税金（表 6－8）	85624	495381
原材料（表 6－3）	60000	75000	短期借款	100000	0
库存商品（表 6－6）	45900	91800	流动负债总额	225624	620409
流动资产总额	276300	841089	实收资本	500000	500000
在建工程	200000	1800000	未分配利润	15000	1861144

续表

项目	年初数	年末数	项目	年初数	年末数
固定资产	300000	380000	所有者权益合计	515000	2361144
累计折旧	35676	39536			
资产合计	740624	2981553	负债及所有者权益合计	740624	2981553

四、预算执行的管理

预算编制完成后，应按照相关法律法规及企业章程的规定报经企业预算管理决策机构审议批准，以正式文件形式下达执行。预算执行一般按照预算控制、预算调整等程序进行。

预算控制，是指企业以预算为标准通过预算分解、过程监督、差异分析等促使日常经营不偏离预算标准的管理活动。企业应建立预算授权控制制度，将预算目标层层分解至各预算责任中心，强化预算责任，严格预算控制。预算分解应按各责任中心权、责、利相匹配的原则进行，既公平合理，又有利于企业实现预算目标。同时，企业应建立预算执行的过程监督、差异分析制度，通过信息系统展示、会议、报告、调研等多种途径及形式，及时监督、分析预算执行情况，分析预算执行差异的原因，提出对策建议，提高预算管理对业务的控制能力。

预算调整，是指预算正式批准下达以后，由于特殊原因，按照规定的程序对预算进行修改、完善的过程。年度预算经批准后，原则上不作调整。企业应在制度中严格明确预算调整的条件、主体、权限和程序等事宜，当内外战略环境发生重大变化或突发重大事件等，导致预算编制的基本假设发生重大变化时，可进行预算调整。一方面，预算是刚性的。由于各职能部门的具体预算目标不完全相同，为保证全面预算管理的顺利实施，预算指标确定后，不得随意更改或变动，必须严格执行；另一方面，预算也是柔性的。预算管理作为现代企业的一种管理手段，针对同一部门不同时间、不同生产作业环境，预算管理的目标值就有所不同，因此预算也要作出相应调整。

五、预算考核的管理

预算考核是预算管理的一项重要职能，是企业预算管理的生命线。为保证预算管理工作的有效推动，发挥预算的激励和约束作用，企业应按照公开、公平、公正的原则，建立健全预算考核制度，将预算考核融入经营考核体系，切实做到有奖有惩、奖惩分明。

1. 考核预算目标完成情况。预算考核需要选取一定代表性的预算指标，通过预算执行情况与预算目标的比较，确定差异并查明产生差异的原因，进而据以评价各责任中心的工作业绩，并通过与相应的激励制度挂钩，促进其与预算目标相一致。

2. 考核预算管理工作情况。预算考核在预算管理工作中发挥着重要作用，是从预算编制、预算控制、预算分析以及预算结束的全过程考核。预算编制考核主要对预算编制制度设计与运营的有效性、预算编制的准确性和及时性进行考核，以促进各部门保质保量完成预算编制工作。预算控制考核主要考核预算控制制度设计与运行是否有效，对预算控制过程中预算动支审批、预算执行情况进行考核，以保证及时发现预算执行中存在的预算偏差和问题。

预算综合考核是对预算管理全过程进行综合评价，不仅涉及对企业内部各部门的绩效评价和利益分配，而且关系企业整体经营绩效评价以及对企业全面预算管理实施效果的评价，是预算考核评价的重点内容。

第三节　预算的编制方法

预算编制方法是指用于编制预算的各项技术，是其方法、步骤和技巧等规则的集合。选择正确的预算编制方法是保证预算科学性、可行性和准确性的前提和基础。常用的预算编制方法有固定预算法、弹性预算法、零基预算法、滚动预算法、概率预算法和作业预算法等。在实际工作中，企业应根据不同的业务特点和管理要求，因地制宜地选用合适的预算编制方法。

一、弹性预算法

（一）弹性预算的概念

弹性预算的概念是与固定预算相对应的。固定预算是根据预算内正常的、可实现的某一业务量（如生产量或销售量）水平编制的预算，是最传统和最基本的预算编制方法（见第二节）。一般适用于经营业务稳定、生产产品产销量稳定、能准确预测产品需求及产品成本的企业。

固定预算法的优点是简单易行，工作量小，执行难度低。缺点是可比性差，当实际业务量偏离预算业务量时，实际数和预算数也会因业务量基础不同而失去可比性。此时要进行比较，就必须根据实际业务量来对原预算予以调整。弹性预算法克服了固定预算法的上述缺点，得到广泛应用。

弹性预算，是指企业在分析业务量与预算项目之间数量依存关系的基础上，分别确定不同业务量及相对应的预算项目所耗资源，进而形成企业整体预算的预算编制方法。

弹性预算适用于市场、产能等存在较大不确定性的企业，主要用于编制变动性成本费用预算及其他与业务量水平变动有关的预算项目，如消耗性材料费、销售费用、财务预算中的利润预算等。

（二）应用环境和应用程序

1. 应用环境要求

企业应用弹性预算工具方法，应合理识别与预算项目相关的业务量，长期跟踪、完整记录预算项目与业务量的变化情况，并对两者的相关性进行深入分析。企业编制弹性预算，应成立由财务、战略和有关业务部门组成的跨部门团队。企业应借助信息系统或其他编制工具，合理预测预算期间的可能业务量，科学匹配和及时修订弹性定额，完成弹性预算的编制。

2. 应用程序

企业编制弹性预算，一般按照确定适用项目、识别业务量、确定业务量弹性幅度、确定弹性定额、构建弹性预算编制模型并形成预算方案、评价并修正预算方案、确定预算控制标准等程序进行。

（1）企业应结合业务性质和管理要求，遵循重要性原则和成本效益原则选择弹性预算适用项目。一般情况下，企业选择的弹性预算适用项目应与业务量有明显数量依存关系，且企业能有效分析该数量依存关系，并积累了一定的分析数据。企业在选择成本费用类弹性预算适用项目时，还要考虑该预算项目是否具备较好的成本性态分析基础。

（2）企业应分析、确定与预算项目变动直接相关的业务量指标，并确定其计量标准和方法。

（3）企业应深入分析市场需求、价格走势、企业产能等内外因素的变化，预测预算期可能的不同业务量水平，编制销售计划、生产计划等各项业务计划。

（4）企业应逐项分析、认定预算项目和业务量之间的数量依存关系、依存关系的相关范围及变化趋势，最终确定弹性定额。

（5）企业在确定弹性定额后，应不断强化弹性差异分析，根据企业管理需要，修正和更新预算定额，形成企业弹性定额库。

（6）企业通常采用公式法或列表法构建弹性预算编制模型，形成基于不同业务量的多套预算方案。

公式法下弹性预算的基本公式为：

$$\text{预算项目的弹性预算} = \text{固定基数} + \sum(\text{与业务量相关的弹性定额} \times \text{预计业务量})$$

运用公式法编制弹性预算时，相关弹性定额可能仅在一定业务量范围内准确。当业务量变动超出该适用范围时，应及时修正、更新上述弹性定额。

列表法是指企业通过列表的方式，在业务量范围内依据已划分出的若干个不同等级，分别计算并列示该预算项目与业务量相关的不同可能性下的预算方案。

（7）企业预算审批机构应按照预算管理制度的授权审核、评价和修正各弹性预算方案，并根据预算期最有可能实现的业务量水平确定预算控制标准。

（三）弹性预算应用举例

由于制造费用预算和销售及管理费用预算中包含了变动费用和固定费用两部分，所以在编制弹性预算时对于变动费用需要根据业务量的变动加以调整。

【例 6－12】 神化公司基于几种不同的业务量水平编制弹性预算，具体见表 6－13 所示。

表 6－13 制造费用预算 单位：元

业务量（小时）	560	640	720	800	880
占正常生产能力的百分比（%）	70	80	90	100	110
变动费用					
间接人工 b＝0.2	112	128	144	160	176
间接材料 b＝0.1	56	64	72	80	88
维修费 b＝0.5	280	320	360	400	440

续表

水电费 b = 1.0	560	640	720	800	880
合计	1008	1152	1296	1440	1584
固定成本					
折旧费	400	400	400	400	400
管理人员工资	200	200	200	200	200
合计	600	600	600	600	600
制造费用合计	1680	1752	1896	2040	2184

需要指出，弹性预算表中固定费用部分在整个相关范围内均保持不变，故这部分仍属于固定预算性质，所谓弹性预算仅指变动费用部分而言。

（四）弹性预算法评价

弹性预算法的主要优点：考虑了预算期可能的不同业务量水平，更贴近企业经营管理实际情况，从而扩展了预算管理的适用范围，有利于企业进行经营管理。

弹性预算法的主要缺点：（1）编制工作量大；（2）企业很难对市场及其变动趋势做出准确预测，对预算项目与业务量之间依存关系的判断受数据积累、分析深度等的制约，这些因素都会影响弹性预算的合理性。

二、零基预算法

（一）零基预算的概念

零基预算，是指企业不考虑历史期预算及实际经济活动的项目及金额，以零为起点，一切从实际需要和可能出发，分析预算期经济活动的合理性，进而在综合平衡的基础上形成企业整体预算的预算编制方法。

企业通常采取零基预算法编制与成本不直接相关的预算，例如管理费用、财务费用、主营业务成本支出以外的各项成本费用支出、项目类预算。

（二）应用环境和应用程序

1. 应用环境要求。企业应用零基预算工具方法，应在分析预算期各项经济活动合理性的基础上制定详细、具体的业务计划，并搜集和分析企业相关外部信息及企业内部管理要求，作为零基预算的编制基础。

企业应明确每项零基预算项目的预算归口管理部门。预算归口管理部门负责确定和维护该预算项目编制标准，配合预算管理部门评价相关经济活动的合理性并审核业务计划。

企业应充分利用信息系统或其他工具，分析历史期经济活动的有效性和预算编制标准的合理性，完成零基预算的编制。

2. 应用程序：

（1）确定企业预算目标及编制规则。根据企业的战略规划和经营目标，综合考虑各种资源条件，提出预算构想和预算目标，并预测收支水平。

（2）编制业务计划，测算预算需求。相关业务计划责任部门应根据企业战略和年度经营目标安排预算期经济活动，制定详细具体的业务计划，并对业务计划的合理性进行分析和解释。

（3）开展成本效益分析。对每一项费用进行必要性和成本效益分析，以便对费用开支计划进行评价，实施费用预算的事前控制；然后在对各个费用开支计划权衡轻重的基础上，分成若干层次，排出先后顺序。

（4）分配资金，落实预算。按照上一步骤所确定的费用开支的层次和顺序，结合可动用的资金来源，分配资金，落实预算。

（三）零基预算应用举例

【例6－13】假设A企业现在正着手编制下年度的全面预算，其中销售和管理费用预算准备以零为基础进行编制。其编制方法如下：

首先，由企业销售及管理部门的负责人和员工，根据预算年度的企业总体战略目标和本部门的具体工作任务，经过反复讨论，反复协商，研究确定本部门预算期间需发生以下一些费用项目，具体数额如表6－14所示：

表6－14　有关费用开支明细表　金额：万元

项目	金额
广告宣传费	6
培训费	3.5
驻外地房屋租金	3.7
差旅费	2.8
办公费	1.5

其次，经企业预算委员会审核后，认为上述5项费用中，驻外地房屋租金、差旅费和办公费属于必不可少的开支项目，预算期必须保证其资金需要，其余两项费用支出属于酌量性固定成本，对其进行成本－效益分析，其结果见表6－15所示：

表6－15　酌量性固定费用成本－效益分析表　单位：万元

明细项目	成本额	收益额
广告宣传费	1	15
培训费	1	10

最后，把上述五个项目按照具体性质和轻重缓急，排出如下层次：

第一层次，驻外地房屋租金、差旅费、办公费，属于约束性固定费用，在预算期间必不可少，因此，其需要应该得到满足，列为第一层次。

第二层，广告费。属于酌量性固定费用，可以根据预算期间企业可供应资金的多少酌量性增减，由于其成本效益高于培训费，列为第二层次。

第三层，培训费，也属于酌量性固定费用，可以根据预算期间企业可供应资金的多少酌量性增减，由于其成本效益低于广告费，列为第三层次。

假定，该企业下年度计划可用于销售和管理方面的资金总额为20万元，那么就应该根据上述排列顺序分配资金，落实预算。其资金安排结果如下：

（1）驻外地房屋租金3.7万元，差旅费2.8万元，办公费用1.5万元，三项合计8万元全额满足。

（2）上述约束性固定成本得到满足后，尚余12万元，此数可按成本收益效率比例分配给培训及广告费用：

广告费 $=12\times15\div(15+10)=7.2$（万元）

培训费 $=12\times10\div(15+10)=4.8$（万元）

（四）零基预算法评价

零基预算法的主要优点：（1）以零为起点编制预算，剔除历史期经济活动中的不合理因素，科学分析预算期经济活动的合理性，预算编制更贴近预算期企业经济活动需要；（2）强调全员参与，有利于达成预算期企业运营共识，提高企业管理水平。

零基预算法的主要缺点：（1）预算编制工作量较大、成本较高；（2）预算编制的准确性受企业管理水平和相关数据标准准确性影响较大。

三、滚动预算法

（一）滚动预算的概念

滚动预算，又称连续预算或永续预算，是指企业根据上一期预算执行情况和新的预测结果，按既定的预算编制周期和滚动频率，对原有的预算方案进行调整和补充，逐期滚动，持续推进的预算编制方法。

预算编制周期，是指每次预算编制所涵盖的时间跨度。

滚动频率，是指调整和补充预算的时间间隔，一般以月度、季度、年度等为滚动频率。

滚动预算的基本原理就是使预算期始终保持一个固定期间，通常是12个月，每过一个月，立即在期末增列一个月的预算，逐期往后滚动，因而在任何一个时期都使预算保持在12个月的时间幅度，故又称“永续预算”。滚动预算一般由中期滚动预算和短期滚动预算组成。中期滚动预算的预算编制周期通常为3年或5年，以年度作为预算滚动频率。短期滚动预算通常以1年为预算编制周期，以月度、季度作为预算滚动频率。比如收入、应收账款、存货等项目的预算。

（二）应用环境和应用程序

1. 应用环境。企业应建立先进、科学的信息系统，及时获取充足、可靠的外部市场数据和企业内部数据，以满足编制滚动预算的需要。

企业应重视预算编制基础数据，统一财务和非财务信息标准，确保预算编制以可靠、翔实、完整的基础数据为依据。

2. 应用程序：

（1）企业应研究外部环境变化，分析行业特点、战略目标和业务性质，结合企业管理基础和信息化水平，确定预算编制的周期和预算滚动的频率。

（2）企业应遵循重要性原则和成本效益原则，结合业务性质和管理要求，确定滚动预算的编制内容。

（3）企业应以战略目标和业务计划为依据，并根据上一期预算执行情况和新的预测信息，经综合平衡和结构优化，作为下一期滚动预算的编制基础。

（4）企业应以战略目标和业务计划为基础，研究滚动预算所涉及的外部环境变化和内部重要事项，测算并提出预算方案。

（5）企业实行中期滚动预算的，应在中期预算方案的框架内滚动编制年度预算。第一年的预算约束对应年度的预算，后续期间的预算指引后续对应年度的预算。

（6）短期滚动预算服务于年度预算目标的实施。企业实行短期滚动预算的，应以年度预算为基础，分解编制短期滚动预算。

（三）滚动预算法评价

滚动预算法的主要优点是：（1）滚动预算能够用动态与发展的眼光，把握企业近期目标和远期目标，使预算具有较高的指导性和战略性，有利于企业管理人员可以将长远战略布局与近期各项经营活动有效结合，更利于战略执行落地。（2）滚动预算不受会计年度的限制，随着业务活动逐期延长，与企业连续不断的业务活动过程保持一致，遵循企业生产经营活动的变动规律，有助于确保企业各项工作的连续性和完整性。（3）滚动预算采取长计划、短安排的具体做法，可根据预算执行结果和企业经营环境的变化情况，对预算不断加以修正，使预算更接近实际情况，实现动态反映市场，建立跨期综合平衡，从而有效地指导企业营运，强化预算的决策与控制职能，也有利于预算的顺利执行。

滚动预算法的主要缺点是：（1）工作量较大。预算滚动的频率越高，对预算沟通的要求越高，预算编制的工作量越大；（2）编制成本高。企业一般需要配备数量较多的专职预算人员负责预算的编制、调控与考核，这就导致预算管理直接成本的增加。（3）过高的滚动频率容易增加管理层的不稳定感，导致预算执行者无所适从，一定程度上削弱了预算对业务活动的指导与约束力。

四、概率预算法

（一）概率预算的概念

概率预算是对具有不确定性的预算项目，估计其可能变动的范围和在该范围内发生的概率，然后对各变量进行调整，计算其期望值从而编制的预算。一般适用于难以确定预测变动趋势的预算项目，如工程施工（投标）预算、销售新产品预算等。由于概率预算考虑了各个相关因素变化的各种情况及其概率，所以更加符合实际情况，因而更加科学。

（二）应用环境和应用程序

1. 应用环境要求。企业应用概率预算工具方法，应对市场不确定性因素进行充分分析，对业务量可能出现的结果及其概率进行合理的估计，然后根据这种近似的估计计算出业务量的期望值及其差异系数，再根据业务量的期望值编制出与该业务量相关的各个预算项目的预算数。

企业编制概率预算，应成立由财务、战略和有关业务部门组成的跨部门团队。

企业应借助信息系统或其他编制工具，合理预测预算期间的可能业务量及其概率，科学地完成概率预算的编制。

2. 应用程序：

（1）预测各种预算因素可能出现的具体数值，此时不论是变量还是常量均以变动的观点来考虑。

（2）预测估计所列示的具体数值出现可能性的概率。

（3）将各种预算因素出现的各种概率按照与预算因素之间的关系进行组合，求出不同条件下的联合概率。

（4）以各种联合概率来测算其相应预算数值的结果并将其汇总形成不同情况下的可能的预算内容。

（三）概率预算应用举例

【例 6－14】 假设某公司计划下一年度只生产和销售一种产品，销售单价乐观的估计为 300 元，概率为 15%；最可能的情况是 280 元，其概率为 65%；最悲观的估计为 250 元，概率为 20%。根据表 6－16 可计算销售数学期望见表 6－17。

表 6－16　　某公司销售预测资料　　单位：件

摘要	第一季度	第二季度	第三季度	第四季度
最乐观的估计值	8000	10000	10000	12000
估计概率	0.2	0.3	0.3	0.1
最可能的估计值	5000	8000	8000	9000
估计概率	0.6	0.5	0.6	0.8
最悲观的估计值	3000	5000	4000	6000
估计概率	0.2	0.2	0.1	0.1

表 6－17　　某公司分季销售期望计算表　　单位：件

摘要	第一季度	第二季度	第三季度	第四季度
最乐观的期望	8000 × 0.2 = 1600	10000 × 0.3 = 3000	10000 × 0.3 = 3000	12000 × 0.1 = 1200
最可能地期望	5000 × 0.6 = 3000	8000 × 0.5 = 4000	8000 × 0.6 = 4800	9000 × 0.8 = 7200
最悲观的期望	3000 × 0.2 = 600	5000 × 0.2 = 1000	4000 × 0.1 = 400	6000 × 0.1 = 600
合计	5200	8000	8200	9000

根据对销售单价的预测资料，可以计算其数学期望如下：

销售单价的数学期望 = 300 × 0.15 + 280 × 0.65 + 250 × 0.2 = 277（元）

根据销售量和销售单价的数学期望，编制该公司下一年度的销售预算表如表 6－18 所示。

表 6－18 某公司分季销售预算 单位：元

摘要	第一季度	第二季度	第三季度	第四季度
销售量的数学期望	5200	8000	8200	9000
销售单价数学期望	277	277	277	277
预计销售金额	1440400	2216000	2271400	249300

（四）概率预算法评价

概率预算法的主要优点：预算管理能够预测预算期内各种预算值出现的可能性，并采用了现代数学等先进的方法和手段，提高了科学性和准确性。

概率预算法的主要缺点：概率预算在编制时对预算编制人员的数学水平要求较高，计算内容过于复杂，编制的工作量也较大，在企业中采用仍有一定的难度。

第四节 预算管理应用案例

一、M 集团预算管理的目标

M 集团成立于 1953 年，是国务院国资委管理的中央企业之一，是综合性地质勘查企业集团。集团下辖 19 家二级单位，168 家三级单位，分布在全国 22 个省（市、区）。主要从事能源矿产、化工矿产及金属矿产等勘查与开发、新能源开发、地热能在新型特色城镇的应用等。

M 集团发展战略可以总结为：（1）围绕一个目标——打造新型能源矿产领域具有核心竞争力的资源型企业集团；（2）坚持一个理念——坚持“以市场为导向、以客户为中心、以科技创新为引领”的理念；（3）确立“四商”定位——成为地质及地理信息技术服务商、新型能源矿产开发商、建设工程承包商、城市建设运营商。

二、M 集团预算管理的主要内容

M 集团全面预算分为三大部分：经营预算、资本预算、财务预算。如表 6－19 所示。

表 6－19 M 集团预算管理的内容

预算模块	预算内容	
经营预算	主营业务收入预算	销售往来预算
	主营业务成本预算	期间费用预算
	职工薪酬预算	采购往来预算
	存货预算	税费预算
资本预算	投资预算	固定资产预算
	无形资产预算	筹资预算

续表

预算模块	预算内容	
财务预算	资产负债预算表	利润预算表
	现金流量预算表	主要指标预算表

预算的内容主要以营业收入、成本费用、资本支出、现金流量为重点。营业收入预算是全面预算管理的中枢环节，营业收入预算是否得当，关系到整个预算的合理性和可行性。成本费用预算是预算支出的重点，在收入一定的情况下，成本费用是决定单位经济效益高低的关键因素。资本支出预算是单位长期发展的基础。资本支出预算要坚决贯彻“量入为出，量力而行”的原则，杜绝资本支出较大造成的没有资金来源或负债过大的风险。现金流量预算是单位在预算期内全部经营活动和谐运行的保证，与经营预算、资本预算与财务预算相结合，通过建立各级、各部门完善的预算管理流程，实现集团的全面预算管理。

三、M 集团预算管理的应用过程

（一）M 集团预算管理应用环境

1. 预算管理的组织机构。M 集团设有预算管理委员会，下设预算管理办公室。预算管理委员会的职责是领导全面预算管理工作。预算管理办公室在预算管理委员会的领导下，负责日常全面预算管理工作。

2. 预算管理的分级管理模式。M 集团预算管理采取分级管理模式。集团负责整体战略目标、年度运营计划的确定，各级单位重大投融资预算的审批，整体预算数据的合并汇总，各级单位预算管理工作的指导和监督，重大预算调整申请的审批等工作。各级单位负责根据集团整体战略目标制定自己的年度运营计划，并编制具体的预算，在集团授权范围内审批预算的调整，见图 6－2。

3. 预算管理的信息化条件。M 集团目前的预算工具主要分为三类：一是用 Excel 进行手工编制预算；二是财务软件中提供的部分预算功能；三是专业的预算软件。

（二）M 集团预算管理应用流程

1. 设立目标。M 集团的预算目标根据 M 集团的战略规划和市场情况确定。各单位的预算目标根据 M 集团的预算目标分解和本单位的战略规划确定。

2. 编制预算。预算编制的程序与流程见图 6－3。

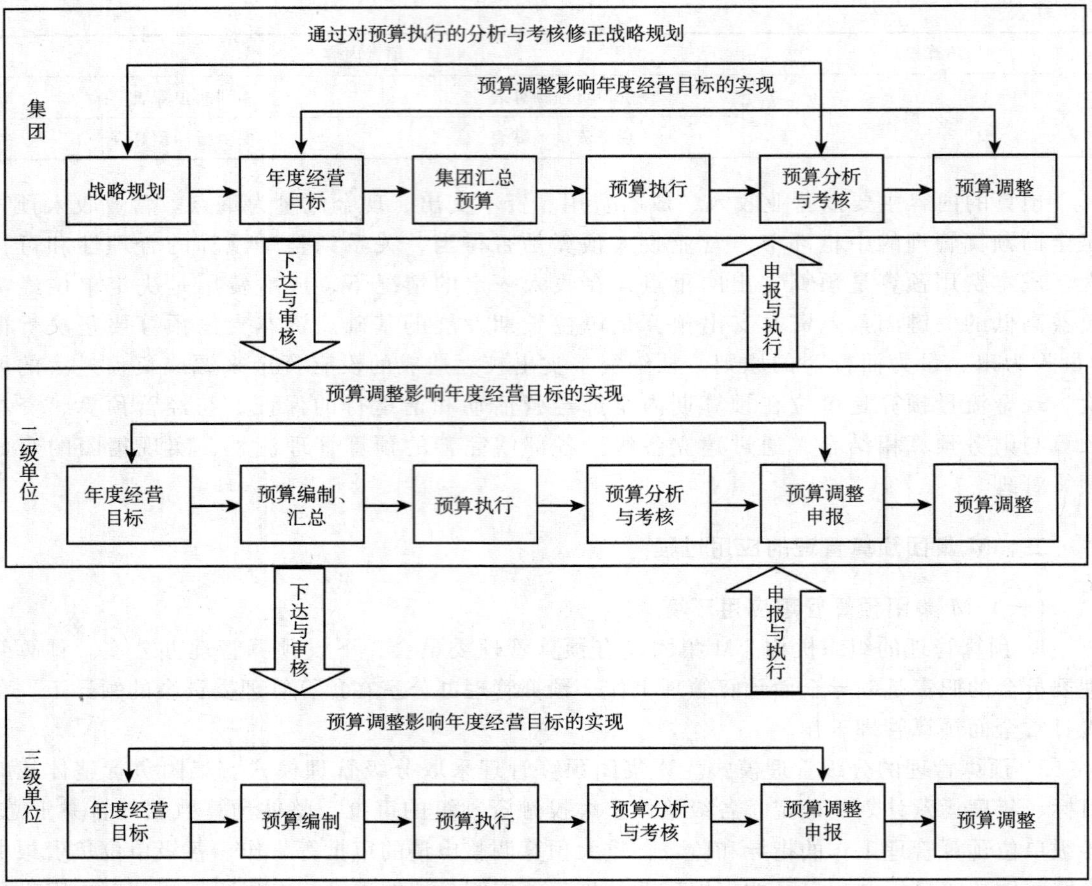

图 6-2 M 集团全面预算管理模式

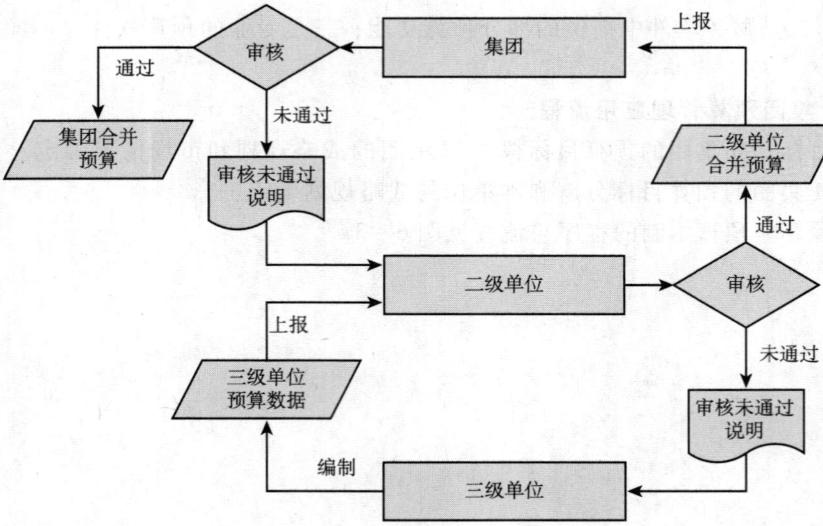

图 6-3 M 集团预算编制的程序与流程图

（1）三级单位编制本单位预算，预算编制完成、内部审核通过后，将预算数据上报给直属的二级单位。

（2）二级单位审核下级单位的数据，若未通过审核，则向下级单位下发“审核未通过说明”，要求下级调整预算数据；若通过审核，则合并成二级单位的预算数据。

（3）二级单位将内部审核通过后的预算数据，上报给集团。

（4）集团审核下级单位的数据，若未通过审核，则向下级单位下发“审核未通过说明”，要求下级调整预算数据；若审核通过，则合并成集团的预算数据。

（5）集团预算管理委员会对预算数据进行评审，若未通过评审，则需要逐级调整，再逐级上报；若通过评审，则逐级通知下级单位按预算执行。

3. 预算执行与反馈。预算执行与反馈的内容：预算的执行与反馈包括预算监控、预算分析、预算报告、预算调整。如图 6－4 所示。

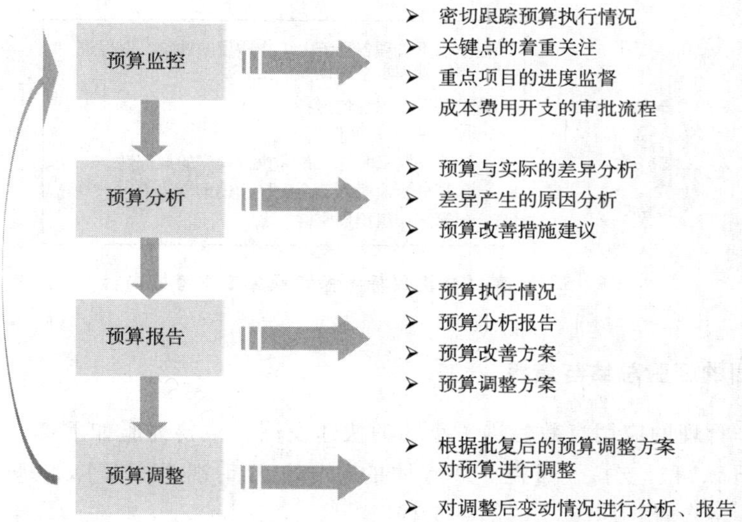

图 6－4　M 集团预算执行与反馈内容

（1）预算监控。M 集团利用软件系统在线控制、结合内控流程设计关键控制点和对执行结果进行分析通报三种主要方式，实现对执行过程的有效监控。

（2）预算分析。根据预算监控情况分析产生差异的原因，从而采取正确的行动。如果目标已经不适应当前的环境，需要调整预算目标；如果预算没能被有效地执行，执行部门需要总结经验，制定改善行动方案。

（3）预算报告。预算报告活动的目的就是把相关信息及时有效地发布传递给相关人员。预算报告的对象包括股东、预算管理和执行的相关单位和人员。报告的内容一般包括预算执行进度、重大差异、差异原因、改善或调整行动方案以及前期改善行动的落实情况和效果。

（4）预算调整。预算执行期间，一般不予调整。由于主、客观条件的发展变化，对预算进行适当的调整是必要的。M 集团的预算调整的原则为：预算调整事项应该符合单位发展战略和年度生产经营目标；预算调整方案应该客观、可行；预算调整重点应当放在预算执行中出现关键性差异方面。

4. 预算考核。M 集团制定了预算考核制度。考核按修正后的预算进行；实行分级考核。每一级责任单位负责对其所属的下级责任单位进行预算考核，而本级责任单位预算的考核则由所属上级部门来进行。

预算考核的内容包括预算目标考核和预算工作考核。具体如图 6－5 所示。

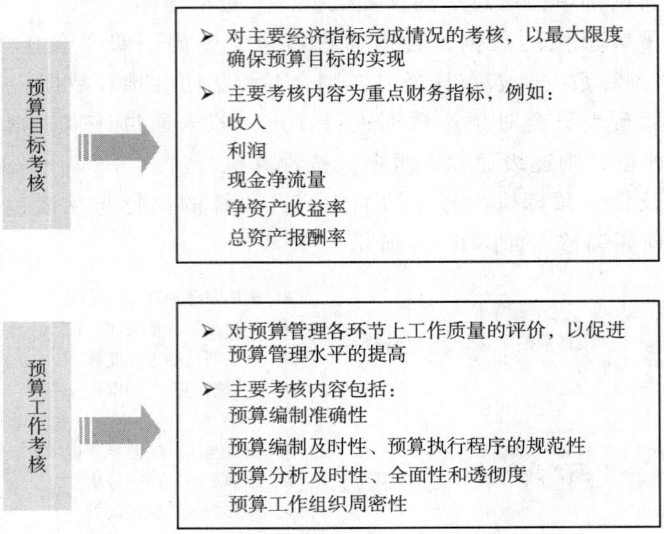

图 6－5 M 集团预算目标考核和预算工作考核内容

四、M 集团的经验总结与借鉴

M 集团预算管理的应用有效促进了集团的快速发展，主要经验如下：

1. 获得领导认可、支持、重视。M 集团的领导非常重视全面预算管理工作，各级领导一把手亲自抓、亲自管，属于“一把手工程”。

2. 明确实施预算管理的总体思路和目标。企业在推行预算管理工作中，坚持以企业发展战略为基础，以市场适应性为导向，以现金流量为重点，以目标预算和绩效考核为手段，通过全员参与和全程控制，促进企业管理水平、经济效益和竞争力的提高。

3. 全员参与，做好培训。预算管理全员参与，预算编制以业务部门预算数据为基础。培训有针对性，对于管理层，更多的是预算管理理念、规范及流程等的培训；对于财务人员，更多的是财务预算编制、预算控制、预算调整等预算操作层的培训；对于业务人员，更多的是业务预算编制与考核等预算与业务相结合的培训。

4. 坚持柔性控制与刚性控制相结合。在实践中既坚定严格地执行预算计划，又实事求是地对预算计划执行中所遇到的异常情况适时评估与调整。

5. 建立预算与考核相结合的预算考核体系。预算考核侧重于单位经营环节的业绩、投融资的资金管理等，实现收益与责任匹配，激励预算执行者完成或超额完成预算。

6. 充分发挥预算信息系统作用。预算管理是集管理决策支持、战略实施、内部控制、内部沟通协调等功能于一身的综合性管理工具。信息化手段可以保证预算管理更加高效有序进行，强化预算分析和监控。

复　习　题

一、单选题

1. 下面最有可能导致预算松弛的是（　　）。

A. 董事会　　B. 高层经理

C. 预算委员会　　D. 中低层的经理

2. 以下预算方法会为特定产出水平确立一个基准的成本预算，在此基础上加上一个能反映不同产量水平下的成本习性和边际产量关系的是（　　）。

A. 弹性预算　　B. 连续性预算

C. 固定预算　　D. 零基预算

3. 以下项目中不涉及现金收支内容的是（　　）。

A. 生产预算　　B. 直接人工预算

C. 销售预算　　D. 间接费用预算

4. 以下的项目中预算是为确保公司保持足够的流动性而设计的是（　　）。

A. 费用预算　　B. 销售预算

C. 生产预算　　D. 现金预算

二、多选题

1. 全面预算一般包括（　　）。

A. 费用预算　　B. 业务预算

C. 专门决策预算　　D. 财务预算

E. 概率预算

2. 全面预算的编制一般采用（　　）方法。

A. 固定预算　　B. 弹性预算

C. 滚动预算　　D. 零基预算

E. 概率预算

三、判断题

1. 全面预算一经批准，就不允许更改。（　　）

2. 全面预算一定一年编制一次。（　　）

3. 生产成本预算通常包括材料预算、人工预算、制造费用预算等。（　　）

4. 滚动预算又称永续预算。（　　）

5. 企业编制预算时一般采用固定预算的方法。（　　）

四、简答题

1. 什么是全面预算？全面预算的作用是什么？

2. 为什么要编制零基预算？编制零基预算的程序是怎样的？

五、案例分析题

甲公司为国有大型集团公司，实施多元化经营，为进一步加强全面预算管理工作，该集团正在稳步推进以“计划—预算—考核”一体化管理为核心的管理提升活动，旨在“以计划落实战略，以预算保障计划，以考核促进预算”，实现业务与财务的高度融合。

在 2017 年 11 月召开的 2018 年度全面预算管理工作启动会议上部分人员发言要点如下：

总会计师：明年经济形势将更加复杂多变，“稳增长”是国有企业的重要责任，结合集团发展战略，落实董事会对集团公司 2018 年经营业绩预算的总体要求，即营业收入增长 10%，利润总额增长 8%。

A 事业部经理：本事业部仅为特殊行业配套生产专用设备 X 产品。本年度，与主要客户签订了战略合作协议确定未来三年内定制 X 产品 200 台，每台售价 800 万元，本事业部将进一步加强成本管理工作，力保实现利润总额增长 8% 的预算目标。

财务部经理：2017 年 4 月，公司总部进行了流程再造，各部门的职责划分及人员配备发生了重大变化；2018 年的预算费用项目及金额与往年不具有可比性。因此，总部各部门费用预算不应该继续采用增量预算法，而应采用更为适宜的方法来编制。

采购部经理：若采购业务被批准列入 2018 年预算，为提高工作效率，采购业务发生时，无论金额大小，经采购经理签字后即可支付相关款项。

甲公司 2017 年预算分析情况如表 6-20 所示。

表 6-20　　甲公司 2017 年预算分析　　单位：亿元

<table>
<tr><td rowspan="2">项目</td><td rowspan="2">2016 年度实际数</td><td colspan="2">2017 年预算目标</td><td colspan="2">2017 年预计实际可完成值</td></tr>
<tr><td>金额或比率</td><td>较上年实际增减</td><td>金额或比率</td><td>较上年实际增减</td></tr>
<tr><td>营业收入</td><td>700</td><td>760</td><td>8.57%</td><td>765</td><td>9.29%</td></tr>
<tr><td>利润总额</td><td>70</td><td>71</td><td>1.43%</td><td>72</td><td>2.86%</td></tr>
<tr><td>营业利润率</td><td>10%</td><td>9.34%</td><td>—</td><td>9.41%</td><td>—</td></tr>
<tr><td rowspan="2">项目</td><td rowspan="2">2016 年度实际数</td><td colspan="2">2017 年末预算数</td><td colspan="2">2017 年末预计数</td></tr>
<tr><td>金额或比率</td><td>较年初增减</td><td>金额或比率</td><td>较年初增减</td></tr>
<tr><td>资产总额</td><td>3000</td><td>3400</td><td>13.33%</td><td>3600</td><td>20%</td></tr>
<tr><td>负债总额</td><td>1800</td><td>2350</td><td>30.56%</td><td>2550</td><td>41.67%</td></tr>
<tr><td>资产负债率</td><td>60%</td><td>69.12%</td><td>—</td><td>70.83%</td><td>—</td></tr>
</table>

要求：

1. 根据 2017 年有关预算指标预计实际可完成值及董事会要求，计算甲公司 2018 年营业收入及利润额的预算目标值。
2. 指出 A 事业部最适宜采用的成本管理方法，并简要说明理由。
3. 指出甲公司 2018 年总部各部门预算应采用的预算编制方法，并简要说明理由。
4. 判断采购部经理的观点是否正确，并简要说明理由。
5. 指出甲公司在经营成果及财务状况两方面分别存在的主要问题并提出改进建议。

第七章

营运管理

【教学目标】 通过本章学习，了解营运管理的基本类型，明确营运管理应考虑的成本概念。掌握营运管理的各种方法。

【引导案例】 荣升公司生产三种产品。其中A、B产品均为盈利产品。但是C产品为亏损产品。其正常的市场售价为每件50元，但是单位生产成本为每件60元。人们都说C产品应停止生产。因为生产越多亏损越多。但是财务经理坚持生产这种产品。不同意停产，甚至建议在现有条件下还可适当增产。那么，财务经理的这种行为是不是赔钱赚吆喝？

第一节 营运管理概述

一、营运管理的含义

营运管理，是指为了实现企业战略和营运目标，各级管理者通过计划、组织、指挥、协调、控制、激励等活动，实现对企业生产经营过程中的物料供应、产品生产和销售等环节的价值增值管理。

企业在进行营运管理中包括计划（Plan）、执行（Do）、检查（Check）和处理（Act）四个阶段，即企业营运管理应遵循“PDCA管理原则”，形成闭环管理，使营运管理工作更加条理化、系统化、科学化。其特点是投资金额较少，时间短，年度内可实现目标。其主要内容包括生产问题决策、产品定价决策、存货决策等。

二、营运管理的分析要素

营运管理应着眼于四个方面的因素：生产经营能力、相关业务量、相关收入和相关成本。

1. 生产经营能力是指，在目前的市场环境中，企业依靠现有技术经济条件在一定时期内可能生产或销售特定产品的业务量规模，又称生产经营能量。一般地，它分为最大生产经营能力、现实生产经营能力和剩余生产经营能力三种类型。其中，最大生产经营能力是指企业最大可能的生产经营能力，如设计产销量规模；现实生产经营能力通常表示目前已经达到的产销量规模；剩余生产经营能力又分为绝对剩余能力和相对剩余能力两种，绝对剩余能力是指最大生产经营能力与现实生产经营能力之差，属于生产经营的潜力。相对剩余能力是指由于受市场容量或经济效益等原因的影响，决策规划的未来生产经营规模小于现实生产经营能力而形成的差量。

2. 相关业务量是指，与特定决策方案相联系的产量或销量。

3. 相关收入是指，与特定决策方案相联系的、能对决策产生重大影响的、在营运管理中必须予以充分考虑的收入，又称有关收入。相关收入的计算，以特定决策方案的单价和相关销售量为依据。

与相关收入相对立的概念是无关收入。无论是否存在某决策方案，均会发生某项收入的收入即为无关收入。

4. 相关成本是指，与特定决策方案相联系的、能对决策产生重大影响的、在营运管理中必须予以充分考虑的成本，又称有关成本。选择该方案就会发生此项成本，放弃该方案就不会发生此项成本，那么此项成本就是相关成本。

营运管理中，需要通过比较不同备选方案经济效益的大小来进行最优化选择，而影响经济效益大小的一个重要因素就是成本的高低。管理会计进行决策所应用的成本概念主要包括：

（1）增量成本。又称狭义的差量成本或差别成本，是指单一决策方案由于生产能力利用程度的不同而表现在成本方面的差额。在一定条件下，某一决策方案的增量成本就是该方案的相关变动成本，即等于该方案的单位变动成本与相关业务量的乘积。

在营运管理的生产决策中，增量成本是较常见的相关成本。如在亏损产品的决策、是否转产或增产某种产品的决策以及是否接受特殊价格追加订货的决策中，最基本的相关成本就是增量成本。

（2）边际成本。即当业务量以无限小变动时所引起的成本变动差量。在实践中，业务量无限小变动是相对的，只能小到一个经济单位，再小就失去了经济意义。因此，边际成本的实际计算，就是业务量增加或减少一个单位能引起的成本变动，是增量成本的特殊形式，即单位量的增量成本。

（3）机会成本。它以经济资源的稀缺性和多种选择机会的存在为前提，是指在营运管理中应由中选的最优方案负担的、按所放弃的次优方案潜在收益计算的那部分资源损失，又称机会损失。

许多经济资源均有多方面的用途，但在一定时空条件下，资源又总是相对有限的。选择某一方案必然意味着其他方案可能获利的机会被放弃或丧失。因此，以次优方案的可能收入作为中选最佳方案的“所失”，可以全面评价决策方案所得与所失的关系。由于机会成本并没有构成企业的实际成本支出，在财务会计实务中，对机会成本并不在任何账户中登记，但在管理会计中，机会成本则是决策中应考虑的一个重要的和常见的成本因素。如在进行亏损产品的决策、是否转产或增产某种产品的决策、是否接受特殊价格追加订货的决策和有关产品是否深加工的决策时，若现已具备的相关生产能力可以用于其他方面（即剩余生产能力可以转移），那么将这些生产能力用于其他方面（即实现生产能力的转移）的方案所能获得的收益，对于继续利用这些生产能力（即不转移生产能力）的方案来说就是它们的机会成本。

（4）付现成本。即未来某项决策方案中，需要以现金支付的成本。例如，某企业3年前购买了一台机器，现已陈旧，拟购置一台价值为20000元的新设备取代。卖方提出可以旧机器作价2000元交换，其余的18000（20000－2000）元以现金支付。这里，18000元就是付现成本。在营运管理中，特别是在企业资金处于紧张状态、支付能力受到限制之时，选择付现成本最小的方案来代替总成本最低的方案往往是有利的。

（5）专属成本。即那些能够明确归属于特定决策方案的固定成本或混合成本。它往往是为了弥补生产能力不足的缺陷，增加有关装置、设备、工具等长期资产而发生的。专属成本的确认与取得上述装置、设备、工具的方式有关。若采用租入的方式，则专属成本就是与此相关联的租金成本；若采用购买方式，则专属成本的确认还必须考虑有关装置、设备、工具本身的性质——如果取得的装备等是专用的，即只能用于特定方案，则专属成本就是这些装备的全部取得成本；如果取得的装备等是通用的，则专属成本就是与使用这些装备有关的主要使用成本（如折旧费、摊销费等）。

（6）加工成本。即在半成品是否深加工决策中必须考虑的、由于对半成品进行深加工而追加发生的变动成本。它的计算通常要考虑单位加工成本与相关的深加工业务量两大因素。至于深加工所需要的固定成本，在营运管理中应当列作专属成本。

（7）可分成本。即在联产品生产决策中必须考虑的、由于对已经分离的联产品进行深加工而追加发生的变动成本。它的计算通常要考虑单位可分成本与相关的联产品深加工业务量两大因素。

5. 与相关成本相对立的概念是无关成本。凡不受决策结果影响，与决策关系不大，已经发生或注定要发生的成本就是所谓无关成本。在营运管理中，不能考虑无关成本，否则，可能会导致决策失误。因此，了解和区别哪些成本是无关成本是十分必要的。

（1）沉没成本。又称沉入成本或旁置成本，是指由于过去决策结果而引起的并已经实际支付的成本。企业大多数固定成本（尤其是其中的固定资产折旧费、无形资产摊销费）均属于沉没成本，但并不是说所有的固定成本或折旧费都是沉没成本，如与决策方案有关的新增固定资产的折旧费就属于相关成本。另外，某些变动成本也属于沉没成本，如在半成品是否深加工的决策中，半成品本身的成本，不仅其固定成本而且其变动成本均为沉没成本。

（2）共同成本。是与专属成本相对立的成本，是指应由多个方案共同承担的注定要发生的固定成本或混合成本。它的发生与特定决策方案的选择无关，因此，在决策中可以不予考虑，也属于比较典型的无关成本。

（3）联合成本。是与可分成本相对立的成本，是指在未分离前的联产品生产过程中发生的、应由所有联产品共同负担的成本。

第二节 营运管理的常用方法

在管理会计中，能够用于决策的技术和方法很多，常用于营运管理的方法主要有边际贡献分析法、差别损益分析法、相关损益分析法和成本无差别点分析法等。

一、边际贡献分析法

边际贡献分析法是指在营运管理中，通过分析比较备选方案边际贡献的大小来评价选择最佳方案的方法。它适用于各备选方案中不追加专属成本的营运管理问题，如生产品种决策。根据约束条件的不同，又可分为单位资源边际贡献分析法和边际贡献总额分析法两种方法。

（一）单位资源边际贡献分析法

1. 概念。单位资源边际贡献分析法是指以有关方案的单位资源边际贡献指标作为决策评价指标的一种方法。

当企业生产受到某一项资源（如某种原材料、人工工时或机器台时等）的约束，并已知备选方案中各种产品的单位边际贡献和单位产品资源消耗额（如材料消耗定额、工时定额）的条件下，可以单位资源所能创造的边际贡献作为决策评价指标。

2. 计算：

单位资源边际贡献 = 单位边际贡献/单位产品资源消耗定额

3. 判定标准。单位资源边际贡献是个正指标，哪个方案的该项指标越大，哪个方案越优。这种分析方法较简单，经常被用于生产决策中的互斥方案决策，如新产品开发的品种决策。

（二）边际贡献总额分析法

1. 概念。边际贡献总额分析法是指以有关方案的边际贡献总额指标作为决策评价指标的一种方法。

当有关决策方案的相关收入均不为零，相关成本全部为变动成本时，可以将边际贡献总额作为决策评价指标。

2. 计算：

边际贡献总额 =（单价 − 单位变动成本）× 方案相关业务量
= 单位边际贡献 × 方案相关业务量

3. 判定标准。边际贡献总额是个正指标，哪个方案的该项指标越大，哪个方案越优。

二、差别损益分析法

1. 概念。差别损益分析法又称差量分析法，是指在进行两个相互排斥方案（即互斥方案）的决策时，以差别损益指标作为评价方案取舍标准的一种决策方法。

2. 计算：

差别损益 = 差别收入 − 差别成本

差别收入 = 方案相关收入差 = A 方案预计可实现的销售收入总额
− B 方案预计可实现的销售收入总额

差别成本 = 方案相关成本差 = A 方案预计成本总额 − B 方案预计成本总额

3. 判定标准。差别损益是个正指标，在比较两个备选方案进行决策时，如果差别损益大于零，则 A 方案优于 B 方案；如果差别损益等于零，则 A、B 方案效益相同，两者均可；如果差别损益小于零，则 B 方案优于 A 方案。

4. 表示方式。差别损益分析法一般通过编制差别损益分析表计算差别损益指标。差别损益分析表的一般格式如表 7－1 所示。

表 7－1 差别损益分析表

项目	A	B	差异额（Δ）
相关收入	R_A	R_B	ΔR
相关成本	C_A	C_B	ΔC
差别损益			ΔP＝ΔR－ΔC

差别损益分析法比较科学、简单、实用，但一旦各有关方案的相关收入、相关成本的内容确定得不合适，便会影响决策质量，甚至会得出错误结论。因此，必须细致进行相关分析。另外，对于两个以上互斥方案判定中只能两两逐次比较，筛选择优，比较麻烦，故多用于两个互斥方案的比较决策。

三、相关损益分析法

1. 概念。相关损益分析法是指在进行营运管理时，以相关损益指标作为评价决策指标的一种方法。

2. 计算：某方案的相关损益＝该方案的相关收入－该方案的相关成本

3. 判定标准。相关损益指标是个正指标，方案的相关损益越大，则该方案越优。

4. 表示方式。相关损益分析法一般通过编制相关损益分析表计算相关损益指标。相关损益分析表的一般格式如表 7－2 所示。

表 7－2 相关损益分析表

项目/方案	A	B	C	…
相关收入	R_A	R_B	R_C	…
相关成本	C_A	C_B	C_C	…
相关损益	P_A	P_B	P_C	…

相关损益分析法可以同时用于两个以上方案的决策比较，较方便、简单。

【小资料】差别损益分析法主要用于两个方案的对比分析，而相关损益分析法主要用于两个或两个以上方案的对比分析。相关损益分析法比差别损益分析法的使用范围更大。

四、相关成本分析法

1. 概念。相关成本分析法是指在营运管理中，当各备选方案的相关收入均等于零时，通过比较各方案的相关成本指标，作为方案选择的一种方法。该方法实际上是相关损益分析法的特殊形式。

2. 判定标准。相关成本指标是个反指标，方案的相关成本越小，则该方案越优。

3. 表示方式。相关成本分析法也可通过编制相关成本分析表计算相关成本指标。相关成本分析表的一般格式如表 7－3 所示。

表 7-3 相关成本分析表

项目	A	B	C	…
增量成本	C_{A1}	C_{B1}	C_{C3}	…
机会成本	C_{A2}	C_{B2}	C_{C2}	…
专属成本	C_{A3}	C_{B3}	C_{C1}	…
合计	ΣC_A	ΣC_B	ΣC_C	…

五、成本无差别点分析法

1. 概念。成本无差别点分析法是指在各备选方案的相关收入均为零，相关的业务量为不确定因素时，通过判断处于不同水平上的业务量与成本分界点业务量之间的关系，从而做出互斥方案决策的一种方法，又称成本平衡分析法。该方法的关键在于确定成本分界点。所谓成本无差别点，又称成本分界点、成本平衡点，是指各备选方案的预期成本相等时的业务量。

成本无差别点分析法主要是通过成本对比分析，包括单位成本对比分析和总成本对比分析。前者是在产销量确定的前提下，通过计算比较单位成本的大小来选择最佳方案，但由于营运管理中各备选方案往往不能提供确定的产销量，无法计算单位成本，因此，常常采用总成本对比的方法计算成本无差别点，进而选出最佳方案或其组合。

2. 计算。设 A 方案的固定成本为 a_1，单位变动成本为 b_1，则总成本可表示为：

$$y_A = a_1 + b_1 x$$

B 方案的固定成本为 a_2，单位变动成本为 b_2，则总成本可表示为：

$$y_B = a_2 + b_2 x$$

令 $y_A = y_B$，即 $a_1 + b_1 x = a_2 + b_2 x$

则：成本无差别点业务量（x_0）

=方案相关固定成本之差/方案单位变动成本之差

$= (a_1 - a_2)/(b_2 - b_1)$

其中：$a_1 > a_2$，$b_1 < b_2$

3. 判定标准：当预计业务量小于成本无差别点业务量时，则固定成本较低的方案优；当预计业务量大于成本无差别点业务量时，则固定成本较高的方案优；当预计业务量等于成本无差别点业务量时，则两方案均优，效益无差别。

【例 7-1】已知五环公司决定生产 A 零件，有甲、乙两种不同的工艺方案可供选择。甲方案的固定成本为 240000 元，单位变动成本为 80 元/件；乙方案的相关固定成本为 160000 元，单位变动成本为 120 元/件。要求做出采用何种工艺方案的决策。

设 A 零件的生产量为 x 时，甲、乙两种方案的成本相等，则：

$240000 + 80x = 160000 + 120x$

计算得到，$x = 2000$（件）

当预计生产量 < 2000 件时，用乙方案成本低于甲方案成本，选择乙方案优于甲方案；

当预计生产量>2000 件时，用甲方案成本低于乙方案成本，选择甲方案优于乙方案；当预计生产量等于 2000 件时，甲、乙方案效益无差别，两者均可。

成本无差别点分析法要求各方案的业务量单位必须相同，方案之间的相关固定成本水平与单位变动成本水平恰好相互矛盾（如第一个方案的相关固定成本大于第二个方案的相关固定成本，而第一个方案的单位变动成本又恰恰小于第二个方案的单位变动成本），否则，无法应用该法。该方法适用于产品使用何种设备加工决策，零部件的自制或外购决策等。

第三节 生产决策

生产决策分析是企业营运管理的一项重要内容。任何生产决策的正确与否，都最终反映到经济效益上来。同时生产是围绕着产品生产而进行的，因此，生产决策主要从经济效益角度研究产品的决策问题。

一、新产品开发的品种决策

1. 概念。为了更好地满足市场需要，提高竞争力，企业必须不断地开发新产品，促进产品升级换代，以维持和扩大市场占有率，取得经营的主动权。

新产品开发的品种决策，是指企业在利用现有的绝对剩余生产经营能力开发新产品过程中，在两个或两个以上可供选择的多个新品种中选择一个最优品种的决策。这种决策包括开发何种新产品的决策问题，开发新产品与减少老产品的决策问题及新产品试制的决策问题等。

此类决策属于“互斥方案决策”的类型。

2. 种类：（1）不追加专属成本。在新产品开发的品种决策中，如果有关方案不涉及追加专属成本，可以用单位资源贡献边际分析法（资源约束总量不确定）和边际贡献总额分析法（资源约束总量确定）进行新产品开发的品种决策。

【例 7－2】 已知中环公司具备利用某种数量有限的甲材料开发一种新产品的生产经营能力（不需追加专属成本），现有 A、B 两个品种可供选择，有关资料如表 7－4 所示。要求做出开发何种新品种的决策。

表 7－4　　相关资料

项目	A 产品（件）	B 产品（件）
预计单价（元）	100	80
单位变动成本（元）	70	55
单位贡献边际（元）	30	25
单位产品材料消耗量（千克）	5	5

由表 7－4 中资料可计算 A、B 产品的单位资源边际贡献：

开发 A 产品可获得的单位资源边际贡献 = 30/5 = 6（元/千克）

开发 B 产品可获得的单位资源边际贡献 = 25/5 = 5（元/千克）

因为A产品的单位资源贡献边际大于B产品的单位资源边际贡献，所以开发A产品比开发B产品更有利。

决策结论：应当开发A产品。

在本例中，如果企业现有丙材料60000千克，要求做出开发何种新品种的决策，可用边际贡献总额分析法来进行决策。

首先，确定利用丙材料开发A、B产品方案的相关业务量，即分别开发A、B产品的数量。

开发A产品的数量 = 60000/5 = 12000（件）

开发B产品的数量 = 60000/5 = 12000（台）

其次，确定分别开发A、B产品方案的贡献边际总额。

开发A产品可获得的贡献边际总额 = 30 × 12000 = 360000（元）

开发B产品可获得的贡献边际总额 = 25 × 12000 = 300000（元）

因为开发A产品可获得的贡献边际总额大于开发B产品可获得的贡献边际总额，所以开发A产品比开发B产品更有利。

决策结论：应当开发A产品。

在一定条件下，利用单位资源边际贡献分析法与边际贡献总额分析法进行决策可以得到相同的结论，只是这两种方法应用的前提条件有所不同。

【例7-3】已知大华公司2016年生产甲、乙两种产品，2017年现有丙、丁两种新产品可以投入生产。企业的酌量性固定成本为3000元，并不因为新产品投产而增加，但剩余生产能力只有9000个机器台时，只能投产一种新产品。各产品有关资料如表7-5所示。

表7-5　各产品有关资料

项目	甲	乙	丙	丁
销售单价（元）	20	10	8	12
单位变动成本（元）	10	6	4	3
单位资源消耗定额（台时）	5	4	2	3

根据表中资料，可计算丙、丁两种新产品的单位资源消耗定额和贡献边际总额：

①单位资源贡献边际分析法：

丙产品的单位资源消耗定额 = （8 - 4）/2 = 2（元/台时）

丁产品的单位资源消耗定额 = （12 - 3）/3 = 3（元/台时）

由于丙产品的单位资源消耗定额小于丁产品的单位资源消耗定额，所以应该选择丁产品进行开发。

②贡献边际总额分析法：

丙产品的最大业务量 = 9000/2 = 4500（件）

丁产品的最大业务量 = 9000/3 = 3000（件）

丙产品的贡献边际总额 =（8 - 4）× 4500 = 18000（元）

丁产品的贡献边际总额 =（12 - 3）× 3000 = 27000（元）

由计算表明，丁产品的贡献边际总额大于丙产品的贡献边际总额，因此，决策结论是投产丁产品。

（2）追加专属成本。当新产品开发的品种决策方案中涉及追加专属成本时，就无法继续使用单位资源贡献边际分析法或贡献边际总额分析法，而应当使用差别损益分析法进行决策。

【例7－4】 承接上例，该公司现有的生产技术条件不能满足开发新产品的要求，为开发丙、丁产品均需装备不同的专用模具，相应分别需要追加专属成本9000元和15000元。试做出开发何种新品种的决策。依题意可编制差别损益分析表如表7－6所示。

表7－6　　差别损益分析表　　单位：元

项目	开发丙品种	开发丁品种	差异额
相关收入	8×4500＝36000	12×3000＝36000	0
相关成本	27000	24000	＋3000
其中：增量成本	4×4500＝18000	3×3000＝9000	—
差别损益			－3000

由表7－6可见，评价指标差别损益为－3000元，小于零，可以据此判定开发丁品种，这样可以使企业多获得3000元利润。

二、亏损产品是否停产的决策

1. 概念。亏损产品的决策，是指企业在组织多品种生产经营条件下，当其中一种产品为亏损产品（即其收入低于按完全成本法计算的产品成本）时，做出是否按原有规模继续生产，或是按扩大的规模生产该亏损产品的决策。此类决策属于“接受或拒绝方案”，即单一方案决策。

2. 决策分析。在多品种生产的条件下，某种产品发生亏损，一般认为停止生产亏损产品，可以使企业的整体利润提高。但事实上却并非如此。按成本习性分析，停产亏损产品只能减少其变动成本，而不会减少固定成本，因而对亏损产品不能简单地一概而论。

是否继续生产亏损产品的决策，就是在“继续按原规模生产亏损产品”方案和“停止生产亏损产品”方案中加以选择确定。

下面分两种情况讨论：

（1）相对剩余生产能力无法转移时，亏损产品是否停产的决策。在亏损产品决策中，所谓相对剩余生产能力，是指停止按原有规模生产该亏损产品而导致的闲置生产能力。相对剩余生产能力无法转移，是指由于停产而导致的闲置能力无法被用于企业经营的其他方面，即既不能转产其他产品，也不能将有关设备对外出租或售出。

在这种情况下，只要亏损产品满足以下任何一个条件，就不应当停产：①亏损产品的单价大于其单位变动成本；②亏损产品的单位贡献边际大于零；③亏损产品的收入大于其变动成本；④亏损产品的贡献边际大于零；⑤亏损产品的贡献边际率大于零；⑥亏损产品的变动成本率小于1。

如果盲目停止生产满足上述条件的亏损产品，不但不能使企业增加利润，反而会使企业多损失相当于该亏损产品所能提供的边际贡献那么多的利润。这是因为，继续生产能够提供正的边际贡献的亏损产品至少可以为企业补偿一部分固定成本，如果停止生产，作为沉没成本的固定成本仍然还要发生，就要转由其他产品负担，最终导致整个企业减少相当于该亏损产品所能提供的边际贡献那么多的利润。如果亏损产品不能满足上述条件，就可以考虑停止生产。

【例 7－5】 中山公司组织多品种生产，2018 年 A 产品亏损 5000 元。已知 A 产品的总成本为 15000 元，变动成本率为 80%。若 2019 年 A 产品的市场容量、销售价格和成本水平等均不变，停产后的剩余生产能力无法转移。试做出 2019 年该企业的生产决策。

依资料，2019 年 A 产品的销售收入为：

（－5000） ＋15000＝10000（元）

A 产品的变动成本为：

10000×80%＝8000（元）

A 产品的贡献边际为：

10000－8000＝2000（元） >0

由计算可知，2019 年该企业应继续生产 A 产品，这样，可使企业少损失 2000 元的利润。

（2）相对剩余生产能力可以转移时，亏损产品是否停产的决策。所谓相对剩余生产能力可以转移，是指由于停产而导致的闲置生产能力能够被用于企业经营的其他方面，如用于承揽零星加工业务，或将有关设备对外出租等。当剩余生产能力可以转移时，继续生产亏损产品的方案就会发生相关的机会成本。机会成本就是承揽加工业务的边际贡献或出租设备的租金收入。在这种情况下，如果亏损产品的边际贡献大于其机会成本，就不应停产。否则，企业的利润损失为该亏损产品所提供的边际贡献与有关机会成本之差。若亏损产品的边际贡献小于相关的机会成本，则应当考虑停产。若亏损产品的边际贡献等于相关的机会成本，则停产或继续生产均可。

【例 7－6】 承接上例的资料，假定其他条件不变，但剩余生产能力可以对外出租，每年可望获得租金收入 2500 元。试做出是否停产的决策。

依资料：

继续生产 A 产品的边际贡献＝2000（元）

继续生产 A 产品的机会成本＝2500（元）

由于继续生产 A 产品的边际贡献小于继续生产 A 产品的机会成本，说明继续生产 A 产品将使企业损失 500 元的利润，故应当停止生产。

【例 7－7】 承接上例的资料，假定其他条件不变，但剩余生产能力可以转移于生产新产品 D 200 件，D 产品的单位售价为 35 元，单位变动成本为 15 元。试做出是否停产的决策。

依资料，转产 D 产品的边际贡献即为继续生产 A 产品的机会成本。

继续生产 A 产品的边际贡献＝2000（元）

转产 D 产品的边际贡献＝（35－15）×200＝4000（元）

由于继续生产 A 产品的边际贡献小于继续生产 A 产品的机会成本，若继续生产 A 产品将使企业损失 2000 元的利润，故应当转产。

三、半成品是否深加工的决策

1. 概念。半成品是企业连续生产的中间产品，也可以直接出售。深加工后产成品售价要高于半成品，但相应要追加一定的加工成本。半成品是否深加工决策，是指企业对于既可以直接出售，又可以经深加工成产成品后再出售的半成品所做出的决策，又称是否直接出售半成品决策。

这类决策属于互斥方案决策的类型，涉及“将半成品深加工为产成品”和“直接出售半成品”两个备选方案。深加工前的半成品的成本（包括变动成本和固定成本）都属于沉没成本，是与决策无关的非相关成本，相关成本只包括与深加工有关的成本，而相关收入则包括直接出售和加工出售后的有关收入。在确定相关业务量时，应充分考虑半成品与产成品的投入产出比和实际深加工能力的大小。

半成品是否深加工的决策可以用差别损益分析法来完成。

2. 种类：

（1）简单条件下，半成品是否深加工的决策。所谓简单条件，就是假定企业具备将全部半成品深加工为产成品的条件，且无法转移，半成品与产成品的投入产出比为1∶1。在此情况下，“将半成品深加工为产成品”方案的相关成本只有加工成本一项内容，其相关业务量等于“直接出售半成品”方案的相关业务量，即全部半成品产量。

【例7－8】已知大华公司生产的A半成品可以直接出售，其年产量为1000件，单位变动成本为30元/件，固定成本为50000元，售价为100元/件。若进一步加工可制成B产品，每件追加的深加工变动成本为80元，其售价为200元/件。企业具备将全部半成品深加工为产成品的能力，且无法转移，A和B的投入产出比为1∶1。试做出是否深加工的决策。依题意，编制差别损益分析表如表7－7所示。

表7－7　差别损益分析表　　单位：元

项目	将A深加工为B产成品	直接出售A半成品	差异额
相关收入	200×1000＝200000	100×1000＝100000	＋100000
相关成本	80000	0	＋80000
差别损益			＋20000

决策结论：应当将全部A半成品加工成B产成品，这样可以使企业多获得利润20000元。

（2）复杂条件下，半成品是否深加工的决策。复杂条件具体又分为以下四种情况：

①企业具备100%的深加工能力，但可以转移时的决策。在此情况下，“将半成品深加工为产成品”方案的相关成本除了“加工成本”外，还包括与可以转移的深加工能力有关的“机会成本”。

②企业不具备深加工能力时的决策。在此情况下，“将半成品深加工为产成品”方案的相关成本除了“加工成本”外，还包括追加的“专属成本”。

③企业深加工能力不足时的决策。在此情况下，“将半成品深加工为产成品”方案和“直接出售半成品”方案的相关业务量必须按实际深加工能力和投入产出比来

确定。

④半成品与产成品的投入产出比不为1∶1时的决策。在此情况下，“将半成品深加工为产成品”方案和“直接出售半成品”方案的相关业务量必须按实际投入产出比来确定。

【例7-9】承接上例的资料：

①假定企业具备将全部A半成品深加工为B产成品的能力，但可以将有关设备对外出租，预计年租金收入为15000元，该设备年折旧为6000元。A和B的投入产出比为1∶1。

②假定企业不具备深加工能力，如果一年支付21000元租入一台专用设备，可将全部A半成品深加工为B产成品。A和B的投入产出比为1∶1。

③假定企业具备将80%的A半成品深加工为B产成品的能力，但可以将有关设备对外出租，预计年租金收入为15000元，该设备年折旧为6000元。A和B的投入产出比为1∶1。

④假定企业具备将全部A半成品深加工为B产成品的能力，且不能转移，但A和B的投入产出比为1∶0.9。

编制四种情况下的差别损益分析表如表7-8至表7-11所示。

表7-8　差别损益分析表　单位：元

项目＼方案	将A深加工为B产成品	直接出售A半成品	差异额
相关收入	200000	100000	+100000
相关成本	95000	0	+95000
其中：加工成本	80000	0	—
机会成本	15000	0	—
差别损益			+5000

决策结论：应当将全部A半成品加工成B产成品，这样可以使企业多获得利润5000元。需要说明的是，该设备年折旧6000元为无关成本，分析时不用考虑。

表7-9　差别损益分析表　单位：元

项目＼方案	将A深加工为B产成品	直接出售A半成品	差异额
相关收入	200000	100000	+100000
相关成本	101000	0	+101000
其中：加工成本	80000	0	—
专属成本	21000	0	—
差别损益			-1000

决策结论：不应当将全部A半成品加工成B产成品，否则将使企业多损失利润1000元。

表 7－10　　差别损益分析表　　单位：元

方案 项目	将 80% 的 A 深加工为 B 产成品	直接出售 80% 的 A 半成品	差异额
相关收入	200×800＝160000	100×800＝80000	＋80000
相关成本	79000	0	＋79000
其中：加工成本	80×800＝64000	0	—
差别损益			＋1000

决策结论：应当将 80% 的 A 半成品加工成 B 产成品，这样可以使企业多获得利润 1000 元。

表 7－11　　差别损益分析表　　单位：元

方案 项目	将 A 深加工为 B 产成品	直接出售 A 半成品	差异额
相关收入	200×900＝180000	100×1000＝100000	＋80000
相关成本	72000	0	＋72000
其中：加工成本	80×900＝72000	0	—
差别损益			＋8000

决策结论：应当将 A 半成品加工成 B 产成品，这样可以使企业多获得利润 8000 元。

四、联产品生产的决策

1. 概念。联产品是指由同一种材料经过相同生产工序生产出来的产品。有的联产品须进一步加工之后才能出售，有些联产品既可以对外出售，也可以进一步加工之后再出售。因此，联产品生产决策就是企业对于那些既可以直接出售，又可以经过深加工之后再出售的联产品所做的决策。

这种决策与半成品是否深加工的决策十分相似，只是"深加工联产品"方案的相关成本中的深加工成本称为"可分成本"，联产品本身的成本称为"联合成本"（属无关成本）。此外，联产品与经过深加工而形成的最终产品之间的投入产出比大多不是 1∶1。此类决策也属于"互斥方案"的决策类型。涉及"深加工联产品"和"直接出售联产品"两个方案。

2. 方法。联产品是否深加工的决策可采用差别损益分析法进行。

【例 7－10】已知大华公司对同一种原材料进行加工，可同时生产出 A、B、C 三种联产品，年产量分别为 250 千克、150 千克和 100 千克。每种联产品承担的联合成本分别是 22500 元、13500 元和 9000 元。其中 B 产品可直接出售，若企业每年支付 1200 元租金租入一台设备，可将全部 B 产品深加工为 D 产品再出售，每深加工 1 千克 B 产品需追加 2 元可分成本，B、D 产品的投入产出比为 1∶0.7。A、B、C、D 产品的售价分别是 200 元、210 元、150 元和 240 元。试做出是否将全部 B 产品深加工为 D 产品的决策。

依资料，相关成本为可分成本和专属成本；"将 B 产品深加工为 D 产品"方案的相关业务量，即 D 产品的产量为 105（150×0.7）千克；“直接出售 B 产品”方案的相关业务量为 150 千克。编制差别损益分析表如表 7-12 所示。

表 7-12 差别损益分析表 单位：元

方案 项目	将 B 深加工为 D 产品	直接出售 B 产品	差异额
相关收入	240×105=25200	210×150=31500	-6300
相关成本	1500	0	+1500
其中：可分成本	150×2=300	0	—
差别损益			-7800

决策结论：不应当将全部 B 产品加工成 D 产品，否则将使企业多损失利润 7800 元。

五、零部件自制或外购的决策

1. 概念。企业生产中需要的零部件，有的既可以自己制造，也可以直接从外部购买。零部件自制或外购的决策，就是企业围绕既可以自制，又可以外购的零部件的取得方式而开展的决策。

此类决策属于“互斥方案”的决策类型，通常涉及“自制零部件”和“外购零部件”两个备选方案，方案的相关收入总是相同的，只需考虑相关成本因素。

2. 种类：

（1）企业具备自制能力，且零部件的全年需用量为常数。若企业有能力自制零部件时，则与自制能力有关的固定成本就属于沉没成本，在决策中不予考虑。又分成自制能力无法转移和自制能力可以转移两种情况，一般采用相关成本分析法进行决策。

当自制能力无法转移时，“自制零部件”方案的相关成本只包括按零部件全年需用量计算的变动生产成本，“外购零部件”的相关成本即为其外购成本，由外购单价乘以零部件全年需用量计算而得。因此，只要直接比较自制零部件的单位变动成本和外购单价的大小，就可以进行决策，即选择上述两个因素中水平低的方案，中选方案比放弃方案所节约的成本等于上述两个因素之差与零部件全年需用量的乘积。

当自制能力可以转移时，“自制零部件”方案的相关成本除包括按零部件全年需用量计算的变动生产成本外，还包括与自制能力转移有关的机会成本，这时应用相关成本分析法进行决策。

【例 7-11】大华公司每年生产需用甲零件 12500 个，如果从市场购买，每个零件的进货价格为 58 元。该企业具备自制能力，预计每个零件的成本为 66 元，其中，直接材料 36 元，直接人工 13 元，变动性制造费用 7 元，固定性制造费用 10 元。

①企业生产甲零件的剩余生产能力无法转移；

②企业生产甲零件的剩余生产能力可以用于承揽零星加工业务，每年预计可获得贡献边际 30000 元。

试对上述两种情况做出外购或自制的决策。

根据上述资料分析：

①由于剩余生产能力无法转移，所以甲零件自制成本内的固定制造费用属于无关成本，不予考虑。

甲零件的单位变动成本 =36 +13 +7 =56（元）

甲零件的外购单价为 58 元 >56 元的单位变动成本。因此，应选择自制，这样可以节约成本 25000[（58 -56）×12500]元。

②由于企业生产甲零件的剩余生产能力可以用于承揽零星加工业务，若安排自制，则将损失利润 30000 元，应作为机会成本。

编制相关成本分析表如表 7 -13 所示。

表 7 -13　　相关成本分析表　　单位：元

项目	自制甲零件	外购甲零件
变动成本	56 ×12500 =700000	58 ×12500 =725000
机会成本	30000	0
合计	730000	725000

从表 7 -13 中可知，应当安排外购甲零件，这样可节约成本 5000 元。

（2）企业不具备自制能力，且零部件的全年需用量不确定。在这种情况下，可采用成本分界点分析法来进行决策。

【例 7 -12】 如上例所给甲零件外购价格资料，若安排自制，每年将发生相关的固定成本 15000 元，单位变动成本为 56 元。试对该企业自制或外购甲零件做出决策。依题意，用成本无差别点分析法进行决策。

设 x 为成本无差别点零件需用量，$a_1 = 150000$，$a_2 = 0$，$b_1 = 56$，$b_2 = 58$

则：$x = (a_1 - a_2)/(b_2 - b_1)$

$= (15000 - 0)/(58 - 56)$

$= 7500$（个）

决策结论：当甲零件全年需用量在 0 到 7500 个之间变动时，应安排外购；当超过 7500 个时，应安排自制；若全年需用甲零件为 7500 个时，自制、外购均可。

六、是否接受低价追加订货的决策

1. 概念。是否接受低价追加订货的决策，是指企业在正常经营过程中，对于是否安排低于市场价格，甚至低于生产该种产品的实际成本的追加订货生产任务所做的决策，又称是否接受特殊价格追加订货的决策。该类决策属于单一决策方案的类型，即在“接受追加订货”和“拒绝接受追加订货”两个备选方案中做出抉择。

2. 种类：

（1）简单条件下，是否接受低价追加订货的决策。所谓简单条件，就是企业的绝对剩余生产能力无法转移，追加的订货量小于或等于企业的绝对剩余生产能力，不影响企业正常生产任务，不需要追加投入专属成本的情况。显然，在此情况下，接受追加订货方案的相关成本只有增量成本一项内容，只要其相关收入大于增量成本，就可以做出接受追加订货的决策。

【例 7－13】已知大名公司每年生产 A 产品的最大生产能力为 5000 件，2018 年已与甲企业签订了 4000 件的供货合同，销售单价为 34 元。该产品的单位成本为 28 元，其中，直接材料 10 元，直接人工 8 元，变动性制造费用 6 元，固定性制造费用 4 元。企业的剩余生产能力无法转移。现有一客户要求以 26 元/件的价格订购 1000 件 A 产品。试对此做出是否接受的决策。

依资料可知，企业有生产 1000 件 A 产品的剩余能力，低价订货量不影响企业正常生产任务。

接受追加订货方案的相关收入 $=26\times1000=26000$（元）

接受追加订货方案的增量成本 $=(10+8+6)\times1000=24000$（元）

由于相关收入（26000 元）大于相关成本（24000 元），因此，可以接受低价订货。编制差别损益分析表如表 7－14 所示。

表 7－14　　差别损益分析表　　单位：元

方案 项目	接受追加订货	拒绝接受追加订货	差异额
相关收入	26000	0	+26000
相关成本	24000	0	+24000
差别损益			+2000

所以接受此项低价追加订货，可以使企业多获得利润 2000 元。

（2）复杂条件下，是否接受低价追加订货的决策。所谓复杂条件，就是若接受追加订货会影响企业正常生产任务，或企业的绝对剩余生产能力可以转移，或追加订货的企业有特殊要求，完成追加订货需要追加投入一定的专属成本的情况。

显然，在此情况下，接受追加订货方案的相关成本不仅有增量成本，而且还包含有机会成本和专属成本内容，需要区别不同情况加以确认。

如果追加订货量大于企业的剩余生产能力，组织追加订货量的生产就只能用一部分正常订货量来弥补追加订货量超过企业剩余生产能力的部分，这样，就会发生因冲击正常生产任务、减少正常收入而带来的机会成本，该项机会成本就是正常订货单价与冲击正常任务量（即追加订货量与剩余生产能力之差）的乘积。同时，由于剩余生产能力小于追加订货量，只能生产出一部分追加订货，因此，对于接受追加订货方案，计算其相关收入时的相关业务量为追加订货量，而计算其相关增量成本时的相关业务量只能是剩余生产能力。此外，若因为冲击正常生产任务而无法履行合同，需要交纳违约赔偿金的话，则赔偿金应作为接受追加订货方案的专属成本。

在这里，需要注意的是，企业的绝对剩余生产能力可以转移而形成的机会成本和完成特殊要求追加订货应追加的专属成本与上述的机会成本和专属成本在含义上有所不同。

【例 7－14】如上例所给 A 产品的成本和正常售价资料：

①正常订货合同规定，如不能如期交货，该企业必须支付甲企业 2000 元违约金。现一客户要求以 26 元的价格订购 1200 件 A 产品。

②企业剩余生产能力可承揽零星加工业务，预计可获得贡献边际 2500 元。现一客户要

求以 26 元/件的价格订购 1000 件 A 产品。

③客户要求以 26 元/件的价格订购 1000 件 A 产品，但对产品的款式有特殊要求，为此需外购一台设备，价值 2000 元。试做出是否接受低价订货的决策。

依资料可知：

①接受追加订货方案的相关收入为：追加订货单价 × 追加订货量 = 26 × 1200 = 31200（元）

接受追加订货方案的增量成本为：单位变动成本 × 绝对剩余生产能力 = 24 × 1000 = 24000（元）

与冲击正常生产任务有关的机会成本为：正常单价 ×（追加订货量 - 绝对剩余生产能力）= 34 ×（1200 - 1000）= 6800（元）

与冲击正常生产任务有关的专属成本（即违约金）为 2000 元。编制差别损益分析表如表 7 - 15 所示。

表 7 - 15　　差别损益分析表　　单位：元

项目	接受追加订货	拒绝接受追加订货	差异额
相关收入	31200	0	+31200
相关成本	32800	0	+32800
其中：增量成本	24000	0	—
机会成本	6800	0	—
专属成本	2000	0	—
差别损益			-1600

决策结论：不应接受此项低价追加订货，这样将使企业多损失 1600 元。

②依题意，编制差别损益分析表如表 7 - 16 所示。

表 7 - 16　　差别损益分析表　　单位：元

项目	接受追加订货	拒绝接受追加订货	差异额
相关收入	26000	0	+26000
相关成本	26500	0	+26500
其中：增量成本	24000	0	—
差别损益			-500

决策结论：不应接受此项低价追加订货，否则将使企业多损失 500 元。

③依题意，编制差别损益分析表如表 7 - 17 所示。

表 7 - 17　　差别损益分析表　　单位：元

项目	接受追加订货	拒绝接受追加订货	差异额
相关收入	25000	0	+26000
相关成本	25000	0	+26000
其中：增量成本	24000	0	—
差别损益			0

决策结论：企业可以接受此项追加订货，也可以不接受低价追加订货，其效益相同。

第四节 定价决策

一、定价决策的意义

定价决策是指企业为确保其在流通领域的经营目标实现，在短期内（一年或一个经营周期），围绕如何确定销售产品价格水平的问题而展开的决策。也就是怎样选择一个较好的价格，使企业的经济效益达到最佳。

一般而言，产品售价的高低直接影响到销售量、单位销售成本和最终利润。因为受价格直接影响的销售量对生产量有着决定性的影响，从而影响产品成本的水平和企业的盈利。另一方面，对于一定的销售量，售价越高，实现的销售收入就越多。但是，售价定得太高，就会影响产品的销路，使销售量减少，进而使单位产品成本上升而导致利润下降；反之，如果售价定得太低，可能无法补偿所发生的成本，企业的目标利润就难以实现。因此，一种产品价格制定的适当与否，往往决定了该产品能否为市场所接受，并直接影响该产品的市场竞争地位和市场竞争力。如何处理好各有关指标之间此消彼长、错综复杂的关系，确定产品的最佳售价，实现企业的经济效益最大化，是关系企业能否生存与发展的关键。可见，定价决策在营运管理中具有举足轻重的地位。

二、定价决策的内容

定价决策的内容较多，主要包括最优售价的决策、目标价格的决策、调价决策及弹性定价策略和新产品定价策略等。

三、影响定价的因素

一般来讲，影响定价的基本因素主要包括以下几个方面：

1. 成本因素。成本是影响定价的最基本因素。从长期来看，产品价格应等于总成本加上合理的利润，否则企业无利可图，将会停止生产。从短期来看，企业应根据成本结构确定产品价格，即产品价格必须高于平均变动成本，以便掌握盈亏情况，减少经营风险。

2. 需求因素。市场需求与价格的关系可以简单地用市场需求潜力和需求价格弹性来反映。市场需求潜力是指在一定的价格水平下，市场需求可能达到的最高水平。需求价格弹性是指在其他条件不变的情况下，某种商品的需求量随其价格的升降而变动的程度，用需求变化率与价格变化率之比来表示。需求价格弹性大的商品，其价格的制定和调整对市场需求影响大；需求价格弹性小的商品，其价格的制定和调整对市场需求影响小。

3. 商品的市场寿命周期因素。商品的市场寿命周期包括四个阶段，即投入期、成长期、成熟期和衰退期。在不同的阶段，定价的策略也有所不同。投入期的价格，既要补偿高成本，又要为市场所接受；成长期和成熟期正是产品大量销售，扩大市场占有率的时机，要求稳定价格以有利于开拓市场；进入衰退期后，一般应采取降价措施，以便充分挖掘老产品的经济效益。

4. 竞争因素。产品竞争的激烈程度不同，对定价的影响也不同。完全竞争的市场，企业几乎没有定价的主动权；在不完全竞争的市场中，竞争的强度主要取决于产品制作的难易和供求形势。企业要做好定价工作，必须充分了解竞争者的情况，了解竞争者来自何方，其主要实力和其主要的定价策略等。

5. 政策法规因素。每个国家对市场物价的高低和变动都有限制和法律规定。同时，国家还利用生产市场、货币金融等有关手段间接调节价格。在国际贸易中，各国政府对价格制定的限制措施往往更多更严。因此，企业应很好地了解本国关于物价方面的政策和法规，并以此作为制定定价策略的依据。

6. 定价目标因素。定价目标就是指企业确定价格的目的。不同的定价目标，决定着不同的定价决策方法。

四、定价决策的基本方法

所谓定价决策的方法，是指企业在进行定价决策时，按照一定程序和模型，最终做出特定价格定量选择分析的技术手段。

定价决策的方法与定价决策的策略有所不同，主要表现在：一是性质不同。定价决策的方法属于定量分析，定价决策的策略属于定性分析；二是依据不同。定价决策的方法必须依靠定价模型，定价决策的策略则主要依靠经验。

按照定价决策所考虑的主要因素为标志，可将定价决策的方法分为以需求为导向的定价方法、以成本为导向的定价方法和以特殊需求为导向的定价方法等。以需求为导向的定价方法，是指在优先考虑市场供求关系和消费者可能对价格的接受程度的基础上，做出定价决策的方法。如最优售价决策使用的边际分析法。以成本为导向的定价方法，是指在集中考虑如何实现成本补偿的基础上，做出定价决策的方法。如目标售价决策使用的成本加成法。以特殊需求为导向的定价方法，是指在充分满足企业除市场需求或成本补偿的其他特殊要求的前提下，做出定价决策的方法。如利润无差别点法、保利定价法、保本定价法等。

1. 边际分析法。产品单位售价的高低与产品的销售量、单位销售成本和最终能实现的利润有着直接的联系。一般地说，基于一定的销售量，产品的单位售价越高，能实现的销售收入也越多；但产品售价的提高往往会使它的总销售量趋于减少，而销售产品的单位成本又会随着销售量的减少而提高。

边际分析法就是通过分析不同特定价格与销售量组合条件下的产品边际收入、边际成本和边际利润之间的关系，做出相应定价决策的一种定量分析方法。多应用于最优售价的决策。

在数学意义上来讲，边际收入是以销售量为自变量的销售收入函数的一阶导数；边际成本是以销售量为自变量的销售成本函数的一阶导数；边际利润是以销售量为自变量的销售利润函数的一阶导数，又等于边际收入与边际成本的差。

按照微分极值原理，若利润的一阶导数为零，即边际利润为零，边际收入等于边际成本，此时的利润达到极大值，这时的售价就是最优售价。

但是，在高等数学中，只有对连续的、不间断的、处处可微的函数才可以求导。而在实际生活中，无论是以销售量为自变量的销售收入函数，还是成本函数，或是利润函数，它们都不是连续函数，故而也就无法对其求导数，无法按严格的数学定义计算边际收入、边际成本和边际利润指标。因此，在管理会计中，所谓边际收入是指销售量每增加或减少一个单位所形成的销售收入差；边际成本是指销售量每增加或减少一个单位所形成的销售成本差；边际利润是指销售量每增加或减少一个单位所形成的销售利润差。这里的一个销售单位可以是一件产品，也可以是一批产品。

在这种情况下，仍可以根据“边际利润为零”，或“边际收入等于边际成本”的条件来判断能否找到最优售价。若上述条件不满足，也可以根据“边际利润为不小于零的最小值”这个条件来判断最优售价的位置。

设以销售量 x 为自变量的销售收入和销售成本函数可分别表示为 $S=S(x)$ 和 $C=C(x)$，则利润函数可表示为：$P(x)=S(x)-C(x)$

对利润函数求 x 的一阶导数，可得：$P'(x)=S'(x)-C'(x)$

显然，要使 $P(x)$ 取得最大值，x 值应满足：$P'(x)=0$

即 $S'(x)=C'(x)$

这里，$S'(x)$ 和 $C'(x)$ 分别就是边际收入和边际成本，$P'(x)$ 即为边际利润。

【例 7-15】 假定某种消费品的售价与销售量存在以下函数关系：$p=60-2x$；单位变动成本与销售量的关系为：$b=20+0.5x$，固定成本 $a=70$。试求该消费品的最佳销售量及最优售价。

依题中资料：

销售收入　$S(x)=px=(60-2x)x=60x-2x^2$

销售成本　$C(x)=bx+a=(20+0.5x)x+a=20x+0.5x^2+70$

边际收入　$S'(x)=60-4x$

边际成本　$C'(x)=20+x$

令　$S'(x)=C'(x)$

可得　$60-4x=20+x$

则　$x=8$（件）

此时　$p=60-2\times8=44$（元/件）

即该消费品的最佳销售量为 8 件，最优售价为 44 元/件，此时企业销售该产品可获得最大利润。

如果收入和成本不能用连续函数来表示，则可通过编制分析计算表来判断边际收入和边际成本的关系或边际利润数，从而选定最优售价。

【例 7-16】 假定某企业生产经营的甲产品在不同销售价格水平上的销售量和成本资料如表 7-18 所示。做出最优售价的决策。

表 7－18　　相关资料　　单位：元

销售单价 ①	预计 销售量（台） ②	销售 收入 ③＝①×②	边际 收入 ④	总成本⑤	边际 成本 ⑥	边际 利润 ⑦＝④－⑥	利润 ⑧＝③－⑤
58	100	5800	—	4000	—	—	1800
56	120	6720	920	4200	200	720	2520
54	140	7560	840	4400	200	640	3160
52	160	8320	760	4600	200	560	3720
50	180	9000	680	4800	200	480	4200
48	200	9600	600	5000	200	400	4600
46	220	10120	520	5300	300	220	4820
44	240	10560	440	5600	300	140	4960
42	260	10920	360	5900	300	60	5020
40	280	11200	280	6200	300	－20	5000
38	300	11400	200	6500	300	－100	4900
36	320	11520	120	6800	300	－180	4720
34	340	11560	40	7100	300	－260	4460

从这里我们可以得出结论：当边际收入大于边际成本时，边际利润大于零，说明降价销售对企业有利；当边际收入小于边际成本时，边际利润小于零，说明降价对企业不利；当边际收入等于边际成本时，边际利润为零，说明降价没有意义。因此，售价下降的最大限度就是边际利润为零处，最佳售价应是边际利润为零或接近于零时的价格。在本例中，最佳售价应是 42 元/台，相应的最佳销售量为 260 台。

2. 成本加成法。即在特定计算口径的单位产品成本的基础上再考虑一定的加成率来确定售价的方法。多用于目标售价的决策。

成本加成法的一般计算公式为：

产品价格＝单位产品成本＋加成额＝单位产品成本×（1＋加成率）

其中：　成本加成率＝加成内容/相关成本

这里，在不同的成本计算模式下，单位产品成本和加成率的口径有所不同。

（1）完全成本法下的成本加成法。在完全成本法下，产品成本为制造成本，单位产品成本即为单位生产成本，营销及行政管理费用等非制造成本不包括在成本中。因此，“加成”必须能充分弥补这些成本，加成率为成本毛利率。其计算公式为：

产品价格＝单位产品生产成本×（1＋成本毛利率）

其中：　成本毛利率＝（利润＋非生产成本）/生产成本×100%

（2）变动成本法下的成本加成法。在变动成本法下，产品成本为变动生产成本，单位产品成本即为单位变动生产成本，全部固定成本不包括在加成成本基数中。因此，“加成”

必须能充分弥补这些成本，加成率为变动成本贡献率。其计算公式为：

产品价格 = 单位变动生产成本 ×（1 + 变动成本贡献率）

其中： 变动成本贡献率 =（利润 + 固定成本）/变动生产成本 ×100%

【例 7－17】 已知敬业公司生产甲产品，产量为 10000 件的有关成本资料如下：直接材料 60000 元，直接人工 40000 元，变动性制造费用 30000 元，固定性制造费用 70000 元，销售及管理费用 30000 元。

假定该公司预计实现利润 90000 元。试分别按完全成本法和变动成本法下的成本加成法确定该公司的目标售价。

由资料可知，在完全成本法下可计算：

甲产品的生产成本 = 60000 + 40000 + 30000 + 70000

= 200000（元）

甲产品的单位生产成本 = 200000/10000 = 20（元/件）

非生产成本 = 30000 元

成本毛利率 =（90000 + 30000）/200000 ×100% = 60%

目标售价 = 20 ×（1 + 60%）= 32（元）

在变动成本法下可计算：

甲产品的变动生产成本 = 60000 + 40000 + 30000 = 130000（元）

甲产品的单位变动生产成本 = 130000/10000 = 13（元/件）

固定成本 = 70000 + 30000 = 100000（元）

变动成本贡献率 =（90000 + 100000）/130000 ×100% ≈146%

目标售价 = 13 ×（1 + 146%）= 32（元）

由此可见，在成本加成定价法下，无论是按完全成本法，还是按变动成本法，所计算出来的目标价格应当是一致的。

综上，完全成本法和变动成本法下的成本加成法虽然在思路上相似，都认为企业的定价必须弥补全部成本，但其需加成的“成本基数”不同，由此“加成”的内容也存在着差异。完全成本法下的成本加成法强调的是成本功能，而变动成本法下的成本加成法强调的是成本性态。

3. 利润无差别点法：

（1）概念。利润无差别点法是指利用调价后预计销售量与利润无差别点销售量之间的关系进行调价决策的一种方法，又称为价格无差别点法。

利润无差别点销量是指某种产品为确保原有盈利能力，在调价后应至少达到的销售量指标。

（2）计算：利润无差别点销量 =（固定成本 + 调价前利润）/（拟调单价 － 单位变动成本）

= 调价前可获边际贡献/（拟调单价 － 单位变动成本）

（3）判定标准。利润无差别点销量是个正指标，若调价后预计销量大于利润无差别点销量，则可考虑调价；若调价后预计销量小于利润无差别点销量，则不能调价；若调价后预计销量等于利润无差别点销量，则调价与不调价效益一样。

在运用此法时，需要综合考虑企业最大生产能力、调价后预计销量因素，以及是否追加投入专属成本、绝对剩余生产能力能否转移等条件。

【例 7－18】 福海公司生产经营 A 产品，当 A 产品的售价为 100 元/件时，可销售 10000 件，固定成本为 300000 元，单位变动成本为 60 元/件，实现利润 100000 元。假定企业现有最大生产能力为 19000 件。

①若将售价调低为 85 元/件，预计销量可达到 16500 件左右；

②若将售价调低为 80 元/件，预计销量可达到 20000 件以上；

③若将售价调低为 80 元/件，预计最大销量可达到 23000 件，但企业必须追加 50000 元固定成本才能具备生产 23000 件的能力；

④若将售价调高为 110 元/件，只能争取到 7000 件订货（剩余生产能力无法转移）；

⑤若将售价调高为 110 元/件，订货量为 7000 件，但剩余生产能力可以转移，可获得贡献边际 60000 元。

试对上述几种情况进行决策。

由资料计算：

①利润无差别点销量＝(300000＋100000)/(85－60)＝16000(件)

预计销量为 16500 件，大于利润无差别点销量，且预计销量小于最大生产能力，能够满足调价预计销量的生产，故应当考虑调价。

②利润无差别点销量＝(300000＋100000)/(80－60)＝20000(件)

预计销量为 20000 件以上，大于利润无差别点销量，但预计销量大于最大生产能力，不能满足调价预计销量的生产，故不应当考虑调价。

③利润无差别点销量＝(300000＋50000＋100000)/(80－60)＝22500(件)

预计销量为 23000 件，大于利润无差别点销量，且最大生产能力能够满足调价预计销量的生产，故应当考虑调价。

④利润无差别点销量＝(300000＋100000)/(110－60)＝8000(件)

预计销量为 7000 件，小于利润无差别点销量，故不应当考虑调价。

⑤利润无差别点销量＝(300000＋100000－60000)/(110－60)＝6800(件)

预计销量为 7000 件，大于利润无差别点销量，故应当考虑调价。

复　习　题

一、单项选择题

1. 决策是企业为达到预定目标，在若干可行方案中选择（　　）的过程。

A. 最差方案　　B. 较好方案　　C. 最优方案　　D. 次优方案

2. 营运管理一般不涉及（　　）的投资。

A. 存货　　B. 原材料　　C. 半成品　　D. 固定资产

3. 在半成品是继续加工后出售还是直接出售的决策中，对进一步加工前的成本属于(　　)。

A. 固定成本　　B. 变动成本　　C. 付现成本　　D. 沉没成本

4. 在零部件自制与外购的决策中，若成本无差别点为 5000 件，该公司预计生产量为

6000 件，则应选择（　　）。

A. 自制　　B. 外购　　C. 自制与外购都行　　D. 自制与外购均不行

5. 在下列成本中，属于无关成本的是（　　）。

A. 机会成本　　B. 付现成本　　C. 增量成本　　D. 联合成本

二、多项选择题

1. 按照决策时间的长短，决策可分为（　　）。

A. 确定型决策　　B. 风险型决策　　C. 长期决策　　D. 短期决策

2. 差量分析是通过（　　）来对比择优。

A. 差量收入　　B. 差量成本　　C. 边际贡献　　D. 息税前盈余

3. 按照决策条件的肯定程度，决策可分为（　　）。

A. 确定型决策　　B. 风险型决策　　C. 长期决策　　D. 不确定型决策

三、判断题

1. 决策分析时必须考虑的成本都是实际已发生的成本。（　　）

2. 凡是亏损的产品均应该停产。（　　）

3. 凡是订货单价低于产品单位生产成本，均不应接受订货。（　　）

4. 变动成本与差量成本的含义是相同的。（　　）

5. 采用成本无差别点法的前提是各备选方案的预期收入是相同的。（　　）

6. 机会成本是一项实际支出，应该登记入账。（　　）

7. 约束性成本不依经营管理决策而发生变动，因此是无关成本，决策时不予考虑。（　　）

8. 差量分析法仅适用于两个方案的比较。（　　）

9. 传统会计认为只有收入大于完全成本才会形成贡献，而管理会计认为只要收入大于变动成本就会形成贡献。（　　）

四、简答题

1. 营运管理应考虑哪些因素？相关成本包括哪些内容？

2. 营运管理中常用的方法有哪些？其评价指标是什么？

五、计算分析题

1. 红河公司有甲、乙两个工艺可供选择，甲工艺单位变动成本 63 元，相关固定成本总额为 40000 元；乙工艺单位变动成本 60 元，相关固定成本总额为 55000 元。假设不同工艺产生的收入是相同的，预计生产量为 8000 件。

要求：应用成本无差别点分析法确定该公司应选择何种工艺方案？

2. 已知景林公司生产的甲半成品可以直接出售，其年产量为 5000 件，单位变动成本为 30 元/件，固定成本为 50000 元，售价为 100 元/件。若进一步加工可制成乙产品，每件追加的深加工变动成本为 50 元，其售价为 200 元/件。但企业目前不具备将全部半成品深加工为产成品的能力，需要追加专属成本 50000 元，剩余生产能力无法转移，A 和 B 的投入产出比为 1∶1。

要求：用差别损益分析法做出是否深加工的决策。

3. 已知金星公司对同一种原材料进行加工，可同时生产出 A、B、C 三种联产品，年产量分别为 400 千克、300 千克和 200 千克。每种联产品承担的联合成本分别是 25500 元、13000 元和 10000 元。其中 C 产品可直接出售，若企业每年支付 5000 元租金租入一台设备，可将全部 C 产品深加工为 D 产品再出售，每深加工 1 千克 C 产品需追加 50 元可分成本，B、D 产品的投入产出比为 1∶0.9。A、B、C、D 产品的售价分别是 400 元、300 元、100 元和 200 元。

要求：用差别损益分析法做出是否将全部 B 产品深加工为 D 产品的决策。

第八章

投融资管理

【教学目标】 理解投资决策的基本方法，了解非贴现方法及贴现方法在投资决策中的优缺点。掌握净现值法、内含报酬率法、现值指数法等贴现方法在投资决策中的应用。理解融资决策的相关概念及基本原则，掌握资本成本比较法、EBIT－EPS 方法在融资决策中的应用。

【引导案例】 投融资管理中的典型案例“中关村模式”，简单地说，就是针对企业发展的不同阶段制定不同的投融资促进模式和方案。详细来说，这种具有中关村特色的投融资模式充分发挥政府的引导作用，根据高新技术产业发展的规律针对不同发展阶段企业的不同融资需求特征，以企业信用建设为基础，充分利用市场机制，采用多方合作的方式，既拓宽间接融资渠道，又通过促进创业投资、组织发行高新技术企业集合信托计划和企业债券推动企业改制上市等多种渠道，提高直接融资比重，制定了促进不同阶段企业发展的投融资政策体系，把各种资源，包括政策、资本、技术、市场整合在一起，支持企业，然后功成身退。

中关村科技园区针对处于初创期、快速成长期和稳定发展期的企业制定了有针对性的投融资促进方案。针对初创期企业融资难的问题，中关村管委会为填补“投资空白”，解决市场失灵，在全国率先设立了创业投资引导资金，实施创业投资企业风险补贴政策，研究促进天使投资发展，搭建了创业投资促进工作平台；针对快速成长期企业担保难、贷款难问题，中关村管委会设立了针对重点企业群体的担保贷款绿色通道组织，发行高新技术企业集合信托计划和企业债券、开展信用贷款试点，搭建了专门服务于中小型高新技术企业的贷款担保平台，在促进稳定发展期企业发展方面，主要是实施改制上市资助政策，促进具有一定规模企业的产（股）权流动，使企业借助资本市场进一步做强做大，积极开展中关村企业股份报价转让试点，搭建产（股）权交易平台和专业化的企业改制上市服务平台。

第一节　投融资管理概述

一、投融资管理的含义

投融资管理包括投资管理和融资管理。

投资管理，是指企业根据自身战略发展规划，以企业价值最大化为目标，对将资金投入营运进行的管理活动。投资管理的对象包括权益性投资和非权益性投资。

融资管理，是指企业为实现既定的战略目标，在风险匹配的原则下，对通过一定的融资方式和渠道筹集资金进行的管理活动。融资管理的对象包括权益性融资和债务性融资。

企业融资的规模、期限、结构等应与经营活动、投资活动等的需要相匹配。一般而言，长期资金的资金成本高于短期资金成本，企业应倾向于短期债务融资以降低资金成本，但是，如果将短期资金用于长期项目使用，可能导致资金链断裂，影响企业生存。反映在资产负债表上，流动资产与流动负债规模应基本相当，非流动资产与非流动负债和所有者权益应基本相当。

投融资管理领域应用的管理会计工具方法，一般包括贴现现金流法、项目管理、情景分析、约束资源优化等。

二、投融资管理的基本原则

企业进行投融资管理，一般应遵循以下原则：

1. 价值创造原则。投融资管理应以持续创造企业价值为核心。

2. 战略导向原则。投融资管理应符合企业发展战略与规划，与企业战略布局和结构调整方向相一致。

3. 风险匹配原则。投融资管理应确保投融资对象的风险状况与企业的风险综合承受能力相匹配。

三、投资管理的业务流程

投资管理一般按照制定投资计划、进行可行性分析、实施过程控制和投资后评价等程序进行。

1. 制定投资计划。企业投资管理机构应根据战略需要，定期编制中长期投资规划，并据此编制年度投资计划。中长期投资规划一般应明确指导思想、战略目标、投资规模、投资结构等。年度投资计划一般包括编制依据、年度投资任务、年度投资任务执行计划、投资项目的类别及名称、各项目投资额的估算及资金来源构成等，并纳入企业预算管理。

2. 进行可行性分析。投资可行性分析的内容一般包括该投资在技术和经济上的可行性、可能产生的经济效益和社会效益、可以预测的投资风险、投资落实的各项保障条件等。投资可行性分析是投资管理的关键环节，只有通过了可行性论证的项目才能投资。

3. 实施过程控制。企业进行投资管理，应当将投资控制贯穿于投资的实施全过程。投资控制的主要内容一般包括进度控制、财务控制、变更控制等。投资活动只有全过程受控，才能达成既定目标，将投资规模控制在预定范围内。

4. 投资后评价。投资项目实施完成后，企业应对照项目可行性分析和投资计划组织开展投资后评价。投资后评价的主要内容一般包括投资过程回顾、投资绩效和影响评价、投资目标实现程度和持续能力评价、经验教训和对策建议等。开展投资后评价有助于总结投资管理中的经验教训，提高企业投资管理水平。

四、融资管理的业务流程

企业融资管理一般按照融资计划制定、融资决策分析、融资方案的实施与调整、融资管理分析等程序进行。

1. 制定融资计划。企业应根据战略需要、业务计划和经营状况，预测现金流量，统筹各项收支，编制年度融资计划。年度融资计划一般包括编制依据、融资规模、融资方式和资本成本等。企业融资计划可作为预算管理的一部分，纳入企业预算管理。

2. 融资决策分析。融资决策分析的内容一般包括资本结构、资本成本、融资用途、融资规模、融资方式、融资潜在风险和应对措施、还款计划等。企业应根据融资决策分析的结果制定最佳融资方案，满足融资时限、融资规模，融资成本，还款期限等各方面的要求，以提高融资效率，节约资金成本。

3. 融资方案的实施与调整。融资方案通过后进入实施阶段，一般由归口管理部门负责具体落实。如果融资活动受阻，或者融资量无法达到融资需求目标，归口管理部门应及时对融资方案进行调整。

4. 融资管理分析。企业融资完成后，应对融资进行统一管理，必要时应建立融资管理台账。企业应定期进行融资管理分析，总结融资管理经验和教训，不断提高融资管理水平。

第二节 投资决策分析

一、投资决策的含义与特点

（一）投资决策的含义

投资通常是指投入财力，以期在未来一段时间内或相当长一段时间内获得收益的行为。广义的投资涉及的范围相当广泛，既包括长期投资，也包括短期投资；既包括生产性投资，也包括金融性投资；既包括固定资产投资，也包括无形资产投资。本章所要研究的投资主要是指生产性固定资产投资，投资决策是指固定资产是否进行新建（购买）、改建、扩建或更新的决策。

（二）投资决策的特点

1. 投资决策具有择优性。投资决策是一个优选的过程，即对实现投资目标的几个可行投资方案进行评判合理选择的过程。优选方案不一定是最优方案，但应是诸多可行投资方案中最满意的投资方案。

2. 投资决策具有不易逆转性。如果投资正确，形成的优势可以在较长时期内保持。如果投资不正确，将会给企业带来不可估量的损失。

3. 投资决策具有风险性。投资环境瞬息万变，且投资所占用资金庞大，回收期长、变现能力差等特点进一步加大了投资的风险。

二、投资决策中的现金流量估算

在投资决策过程中，通常采用现金流量作为对投资方案进行评价的基础，现金流量的估算是投资决策最为关键的环节。

（一）现金流量的概念与构成

现金流量是指投资项目在其整个寿命期内所发生的现金流出和现金流入的全部资金收付

数量。在一定时期内，现金流入量和现金流出量的对比，就产生了现金净流量的概念。所谓现金净流量（NCF），是指在一定时期内现金流入量与现金流出量的差额。

就一个完整的投资项目而言，其现金流量由三部分构成，分别为初始现金流量、营业现金流量和终结现金流量。

1. 初始现金流量

初始现金流量是指项目开始投资时发生的现金流量。初始现金流量通常以现金流出为主，但不排除会涉及一些现金流入的发生。总的来说，初始现金流量的流出会大于流入，表现为净流出。一般包括以下内容：（1）固定资产投资。包括固定资产的购入或建造成本、运输成本和安装成本等。（2）流动资产投资。包括对材料、在产品和现金等流动资产上的投资。（3）其他投资费用。是指与投资决策有关的注册费用、谈判费用、职工培训费等。（4）原有固定资产的变价收入。主要是指固定资产更新时原有固定资产变卖所得的现金收入。

2. 营业现金流量

营业现金流量是指项目完工投产后，在寿命期内，由于生产经营所带来的现金流入和现金流出的数量。这里的现金流入主要是指营业现金流入，而现金流出则主要是指营业现金支出（付现成本，即不包括折旧的成本）和缴纳的税金。营业现金流量在通常情况下的现金收入会大于现金支出，一般表现为净流入（也称为营业现金净流量）。营业现金净流量可用下列公式计算：

$$
\begin{aligned}
\text{营业现金净流量} &= \text{净利润} + \text{折旧} \\
&= \text{税前利润} \times (1 - \text{所得税税率}) + \text{折旧} \\
&= (\text{营业收入} - \text{付现成本} - \text{折旧}) \times (1 - \text{所得税税率}) + \text{折旧} \\
&= \text{营业收入} \times (1 - \text{所得税税率}) - \text{付现成本} \times (1 - \text{所得税税率}) \\
&\quad - \text{折旧} \times (1 - \text{所得税税率}) + \text{折旧} \\
&= \text{营业收入} \times (1 - \text{所得税税率}) - \text{付现成本} \times (1 - \text{所得税税率}) \\
&\quad + \text{折旧额} \times \text{所得税税率} \qquad (8-1)
\end{aligned}
$$

3. 终结点现金流量

终结点现金流量是指项目终了时发生的非经营现金流量，主要包括回收的固定资产残值、回收垫支的流动资金、停止使用的土地变价收入等。

实际上，固定资产预计残值与固定资产折旧一样，都是对固定资产初始投资的收回。由于投资时对所得税费用不产生影响，因此，在收回时对所得税费用也同样不产生影响。但是，如果实际收回的固定资产残值大于预计残值，该差额作为固定资产清理收益将增加企业的税前利润，进而导致企业所得税费用的增加。反之则为清理损失，企业可以因此而减少所得税费用支出。

综上所述，终结点现金流量可用以下公式表示：

$$
\begin{aligned}
\text{项目终结点现金流量} &= \text{实际固定资产残值收入} + \text{原投入的流动资金} \\
&\quad - (\text{实际残值收入} - \text{预计残值}) \times \text{税率} \qquad (8-2)
\end{aligned}
$$

（二）现金流量的估算

为了正确地评价投资项目的优劣，必须依据可靠、准确的现金流量数据，才能做出科学的分析，进而做出正确的投资决策。

在对投资项目现金流量的估算中，营业现金流量是一个重要的环节，涉及现金流入与现金流出的计算。在此基础上，结合初始现金流量与终结现金流量，便可确定投资方案的现金流量。

【例 8－1】甲公司因业务发展的需要，准备购入一套设备。现有甲、乙两个方案可供选择：甲方案投资 20 万元，使用寿命为 5 年，采用直线法计提折旧，5 年后无残值。5 年中每年销售收入为 12 万元，每年的付现成本为 4 万元。乙方案需投资 33 万元，也采用直线法计提折旧，使用寿命也为 5 年，5 年后有残值收入 3 万元。5 年中每年销售收入为 24 万元，付现成本第 1 年为 12 万元，以后随着设备不断老化，将逐年增加日常修理费 5000 元，另需垫支营运资金 3 万元。假设所得税率为 25%。试计算两个方案的现金流量。

两个方案的现金流量的计算过程如下：

（1）计算两个方案的每年折旧额。

$$甲方案每年折旧额 = \frac{200000}{5} = 40000（元）$$

$$乙方案每年折旧额 = \frac{330000 - 30000}{5} = 60000（元）$$

（2）甲、乙两个方案的营业现金流量。计算见表 8－1。

表 8－1　　投资方案营业现金流量计算表　　单位：元

项目＼时期	第 1 年	第 2 年	第 3 年	第 4 年	第 5 年
甲方案：					
销售收入	120000	120000	120000	120000	120000
付现成本	40000	40000	40000	40000	40000
折旧	40000	40000	40000	40000	40000
税前利润	40000	40000	40000	40000	40000
所得税	10000	10000	10000	10000	10000
税后利润	30000	30000	30000	30000	30000
营业现金流量	70000	70000	70000	70000	70000
乙方案：					
销售收入	240000	240000	240000	240000	240000
付现成本	120000	125000	130000	135000	140000
折旧	60000	60000	60000	60000	60000
税前利润	60000	55000	50000	45000	40000
所得税	15000	13750	12500	11250	10000
税后利润	45000	41250	37500	33750	30000
营业现金流量	105000	101250	97500	93750	90000

（3）两个方案的全部现金流量的计算见表 8－2。

表 8－2　　　　　　　　　　投资方案全部现金流量计算表　　　　　　　　　　单位：元

时期 项目	第 0 年	第 1 年	第 2 年	第 3 年	第 4 年	第 5 年
甲方案：						
固定资产投资	－200000					
营业现金流量		70000	70000	70000	70000	70000
现金净流量	－200000	70000	70000	70000	70000	70000
乙方案：						
固定资产投资	－330000					
垫支流动资金	－30000					
营业现金流量		105000	101250	97500	93750	90000
固定资产残值						30000
流动资金收回						30000
现金净流量	－360000	105000	101250	97500	93750	150000

第三节　投资决策的基本方法

投资决策中对投资项目进行可行性分析的方法一般可以分为非折现的现金流量法和折现的现金流量法两大类。

一、非折现的现金流量法

非折现的现金流量法在决定方案取舍时，一般不考虑货币时间价值的影响，即把不同时期的现金流量看作是等效的。

（一）投资回收期法

投资回收期（PP）是指以投资项目经营期的净现金流量回收原始投资所需要的时间。投资回收期的计算有年现金净流量相等和不相等两种情况。

1. 年现金净流量相等

$$\text{投资回收期} = \frac{\text{投资总额}}{\text{年现金净流量}} \tag{8－3}$$

2. 年现金净流量不等

在这种情况下，通常采用逐年扣减的方法。

【例 8－2】 新华公司有两个投资项目，两个项目都需要在项目初始点投资 120 万元。A 项目寿命期 5 年，每年的现金净流量为 40 万元。B 项目的寿命期也为 5 年，但各年的现金净流量不等，分别为 25 万元、35 万元、35 万元、30 万元、30 万元。计算 A、B 项目的投资回收期。

解：A 项目的投资回收期为：

$$投资回收期 = \frac{投资总额}{年现金净流量} = \frac{120}{40} = 3\ (年)$$

B 项目的年现金净流量不等，可通过列表方式计算，如表 8－3 所示。

表 8－3　　B 方案回收期计算表　　单位：万元

年度	年现金流量	尚未回收投资额
1	25	95
2	35	60
3	35	25
4	30	—
5	30	—

B 项目的投资回收期 = 3 + 25/30 = 3.83（年）

由于 A 项目的投资回收期比 B 项目的回收期短，因此，A 方案更优。

投资回收期法的优点是计算简便，易于理解。同时，投资回收期的长短也是项目风险大小的一种标志。但是，投资回收期法的缺点在于没有考虑货币时间价值的影响，也没有考虑投资回收期满以后的现金流量状况，在实际工作中，长期投资往往看重的是项目后期的丰厚收益。因此，仅仅根据投资回收期来评价投资方案的优劣，就显得过于片面了。

（二）平均报酬率法

平均报酬率法是指根据投资项目平均报酬率的高低进行投资决策的方法。平均报酬率也称会计报酬率，是指一项投资方案的年平均净利润与初始投资额的比率。这个比率越高，说明获利能力越强。平均报酬率的计算公式如下：

$$平均报酬率(ARR) = \frac{年平均净利润}{初始投资额} \tag{8-4}$$

进行投资决策时，将投资方案的平均报酬率同投资者期望的平均报酬率对比：

投资方案的平均报酬率≥期望的平均报酬率，接受投资方案；

投资方案的平均报酬率＜期望的平均报酬率，拒绝投资方案。

如果有若干投资方案可供选择，应该选择平均报酬率最高的投资方案。

【例 8－3】 新华公司有 A、B、C 三个投资方案，与方案有关的数据如表 8－4 所示。试用平均报酬率法进行评价。

表 8－4　　A、B、C 三个投资方案的相关数据　　单位：元

年度	A 方案		B 方案		C 方案	
	净收益	现金净流量	净收益	现金净流量	净收益	现金净流量
0		－27000		－15000		－15000
1	2800	15000	－1800	3200	700	5700
2	4000	18800	4500	8000	700	5700
3			2500	9000	700	5700
合计	6800	6800	5200	5200	2100	2100

解：三个方案平均报酬率计算如下：

A 方案：平均报酬率 $=\frac{(2800+4000)/2}{27000}\times 100\% =12.59\%$

B 方案：平均报酬率 $=\frac{(-1800+4500+2500)/3}{15000}\times 100\% =11.56\%$

C 方案：平均报酬率 $=\frac{700}{15000}\times 100\% =4.67\%$

因为 A 方案的平均报酬率最大，所以应选择 A 方案。

平均报酬率法虽然考虑到了投资方案在其整个寿命期内的全部净利润，但没有使用现金流量指标，也没有考虑货币时间价值因素。由于计算平均报酬率所涉及的期限远远长于回收期，因此，平均报酬率法忽视货币时间价值所产生的后果也比投资回收期法严重得多。这种方法在实际工作中应用得越来越少。

二、折现的现金流量法

折现的现金流量法在评价投资方案时充分考虑货币时间价值的影响，主要包括净现值法、现值指数法和内部报酬率法三种。

（一）净现值法

净现值（NPV）法，指采用净现值的大小作为方案取舍标准的一种决策方法。净现值是指，在整个项目周期内各年净现金流量按一定的折现率计算的现值减去初始投资现值的差额。计算公式如下：

$$NPV = \sum_{t=1}^{n} \frac{NCF_t}{(1+K)^t} - \sum_{t=0}^{n} \frac{I_t}{(1+k)^t} \qquad (8-5)$$

式中：NCF_t——第 t 期净现金流量；I_t——第 t 期投资额；k——贴现率，项目的资金成本率或必要投资报酬率；n——项目计算期（指项目建设期和经营期之和）。

净现值法的决策规则：在方案的采纳与否决策时，当 NPV >0 时，说明该项目的投资收益率不仅达到了所要求的投资报酬率或资金成本水平，而且还有超额收益现值，方案可行；当 NPV =0 时，说明该项目的投资收益率恰好达到所要求的投资报酬率或资金成本水平，方案可行；当 NPV <0 时，说明该项目投资收益率没有达到所要求的投资报酬率或资金成本水平，应该拒绝。在多方案比较选择时，应选择 NPV 大的可行方案。

【例 8－4】 新华公司在计划年度内有甲、乙两个投资方案可供选择，寿命周期均为 5 年，原投资总额均为 100000 元，资金成本为 10%，两个方案各年净现金流量如表 8－5 所示。

表 8－5　　各年净现金流量表　　单位：元

项目	年份					
	1	2	3	4	5	合计
甲方案各年的 NCF	30000	30000	30000	30000	30000	150000
乙方案各年的 NCF	30000	50000	10000	40000	20000	150000

要求，根据上述资料，采用净现值法评价甲、乙两个方案哪个可行？

解：计算甲方案的净现值（NPV）：

由于甲方案各年的现金净流量相等，可以利用年金现值公式计算求得。

$$NPV = \sum_{t=0}^{n} NCF_t \times (P/F,i,t) - P_A = A \times (P/A,i,t) - P_A$$

$$= 30000 \times 3.7907 - 100000 = 13721 \text{（元）}$$

以上计算结果说明：甲方案的净现值是正数，该方案可行。

计算乙方案的净现值（NPV）：

$$NPV = \sum_{t=0}^{n} NCF_t \times (P/F,i,t)$$

$$= NCF_0 + NCF_1 \times (P/F, 10\%, 1) + NCF_2 \times (P/F, 10\%, 2) + NCF_3 \times (P/F, 10\%, 3) + NCF_4 \times (P/F, 10\%, 4) + NCF_5 \times (P/F, 10\%, 5)$$

$$= 30000 \times 0.9091 + 50000 \times 0.8264 + 10000 \times 0.7513 + 40000 \times 0.6830 + 20000 \times 0.6209 - 100000$$

$$= 15754 \text{（元）}$$

以上计算结果表明，乙方案的净现值大于零，方案可行。将甲、乙两方案加以比较可知，在投资额相同且经营期相同的情况下，乙方案的净现值大于甲方案的净现值，说明乙方案优于甲方案。

净现值法的主要优点是：（1）充分考虑了货币时间价值；（2）反映了投资方案的净收益，与企业目标一致；（3）允许每年使用不同的贴现率计算，实际意义大。净现值法的缺点是：NPV 指标是绝对额指标，对不同投资规模的效益比较模糊。而且也没法揭示投资方案可能达到的实际投资收益率。

（二）现值指数法

现值指数（PVI）又称获利能力指数，是指在整个项目周期内各年净现金流量按一定的折现率计算的现值与初始投资现值的比值。现值指数的计算公式如下：

$$PVI = \sum_{t=1}^{n} \frac{NCF_t}{(1+K)^t} / \sum_{t=0}^{n} \frac{I_t}{(1+k)^t} \qquad (8-6)$$

现值指数法的决策规则：现值指数是一个贴现的相对值正指标，如果现值指数大于或等于1，说明投资方案的报酬率大于或等于资金成本，方案可行；如果现值指数小于1，投资方案的报酬率小于资金成本，则投资方案不可行；在若干可行性备选方案中，现值指数最大者为最优。总之，现值指数大于或等于1是项目可行的必要条件，现值指数越大，投资效益越高。

现值指数法的优点与净现值法基本相同：（1）综合考虑了货币时间价值，能较合理地反映投资项目的真正经济价值；（2）考虑了项目计算期的全部现金净流量，体现了流动性与收益性的统一；（3）考虑了投资风险性；（4）能准确判断投资方案的优劣。

现值指数法的缺点是不能直接反映投资项目的实际投资报酬率水平。

【例 8-5】 新华公司计划进行一项设备投资。现拟有 A、B 两个投资方案，预定投资报酬率为10%，其余有关资料如表8－6所示。企业应选择哪种方案？

表8－6　　A、B两个投资方案的相关资料

项目	A	B	项目	A	B
原始投资额/元	400000	650000	年税前利润/元	60000	100000
设备使用年限/年	10	10	期满残值收入/元	10000	14000

解：(1) 计算年税后净利、年折旧、年营业现金净流量，如表8－7所示。

表8－7　　A、B两个投资方案的相关数据计算　　单位：元

项目	A	B
年税后净利	45000	75000
年折旧额	39000	63600
年营业现金净流量	84000	138600

(2) 计算现值指数。

$$PVI_A=\frac{84000\times(P/A,10\%,10)+10000\times(P/F,10\%,10)}{400000}=1.30$$

$$PVI_B=\frac{138600\times(P/A,10\%,10)+14000\times(P/F,10\%,10)}{650000}=1.32$$

结论：A、B两方案的现值指数均大于1，均可行；B方案的现值指数大于A方案的现值指数，企业应选择B方案。

净现值法和现值指数法能较准确地将方案的优劣程度反映出来，但不能据以了解各个投资方案本身可以达到的实际投资报酬率是多少，这两种方法中所用的投资报酬率是投资者预计的数值，即按照预定的报酬率计算的净现值或现值指数。

(三) 内含报酬率法

内含报酬率(IRR)，也称内部报酬率，是指在整个方案的实施运行过程中，使未来净现金流量的总现值恰好等于投资现值总额时所对应的折现率，即能够使投资项目的净现值等于零时的报酬率。

内含报酬率法是将投资项目的内含报酬率与资本成本率进行比较，以确定投资项目是否可行的一种方法。

内含报酬率的计算比较复杂，通常采用“逐步测试法”。首先，估计一个折现率计算该方案的净现值，如果净现值大于零，说明内含报酬率超过估计的折现率，应提高折现率后进一步测试；如果净现值小于零，说明内含报酬率低于估计的折现率，应降低折现率后进一步测试。经过反复测试直至找到使净现值等于或接近于零的折现率，即为方案的内含报酬率。

内含报酬率法的决策规则：将项目的内含报酬率与资本成本率比较，如果内含报酬率大于等于资本成本率，则投资项目可取；如果内含报酬率小于资本成本率，则投资项目不可取，应舍弃。一般来说，内含报酬率越大越好。

【例8－6】 新华公司准备扩充生产能力，现有A、B两个方案可供选择，初始投资额均

为200万元，方案预计的现金流量如表8-8所示，所用折现率为项目资金的综合资金成本10%。计算A、B两方案的现值指数法的内含报酬率。

表8-8 A、B两方案预计现金流量 单位：万元

年份	A方案净现金流量	B方案净现金流量	复利现值系数（10%）
0	-200	-200	1
1	50	30	0.9091
2	50	50	0.8624
3	50	80	0.7513
4	50	90	0.683
5	50	50	0.6209

首先，对A方案的内含报酬率进行估计：

$NPV(10\%)=50\times(P/A,10\%,5)-200=50\times3.7907-200=-10.46$（万元）

$NPV(9\%)=50\times(P/A,9\%,5)-200=50\times3.8897-200=-5.52$（万元）

$NPV(8\%)=50\times(P/A,8\%,5)-200=50\times3.9927-200=-0.37$（万元）

$NPV(7\%)=50\times(P/A,7\%,5)-200=50\times4.1002-200=5.01$（万元）

以上计算说明，A方案的内含报酬率大于7%且小于8%。

其次，运用插值法求IRR，

$$\frac{8\%-IRR}{8\%-7\%}=\frac{-0.37-0}{-0.37-5.01}$$

$IRR=7.93\%<10\%$

B方案的内部收益率估计：

$NPV(10\%)=30\times(P/F,10\%,1)+50\times(P/F,10\%,2)+80\times(P/F,10\%,3)+90\times(P/F,10\%,4)+50\times(P/F,10\%,5)-200=21.21$（万元）

$NPV(12\%)=30\times(P/F,12\%,1)+50\times(P/F,12\%,2)+80\times(P/F,12\%,3)+90\times(P/F,12\%,4)+50\times(P/F,12\%,5)-200=9.12$（万元）

$NPV(14\%)=30\times(P/F,14\%,1)+50\times(P/F,14\%,2)+80\times(P/F,14\%,3)+90\times(P/F,14\%,4)+50\times(P/F,14\%,5)-200=-1.95$（万元）

运用插值法求IRR，

$$\frac{12\%-IRR}{12\%-14\%}=\frac{9.12-0}{9.12+1.95}$$

$IRR=13.65\%>10\%$

结论：A方案不可行，B方案可行。

内含报酬率法的主要优点是：（1）考虑了货币时间价值，比较准确；（2）考虑了投资方案的真实报酬率，便于与资本成本率相比较，确保投资效益最佳；（3）内含报酬率可作为接受资本成本率的上限，有助于筹资决策。

内含报酬率法的主要缺点是：（1）计算方法复杂；（2）内含报酬率法以内含报酬率作为再投资报酬率，一般与现实不符，从这个角度看，净现值法优于内含报酬率法；（3）如果一个投资项目的净现金流量是正负交错的，则可能会没有内含报酬率或有多个内含报酬

率，会给决策带来困难，甚至导致错误决策。

第四节 投资决策的应用案例

固定资产的投资决策包括投资规模决策、投资开发时机决策、固定资产的更新决策和多项目投资组合决策等。本节将列举几个实例对上述投资决策进行分析，并进一步阐述相关因素变动对决策预期结果产生的影响，即敏感性分析。

一、投资规模决策

投资者在设计投资方案时，首先要考虑的问题是，投资规模应该多大才能恰到好处，既能充分利用现有资金，又不过分增加投资额和投资后的固定成本支出，这就是投资规模决策。

【例 8-7】 新华公司拟设立一家新的零售商店，现有两种投资方案：一种是建一家小型零售商店，另一种是建一家中型零售商店，其有关资料见表 8-9。假设该公司资本成本率为 12%，试进行方案选择。

表 8-9 **两种投资方案相关资料** 单位：元

项目	方案甲	方案乙
原始投资额	100000	500000
商店规模	小型	中型
使用年限/年	10	10
年营业收入	55000	400000
年营运成本	40000	310000
固定资产残值	2000	20000

（1）分别计算甲、乙两方案的年现金净流量：

甲方案的年净现金流量 = 55000 − 40000 = 15000（元）

乙方案的年净现金流量 = 400000 − 310000 = 90000（元）

（2）分别计算甲、乙两方案的净现值：

$$
\begin{aligned}
NPV_{甲} &= 15000 \times (P/A, 12\%, 10) + 2000 \times (P/F, 12\%, 10) - 100000 \\
&= 15000 \times 5.650 + 2000 \times 0.322 - 100000 \\
&= -14606\ （元）
\end{aligned}
$$

$$
\begin{aligned}
NPV_{乙} &= 90000 \times (P/A, 12\%, 10) + 20000 \times (P/F, 12\%, 10) - 500000 \\
&= 90000 \times 5.650 + 20000 \times 0.322 - 500000 \\
&= 14940\ （元）
\end{aligned}
$$

甲方案的净现值为负数，应舍弃。乙方案的净现值为正数，所以乙方案可行。

二、投资开发时机决策

投资开发时机决策是选择合适的投资开发时机使得净现值最大的决策。在进行投资时机决策时，决策的基本原理也是寻求净现值最大的方案，但由于不同方案的开发时间不同，不能把净现值简单对比，而应先将各个方案的净现值换算到同一时点再进行对比。

【例8－8】 某公司有一稀有矿藏，随着储藏量的不断减少，这种矿产品价格飞快上升。经预测，5年后价格将一次性上升50%。因此，公司要研究现在开发还是5年后再开发的问题。不论何时开发，初始投资都为400000元，建设期为1年，建设期末垫支营运资金50000元，从第2年开始投产，投产后4年，就把该矿藏全部开采完。假设公司所得税率25%，公司要求的报酬率10%。直线法计提折旧，有关矿藏收入与成本资料如表8－10所示。

表8－10　矿藏收入与成本资料

年产销量（吨）	1000
现在投资开采售价（元/吨）	400
5年后开采售价（元/吨）	600
每吨变动成本（元）	100
付现年固定成本（元）	50000

首先，计算两种方案的年营业现金净流量，如表8－11、表8－12所示。

（1）如果现在开发，则：

每年应提折旧＝40÷4＝10（万元）

年销售收入＝400×1000＝40（万元）

年付现成本＝1000×100＋50000＝15（万元）

年营业现金净流量:（40－15－10）×（1－25%）＋10＝21.25（万元）

表8－11　现在开发现金流量分析表　　单位：万元

项目＼时间	0	1	2	3	4	5
固定资产投资	－40					
营运资金垫支		－5				
营业现金净流量			21.25	21.25	21.25	21.25
收回营运资金						5

（2）如果5年后再开发，则：

每年应提折旧＝40÷4＝10（万元）

年销售收入＝600×1000＝60（万元）

年付现成本＝1000×100＋50000＝15（万元）

年营业现金净流量＝（60－15－10）×（1－25%）＋10＝36.25（万元）

表 8-12　　5 年后开发现金流量分析表　　单位：万元

项目＼时间	5	6	7	8	9	10
固定资产投资	-40					
营运资金垫支		-5				
营业 NCF			36.25	36.25	36.25	36.25
收回营运资金						5

（3）分别计算两方案在同一时点（t=0 时）的净现值。

现在开发的 NPV = 21.25 ×（P/A,10%,3）×（P/F,10%,1）+ 25.25 ×（P/F,10%,5）- 5 ×（P/F,10%,1）- 40

= 21.25 × 2.487 × 0.99 + 26.25 × 0.621 - 40 - 5 × 0.99

= 23.6715（万元）

5 年后开发的 NPV = 36.25 ×（P/A,10%,3）×（P/F,10%,6）+ 41.25 ×（P/F,10%,10）- 40 ×（P/F,10%,5）- 5 ×（P/F,10%,6）

= 36.25 × 2.487 × 0.564 + 41.25 × 0.386 - 40 × 0.621 - 5 × 0.564

= 39.1092（万元）

（4）对比两方案的净现值可知，5 年后开发比早开发对企业更有利。

三、固定资产更新决策

科学技术的日新月异，使固定资产更新周期大大缩短，固定资产更新决策成为企业投资决策的一项重要内容。固定资产更新决策主要包括固定资产更新时间、是否添置和添置方式等。

（一）固定资产何时更新的决策

一种设备使用了一段时间之后，一般会发生两个问题：一是效能衰退，二是技术落后。为了提高生产效率和产品质量，降低产品成本，使产品更具有竞争力，到了一定时期，旧设备就必须更新。所谓“最佳的更新期”，是指使固定资产的年平均成本达到最低的使用年限，也称为固定资产的经济寿命。固定资产最佳更新期一般通过下面的公式进行计算：

$$C_k = \frac{I - R_n}{(P/A, i, k)} + R_n \times i + ARC \qquad (8-7)$$

式中，C_k——固定资产第 n 年的年平均成本；I——原始投资额；R_n——第 n 年的残值；（P/A，i，k）——k 年的折现率为 i 的年金现值系数；i——企业的必要报酬率或资本成本率；ARC——年维修成本。

【例 8-9】 新华公司 2017 年购置了一台机器设备，购买价 100 万元，预计可用 4 年，年维修成本为 15 万元，其残值和使用年限无关，都是 5 万元，该公司的资本成本率为 12%，根据上述公式，该台设备的最佳更新期的计算如下：

$$C_k = \frac{I - R_n}{(P/A,\ i,\ k)} + R_n \times i + ARC$$

那么，$C_1=\dfrac{1000000-50000}{(P/A,12\%,1)}+50000\times12\%+150000=1221000$（元）

$$C_2=\frac{1000000-50000}{(P/A,12\%,2)}+50000\times12\%+150000=718100\text{（元）}$$

$$C_3=\frac{1000000-50000}{(P/A,12\%,3)}+50000\times12\%+150000=551668\text{（元）}$$

$$C_4=\frac{1000000-50000}{(P/A,12\%,4)}+50000\times12\%+150000=468808\text{（元）}$$

由上述计算可以看出，该设备的经济寿命为4年，即其最佳的更新期为第4年年末。

（二）固定资产是否添置的决策

企业要添置设备或扩建、新建厂房，就要对固定资产添置问题做出决策。一般采用净现值法进行决策分析，判断投资方案是否可行。

【例8-10】 新华公司准备生产一种新产品，估计该产品销售期为6年，每年可产销该产品3000件，每件售价为50元，单位产品成本为40元，所得税税率为25%。为生产该产品需添置一套新设备，总投资额为130000元，6年后设备残值为10000元。采用直线法计提折旧；为生产新产品，还需在流动资产上投入资金40000元。企业要求最低报酬率为12%。现要求确定该企业是否应添置设备来开发新产品。

（1）计算年营业现金净流量（NCF）。

$$NCF=3000\times(50-40)\times(1-25\%)+\frac{130000-10000}{6}=42500\text{（元）}$$

第6年设备变现及收回期初投入的流动资产而产生的现金流入量为：

10000+40000=50000（元）

（2）计算投资方案净现值（NPV）。

$$\begin{aligned}NPV&=42500\times(P/A,12\%,6)+50000\times(P/F,12\%,6)-(130000+40000)\\&=42500\times4.111+50000\times0.507-170000\\&=55417.5\text{（元）}\end{aligned}$$

NPV大于0，说明该企业应添置设备来开发新产品。

（三）固定资产租赁与购置决策

企业因业务发展需要，有时需使用某些设备或仓库等建筑物，这些固定资产项目既可由企业自行购置，又可向有关单位租用。如何进行决策，需根据业务需要和有关备选方案的经济效益而定。

【例8-11】 新华公司因业务发展，需使用一台设备，每年可节约成本开支12000元。若自行购置，其购入成本为60000元，可使用10年，使用期满后净残值为2000元。若向外单位租用，在租期10年间，每年年末需支付租金10000元。购置或租赁设备每年增加的收入及耗费的成本均相同，该企业的资本成本率为16%。试用净现值和内含报酬率两种指标判断此项投资是否可取。

解：（1）购置设备有关指标：

净现值：

$$NPV = 12000 \times (P/A, 16\%, 10) + 2000 \times (P/F, 16\%, 10) - 60000$$
$$= 12000 \times 4.833 + 2000 \times 0.227 - 60000$$
$$= -1550 \text{（元）}$$

内含报酬率：

$$12000 \times (P/A, i, 10) + 2000 \times (P/F, i, 10) = 60000$$

通过试算可知，$15\% < i < 16\%$，即购买设备的内含报酬率在15%—16%之间。

（2）租赁设备的有关指标：

净现值：

$$NPV = 12000 \times (P/A, 16\%, 10) - 10000 \times (P/A, 16\%, 10)$$
$$= 2000 \times 4.833 = 9666 \text{（元）}$$

内含报酬率：

$$12000 \times (P/A, i, 10) = 10000 \times (P/A, 16\%, 10)$$

即 $(P/A, i, 10) = 4.028$

查“年金现值系数表”可知，$20\% < i < 22\%$，即租赁设备的内含报酬率在20%—22%之间。

（3）结论：

由以上计算结果可以看出，购买设备的净现值为负数，内含报酬率又小于资金成本率，因而不可取。租赁设备的净现值为正数，且内含报酬率高于其资金成本率，因而应采用租赁方案。

四、多项目投资组合决策

如果企业可以选择的投资项目较多，并且各项目之间不是相互排斥的关系。企业可以在这些项目中任意组合，就形成了多项投资组合决策问题。

（一）资金总额无限制

在资金总额无限制的情况下，一般分两步：

第一步，评价每个项目的财务可行性，选出所有可行的项目；

第二步，将选出的项目按净现值的大小排序，再确定优先考虑的项目顺序。

（二）资金总额有限制

企业中资金总额都是有限制的，当企业有很多获利项目可供选择，但企业可筹集到的资金有一定限度时，企业会面临资本限量的投资决策。

资本限量决策评价方案，通常采用现值指数法和净现值法相结合的分析方法。该方法的决策标准为：在资金不超过限量的基础上，净现值之和最大的项目组合为最优。具体顺序为：（1）各可行项目按现值指数的大小排队；（2）从上而下选择满足资金总量等于或略小于企业投资总额的项目组合；（3）计算各项目的净现值；（4）净现值最大的项目组合为最优组合。

【例8-12】新华公司现有5个投资项目，公司能够提供的资金总额为250万元，有关资料如下：A项目初始投资额100万元，净现值50万元；B项目初始投资额200万元，净现值110万元；C项目初始投资额50万元，净现值20万元；D项目初始投资额150万元，净现值 80 万元；E 项目初始投资额 100 万元，净现值 70 万元。请选择对公司最有利的投资组合。

为了更直观地反映个别指标的差别，将上述资料整理如表 8－13 所示。

表 8－13 各投资项目情况表

投资项目	初始投资额（万元）	现值指数	净现值（万元）
A	100	1.5	50
B	200	1.55	110
C	50	1.4	20
D	150	1.53	80
E	100	1.7	70

首先，将上述项目按现值指数顺序排列，如表 8－14 所示。

表 8－14 投资项目排列表

投资项目	初始投资额（万元）	现值指数	净现值（万元）
E	100	1.7	70
B	200	1.55	110
D	150	1.53	80
A	100	1.5	50
C	50	1.4	20

其次，列出在资本限量范围内的所有可能的项目组合，并比较各种组合的净现值之和。

满足资金总额等于 250 万元或略小于 250 万元的方案组合有 E＋D、B＋C、D＋A、E＋A＋C 四种。各项目组合的净现值如表 8－15 所示。

表 8－15 项目投资组合的净现值比较表

投资项目组合	投资额（万元）	净现值之和（万元）
E＋D	250	150
B＋C	250	130
D＋A	250	130
E＋A＋C	250	140

其中，E＋D 方案组合的净现值 150 万元，在所有可行组合方案中净现值最大，因此，该组合为最优投资组合。

第五节 融资决策分析

一、融资决策的定义

融资与投资是资本流动的两个方向。融资决策是指企业根据生产经营现状和未来发展要求，在预测资金需要量的基础上，通过对各种融资方式、融资条件、融资成本和融资风险的比较，合理选择融资方式以及确定各种融资量即融资结构的过程。

二、融资决策的基本原则

（一）规模适度原则

资金不足会影响企业正常的生产经营发展，资金过剩则会导致资金浪费，降低资金的使用效益。企业融资规模受到注册资本限额、企业债务契约约束、企业投资规模、融资成本等多方面因素的影响，且不同时期企业的资金需求量是不同的。企业财务人员要认真分析生产经营状况、增长率和投资需求，采用一定的方法，预测资金的需要数量，合理确定融资规模。

（二）筹措及时原则

企业财务人员在筹集资金时必须熟知资金时间价值的原理和计算方法，并根据资金需求的具体情况，合理安排资金的筹集时间，适时获取所需资金。这样，既能避免过早筹集资金形成资金投放前的闲置，又能防止取得资金的时间滞后，错过资金投放的最佳时间。

（三）结构合理原则

所谓结构，即资本结构，主要是指权益资本和借入资金的比例关系。一般说来，完全通过权益资本融资是不明智的，不能得到负债经营的好处；但负债比例大，风险也大，企业随时可能陷入财务危机。因此，融资决策的一个重要内容就是考虑适度负债，确定最佳资本结构。

（四）方式经济原则

在确定融资数量、融资时间、资金来源的基础上，企业在融资时还必须认真研究各种融资方式。企业筹集资金必然要付出一定的代价，不同融资方式条件下的资本成本有高有低。融资决策追求的就是低资本成本。为此，就需要对各种融资方式进行分析、对比，选择经济、可行的融资方式。

三、融资决策的相关概念

（一）融资渠道与融资方式

融资渠道是指企业资金来源的方向与通道，体现着资金的来源与供应量。目前我国企业的融资渠道主要有：国家财政资金、银行信贷资金、非银行金融机构资金、其他企业资金、居民个人资金、企业自留资金、境外资金等。

融资方式是指企业筹措资金时可采用的具体融资手段。目前我国企业融资方式主要有：吸收直接投资、发行优先股、发行普通股、发行债券、银行借款、融资租赁、商业信用等，其中前三种属于权益融资方式，后四种属于债务融资方式。

如果说融资渠道属于客观存在，那么融资方式属于企业主观能动行为。企业融资管理的重要内容是如何针对客观存在的融资渠道，选择合适的融资方式融资。正确认识融资方式的类型及各种融资方式的属性，有利于企业选择适宜的融资方式并有效地进行融资组合，达到降低融资成本的目的。

（二）资本成本

1. 资本成本的含义

资本成本是指企业因筹集和使用资金而付出的代价。包括用资费用和筹资费用两部分。用资费用是指因占用资金支付的费用，是企业支付给投资者的投资报酬，如股票的股利、银行借款和企业债券的利息等，这是资本成本中最主要、带有本质特性的部分。筹资费用是指在资金筹集过程中支付的各项费用，如发行股票、债券支付的印刷费、发行手续费、律师费、资信评估费、公证费、担保费、广告费等。

资本成本是企业融资、投资决策的主要依据。只有当投资项目的投资报酬率高于资本成本时，资金的筹集和使用才能为企业带来收益。

2. 资本成本的计算

（1）个别资本成本

①长期借款成本。长期银行借款的成本包括借款利息及银行手续费两部分，通常，银行手续费的数额相对来说很小，可以忽略不计。银行要求的年利息即为长期借款的税前资本成本，用以下公式表示：

$$K_1 = \frac{I_1(1-T)}{L(1-F_1)} = \frac{R_1(1-T)}{1-F_1} \tag{8-8}$$

式中：K_1——长期借款资金成本；I_1——长期借款年利息；T——所得税率；L——长期借款筹资额；F_1——长期借款筹资费用率；R_1——长期借款利率。

【例 8-13】甲企业取得 5 年期长期借款 200 万元，年利率为 11%，每年付息一次，到期一次还本，融资费用率为 0.5%，企业所得税率为 25%。该项长期借款的资本成本为：

$K_t = 200 \times 11\% \times (1-25\%)/200 \times (1-0.5\%) = 8.68\%$

②债券成本。债券成本由债券利息和债券发行费用两部分构成。债券的融资费用较高，一般不可忽略不计。

债券成本计算的基本公式如下：

$$K_b = \frac{I_b(1-T)}{B(1-F_b)} = \frac{R_b(1-T)}{1-F_b} \tag{8-9}$$

式中：K_b——债券资金成本；I_b——债券年利息；T——所得税率；B——债券筹资额；F_b——债券筹资费用率；R_b——债券利率。

③优先股成本。优先股是享有某种优先权利的股份，但同时又具有债券的某些性质，如股利率固定等。优先股的成本，包括企业支付给优先股股东的股利和发行费用。优先股股利通常是固定的。在假设企业永续经营的情况下，优先股利事实上成为永续年金，优先股成本计算公式如下：

$$k_p = \frac{D_p}{P-F} \tag{8-10}$$

式中：P——优先股发行价格；F——优先股发行费用；D_p——优先股股利；K_p——折现率，亦即优先股资本成本。

【例 8－14】 乙公司发行面值 1 元，股息率 12% 的优先股 200 万股，按 1.1 元溢价发行，发行费率为 4%，优先股成本可计算如下：

$$K_p = \frac{200 \times 12\%}{220 \times (1 - 4\%)} = 11.36\%$$

优先股股利需在税后支付，因此，以上计算的成本即为优先股的实际成本。

④普通股成本。从理论上说，普通股成本是普通股股东在一定风险条件下所要求的最低投资报酬率，即为使企业未来现金流出量（支付股利）现值等于企业现在资金流入量的折现率。但由于企业未来支付给普追股的股利不确定，在计算普通股成本时，必须对未来股利加以估计，近似地计算其成本。

假设普通股股利将在现在水平上按某一固定比率 g 增长，且增长率 g 小于普通股的成本率，可得到普通股资本成本的理论公式如下：

$$P - F = \sum_{t=1}^{\infty} \frac{D_0 (1 + g)^t}{(1 + k_c)^t}$$

简化为：

$$k_c = \frac{D_1}{P - F} + g \tag{8－11}$$

式中：P——普通股发行价格；F——普通股发行费用；D_0——基期（上年度）的每股股利额；g——固定增长率；k_c——折现率，即普通股成本。

【例 8－15】 丙公司普通股的发行价为 28.5 元/股，发行费用为每股 0.5 元，上年度股利额为 1.8 元/股，预计今后每年将以 2% 的速度固定增长。该公司普通股的成本可计算如下：

$$k_c = \frac{D_1}{P - F} + g = \frac{1.8 \times (1 + 2\%)}{28.5 - 0.5} + 2\% = 6.56\%$$

⑤留存收益成本。留存收益是留存于企业的税后利润，包括企业的盈余公积及未分配利润。留存收益可用来弥补亏损，也可以用作未来的利润分配，还可以作为企业的资本积累。将留存收益再投资，称为留存收益资本化，是企业一项重要的融资手段。留存收益的所有权属于企业所有者，就股份公司而言，属于普通股东。因此可将资本化的留存收益视作普通股东对企业的再投资，但不需发生发行费用。

以预计未来股利按固定比例 g 增长为例，留存收益成本计算公式如下：

$$k_S = \frac{D_c}{P_c} + g \tag{8－12}$$

式中：k_S——留存收益成本；D_c——预期年股利额；P_c——普通股市价；g——普通股利年增长率。

【例 8－16】 丁公司普通股目前市价为 45 元，估计年增长率为 5%，上年度发放股利 2

元，则：

$D_c = 2 \times (1 + 5\%) = 2.1$（元）

$k_S = \frac{2.1}{45} + 5\% = 9.67\%$

（2）加权平均资本成本

对大部分企业来说，其资金都不可能从单一途径筹集。加权平均资本成本，是指企业以不同途径筹集的资本占全部资本的比重为权重，对个别资本成本进行加权平均所求得的全部资本的平均成本。加权平均资本成本的计算公式为：

$$K_w = \sum_{j=1}^{n} K_j W_j \qquad (8-13)$$

式中：K_w——加权平均资本成本；K_j——第 j 种个别资本成本；W_j——第 j 种个别资本占全部资本的比重（权数）。

【例 8－17】 A 公司现有长期资本总额 1000 万元，其中长期借款 200 万元，应付长期债券 100 万元，普通股 500 万元，留存收益 200 万元；各项长期资金的个别成本分别为 6.7%、9.17%、11.26%、11%。该公司的加权平均资本成本为：

$$K_w = 6.7\% \times \frac{200}{1000} + 9.17\% \times \frac{100}{1000} + 11.26\% \times \frac{500}{1000} + 11\% \times \frac{200}{1000} = 10.09\%$$

需要注意的是：上述计算中的个别资本占全部资本的比重，是按账面价值确定的，其资料容易取得。但当资本的账面价值与市场价值差别较大时，如股票、债券的市场价格发生较大变动时，计算结果会与实际有较大的差距，从而影响融资决策。为了克服这一缺陷，个别资本占全部资本比重的确定还可以按市场价值或目标价值确定，分别称为市场价值权数和目标价值权数。

（三）财务杠杆

1. 财务杠杆的含义

在企业筹资活动中，不论企业息税前利润多少，债务利息和优先股股利通常是固定不变的，而不像普通股股利会随着企业盈利的多少而增减变化。这样，当息税前利润增大时，每 1 元盈余所负担的固定财务费用和优先股股利就会相对减少，而每股普通股则会获得更多的收益；反之，当息税前利润减少时，每 1 元盈余所负担的固定财务费用和优先股股利就会相对增加，而每股普通股收益就会减少。这种因债务利息和优先股股息的固定性而导致的普通股收益变动大于息税前利润变动的杠杆效应，称为财务杠杆。财务杠杆是影响企业融资决策的重要因素之一。

【例 8－18】 假定 B、C 两家股份有限公司，经营业务及经营条件基本相同，资本总额均为 1000 万元。在资本结构上，B 公司有普通股 600 股，每股 1 元，另有年利率 10% 的公司债 400 万元，C 公司全部为普通股，共 1000 万股，每股 1 元。两公司所得税税率为 25%，两家公司的经营业绩、每股收益情况及变化情况如表 8－16 所示。

表 8-16　　B、C 两家公司的经营业绩、每股收益情况及变化情况表

项目	B 公司	C 公司
目前经营状况		
息税前利润（万元）	250	250
息税前利润率	25%	25%
利息支出（万元）	40	0
税前利润（万元）	210	250
所得税（万元）	52.5	62.5
税后利润（万元）	157.5	187.5
每股收益（税后利润/股数）（元）	157.5/600 = 0.26	187.5/1000 = 0.19
权益资金收益率	26%	19%
假定公司息税前利润上升 30%		
息税前利润（万元）	325	325
息税前利润率	325/1000 = 32.5%	325/1000 = 32.5%
利息支出（万元）	40	0
税前利润（万元）	285	325
所得税（万元）	71.25	81.25
税后利润（万元）	213.75	243.75
每股收益（元）	213.75/600 = 0.36	243.75/1000 = 0.24
权益资金收益率	36%	24%
每股收益上升幅度	（0.36 - 0.26）/0.26 = 38.46%	（0.24 - 0.19）/0.19 = 26.32%
权益资金收益率上升幅度	12.46%	7.32%

由以上计算结果可知，当两家公司息税前收益均为 250 万元时，由于 B 公司存在债务资金，在支付了固定利息及所得税之后，权益资金收益率达 26%，而 C 公司由于没有债务资金，其权益资金收益率只有 19%。而两公司的息税前利润均上升 30% 时，B 公司的权益资金收益率上升 38.46%，C 公司的权益资金收益率则与企业息税前利润几乎同步增长。B 公司的权益资金收益要高于 C 公司的权益资金收益，这就是财务杠杆作用的结果。

2. 财务杠杆的度量

从上述分析可知，只要在企业的资本构成中有债务资本和优先股，就会产生财务杠杆效应。但不同的企业，财务杠杆的作用程度有可能不同。衡量财务杠杆作用程度的指标是财务杠杆系数。财务杠杆系数反映的是普通股每股利润（EPS）的变动率为息税前利润（EBIT）变动率的倍数。其计算公式为：

$$财务杠杆系数 = \frac{普通股每股利润变动率}{息税前利润变动率} \tag{8-14}$$

或

$$DFL = \frac{\Delta EPS/EPS}{\Delta EBIT/EBIT}$$

式中：DFL——财务杠杆系数；ΔEPS——普通股每股利润变动额或普通股利润变动额；EPS——基期普通股每股利润或基期普通股利润；ΔEBIT——息税前利润变动额；EBIT——基期息税前利润。

该计算公式是完全符合定义的。可称为理论公式。它的问题是不能用于相关的财务预测。为

了满足预测的需要，可以由理论公式推导出便于应用的计算公式，称为通用公式，其公式为：

$$\text{财务杠杆系数} = \frac{\text{息税前利润}}{\text{息税前利润} - \text{利息} - \dfrac{\text{优先股股利}}{1 - \text{所得税税率}}} \quad (8-15)$$

或

$$DFL = \frac{EBIT}{EBIT - I - \dfrac{D_P}{1 - T}}$$

式中：EBIT——息税前利润；I——固定利息支出；D_P——优先股股利；T——所得税率。

【例 8-19】 乙公司的息税前利润为 1000 万元，不发行优先股，分别计算利息为 0、200 万元、500 万元时的财务杠杆系数。

当利息为 0 时：$DFL = \frac{1000}{1000-0} = 1$

当利息为 200 万元时：$DFL = \frac{1000}{1000-200} = 1.25$

当利息为 500 万元时：$DFL = \frac{1000}{1000-500} = 2$

由以上计算结果可知，企业的资本结构不同，财务杠杆系数也就有所不同。企业的负债比例越高，财务杠杆的作用程度也就越大，对每股利润的影响也就越大。因此，在企业有良好的利润增长势头时，则可适当地提高负债比例，发挥财务杠杆的作用。当然，财务杠杆越高，也意味着财务风险越高，当企业利润下降时，每股利润减少得更快。

第六节　融资决策方法及应用

企业融资决策的核心问题之一是资本结构决策。企业资本结构决策是结合企业有关情况，分析有关因素的影响，运用一定方法确定最佳资本结构。

一、资本结构及最佳资本结构的定义

资本结构是指企业各种长期资本来源的构成和比例关系。这里所说的资本结构不包括短期负债，一般指长期债务资本和权益资本各占多少比例。

最佳资本结构是指企业在适度财务风险的条件下，使其预期的综合资本成本率最低。同时，企业价值最大的资本结构，通常作为企业的目标资本结构。

二、资本结构的影响因素

企业的资本结构由长期债务和权益资本组成，长期债务具有抵税作用，能给企业带来财务杠杆收益；但另一方面也增加了企业的债务风险，当企业不能偿还债务时，就会间接影响到投资者的利益。因此，企业的资本结构在决策时要综合考虑债务所带来的风险和收益。影响企业资本结构的因素分为内部因素和外部因素两类：

1. 内部因素主要包括企业的营业收入、资产结构、盈利能力、管理层偏好、财务灵活性

以及股权结构等。一般情况下，收益与现金流量波动较大的企业要比现金流量稳定的类似企业的负债水平低；成长性好的企业因为其盈利能力较强，比盈利能力弱的企业负债水平高。

2. 外部因素主要包括税率、利率、资本市场、行业特征等。当税率高时，企业为了获得较大的财务杠杆收益，就会提高负债比例，发挥利息费用的抵税作用。利率也是影响负债比例的重要因素，当利率水平提高时，企业会考虑降低负债比例，以此降低财务风险。不同行业性质对企业选择负债水平也有影响。

三、资本结构决策方法

企业资本结构的决策方法主要有资本成本比较法和每股收益无差别点法（EBIT－EPS分析法）。

（一）资本成本比较法

资本成本比较法，是指在不考虑各种融资方式在数量与比例上的约束以及财务风险差异时，通过测算可供选择的不同资本结构或融资组合方案的综合资本成本率，并以此为标准互相比较确定最佳资本结构的方法。

【例8－20】甲公司刚刚准备成立，需要筹集1000万元的资金，有两种资金筹集方案，如表8－17所示。

表8－17　　甲公司资金筹集方案　　单位：万元

	方案一		方案二	
融资方式	融资金额	资本成本	融资金额	资本成本
长期借款	400	4%	300	3.5%
优先股	100	8%	300	10%
普通股	500	14%	400	13%
资本合计	1000	—	1000	—

根据表8－17计算两种不同的融资方式的加权平均资本成本：

方案一：$K_W = \frac{400}{1000} \times 4\% + \frac{100}{1000} \times 8\% + \frac{500}{1000} \times 14\% = 9.4\%$

方案二：$K_W = \frac{300}{1000} \times 3.5\% + \frac{300}{1000} \times 10\% + \frac{400}{1000} \times 13\% = 9.25\%$

计算结果表明，方案一的加权平均资成本为9.4%，高于方案二的加权资成本9.25%，因此，在企业适度的财务风险条件下，企业应按照方案二的资本结构筹集资金。

资本成本比较法主要以加权资本成本为最佳资本结构的判断标准，测算方法较简单便捷。但这种方法只是比较了各种融资组合方案的资本成本，难以区别不同融资方案之间的财务风险差异，在实际计算中有时也难以确定各种融资方式的资本成本。

（二）EBIT－EPS分析法

EBIT－EPS分析法即息税前利润—每股收益分析法，该方法将企业的盈利能力与负债对股东财富的影响结合起来，分析资本结构与每股收益之间的关系，进而确定合理的资本结构。

在公司资本结构决策分析中，通过 EBIT－EPS 分析，可以对各种融资方案选择时能否继续运用负债方式进行融资，以及确定在某一收益能力水平条件下不同融资方式对每股收益（EPS）的影响程度提供决策依据。

【例 8－21】 假定甲公司决定通过融资来扩大其经营能力，拟需资金 100 万元。公司财务管理人员经过研究后，提供了两种可供选择的融资方案。方案（1）是发行年利息率为 8% 的公司债券，方案（2）是发行 50000 股、每股面值为 10 元、发行价为 20 元的普通股。为了便于分析，现将两种融资方案以及公司原先的资本结构列表反映，如表 8－18 所示。

表 8－18　　不同融资方案资本结构表　　单位：元

资金来源	原资本结构	融资方案（1）资本结构	融资方案（2）资本结构
发行债券			
已发行债券（利率 4%）	750000	750000	750000
方案（1）要发行债券（利率 8%）		1000000	
优先股（股息率 5%）	400000	400000	400000
已发行普通股（面值 10 元）	1000000	1000000	1000000
方案（2）要发行普通股（面值 10 元）			500000
普通股溢价			500000
普通股股数	100000	100000	150000
资金来源合计	2150000	3150000	3150000

资本结构是否合理，要通过每股收益的变化来分析。一般认为，凡能提高每股收益的资本结构是合理的，反之则认为不够合理。然而，每股收益的变化不仅受资本结构的影响，还受到销售收入的影响，要处理这三者的关系，则必须要运用融资“每股收益无差别点”的方法来分析。所谓每股收益无差别点，是指不论采用何种融资方式均使公司每股收益额不受影响，即是每股收益保持不变的 EBIT 水平。

为了确定各种融资方式的每股收益无差别点，首先要计算出在某个假设的 EBIT 水平下，公司各种融资方式所能获得的 EPS。假设公司预测下一年度的税息前利润为 100 万元。根据这个资料，公司财务人员可做出不同融资方案的分析表，如表 8－19 所示。

表 8－19　　不同融资方案分析表　　单位：元

	融资方案（1）	融资方案（2）
预期的 EBIT 水平	1000000	1000000
减：公司债券利息		
已发行债券利息	30000	30000
方案（1）发行债券利息	80000	—
税前利润	890000	970000
减：所得税（25%）	222500	242500
税后利润	667500	727500
每股收益（元）	6.67	4.85

通过上表可以得出 EPS 的计算公式如下：

$$EPS=\frac{(EBIT-I)(1-T)-PD}{S} \tag{8-16}$$

式中：EBIT 表示税息前利润；I 表示公司负债资金应付利息；T 表示所得税税率；PD 表示优先股股利金额；S 表示发行并出售的普通股股数。

从表 8-19 可以看出，债务利息可从公司应税收益中扣除，具有抵税作用，而股利的支付则要从税后利润中支出，没有抵税作用。如果下年度 EBIT 水平能保持在 1000000 元以上，则公司应充分利用财务杠杆手段，采用发行债券融资的方式。然而，如果公司的 EBIT 水平下降或不能达到 1000000 元，甚至大大低于此水平，则会使公司因负债比例过高而增加其财务风险。这样，公司财务人员在融资方案选择和资本结构决策时，则要掌握 EBIT 水平下降到什么情况时，公司不能再采用负债融资或采用较小数额的负债融资。这里的关键是要找出不同融资方式下使每股收益相等的无差别点 EBIT 水平。

$$\frac{(EBIT-I_{(1)})(1-T)-PD}{S_{(1)}}=\frac{(EBIT-I_{(2)})(1-T)-PD}{S_{(2)}} \tag{8-17}$$

式中：$I_{(1)}$ 表示融资方案（1）情况下公司应负担的利息费用；$I_{(2)}$ 表示融资方案（2）情况下公司应负担的利息费用；$S_{(1)}$ 表示融资方案（1）情况下发售在外的普通股股数；$S_{(2)}$ 表示融资方案（2）情况下公司发售在外的普通股股数。

从上述公式中求出的 EBIT 值，是一个两种融资方案每股收益无差别的 EBIT 水平，它能使 $EPS_{(1)}$ 和 $EPS_{(2)}$ 在此 EBIT 水平上保持一致。现将前例中的有关数据代入该公式计算如下：

$$\frac{(EBIT-110000)\times(1-25\%)-20000}{100000}=\frac{(EBIT-30000)\times(1-25\%)-20000}{150000}$$

求解方程，得出未知数 EBIT 的分界点约为 296667 元。换言之，从 EPS 角度看，当 EBIT 水平高于 296667 元时，应运用融资方案（1）来进行融资，即应运用负债融资方式，这对提高每股收益是有利的；当 EBIT 水平等于或基本接近于 296667 元时，两种融资方案的选择对公司当期的 EPS 均没有影响，即两种方案下的每股收益基本是相等的，每股收益均约为 1.22 元，即：

$$\begin{aligned}&\frac{(296667-110000)\times(1-25\%)-20000}{100000}\\&=\frac{(296667-30000)\times(1-25\%)-20000}{150000}\\&=1.2(元)\end{aligned}$$

如果公司的预期 EBIT 水平低于 296667 元，则不能使用方案（1）融资，因为风险太大，拟采用方案（2）融资，即应运用权益资金融资方式，这对提高每股收益是有利的。

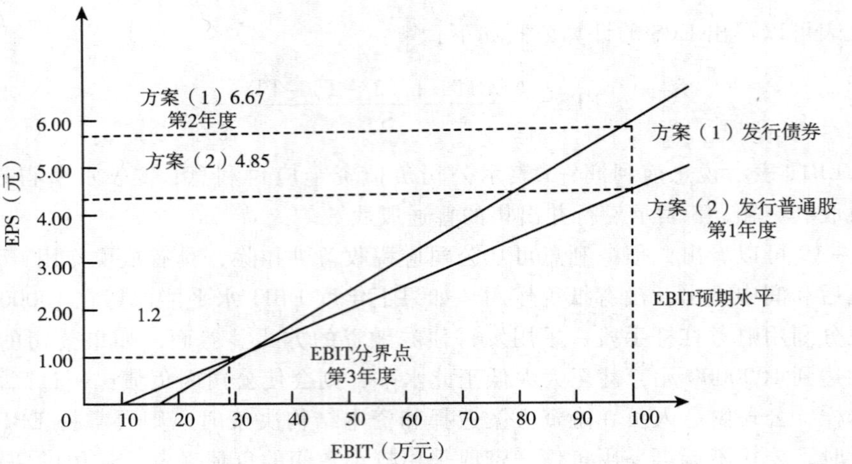

图 8－1

计算出 EBIT 无差别点连同表 8－19 的相关资料，便能绘制揭示两种不同融资方案在不同 EBIT 水平上的 EPS 变动情况图，如图 8－1 所示。图中，横轴表示息税前利润数额，即 EBIT 数额，纵轴表示每股净收益，即 EPS。对每一种融资方案都要画一条直线来反映 EBIT 的各个可能水平下的 EPS。在实际作图时，则只需两个数据点便可以了。从图 8－1 可以看出，当公司预期 EBIT 在 296667 元（约 30 万元）以下时，采用股票融资的 EPS 大于债券融资的 EPS，所以应选择股票融资；如果预期 EBIT 大于 296667 元，则采用债券融资的 EPS 大于采用股票融资的 EPS，这时应采用债券融资方案，并且这样才能使公司在增加资金后仍能确保其最合理的资本结构。

复 习 题

一、单项选择题

1. 某投资项目的原始投资额为 100 万元，使用寿命为 9 年，已知项目投产后每年的经营净现金流量均为 30 万元，期满处置固定资产的残值收入为 5 万元，回收流动资金 8 万元，则该项目第 9 年的净现金流量为（　　）万元。

A. 30　　B. 35　　C. 43　　D. 38

2. 在确定投资项目的现金流量时，通常需要计算的是（　　）。

A. 现金流入量　　B. 现金流出量　　C. 初始现金流量　　D. 净现金流量

3. 下列投资决策评价指标中，其数值越小越好的指标是（　　）。

A. 净现值　　B. 投资回收期　　C. 内部报酬率　　D. 获利指数

4. 能使投资方案的净现值等于零的折现率称为（　　）。

A. 平均报酬率　　B. 资本成本率　　C. 内部报酬率　　D. 投资报酬率

5. 某投资方案的年营业收入为 100 万元，年营业成本为 60 万元，其中折旧为 5 万元，所得税率为25%，该方案每年的营业净现金流量为（ ）。

A. 40 万元　　B. 45 万元　　C. 35 万元　　D. 30 万元

6. 某企业计划购入一台设备，需支付采购成本 400 万元，可使用 4 年，到期无残值，采用直线法计提折旧。预计每年可产生税前净现金流量 132 万元，如果所得税率为 25%，则投资回收期为（ ）。

A. 4 年　　B. 3.2 年　　C. 3 年　　D. 2.4 年

7. 现有 A、B 两个方案，投资额均为 100000 元，收益期均为 3 年。A 方案三年的净现金流量为 50000 元、45000 元、40000 元，折现率为 10%，净现值为 12697 元；B 方案三年的净现金流量为 40000 元、45000 元、50000 元，折现率也为 10%，则 B 方案的净现值（ ）。

A. 大于 12697 元　　B. 小于 12697 元　　C. 等于 12697 元　　D. 无法作出判断

8. 某投资方案，当折现率为 16% 时，其净现值为 338 元；当折现率为 18% 时，其净现值为 -22 元，则该方案的内部报酬率为（ ）。

A. 17.88%　　B. 16.12%　　C. 15.88%　　D. 18.14%

9. 某投资方案未来各年净现金流量的现值合计为 120000 元，其初始投资额为 60000 元，则获利指数为（ ）。

A. 0.5　　B. 2　　C. 0.33　　D. 3

10. 某项目投资的原始投资额为 100 万元，建设期资本化利息为 5 万元，运营期年均税前利润为 8 万元，年均利息费用为 2 万元，则该项目的投资收益率为（ ）。

A. 9.52%　　B. 10%　　C. 15%　　D. 5%

11. 下列个别资本成本中计算不需要考虑筹资费用的是（ ）。

A. 长期债券资本成本　　B. 留存收益资本成本

C. 普通股资本成本　　D. 长期借款资本成本

12. 利用无差别点进行企业资本结构分析时，当预计销售额高于无差别点时，采用（ ）筹资更有利。

A. 留用利润　　B. 股权　　C. 债务　　D. 内部

13. 某股票当前的市场价格为 20 元/股，每股股利 1 元，预期股利增长率为 4%，则其资本成本率为（ ）。

A. 4%　　B. 5%　　C. 9%　　D. 9.2%

14. 银光企业资本总额为 150 万元，债务资本占 45%，债务利率为 12%，当前销售额为 100 万元，息税前利润为 20 万元，那么该企业的财务杠杆系数为（ ）。

A. 1.15　　B. 1.68　　C. 2.0　　D. 2.5

二、多项选择题

1. 构成投资项目现金流入量的有（ ）。

A. 项目投产后每年实现的营业收入　　B. 固定资产投资

C. 原有固定资产的出售收入　　D. 固定资产报废时的残值收入

E. 垫支的流动资金

2. 投资回收期指标的主要缺点是（ ）。

A. 未考虑货币时间价值　　B. 无法衡量企业的投资风险

C. 未考虑回收期满后所产生的净现金流量
D. 难以用于不同投资额方案的比较
E. 考虑了货币时间价值

3. 当一项投资方案的净现值大于零时，说明（　　）。

A. 该方案财务上可行
B. 该方案内部报酬率大于其资本成本
C. 该方案获利指数大于 1
D. 该方案内部报酬率小于其资本成本
E. 该方案财务上不可行

4. 对于同一投资方案，下列表述正确的是（　　）。

A. 资本成本越高，净现值越大
B. 资本成本越低，净现值越大
C. 资本成本等于内部报酬率时，净现值为 0
D. 资本成本高于内部报酬率时，净现值为负数
E. 资本成本低于内部报酬率时，净现值为负数

5. 某公司正在开会讨论投产一种新产品，对以下收支发生争论，你认为不应列入该项目评价的现金流量有（　　）。

A. 新产品投产导致流动资金增加 80 万元
B. 该项目利用现有未充分利用的厂房和设备，如将该设备出租可获收益 200 万元，但公司规定不得将生产设备出租，以防对本公司形成竞争
C. 产品销售会使本公司同类产品减少收益 100 万元
D. 以前年度支付的产品调研费 1 万元
E. 新产品投产导致专属固定成本增加 100 万元

6. 下列关于资本成本的说法中，正确的有（　　）。

A. 资本成本的本质是企业为筹集和使用资金而发生的代价
B. 正确计算和合理降低资本成本，是制定筹资决策的基础
C. 资本成本必须用相对数表示，即用资费用与实际筹得资金的比例
D. 资本成本是研究最优资本结构的主要参数
E. 在编制融资租赁的租金计划时若采用等额年金法，通常以资本成本率作为折现率

7. 资本成本包括用资费用和筹资费用，下列属于用资费用的有（　　）。

A. 股东支付的股利
B. 向债权人支付的利息
C. 向银行借款的手续费
D. 发行股票支付的发行费
E. 发行债券的手续费

8. 当财务杠杆系数为 1 时，下列说法不正确的有（　　）。

A. 息税前利润增长为 0
B. 息税前利润为 0
C. 普通股每股利润变动率等于息税前利润变动率
D. 固定成本为 0
E. 普通股每股利润变动率小于息税前利润变动率

9. 下列会加大财务杠杆作用的是（　　）。

A. 利用留存收益
B. 增发公司债券
C. 增发普通股
D. 增加银行借款

E. 减少银行借款

10. 资本结构中的负债比例对企业有重要影响，具体表现在（　　）。

A. 负债比例反映企业财务风险大小

B. 负债有利于提高企业净利润

C. 适度负债有利于降低企业资本成本

D. 负债比例影响财务杠杆作用

E. 负债比例影响经营杠杆作用

三、判断题

1. 在确定投资项目的现金流量时，不必考虑营运资金的需求。（　　）

2. 一般情况下，使某投资方案的净现值小于零的折现率，一定小于该投资方案的内含报酬率。（　　）

3. 进行投资决策时，若某一方案的净现值比较大，那么该方案的内含报酬率也相对较高。（　　）

4. 在用内部报酬率法进行投资方案评价时，只有内部报酬率大于零的方案可行。（　　）

5. 投资回收期指标只注重于投资的现金流量中等于初始投资额的部分，而没有分析超出投资额的部分。（　　）

6. 对于投资额不等的项目，净现值法难以得出合理的结论。（　　）

7. 对于独立的常规方案，净现值法和内部收益率法总是可以得出相同的结论。（　　）

8. 敏感性分析不仅揭示了哪个或哪几个变量是敏感变量，同时还能针对这些变量的变动提出相应的对策。（　　）

9. 投资回收期虽然没有考虑到资金的时间价值，但考虑了回收期满后的现金流量情况。（　　）

10. 获利指数是指投资方案未来各年净现金流量的现值合计与初始投资额的差额。（　　）

11. 在个别资本成本不变的情况下，不同时期的加权平均资本成本也可能高低不等。（　　）

12. 根据企业所得税法的规定，企业债务的利息不允许从税前利润中扣除。（　　）

13. 在确定资本结构时，为了保证原有股东的绝对控制权，一般应尽量避免普通股筹资。（　　）

14. 某种资本的用资费用高，其成本率就高；反之，用资费用低，其成本率就低。（　　）

四、简答题

1. 投资项目的现金流量包括哪三种？如何计算？

2. 投资项目的评价方法分为哪两大类？两类方法的根本差异是什么？

3. 什么是资本成本？怎么计算资本成本？

4. 如何理解财务杠杆的基本原理和财务杠杆系数的测算方法。

5. 什么是资本结构和最优资本结构？

第九章

成本管理

【学习目标】 成本管理是企业控制经济过程、提高经济效益的重要手段，是企业决策目标能否顺利实现的重要保证。通过本章学习，学生应在了解成本管理概念、分类、原则、程序的基础上，掌握标准成本管理的构成内容、标准成本的概念及其制定；重点掌握成本差异的计算；掌握作业成本管理的基本原理与计算；掌握质量成本管理的主要内容与方法。

【引导案例】 作为世界最负盛名的汽车制造企业之一，丰田公司创立的独具特色的适时制生产方式被业内人士津津乐道。在20世纪70年代，日本爆发的能源危机使汽车制造业陷入窘境。但是丰田公司极力推行适时制生产方式，这种方式表现出了巨大的优越性，有效控制了成本，带领丰田走出危机。现在这种生产方式顺应了时代的发展和市场的变化，它虽发展于丰田公司，但又不仅仅适用于汽车制造业。运用这种方式，节约了相关人员费用、仓储保管费用，降低了生产成本，提高了企业的盈利水平。由此可见，随着市场经济不断发展和深入，越来越多的人投入到商业经营中，并且逐渐成为社会经济的主力。企业在激烈的市场竞争中立于不败之地的法宝之一就是成本优势，成本优势进而转换成价格优势，使企业在与竞争对手的相同产品质量条件下降低成本，获得更多的市场份额。成本俨然成为企业生存发展之本，因此，企业必须把成本管理作为经营管理的首要任务。

第一节　成本管理概述

一、成本管理的概念

成本管理是管理会计体系的重要组成部分，是企业在运营过程中实施成本预测、成本决策、成本计划、成本控制、成本核算、成本分析和成本考核等一系列管理活动的总称。其中事前管理包括成本预测、成本决策和成本计划，事中管理主要指成本控制，事后管理包括成本核算、成本分析、成本考核。

概括来说，可将成本管理分为四个阶段，分别为成本规划、成本计算、成本控制和业绩考核。成本规划是根据企业的竞争战略和所处的经济环境制定的，也是对成本管理做出的规划，为具体的成本管理提供思路和总体要求。成本计算是成本管理系统的信息基础。成本控制是利用成本计算提供的信息，采取经济、技术和组织等手段实现降低成本或成本改善目的的一系列活动。业绩考核是对成本控制效果的评估，目的在于改进原有的成本控制活动和激励约束员工和团体的成本行为。

成本管理的工具方法有：标准成本法、变动成本法、作业成本法、目标成本法、质量成本法等，企业应该结合自身的成本管理目标和实际情况，选择适合企业的一种或几种成本管理工具方法。

二、成本管理的基本内容

1. 成本预测，是成本计划的基础，是编制成本计划的依据。没有成本预测，成本计划也必然是主观臆断。这种计划以及建立在这种计划基础上的预算也没有作用。

2. 成本决策，是成本管理工作的核心，成本管理的思路、方法都由成本决策确定。

3. 成本计划是成本控制和成本考核的依据。

4. 成本核算，即通过对成本的确认、计量、记录、分配、计算等一系列活动，确定成本控制效果。其目的是为成本管理的各个环节提供准确的信息。只有通过成本核算，才能全面准确地把握企业生产经营管理的效果。企业劳动生产率的高低、固定资产的利用程度、原材料和能源的消耗情况、生产单位（车间）的管理水平等，都直接或间接地表现在成本上。

5. 成本分析主要是运用成本核算所提供的信息，通过同行比较和关联分析，包括对成本指标和目标成本的实际完成情况、成本计划和成本责任的落实情况，上年的实际成本、责任成本，国内外同类产品成本的平均水平、先进水平进行比较，分析确定导致成本目标与计划执行产生差距的原因以及可挖潜的空间。同时通过分析，把握成本变动规律，总结经验教训，寻求降低成本的途径。

6. 成本考核和奖惩是把成本的实际完成情况与应承担的成本责任进行对比，考核、评价目标成本计划的完成情况。其作用是对每个成本责任单位和责任人在降低成本上所作的努力和贡献给予肯定，并根据贡献的大小，给予相应的奖励，以保持和提升员工进一步努力的积极性。同时，对于缺少成本意识、成本控制不到位、造成浪费的单位和个人进行处罚，以促其改正。

第二节　标准成本管理

一、标准成本控制概述

（一）相关概念

1. 标准成本控制系统，是指通过事前制定标准成本，在实际执行过程中将实际成本与标准成本进行比较分析，对成本差异进行因素分析，并据以加强成本控制和业绩评价的一种会计信息系统。标准成本控制系统把成本的事前预算、日常控制和最终产品成本的确定有机地结合起来，是成本管理的重要工具。一个完整的标准成本控制系统包括标准成本的制定、成本差异的计算和分析以及成本差异的处理。

2. 标准成本是按照成本项目反映的，在已经达到的生产技术水平和有效经营管理条件下有可能达到的单位产品成本目标。在标准成本控制系统中，标准成本是作为衡量实际成本优劣的尺度或范例而存在的。在实际工作中所运用的标准成本，应当是在有效的生产条件下，根据平均水平制定的经过努力可能达到的成本。

（二）标准成本的种类

在制定标准成本过程中，可供选择的标准成本包括理想标准成本、正常标准成本和现实标准成本三种类型。

1. 理想标准成本，是指以现有技术设备处于最佳状态，经营管理没有任何差错为前提所确定的标准成本。由于这种标准成本是在假定材料没有浪费、设备不发生事故、产品无废品、工时全有效的基础上制定的，在实际工作中意义不大，所以不适合被选为现行标准成本，否则将挫伤经营者的积极性。

2. 正常标准成本，是指企业在过去一段时期内实际成本平均值的基础上，剔除其中生产经营活动中的不正常因素，并考虑未来的变动趋势而制定的标准成本。这种标准成本实质上是企业在生产经营能力得到正常发挥条件下就可以实现的成本目标。由于它的水平偏低，也不宜作为企业未来成本控制的奋斗目标。

3. 现实标准成本，是指根据企业近期最可能发生的生产要素耗用量、生产要素价格和生产经营能力利用程度而制定的，通过有效的经营管理活动应达到的标准成本。这种成本从企业实际出发，考虑到企业一时还不能完全避免的成本或损失，具有一定可操作性；同时又能对改进成本管理提出合理要求，是一种既先进又合理，经过努力可以实现的成本目标。因此，它是目前主要西方国家在制定标准成本时首选的标准成本。

二、标准成本的制定

标准成本的制定是一项非常复杂和困难的工作，受到如企业规模、生产工艺的繁简程度和企业环境变化等多种因素的影响，需要会计部门会同采购部门、行政管理部门、技术部门及具体生产经营部门等有关责任单位，在对企业生产经营的具体条件进行认真分析、研究的基础上来共同制定。

产品的成本由直接材料、直接人工和制造费用组成，因此，产品的标准成本一般也是按照直接材料、直接人工和制造费用三个项目分别制定的。

（一）直接材料标准成本的制定

1. 直接材料的数量标准是指企业在现有生产技术条件下，生产单位产品所需要的直接材料数量。主要包括构成产品主体的材料、生产中必要的耗费和不可避免的损失等。直接材料数量标准可以参考历史经验、工艺研究和操作人员的意见来制定。

2. 直接材料的价格标准是指企业事先确定的购买直接材料所支付的价格，一般包括买价、运杂费、检验费、正常损耗等。需要指出的是，直接材料价格在很大程度上会受到企业所不能左右的客观因素的影响，企业很难对其实施有效的控制。尽管如此，利用直接材料价格标准，仍然有助于检查直接材料成本的高低，同时能通过价格变动对成本和利润的影响来考评采购部门的工作绩效。

根据直接材料的数量标准和价格标准，就可以确定直接材料的标准成本：

$$\text{直接材料标准成本} = \sum(\text{价格标准} \times \text{数量标准})$$

（二）直接人工标准成本的制定

1. 直接人工的数量标准是指在现有的生产技术条件下生产单位产品所耗费的工时，包括对产品直接加工所耗工时、必要的休息时间、适当的停工时间以及废品所耗工时。工时标准也要依据历史经验、工艺与动作研究和操作人员的意见综合制定。

2. 直接人工的价格标准是指单位工时应支付的工资，也称为小时工资率。小时工资率取决于企业所采用的工资制度。如果企业采用的是计件工资制，小时工资率就是预定的每件产品支付的工资除以标准工时；如果企业采用的是计时工资制，小时工资率就是预计生产工人工资总额除以标准总工时。其中，标准总工时是指企业在现有的生产技术条件下，生产能力允许下的产量所消耗的全部工时。

根据直接人工的数量标准和价格标准，就可以确定直接人工的标准成本：

$$直接人工标准成本 = \sum（小时工资率 \times 工时标准）$$

（三）制造费用标准成本的制定

制造费用是指生产过程中发生的除直接材料和直接人工以外的所有费用，包括间接材料、间接人工、修理、检验、折旧等费用。制造费用标准成本是按部门分别编制，然后将同一产品所涉及的各部门的单位制造费用标准加以汇总，得出整个产品的制造费用标准成本。

制造费用按成本性态可分为固定制造费用和变动制造费用两个部分，因此，制造费用标准成本也可以分为变动制造费用标准成本和固定制造费用标准成本两部分，并分别制定价格标准（如分配率）和数量标准（如工时）。

1. 变动制造费用标准成本

变动制造费用的数量标准是指在现有生产条件下生产单位产品应耗用的工时。价格标准是指变动制造费用的标准分配率，可以用变动制造费用预算总额除以直接人工标准总工时来确定，即：

$$变动制造费用标准分配率 = 变动制造费用预算总额/直接人工标准总工时$$

确定数量标准和价格标准之后，两者相乘即可得出变动制造费用标准成本：

$$变动制造费用标准成本 = 单位产品直接人工的标准工时 \times 变动制造费用的标准分配率$$

各车间变动制造费用标准成本确定之后，可以汇总得出单位产品的变动制造费用标准成本。

2. 固定制造费用标准成本

固定制造费用的制定要视企业的成本计算方法而定。在采用完全成本法计算产品成本的企业，固定制造费用要计入产品成本，此时需要确定固定制造费用标准成本。如果企业采用的是变动成本法，产品成本中不包括固定制造费用，那么单位产品的标准成本中就不包括固定制造费用的标准成本，也就不需要制定固定制造费用的标准成本。

固定制造费用标准成本的制定与变动制造费用标准成本的制定基本相同。固定制造费用的数量标准仍然是单位产品的标准工时，价格标准是固定制造费用的标准分配率，可以用固定制造费用预算总额除以标准总工时来确定。

确定了用量标准和价格标准之后，两者相乘就可以得到固定制造费用的标准成本：

固定制造费用标准成本 = 单位产品直接人工的标准工时 × 固定制造费用的标准分配率

各车间固定制造费用的标准成本确定之后，可以汇总得出单位产品的固定制造费用标准成本。

通过上述各环节标准成本的制定，即可求得单位产品的标准成本。在完全成本法下，其计算公式如下：

单位产品标准成本 = 直接材料标准成本 + 直接人工标准成本 + 变动制造费用标准成本 + 固定制造费用标准成本

标准成本一经制定，应就不同品种的产品编制标准成本卡，作为编制预算进行成本管理的依据。在编制标准成本卡时，直接材料要标明用量标准、价格标准。直接人工要写明标准工时和标准工资率。制造费用要分别标明固定制造费用和变动制造费用的标准分配率和标准工时。

某工厂生产甲产品，20×8 年制定的标准成本如表 9－1 所示。

表 9－1　　　　标准成本卡

项目	数量标准	价格标准	标准成本
直接材料	500 千克	2.5 元/千克	1250 元
直接人工	60 工时	10 元/工时	600 元
变动制造费用	60 工时	5 元/工时	300 元
单位变动成本			2150 元
固定制造费用	60 工时	4 元/工时	240 元
单位产品标准成本			2390 元

三、成本差异分析

成本差异主要是指实际成本与标准成本之间的差额，又称为标准成本差异，它反映实际成本脱离预定目标程度的信息。以此偏差为基础，要进行成本差异分析，找出差异产生的原因并提出相应的对策来纠正和消除偏差。

按照成本的构成项目，成本差异可以分为直接材料成本差异、直接人工成本差异和制造费用差异。制造费用差异又可以分为变动制造费用差异和固定制造费用差异两部分。直接材料成本差异、直接人工成本差异和变动制造费用差异都属于变动成本差异。

（一）变动成本差异分析

决定变动成本数额的因素是价格和耗用数量，因此，变动成本差异可以归结为价格脱离标准造成的“价格差异”和用量脱离标准造成的“数量差异”两类。

成本差异 = 实际成本 － 标准成本
　　　　 = 实际数量 × 实际价格 － 标准数量 × 标准价格
　　　　 = 实际数量 ×（实际价格 － 标准价格）+（实际数量 － 标准数量）× 标准价格
　　　　 = 价格差异 + 数量差异

成本差异的构成用图来表示更加直观、清晰，如图 9 - 1 所示。

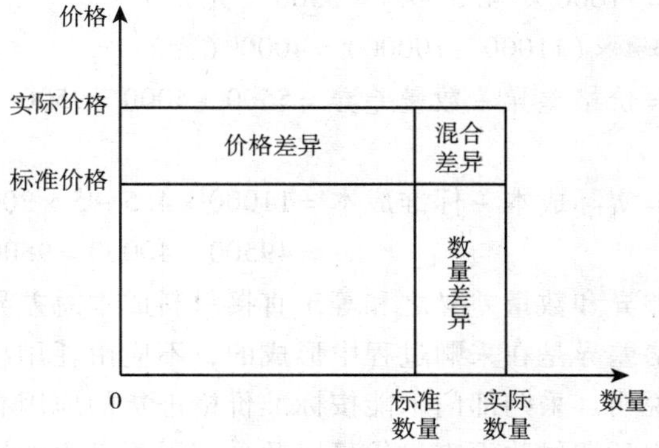

图 9 - 1　成本差异构成图

图中内矩形面积表示按实际产量确定的标准成本，外矩形面积表示实际成本，两者差额为成本差异，是数量差异、混合差异和价格差异之和。由于混合差异数量小，单独确认不符合成本效益原则，所以习惯上并入价格差异。价格中包含较多不可控因素，不是企业成本控制的重点。

数量差异和价格差异可以分别按照下面公式计算：

数量差异 = 标准价格 ×（实际数量 - 标准数量）
价格差异 = 实际数量 ×（实际价格 - 标准价格）

1. 直接材料成本差异的计算与分析。直接材料成本差异是直接材料实际成本与标准成本之间的差额，其形成原因主要有两个：一是价格脱离标准，二是数量脱离标准。前者按实际数量计算，称为价格差异；后者按标准价格计算，称为数量差异。计算公式如下：

直接材料价格差异 = 实际数量 ×（实际价格 - 标准价格）
直接材料数量差异 =（实际数量 - 标准数量）× 标准价格

【例 9 - 1】某企业本月生产甲产品，计划全月产量 2000 件，预计全月标准工时为 6000 小时，甲产品的单位标准成本如表 9 - 2 所示。

表 9 - 2　甲产品单位标准成本

成本项目	价格标准	数量标准	标准成本
直接材料	4 元/千克	5 千克	20 元
直接人工	5 元/工时	3 工时	15 元
变动制造费用	6 元/工时	3 工时	18 元
合　计			53 元

该企业本月实际生产甲产品 2000 件，实际耗用工时 6500 小时，其他资料如下：购进并耗用直接材料 11000 千克，材料实际单价 4.5 元/千克；耗用直接人工费用 33800 元；支付变动制造费用 37700 元。

根据上述资料，计算直接材料价格差异和数量差异。

直接材料价格差异 = 11000 ×（4.5 − 4）= 5500（元）

直接材料数量差异 = 4 ×（11000 − 10000）= 4000（元）

直接材料成本差异 = 价格差异 + 数量差异 = 5500 + 4000 = 9500（元）

检验：

直接材料成本差异 = 实际成本 − 标准成本 = 11000 × 4.5 − 5 × 2000 × 4
= 49500 − 40000 = 9500（元）

说明直接材料价格差异和数量差异之和等于直接材料成本总差异。

一般来说，材料价格差异是在采购过程中形成的，不应由耗用材料的生产部门负责，而应由采购部门对其做出说明。采购部门未能按标准价格进货的原因有很多，如物价上涨、违反合同被罚款、折扣期内延期付款而丧失优惠以及采用了不必要的快速运输方式等，企业对此需要具体分析和调查，针对不同原因确定合理的责任归属。

材料数量差异是在材料耗用过程中形成的，反映生产部门的成本控制业绩。材料数量差异形成的具体原因有许多，如操作失误造成废品和废料增加、新员工上岗造成用料增加、生产技术改进而节约材料等。有时多用料也不一定是生产部门的责任，如购入的材料质量低劣、规格不符等也会使用料超出标准。因此，企业应具体问题具体分析，合理确定责任归属。

2. 直接人工成本差异的计算与分析。直接人工成本差异是指直接人工实际成本与标准成本之间的差额，它也可以分为价格差异和数量差异两部分。价格差异是指实际工资率脱离标准工资率的差额，按实际工时计算确定，又称为工资率差异；数量差异是指实际工时脱离标准工时的差额，按标准工资率计算确定，又称为人工效率差异。

直接人工成本差异的计算公式如下：

工资率差异 = 实际工时 ×（实际工资率 − 标准工资率）

人工效率差异 = 标准工资率 ×（实际工时 − 标准工时）

资料见【例 9 − 1】，分别计算工资率差异和人工效率差异。

实际工资率 = 33800 ÷ 6500 = 5.2（元/小时）

工资率差异 = 6500 ×（5.2 − 5）= 1300（元）

人工效率差异 = 5 ×（6500 − 6000）= 2500（元）

直接人工成本差异 = 价格差异 + 数量差异 = 1300 + 2500 = 3800（元）

检验：

直接人工成本差异 = 实际成本 − 标准成本 = 33800 − 3 × 2000 × 5
= 33800 − 30000 = 3800（元）

说明直接人工价格差异和数量差异之和等于直接人工成本总差异。

一般来说，工资率差异形成的原因包括直接生产工人升级或降级使用、奖励制度未产生实效、工资率调整、出勤率变化等因素，其差异的具体原因会涉及生产部门或其他部门，企业应结合责任中心的划分查找原因，提出改进措施。

人工效率差异形成的原因则包括工作环境不良、劳动情绪不佳、工人生产技术不熟练、材料供应不及时造成工时浪费、设备出现故障、材料质量低劣、作业计划安排不当、产量太少无法发挥批量优势等因素，一般而言，主要责任应当由生产部门负责，但这不是绝对的，在实践中还需具体问题具体分析。

3. 变动制造费用差异的计算与分析。变动制造费用差异是指实际变动制造费用与标准变动制造费用之间的差额，它也可以分解为价格差异和数量差异两部分。价格差异是指变动制造费用的实际分配率脱离标准分配率而按实际工时计算的差额，它反映耗费水平的高低，又称为变动制造费用耗费差异；数量差异是指实际工时脱离标准工时，按标准分配率计算确定的差额，它反映工作效率变化引起的费用节约或超支，又称为变动制造费用效率差异。变动制造费用差异的计算公式如下：

变动制造费用耗用差异 = 实际工时 ×（实际分配率 - 标准分配率）

变动制造费用效率差异 = 标准分配率 ×（实际工时 - 标准工时）

资料见【例 9 - 1】，分别计算变动制造费用耗费差异和效率差异。

实际分配率 = 37700 ÷ 6500 = 5.8（元/小时）

变动制造费用耗费差异 = 6500 ×（5.8 - 6）= - 1300（元）

变动制造费用效率差异 = 6 ×（6500 - 6000）= 3000（元）

变动制造费用成本差异 = 价格差异 + 数量差异 = 3000 - 1300 = 1700（元）

检验：变动制造费用成本差异 = 实际变动制造费用成本 - 标准变动制造费用成本 = 37700 - 6 × 6000 = 1700（元）

说明变动制造费用耗费差异和效率差异之和等于变动制造费用成本总差异。

变动制造费用包含多种费用项目，其耗费差异形成的原因较为复杂，主要原因有：各费用项目的价格变动如水费、电费的价格调整，各费用项目的用量变动，如循环用水节约了用水量、预算失误等。变动制造费用效率差异是由于实际工时脱离了标准，多用工时或者少用工时而形成的制造费用变化，因此，其形成原因与直接人工效率差异相同。

（二）固定制造费用差异分析

固定制造费用主要是同生产能力的形成和日常维护相联系的费用，如折旧费、管理人员工资、保险费等。

固定制造费用成本差异是指在实际产量下固定制造费用实际发生额与其标准发生额之间的差额。

固定制造费用差异分析与变动制造费用差异的分析不同，不能简单地分为价格差异和数量差异两种类型，其分析方法主要有“二因素分析法”和“三因素分析法”两种。

1. 二因素分析法是将固定制造费用成本差异分为耗费差异和能量差异。

耗费差异是指固定制造费用实际金额与固定制造费用预算金额之间的差额。由于固定制造费用总额在一定时期内不随业务量的变动而变动，因而在考核时不考虑业务量的变动，而以原来的预算数作为标准，实际数超过预算数即视为耗费过多。其计算公式为：

固定制造费用耗费差异 = 固定制造费用实际数 - 固定制造费用预算数

能量差异是指固定制造费用预算数与固定制造费用标准成本之间的差额。其计算公式为：

固定制造费用能量差异 = 固定制造费用预算数 - 固定制造费用标准成本
= 固定制造费用标准分配率 × 生产能量
- 固定制造费用标准分配率 × 实际产量标准工时
= (生产能量 - 实际产量标准工时) × 固定制造费用标准分配率

【例 9-2】 大宇公司本月 A 产品实际产量为 300 件，发生固定制造费用 5500 元，实际工时为 1600 小时；企业生产能量为 350 件，每件产品标准工时为 5 小时，固定制造费用标准分配率为 3.5 元/小时。

固定制造费用耗费差异 = 5500 - 350 × 5 × 3.5 = -625（元）

固定制造费用能量差异 = 3.5 × (350 × 5 - 300 × 5) = 875（元）

固定制造费用成本差异 = 耗费差异 + 能量差异
= -625 + 875 = 250（元）

检验：

固定制造费用成本差异 = 固定制造费用实际成本 - 固定制造费用标准成本
= 5500 - 300 × 5 × 3.5 = 250（元）

通过以上计算可以看出，大宇公司 A 产品的固定制造费用超支 250 元主要是由于生产能力利用不足，实际产量小于计划产量所致。固定制造费用超支，不论是耗费差异，还是能量差异，一般都应由有关的管理部门负责。

2. 三因素分析。二因素分析法比较简单，但没有反映和分析生产效率对固定制造费用成本差异的影响。因此，固定制造费用成本差异分析更多地采用将能量差异划分为闲置能量差异和效率差异的三因素分析法。其计算公式如下：

固定制造费用闲置能量差异 = 固定费用预算 - 实际工时 × 固定制造费用标准分配率
= (生产能量 - 实际工时) × 固定制造费用标准分配率

固定制造费用效率差异 = 实际工时 × 固定制造费用标准分配率
- 实际产量标准工时 × 固定制造费用标准分配率
= (实际工时 - 实际产量标准工时) × 固定制造费用标准分配率

将【例 9-2】的资料代入公式中计算可得：

固定制造费用耗费差异 = 5500 - 350 × 5 × 3.5 = -625（元）

固定制造费用闲置能量差异 = (350 × 5 - 1600) × 3.5 = 525（元）

固定制造费用效率差异 = (1600 - 300 × 5) × 3.5 = 350（元）

三因素分析法的闲置能量差异（525 元）与效率差异（350 元）之和为 875 元，与二因素分析法中的能量差异数额相同。采用三因素分析法，能够更好地说明生产能力利用程度和生产效率高低导致的成本差异情况，并且便于分清责任：闲置能量差异的责任一般在于管理部门，而效率差异的责任则往往在于生产部门。

四、成本差异的账务处理

成本差异如何处理，不仅是一个关系到会计原则贯彻、成本计算、存货估计、利润计量等的理论问题，而且是标准成本控制系统应用中一个非常重要的实践问题。

（一）成本差异核算应设置的账户

在标准成本控制系统中，对产品的标准成本与成本差异应分别进行核算。对于日常生产经营活动中计算出来的成本差异，一方面要编制有关成本差异分析报告，另一方面要进行核算和反映，即在有关成本差异总账和明细账中登记。

在完全成本法下，按成本项目设置的成本差异账户主要包括："直接材料成本差异""直接人工成本差异""变动性制造费用成本差异""固定性制造费用成本差异"。每个账户下再按差异形成的原因分设明细账户。在变动成本法下，可以不设置"固定性制造费用成本差异"账户。

在完全成本法下，按成本差异的具体内容设置的账户包括："直接材料价格差异""直接材料耗用量差异""工资率差异""人工效率差异""变动性制造费用耗费差异""变动性制造费用效率差异""固定性制造费用预算差异"（或"固定性制造费用开支差异"）"固定性制造费用能量差异"（或"固定性制造费用生产力差异"和"固定性制造费用效率差异"）等。

本期发生的成本差异应及时在有关账户中登记。节约差应记入相应差异账户的贷方；超支差应记入相应差异账户的借方。

（二）期末成本差异的账务处理

在标准成本控制体系中，对本期发生的各类成本差异需要在会计期末分别按直接处理法、递延法或稳健法进行会计处理。

1. 直接处理法是指将本期发生的各种差异全部计入利润表，由本期收入补偿的一种差异处理方法。这种差异处理方法的理论依据是本期发生的差异体现了本期成本控制的业绩的好坏，应该在本期收益中得以反映。

这种方法的优点是账务处理比较简单，并能使当期经营成果与成本控制的业绩直接挂钩。其缺点是当成本标准制定得不科学、过于陈旧或实际成本水平波动幅度过大时，就会因差异额过高而导致当期净收益失真，进而导致存货成本水平失真。在实践中，这种方法的应用比较普遍。

2. 递延法亦称分配法，是指把本期的各类差异按标准成本的比例在期末存货和本期销货之间进行分配，从而将存货成本和销货成本调整为实际成本的一种成本差异处理方法。这种方法认为，成本差异的产生与存货和本期销货都有联系，而不能只由本期销货负担，应该有一部分差异随期末存货递延到下期去。递延法的优点是可以确定产品的实际成本，缺点是分配差异比较繁琐。

3. 稳健法又称为折中法，是指将成本差异按其形成的主、客观原因不同区别对待、分别处理的一种成本差异处理方法。在稳健法下，由主观原因形成的差异（如用量差异）按直接处理法处理，由客观原因形成的差异（如价格差异）按递延法处理。这种方法的优点是既能在一定程度上通过利润来反映成本控制的业绩，又可以将那些不是主观努力所能控制的差异合理地分配给有关对象。但缺点是不符合一致性原则。

在实务中，还有一种年末处理法，这种方法是指平时月末不进行成本差异的账务处理，一直挂账。到年末，再对各有关成本差异账户的余额进行一次性处理的方法。在前后各月差异正常波动的情况下，采用年末处理法，可以使同一账户中的各月正负成本差异发生额相互抵消，年末差异结存绝对额减少。避免各月利润因直接承担成本差异而引起的波动，同时还可以省略各月结转差异的手续。但是，如果各月差异只有一种变动趋势，则必然使逐月累计的差异汇总额越来越大，等到年末一次性处理时，会歪曲最后一个月的经营成果。因而，在各月连续出现同一性质差异时，不宜采用这种方法。

第三节 作业成本管理

作业成本控制是基于作业成本法的一种成本控制制度。作业成本法（Activity - based Costing，简称 ABC 法）是西方国家于 20 世纪 80 年代末开始研究，并从 90 年代以来在先进制造企业首先应用起来的一种全新的企业管理理论和方法。

一、作业成本制度的基本理论

作业成本制度是建立在“作业消耗资源，产品消耗作业”这两个前提之上的。作业成本法的基本思想可以概括为：依据不同的成本动因分别设置成本库，再分别以各种产品所耗费的作业量分摊其在该成本库中的作业成本，然后分别汇总各种产品的作业总成本，计算各种产品的总成本和单位成本。由此可见，作业成本计算首先将企业所消耗的资源通过资源动因分配到作业，形成作业的成本，然后再将作业的成本通过作业成本动因分配到成本对象，形成成本对象的成本。通过这一过程，作业成本计算克服了传统的成本分配方法采用单一成本分配基础的弱点，力图找到资源消耗与成本对象之间的因果关系，从而得到更加精确的产品成本。

作业成本法涉及的概念有：资源、作业、作业中心、成本对象、成本动因、资源动因、作业动因、成本要素等。

（一）资源

在作业成本法下，资源实质上是指为了产出作业或产品而进行的费用支出，实际上资源就是指各项费用总体。

资源是成本的源泉，一个企业的资源包括直接人工、直接材料、生产维持成本（如采购人员的工资成本）、间接制造费用以及生产过程以外的成本（如广告费用）。资源成本信息提供诸如企业今年支付了多少工资、计提了多少折旧、应支付多少税等信息。

（二）作业、作业链、价值链

所谓作业，就是企业为提供一定量的产品或劳务所消耗的人力、技术、原材料、方法和环境等的集合体。作业成本法视作业为基本的成本对象，以作业成本作为将成本分配给其他成本对象（产品、服务或顾客）的基础。

一个企业往往有数以百计的作业，如不采用有效的分类方法，企业管理阶层很容易迷失在数据堆里。最常用的解决方法是把多个作业归入作业中心。相关的作业归入一个作业中心，例如，在一个顾客服务部门，作业包括处理顾客订单、解决产品问题以及提供顾客报告三项作业。作业中心就是顾客服务部门，它包括支持顾客的三项作业，即处理顾客订单、解决产品问题以及提供顾客报告。一个作业中心是相关作业的集合，它提供有关每项作业的成本信息，每项作业所耗资源的信息以及作业执行情况的信息。

作业成本法把作业分为四个层次，其中，单位水平作业是与产品的产量成正比的，批量水平作业的成本与产品的生产批数成正比，产品水平作业的成本与生产产品的品种数量成正比，维持水平作业与产品生产无直接关系。显然，不同层次的作业具有不同的成本动因。

在作业链上存在这样一种关系：资源→作业→产品，即作业耗月资源，产品耗用作业。每完成一项作业就消耗一定量的资源，同时又有一定价值量的产出转移到下一项作业。照此逐步结转，直至最后形成产品交送顾客。作业的转移同时伴随着价值的转移，最终产品是一系列作业的结果，同时也表现为全部有关作业的价值集合。因此，作业链的形成过程也就是价值链的形成过程。

价值链是开发、生产、营销和向顾客交付产品与劳务所必需的一系列作业的价值。对价值链的分析可以从产品生产环节一直追查到产品设计环节，其目的在于发现和消除对价值链没有贡献的作业，为企业改善成本管理指明方向，是企业挖掘降低成本潜力，加强全面质量管理，减少资源浪费的有效途径。

（三）成本动因、资源动因、作业动因

成本动因（cost drivers），又称为成本驱动因素，是指作业被各种产品或劳务消耗的方式和原因，它是将作业成本库成本分配到成本对象中去的标准，也是将作业耗费与最终产品相沟通的中介。根据成本动因在资源流动过程中所处的位置，可将其分为资源动因和作业动因两种。

按作业会计的规则，作业量多少决定着资源的耗用量，资源耗用量的高低与最终的产量没有直接关系，而与驱动资源耗费的作业量相关。通常将驱动资源耗费的作业量称为资源动因。通过分析资源动因，促使企业合理配置资源，寻求降低作业成本的途径。

举例来说，假定质量检验部门有两大资源消耗——100000 元的工资、奖金和 20000 元的原料，并且质量检验部门设有“外购材料的检验”、“在产品的检验”和“产成品的检验”三项作业。会计部门通过估计各作业消耗的人力把工资和奖金分配到各作业。这个估计的人力就是工资和奖金的资源动因。假定，人力的估计是由分配到每一作业的人数以及每一人在该作业上所花费的时间来决定。如果某部门 1/5 的人员把他们 50% 的时间花费在对外购材料进行检验，那么人力的 10%（1/5 ×50%）的工资和奖金，也就是 10000（100000 ×10%）元就应分配到“检验外购材料”的作业。资源动因作为一种分配基础，它反映了作业对资源的耗费情况，是将资源成本分配到作业的标准。

作业动因作为成本动因的另一种形式，它是将作业成本分配到产品或劳务的标准。作业动因也是资源消耗与最终产品相沟通的中介。通过分析作业动因，可以帮助企业发现和减少不增值的作业，寻求降低整体成本的途径。

例如，顾客问题最多的产品最有可能产生最多的电话，故按照电话数的多少（此处的作业动因）把解决顾客问题的作业成本分配到相应的产品。又如，当“检验外购材料”被定义为一个作业时，则“检验小时”或“检验次数”就可成为一个作业动因。如果检验外购材料 A 所花的时间占总数的 30%，则作业“检验外购材料”成本的 30% 就应归集到外购材料 A。

作业动因与前述的作业分类有关。如是单位水平作业，则作业动因是产量；如是批别水平作业，则作业动因是产品的批量。当作业动因计量的耗费等于或接近于产品对作业的实际耗费时，则产品成本就能得到准确核算。

二、作业成本制度的成本计算程序

1. 作业分析。作业分析是指分析生产产品和提供劳务所发生的各项活动，将同质的活动确认为作业项目的过程。作业分析的目的是将企业的生产经营活动分解或集合为一个个计算成本和评价效果的基本单位——作业，描述有关资源是如何被消耗的，说明各项作业的投入和产出。

2. 确定资源动因，建立作业成本库。作业确认后要为每一项作业设立一个作业成本库，然后以资源动因为标准将各项资源耗费分配至各作业成本库。

3. 确定作业动因，分配作业成本。确定作业动因，根据产品或劳务消耗特定作业的数量，将作业成本分配到各成本目标（产品或劳务）中。

4. 计算汇总各成本目标的成本。将分配到各成本目标（产品或劳务）中的成本按各成本目标归集汇总。

三、作业成本管理应用案例

【例 9-3】某企业生产 A、B 两种产品，有关年产销量、批次、成本、工时等资料见表 9-3。

表 9-3　　产销量及直接成本等资料表

项目	A 产品	B 产品
产销量（件）	200000	40000
生产次数（次）	4	10
定购次数（次）	4	10
每次定购量（件）	25000	2000
直接材料成本（元）	24000000	2000000
直接人工成本（元）	3000000	600000
机器制造工时（小时）	400000	160000

该企业当年制造费用项目与金额见表 9-4。

表 9-4　　制造费用明细表　　单位：元

项目	金额
材料验收成本	300000
产品检验成本	470000
燃料与水电成本	402000

续表

项目	金额
开工成本	220000
职工福利支出	190000
设备折旧	300000
厂房折旧	230000
材料储存成本	140000
经营者薪金	98680
合计	2350680

分别运用传统成本计算法和作业成本计算法计算 A、B 两种产品的成本。

传统成本计算法：

A = 400000（工时） B = 160000（工时） 合计 560000（工时）

制造费用 = 2350680（元） 分配率 = 2350680/560000 = 4.2（元/工时）

A 制造费用 = 400000 × 4.2 = 1679057（元）

B 制造费用 = 160000 × 4.2 = 571623（元）

作业成本法计算见表 9－5，其中：

薪酬分配率 =（98680 + 190000）/（300000 + 470000 + 402000 + 220000 + 300000 + 230000 + 140000）= 14%

材料验收成本 = 300000 ×（1 + 14%）= 42000 + 300000 = 342000（元）

产品检验成本 = 470000 ×（1 + 14%）= 65800 + 470000 = 535800（元）

燃料与水电成本 = 402000 ×（1 + 14%）= 56280 + 402000 = 458280（元）

开工成本 = 220000 ×（1 + 14%）= 30800 + 220000 = 250800（元）

设备折旧 = 300000 ×（1 + 14%）= 42000 + 300000 = 342000（元）

厂房折旧 = 230000 ×（1 + 14%）= 32200 + 230000 = 262200（元）

材料储存成本 = 140000 × 14% + 140000 = 19600 + 140000 = 159600（元）

表 9－5 作业成本计算法下产品成本

作业中心	制造费用	成本动因	A 产品	B 产品	合计
材料验收成本	342000	产销量（件）	200000	40000	240000
产品检验成本	535800	生产次数（次）	4	10	14
燃料水电成本	458280	定购次数（次）	4	10	14
开工成本	250800	每次定购量（件）	25000	2000	27000
设备折旧	342000	直接材料（元）	24000000	2000000	26000000
厂房折旧	262200	直接人工（元）	3000000	600000	3600000
材料储存成本	159600	机器工时（小时）	400000	160000	560000
合计	2350680				

第四节 质量成本管理

一、质量成本概述

（一）质量成本概念

20 世纪 50 年代初期，朱兰、菲根堡姆和克劳斯比等质量管理专家开始提出了质量成本的概念。后来，国际 ISO 组织对全面质量管理进行了标准化，同时为质量成本作出了如下的定义："质量成本是总成本的一部分，它包括确保满意质量所发生的费用，以及未达到满意质量的有形与无形损失。"从定义可以看出质量成本分为两部分，如图 9－2 所示。

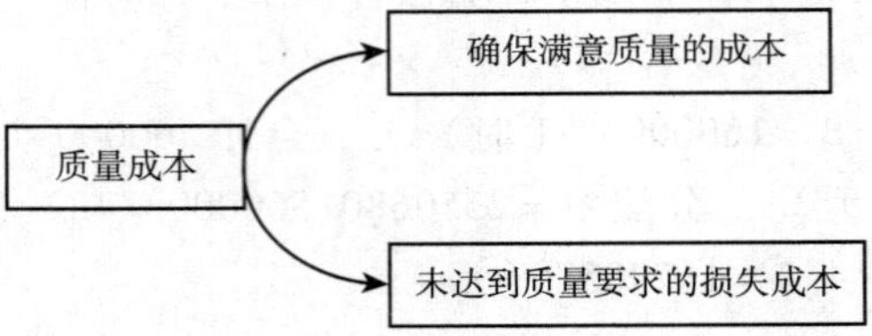

图 9－2 质量成本的定义

质量成本并不意味着高质量对应着高成本，这一概念有其特定的含义。它是指企业为了保证和提高产品质量而支出的一切费用以及由于产品质量未能达到既定标准而造成的一切损失的综合。因此，质量成本反映了由于产生有缺陷的产品而直接或间接发生的费用，制造合格产品的费用并不属于质量成本的内容。

（二）质量成本的两个阶段

质量成本的发生不仅仅局限于产品的制造和销售过程，而且涉及制造和销售过程之外的企业生产经营活动，涉及企业外部的相关活动。因此，质量成本的控制应该从两个阶段入手：建立质量成本测量系统和建立质量成本管理工作系统。

1. 建立质量成本测量系统，实际上是为了在做好质量管理工作的同时，实施对全面质量管理工作的成本控制，并使这些成本能够纳入到整个成本管理之中去，这也是质量管理的目标和核心。在建立质量成本测量系统的时候，需要做好以下几点：（1）进行质量成本的宣传。结合企业自身的实际情况，通过质量培训工作等途径进行质量成本的宣传，从而在全体员工的头脑中建立起质量成本的概念，自觉控制质量成本。（2）建立质量成本项目。为了更好地监测质量成本，需要建立一系列相关的质量成本项目，通过质量成本项目规划和设置的优化，达到控制质量成本的目的。（3）与预定的质量成本数据进行对照。当建立了质量成本项目，并对现有的质量成本进行测量之后，就可以把现有的质量数据和设定的质量目标进行对比，发现质量成本是偏低还是偏高。（4）分析质量成本的原因。分析造成质量成本偏高或偏低的原因，并通过努力思考以找出解决的措施。

2. 建立质量成本管理工作系统。除了建立质量成本的测量系统，还需要建立质量成本管理工作的系统。为了使这种质量成本管理系统能够正常运行，需要做到以下几点：首先，建立起来的质量成本工作系统，必须由专人来负责；其次，明确各主要部门和人员的职责范围，从而明确他们在质量成本控制中所要承担的责任；最后，还需要制定统一、协调的工作程序网络。

（三）质量成本的构成

通常情况下，可以将质量成本划分为运行质量成本和外部质量保证成本，如图9－3所示。其中，前者反映了产品在制造和销售过程中所发生的质量成本，后者则是在前者基础上的进一步扩展，这部分的成本较难定量测定，但对企业的销售、利润，以及对企业的发展等方面影响都更大，因而是目前质量成本研究的方向。

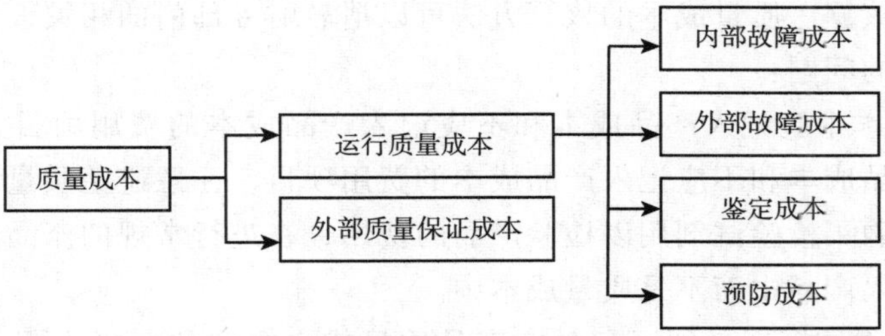

图9－3　质量成本的构成

1. 运行质量成本是指在产品的制造和销售过程中所发生的质量成本。一般由内部故障成本、外部故障成本、鉴定成本和预防成本四个部分组成。

（1）内部故障成本是指企业内部由于生产的产品有质量缺陷而造成的损失和为处理质量缺陷而发生的费用总和。如果在销售给顾客之前不存在不合格产品，那就没有这类成本。

（2）外部故障成本是指用户在使用中发现产品缺陷而产生的由制造企业支付的一切费用总和。如果没有不合格产品，那么就不会发生这类成本。这些不合格产品是在销售给顾客后才发现的。

（3）鉴定成本是指在“一次交验合格”的情况下，为检验产品质量而发生的一切费用。在收集这类成本时，要明确的是所完成的工作项目，而不管是由哪个部门完成的。

（4）预防成本是为了防止产品质量缺陷发生，保证和提高产品质量，使故障成本和鉴定成本最低而耗费的一切费用。它通常包括质量管理大纲制定费、质量管理培训教育费和工序控制费等。

2. 外部质量保证成本是指在运行质量成本基础上的进一步引申和扩展。它涉及制造与销售过程之外的企业活动，是为了确保顾客正常使用产品而提供的售后服务或技术服务，一般包括无形质量成本、顾客质量成本、供应商质量成本和设备质量成本四个方面。外部质量保证成本的研究有利于企业更加全面、完整地了解质量成本的规模和影响，从而有利于企业做出更加切合实际的决策。这方面质量成本的分析研究已经越来越受到人们的重视。

（四）质量成本的分类方法与关系

质量成本有四种分类方法：控制成本和损失成本、显见成本和隐含成本、直接成本和间接成本、阶段成本。其中，控制成本就是预防成本，损失成本是指质量事故发生时所要承担的成本；直接成本是指直接投入到质量控制和检验过程中的成本，间接成本是指需要间接解决付出代价的质量事故而带来的成本；阶段成本是指研究和提高到一定程度时所付出的成本。

对于间接成本和直接成本来说，我们都可以把它称为预防费用、鉴定费用、内部故障和外部故障费用。实际上，整个产品从设计开始直到被顾客使用，中间的每一道环节都或多或少地存在着质量成本的要素。

（五）质量成本核算

完成对质量成本项目的设置和分类之后，就可以根据不同企业的特点，采用不同的方法来对质量成本进行核算。质量成本的核算方法可以请教财务部门的相关人员，同时，还需要注意以下几个方面的问题：

1. 区分质量成本中应记入产品成本和不应记入产品成本的费用项目。首先必须区分质量成本中应记入产品成本和不应记入产品成本的费用项目，注意避免质量成本与产品成本之间的交错。例如，购买检验试剂用以检验产品的费用，在进行常规的产品成本核算过程中就应该将试剂成本计入产品中而不是质量成本中。

2. 进行质量成本核算还必须区分各个产品质量成本之间的费用界限。质量成本一定是针对某一系列的产品或者某一类产品，而不是一个整体的数据，如果是整体的数据，那质量分析和全面质量成本管理工作就失去了意义。

3. 还需要注意区分不同时期的产品质量成本的费用界限，以及区分成品和半成品之间质量成本的界限。另外，在实际管理工作中，人为因素经常会将显见成本变成隐含成本。因此，对显性成本和隐性成本的界限的区分就显得尤为重要。

二、质量成本管理基本内容

（一）质量成本预测和计划

质量成本预测和计划方法是通过统计和分析以往的产品质量数据，并根据这些质量数据的变化发展趋势来预测下一阶段所能达成的质量目标。

1. 进行质量成本预测的方法主要有经验判断法、计算分析法和比例测算法。其中，经验判断法主要是以历史数据为基础对成本进行预测；计算分析法是通过质量分析报告来进行质量成本的预测；比例测算法的依据在于同样的生产者、同样的生产线上、同样的管理机制下，所生产出的产品合格率应该是具有可比性的。

2. 质量成本计划是为了有效地控制质量成本，提高产品的质量，而进行质量成本预测的目标是帮助企业制定对应的质量成本计划。企业的全部质量成本计划主要由产品单位质量成本计划、全部产品质量成本计划、质量费用计划、质量成本构成比例计划、质量改进措施计划等构成。

3. 质量成本计划是全面质量管理中不可或缺的一部分，在质量成本计划的计算过程中需要使用上一期的质量数据，而这些数据的来源有赖于质量信息管理单位对历史质量信息的存储、整理和分析。下面列出了质量计划中四个项目成本的计算公式，将这四个项目成本的计算结果相加以后就可以得到各个单位产品质量成本的计划。

计划期单位产品预防成本计划额 = 上期预防成本单位产品实际发生额 ×（1 + 计划投资增长或降低率）

计划期单位产品鉴定成本计划额 = 上期鉴定成本单位产品实际发生额 ×（1 + 计划投资增长或降低率）

计划期单位产品内部损失计划额 = 上期单位产品内部损失实际发生额 ×（1 - 计划降低率）

计划期单位产品外部损失计划额 = 上期单位产品外部损失实际发生额 ×（1 - 计划降低率）

（二）质量成本分析和报告

1. 质量成本分析主要有质量戍本总额分析、质量成本构成分析以及质量成本与基数的比较分析三个方面的内容。当我们进行质量成本分析的时候，可以使用指标分析法。指标分析法是将计划期内的指标和基期的指标进行对照，考察质量成本目标的提高情况。例如，产品的质量合格率在原来的基础上提高了 12%，达到 99.7%。

质量分析指标 =（基期质量成本总额 - 计划期质量成本总额）/基期质量成本总额 ×100%

2. 质量成本报告的主要内容应该包括：质量成本计划执行和完成情况与基期的对比分析、质量成本四个组成项目构成比例变化分析、质量成本与相关经济指标的效益对比分析、典型案例和重点问题的分析和解决措施、效益判断的评价和建议等。

（三）质量成本控制和考核

质量成本控制包括事先控制、事中控制、事后控制三个阶段，其控制方法主要有限额费用控制方法与围绕生产过程重点提高合格率的方法。此外，运用改进区域、控制区域、至善论区域的划分方法进行质量改进、优化质量成本也是质量成本控制的常用方法，如图9 - 4和图 9 - 5 所示，运用质量成本两种曲线图可以进行质量成本控制和考核。

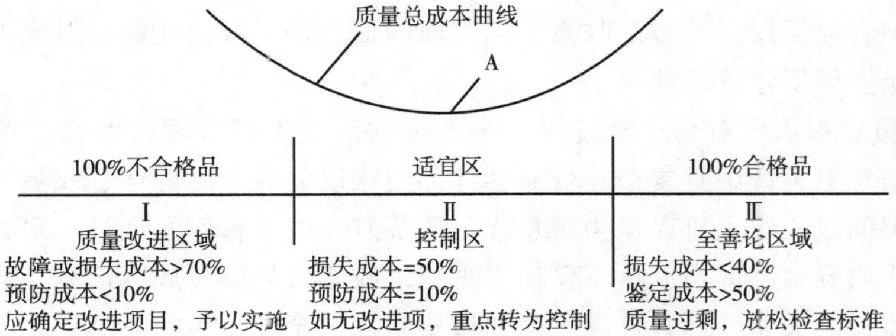

图 9 - 4　质量成本曲线图

1. 质量成本构成比例。通过专家们以及在生产实践中的长期统计与分析，得出四大质量成本费用的构成关系为：内部故障成本占质量总成本的 25%—40%，外部故障成本为 20%—40%，鉴定成本为 10%—50%，预防成本为 0.5%—5.0%。

从各方面成本费用的比例关系可以看出，成本要素之间是相互关联的，即质量成本费用与项目之间是有联系的。如果要降低鉴定成本，不合格品就会出厂，导致外部故障成本增加；如果加强前期检查和控制，预防成本和鉴定成本会提高，但产品内部故障成本和外部故障成本却会降低。

2. 质量成本特性曲线。图 9 - 5 为质量成本特性曲线。图中绘制出了预防成本、鉴定成本以及内、外部故障成本，这些由线的交叉点实际上是质量总成本中最适宜的成本，也就是全面质量管理和成本管理中所期待达到的目的。

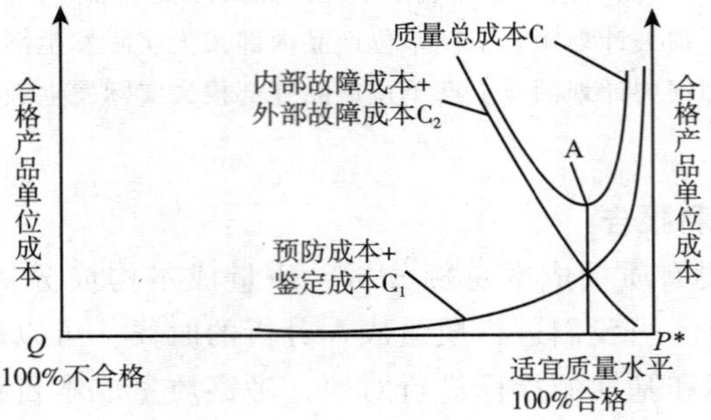

图 9-5　质量成本特性曲线

三、全面质量成本管理

在全面质量管理体系下，管理会计需要适当转变观念，使得质量成本的管理符合全面质量管理指导思想的要求，确保质量的前提下，尽可能降低成本支出。

1. 利用技术手段，提高财务信息的传输效率。过去以周或月为单位提供财务信息的做法已经不能适应全面质量管理对管理信息的及时性要求，信息的滞后可能会使问题不能及时得到反馈，很容易错过最佳的处理时间。应用现代技术手段，提高信息传输频率，可以让管理者及时了解企业管理信息的动态。

2. 管理会计所收集和处理的信息不能仅局限于财务信息，还应该包括非财务信息。质量管理过程中的问题有的能通过财务信息反映出来，但是相当一部分问题是无法通过财务信息呈现的，管理者应运用多种方法收集不同方面的信息来了解企业的质量成本状况，以便较为全面地掌握企业的质量管理状况。

3. 全面质量管理需要对企业全过程、全方位的活动进行管理。因此，在质量成本管理活动中需要的信息更为详细且复杂，仅靠会计部门难以完成全部的信息收集工作。广大员工在参与企业管理的过程中也可以成为信息收集的节点，然后将信息经过一定的程序和方式汇总到会计部门或质量检测部门。这不仅便于迅速地收集大量质量成本信息，建立起部门间相互协作、相互监督的关系，而且体现了全面质量管理中全员参与的特点。

全面质量成本管理的模式主要有两种：反应型的质量成本模式和进攻型的质量成本模式，见图 9-6。其中，反应型的质量成本模式遵循预防—鉴定—故障的程序，从内部控制成本；而在进攻型的质量成本模式下，由我们主动提出质量成本目标，然后通过科学的控制方法来达到质量目标。

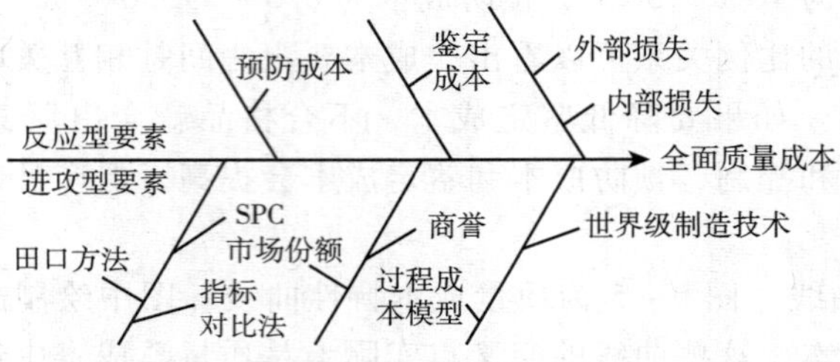

图 9-6　全面质量成本管理的应用模式

第五节　成本管理的应用案例

目标成本管理方法起源于日本的丰田汽车公司，是能给公司形成高质量、多功能、低成本的目标成本规划体系。随着日本企业在国际市场竞争能力的不断提高，目标成本管理方法引起了世界各国的注意，一直为有关理论和实务专家所关注。

一、丰田汽车公司目标成本规划的形成

20世纪50年代后期，日本经济从第二次世界大战后复兴时期进入了经济增长时期，当时，汽车还是奢侈消费品，拥有汽车的人不多。随着经济的不断复苏和发展，人民生活逐渐走向富裕，越来越多的人开始买得起汽车。此时，丰田设想以大众化的价格向消费者提供大众车，扩大消费者对汽车的需求，因此，对汽车的普及进行了研究，并开始着手具体开发设计事项。然而要制造大众车，首要前提是它的售价必须是大众所能接受的低价格，也就是说，先要决定大众车的售价，在既定的售价下对其成本进行规划。

事实上，在汽车设计阶段，生产条件（如生产设备、生产方法、技术手段等）、设计式样及成本都已确定，因而汽车的成本在汽车的设计阶段几乎都已确定，进入制造阶段后降低成本的空间受到一定的限制。丰田为了进一步降低成本，在目标售价下达到目标利润，将注意力重点放在制造阶段之前的研发阶段，实施了目标成本规划活动。在此可摘录一段丰田的社史："昭和34年（1959年）底针对在研发阶段的大众车设定为1000美元的目标售价。"丰田首次在规划设计阶段尝试对其成本加以检查。采购部长也对供应商提出了在三年内使采购成本降低30%的要求，结果大众车成功地控制了成本，实现了以一般汽车的价格出售并获得目标利润的目标。按照丰田的说法，目标成本规划是在新产品设计阶段为了降低成本、确保利润而开展的各种活动，它是通过目标售价和目标利润来确定目标成本，并从规划设计阶段与各部门及零部件供应商合作降低成本，以达到目标成本，进而达到目标利润的一种管理方法。

二、丰田汽车公司成本规划的发展

1969年，丰田不仅在本公司内实施目标成本规划，还展开了与合作厂商合为一体的目标成本远见规划活动。到1973年10月第一次石油危机发生，丰田的目标成本规划得到了进一步的发展。石油危机导致石油资源几乎全部依赖进口的日本面临通货膨胀的威胁，1970—1974年，消费物价指数上升了约1倍。1974年日本经济自第二次世界大战后第一次出现负增长，市场对汽车的需求量急剧下降，使得1955年以来每年都增产的丰田汽车也不得不面临减产。市场需求在下降，原材料及零部件的成本价格却在上升，在这样的市场情况下，如何在不提高售价的前提下获得相同的利润成为丰田公司研究的重要课题。要达到这一目标，进一步更积极地降低成本是问题的关键。因此，丰田于1974年9月成立了成本远见规划委员会，以综观全局的观念来检查成本规划活动。丰田还在技术管理部之下设立了成本规划课，并充实及强化生产技术规划室、会计部、采购管理部等各部门的成本规划体系。因此，这一阶段的目标成本规划不仅有设计、采购、会计、生产技术部门的人员参与，还进一步扩

展到各车间的技术员、技术部门内的实验人员以及材料研制者。丰田的这一成本规划体系给公司带来了丰厚的利润。

复 习 题

一、单项选择题

1. 作业成本计算法最重要的优点在于（ ）。
A. 促进企业组织方式变革 B. 作业的计量和分配较为客观
C. 促进管理人员加强成本控制 D. 简化了成本计算程序
2. 与预算成本不同，标准成本是一种（ ）。
A. 总额的概念 B. 单位成本的概念 C. 历史成本 D. 实际成本
3. 在成本差异分析中，变动制造费用效率差异类似于（ ）。
A. 直接人工效率差异 B. 直接材料价格差异
C. 直接材料成本差异 D. 直接人工工资率差异
4. 固定制造费用效率差异体现的是（ ）。
A. 实际工时与标准工时之间的差异 B. 实际工时与预算工时之间的差异
C. 预算工时与标准工时之间的差异 D. 实际分配率与标准分配率间的差异

二、多项选择题

1. 要实现成本的全面控制原则，必须做到（ ）。
A. 全员控制 B. 全过程控制
C. 全方位控制 D. 全社会控制
E. 全行业控制
2. 下列各项中，属于标准成本控制系统构成内容的有（ ）。
A. 标准成本的制定 B. 成本差异的计算与分析
C. 成本差异的账务处理 D. 成本差异的分配
E. 成本预算的编制
3. 下列各项中，能够导致出现材料价格差异的原因有（ ）。
A. 材料质量差，废料过多 B. 材料调拨价格或市场价格的变动
C. 因临时紧急进货，使买家和运输费上升 D. 材料采购计划编制不准确
E. 机器设备效率增减，使材料耗用量发生变化
4. 在制定标准成本时，可选择的标准成本包括（ ）。
A. 理想标准成本 B. 平均标准成本
C. 正常标准成本 D. 现实标准成本
E. 期望可达到的标准成本

三、判断题

1. 广义成本管理是指对产品生产阶段全过程的控制。 ( )

2. 按照例外原则，那些具有重要性、一贯性、可控性或特殊性特征的成本差异属于例外项目。 ( )

3. 直接材料标准成本根据直接材料用量标准和直接材料标准价格计算。 ( )

4. 理想标准成本是以现有生产经营条件处于最佳状态为基础确定的最低水平的成本，在实际工作中被广泛采用。 ( )

5. 一般情况下，材料的价格差异应由采购部门负责，材料的数量差异应由负责控制用料的生产部门负责。 ( )

6. 从实质上看，直接工资的工资率差异属于用量差异。 ( )

7. 作业成本计算法是通过分析成本发生的动因，对构成产品成本的各种主要间接费用采用不同的间接费用率进行成本分配的成本计算方法。 ( )

8. 作业成本计算仅仅是一种成本核算方法，并非是一种现代成本管理的方法。 ( )

四、简答题

1. 什么是成本管理？它在企业经营管理中有何意义？

2. 标准成本由哪几部分组成？标准成本是如何制定的？

3. 为什么要将成本差异分为价格差异和数量差异？哪些属于价格差异，哪些属于数量差异？

4. 固定制造费用的差异有哪几种？

5. 作业成本计算程序与传统成本计算程序有何区别？

6. 质量成本管理的基本内容有哪些？

五、计算分析题

1. 某企业采用标准成本系统，本期生产领用甲、乙两种材料的实际耗用量分别为1500千克和500千克，实际单价分别为2.50元/千克和8元/千克，它们的标准耗用量分别为1300千克和450千克。标准单价分别为3元/千克和7元/千克。

要求计算下列指标：

（1）直接材料成本差异。

（2）直接材料用量差异。

（3）直接材料价格差异。

2. 某公司有甲、乙两个工种。本期甲工种实际耗用工时为800小时，其标准工时为700小时，直接工资的实际工资率为5.50元/小时，标准工资率为6元/小时。乙工种实际耗用工时为1100小时，其标准工时为1000小时，直接工资的实际工资率为4.50元/小时。

要求计算下列指标：

（1）直接工资成本差异。

（2）直接工资效率差异。

（3）直接工资工资率差异。

3. 某企业本月有关制造费用的资料如下：

固定性制造费用标准成本（按实际产量计算）	40000 元
变动性制造费用标准成本	50000 元
实际耗用工时	9200 小时
实际发生制造费用	90000 元
其中：固定部分	40320 元
预计预算产量标准工时	9800 小时
实际产量应耗标准工时	10000 小时

要求：进行制造费用成本差异的分析。

第十章

风险管理

【教学目标】 掌握风险管理的内涵、分类及基本原则；理解企业风险管理的应用环境及流程；掌握风险管理领域应用的管理会计工具方法。

【引导案例】 巴林银行在20世纪90年代前是英国最大的银行之一，有超过200年的历史。由于其子公司巴林期货新加坡公司持有大量未经保值的期货和选择权头寸导致巨额亏损，巴林银行倒闭。经调查发现，巴林期货新加坡公司1995年交易的期货合约是日经225指数期货，日本政府债券期货和欧洲日元期货，实际上所有的亏损都是前两种合约引起的。自1994年下半年起，里森认为日经指数将上涨，逐渐买入日经225指数期货，不料1995年1月17日关西大地震后，日本股市反复下跌，里森的投资损失惨重。里森当时认为股票市场对神户地震反映过激，股价将会回升，为弥补亏损，里森一再加大投资，在1月16日至26日再次大规模建多仓，以期翻本。其策略是继续买入日经225期货，其日经225期货头寸从1995年1月1日的1080张9503合约多头增加到2月26日的61039张多头（其中9503合约多头55399张，9506合约5640张）。据估计，其9503合约多头平均买入价为18130点，2月23日，日经指数急剧下挫，9503合约收盘跌至17473点以下，导致无法弥补损失，累计亏损达到480亿日元。里森认为日本股票市场股价将会回升，而日本政府债券价格将会下跌，因此，在1995年1月16日至24日大规模建日经225指数期货多仓同时，又卖出大量日本政府债券期货。里森在“88888”账户中未套期保值合约数从1月16日2050手多头合约转为1月24日的26379手空头合约，但1月17日关西大地震后，在日经225指数出现大跌同时，日本政府债券价格出现了普遍上升，使里森日本政府债券的空头期货合约也出现了较大亏损。同时，里森通过卖出选择权获得了很多权利金来支付大量追加保证金，里森希望在一段时间内，市场能够保持足够稳定，让选择权能够以接近执行价到期作废，从而使该政策获利。然而事与愿违，里森作为鞍马式选择权的卖方出现了严重亏损，到2月27日，期权头寸的累计账面亏损已经达到184亿日元。里森终于意识到问题的严重性，但已回天无力。2月24日，巴林银行因被追交保证金，才发现里森期货交易账面损失4亿至4.5亿英镑，合6亿至7亿美元，已接近巴林银行集团本身的资本和储备之和。26日，英格兰银行宣布对巴林银行进行倒闭清算，寻找买主。27日，东京股市日经指数再急挫664点，又令巴林银行的损失增加了2.8亿美元。截至1995年3月2日，巴林银行亏损额达9.16亿英镑，约合14亿美元。3月5日，国际荷兰集团与巴林银行达成协议，接管其全部资产与负债，更名为巴林银行有限公司。3月9日，此方案获英格兰银行及法院批准。至此，巴林银行230年的历史终于画上了句号。

200年的英国巴林银行（Barings Bank）为何破产？如果巴林集团在1995年2月之前能

够及时采取行动，那么他们还有可能避免崩溃吗？

第一节 风险管理概述

一、风险管理的产生与发展

随着18世纪工业革命的出现，社会生产力得到了空前的发展，新技术、新工艺的普遍运用，使生产规模不断扩大，社会财富不断涌现，国际贸易和国际市场空前扩大，新的风险危害也不断增加。尤其是随着社会化生产程度的提高，使得原来较为松散的社会联系变得十分紧密，这又进一步促进了人们安全需求的提高。在现代企业中，由于巨额损失概率增加、损害范围扩大和利润最大化冲动等原因，风险管理意识得到了普遍增强。

风险管理的发展主要是由企业安全管理思想带动的。企业安全管理思想随着工业化进展早在19世纪已经开始萌芽，它是伴随工业革命的诞生而产生的。现代工业文明促进了社会生产力的空前发展，社会财富因此迅速增长并高度集中。与之相伴的是意外事故不断增加，财产损失和人身伤亡日益严重。这不仅影响到企业的生产经营，有时甚至危害到企业的生存，于是安全生产和安全管理成为一个十分突出的问题。

1906年，美国US钢铁公司董事长B. H. 凯里，从公司多次事故教训中提出了“安全第一”的思想，将公司原来的“质量第一，产量第二”的经营方针改为“安全第一，质量第二，产量第三”。这一改变既保障了雇员的安全，又保证了产品的质量和产量。他的思想和实践获得了成功，并震动了美国实业界。1912年，在芝加哥创立了“全美安全协会”，研究制定了有关企业安全管理的法律草案。1917年，在英国伦敦也成立了“英国安全第一协会”。

被称为“现代经营管理之父”的法国管理学家亨利·法约尔（Henri Fayol）在其代表作《一般管理与工业管理》（General and Industrial Management）一书中提出，企业经营有六种职能的基础和保证，能控制企业及其活动所遭遇的风险，维护财产和人身安全，从而创造最大的长期利润。法约尔率先把风险管理思想引入企业经营中，但并未形成完整的体系。

20世纪20年代初期，美国企业开始充分利用保险这一风险转移机制来保护资本。一些企业改变了把企业的风险管理看成是一种副业，由财会部门代办，或采用交给保险经纪人及代理人的传统做法。在西方国家的大中型企业中，逐渐出现专门负责保险和安全的管理人员，他们的主要职责是对企业存在和面临的各种风险进行全面的识别、预测和评估，然后对所有风险发生的可能性、造成后果的严重性、处理所需支付的费用等进行综合分析，并在此基础上制定和实施最优风险处理方案。企业的这些活动无疑直接促进了风险管理这一学科的产生，并在全球范围内迅速发展。可以说风险管理是直接从一般企业管理中的安全管理和保险管理中延伸和发展起来的。

第二次世界大战之后，各国工业都有了较大的发展，企业越来越趋向大型化，生产中发生的事故及其影响已不再是孤立的、局部的事件，一旦发生事故便会造成连锁的巨大灾难。因此，生产中的安全问题，日益受到人们的重视，于是专门的安全管理部门和研究机构相继成立。起初，安全工作的内容主要是检修设备和宣传安全生产的重要性，订立一些安全制度以及处罚办法。随着现代科学技术的发展，越来越多的科学手段被用于安全管理领域。例如，系统工程学的原理运用于风险识别和风险衡量，人们已经对此进行了一些研究，并采取了一些措施，后来经过不断发展，直至第二次世界大战后，才过渡到全面风险管理。

1930年，美国宾夕法尼亚大学所罗门·许伽纳博士认为，风险管理是在对风险的不确定性和可能性因素进行考虑、预测、收集、分析的基础上，以最经济合理的方法制定出包括识别风险、衡量风险、积极管理风险所造成损失等一整套科学系统的管理方法。1932年，由企业风险管理人员共同组成了纽约投保人协会（Insurance Buyer of New York），他们交换风险管理信息，并研究管理技术。于是，企业的保险管理逐步普及，并开始采用处理风险管理的其他手段。20世纪50年代以前，各经济单位一直把保险作为唯一处理风险的方法，并且仅凭直觉和经验来判断所面临的风险，即处理风险的方法是建立在对风险定性分析的基础上。概率论和数理统计的运用，使得人们对风险的分析发生了质的飞跃，为完整的风险管理理论体系的建立做好了最后的准备工作。

到了20世纪60年代，很多学者开始系统研究风险管理。1963年，美国出版的《保险手册》刊载了梅尔和赫奇斯《企业的风险管理》（Risk Management in the Business Enterprise）一文，1964年威廉姆斯和汉斯出版了《风险管理与保险》（Risk Management and Insurance）一书，引起欧美各国的普遍重视。概率论和数理统计的运用，使风险管理从经验走向科学。风险管理的研究逐步趋向系统化、专门化，风险管理终于成为管理科学中的一门独立学科。

风险管理作为一门新兴的管理学科，在其形成和发展的过程中，由于对风险管理出发点、目标和运用范围等强调的侧重点不同，学者们对风险管理提出了各种不同的观点，并且随着时代的发展与应用领域的拓展而不断演变。但人们对风险管理的基本理论的认识逐步趋向一致，如风险管理是一项事前的准备工作，而非事后弥补工作。风险管理必须集中管理以发挥决策效益，分散执行、分工协作才能使风险管理工作获得最佳效果。

二、风险管理的含义及分类

企业风险管理，是指企业对风险进行有效评估、预警、应对，为企业风险管理目标的实现提供合理保证的过程和方法。企业风险是指不确定事项对企业实现战略与经营目标产生的影响。企业风险管理并不能替代内部控制，企业应当建立健全内部控制制度，并作为风险管理的工作基础。

理解企业风险管理时，应注意以下几点：（1）风险管理是持续开展、贯穿于整个企业的一种流程；（2）由企业内各级人员执行；（3）在战略制定中实行；（4）在整个企业范围内，也就是在企业的每个层面和每个单元中予以实行，包括从整个公司角度即组合的角度来审视风险；（5）旨在识别可能会对企业产生影响的潜在事件，把风险控制在企业的承受能力之内；（6）能够为企业管理层和董事会提供合理保证；（7）目的是实现一个类别或多个分立而交叠的类别中的目标——只是“实现目标的一种手段，其本身并不是目标”。

企业可根据风险的来源、影响、性质、责任主体等不同标准，建立起符合风险管理需要的，满足系统性、完整性、层次性、可操作性、可扩展性等要求的风险分类框架。从整个企业来看，风险可以按各种风险框架分类。其中一种常用的框架将风险分为以下几类：

战略风险：具体包括与战略、政治、经济、监督和全球市场条件相关的风险；还可能包括声誉风险、领导力风险、品牌风险，以及不断变化的客户需求。

经营风险：指与组织的人力资源、业务流程、技术、业务连续性、渠道效果、客户满意度、健康与安全、环境、产品/服务失效、效率、生产能力和变革整合相关的风险。

财务风险：包括因外币、利率和商品期货的波动而产生的风险；还可能包括信用风险、流动性风险和市场风险。

灾害风险：指可保险的风险，比如自然灾害、各种可保险责任、有形资产的损坏、恐怖活动。

三、风险管理的基本原则

1. 合规性原则。企业风险管理应符合相关政策的要求和监管制度的规定。

2. 融合性原则。企业风险管理应与企业的战略设定、经营管理和业务流程相结合。

3. 全面性原则。企业风险管理应覆盖企业的所有的风险类型、业务流程、操作环节和管理层级与环节。

4. 重要性原则。企业应对风险进行评价，确定需要进行重点管理的风险，并有针对性地实施重点风险监测，及时识别、应对。

5. 平衡性原则。企业应权衡风险与业绩、风险管理成本与风险管理收益之间的关系。

第二节　风险管理的主要内容

一、风险管理的应用环境

1. 风险管理意识。企业应强化风险管理意识，形成与本企业经营状况相适应的风险管理理念，培育和塑造良好的风险管理文化，建立风险管理培训、传达、监督和激励约束机制，将风险管理意识转化为员工的共同认识和自觉行动。

2. 风险管理结构。企业应根据相关法律法规的要求和风险管理的需要，建立组织架构健全、职责边界清晰的风险管理结构，明确董事会、监事会、经营管理层、业务部门、风险管理部门和内审部门在风险管理中的职责分工，建立风险管理决策、执行、监督与评价等职能既相互分离与制约又相互协调的运行机制。

3. 风险管理制度。企业应建立健全能够涵盖风险管理主要环节的风险管理制度体系。一般应包括风险管理决策制度、风险识别与评估制度、风险监测预警制度、应急处理制度、风险管理考核制度、风险管理评价制度等。

4. 风险管理与信息技术。企业应将信息技术应用于风险管理的主要环节，并建立与财务信息系统和业务信息系统的信息共享机制与方式。

二、企业风险管理的基本流程

企业应用风险管理工具方法，一般按照风险管理目标的设立、风险识别、风险分析、风险监测与预警、风险应对、风险管理沟通、风险管理考核、风险管理有效性评价等程序进行。

1. 风险管理目标的设立。风险管理目标是在确定企业风险偏好的基础上，将企业的总体风险和主要类型的风险控制在风险容忍度范围之内。与目标设定相关的两个概念非常重要，即风险偏好与风险容忍度。风险偏好，是指企业愿意承担的风险及相应的风险水平；风险容忍度，是指企业在风险偏好的基础上，设定的风险管理目标值的可容忍波动范围。

2. 风险识别。企业应根据风险形成机制，从企业的内部和外部识别可能影响风险管理目标实现的风险因素和风险事项。

3. 风险分析。企业应在风险识别的基础上，对风险成因和特征、风险之间的相互关系，以及风险发生的可能性、对目标影响严重程度和可能持续的时间进行分析。

4. 风险监测与预警。企业应在风险评价的基础上，针对需重点关注的风险，设置风险预警指标体系对风险的状况进行监测，并通过将指标值与预警临界值的比较，识别预警信号，进行预警分级。

5. 风险应对。企业应针对已发生的风险或已超过监测预警临界值的风险，采取风险承担、风险规避、风险转移、风险分担、风险转换、风险对冲、风险补偿、风险降低等策略，把风险控制在风险偏好及容忍度之内。

6. 风险管理沟通。企业应在企业内部各管理级次、责任单位、业务环节之间，以及企业与外部投资者、债权人、客户、供应商、中介机构和监管部门等利益相关者之间，将风险管理各环节的相关信息进行传递和反馈。企业应建立风险管理报告制度，明确报告的内容、对象、频率和路径。

7. 风险管理考核。企业应根据风险管理职责设置风险管理相关机构和人员的风险管理考核指标，并纳入企业绩效管理，建立明确的、权责利相结合的奖惩制度，以保证风险管理活动持续性和有效性。风险管理部门应定期对各职能部门和业务部门的风险管理实施情况和有效性进行考核，形成考核结论并出具考核报告，及时报送企业经营管理层和绩效管理部门。

8. 风险管理有效性评价。企业应对风险管理制度和工具方法设计的健全性、实施后的有效性，以及风险管理目标的达成情况进行评价，识别是否存在重大风险管理缺陷，形成评价结论并出具评价报告。

第三节　风险管理的工具方法

风险管理领域应用的管理会计工具方法，一般包括风险矩阵、风险清单等。企业可结合自身的风险管理目标和实际情况，单独或综合应用不同风险管理工具方法。

一、风险矩阵

（一）风险矩阵的含义

风险矩阵（也称风险热度图、风险坐标图等），是指按照风险发生的可能性和风险发生后果的严重程度，将风险绘制在矩阵图中，展示风险及其重要性等级的风险管理工具。

风险矩阵的基本原理是根据企业风险偏好，判断并度量风险发生可能性和后果严重程度，计算风险值，以此作为主要依据在矩阵中描绘出风险重要性等级。

企业应用风险矩阵，应明确应用主体（企业整体、所属企业或部门），确定所要识别的风险，定义风险发生可能性和后果严重程度的标准，以及定义风险重要性等级及其表现形式。

风险矩阵适用于企业各类风险重要性等级的展示，也适用于各类风险的分析评价和沟通报告环节。

（二）风险矩阵的应用程序

企业应用风险矩阵工具方法，一般按照绘制风险矩阵坐标图、制定风险重要性等级标准、分析与评价各项风险、风险矩阵中描绘出风险点、对风险矩阵展示的风险信息进行沟通报告和持续修订等程序进行。

1. 绘制风险矩阵坐标图。企业应以风险后果严重程度为横坐标、以风险发生可能性为纵坐标，绘制风险矩阵坐标图。企业可根据风险管理精度的需要，确定定性、半定量或定量指标来描述风险后果严重程度和风险发生可能性。

表示风险后果严重程度的横坐标等级可定性描述为“微小、较小、较大和重大”（也可采用1、2、3、4四个半定量分值），表示风险发生可能性的纵坐标等级可定性描述为“不太可能、偶尔可能、可能、很可能”（也可采用1、2、3、4四个半定量分值），从而形成16个（4×4）方格区域的空白风险矩阵图（见图10－1）。还可以根据需要通过定量指标更精确地描述风险后果严重程度和风险发生可能性。

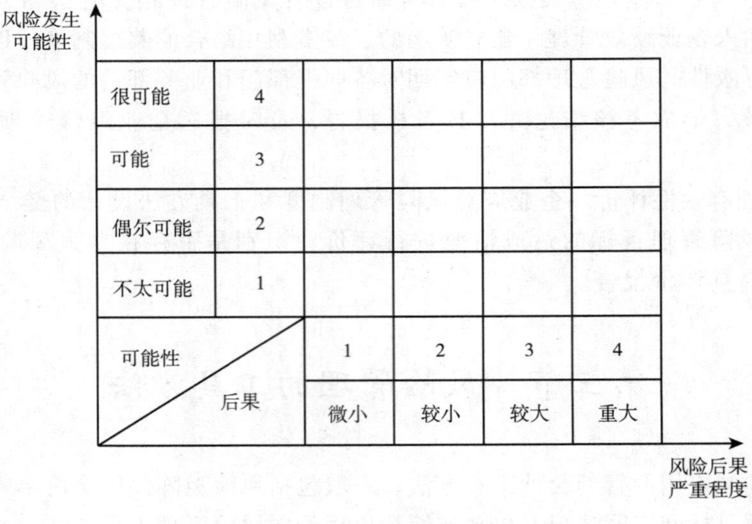

图10－1 风险矩阵图

2. 制定风险重要性等级标准。企业在确定风险重要性等级时，应综合考虑风险后果严重程度和发生可能性以及企业的风险偏好，将风险重要性等级划分为可忽视的风险、可接受的风险、要关注的风险和重大的风险等级别。对于使用半定量和定量指标描绘的矩阵，企业可将风险后果严重程度和发生可能性等级的乘积（即风险值）划分为与风险重要性等级相匹配区间（见表10－1）。

表 10－1　风险重要性等级判断参考标准

风险值	风险等级代码	风险级别描述	等级含义
1—4	Ⅰ	可忽视的风险	无须采取控制措施
5—8	Ⅱ	可接受的风险	可考虑建立规章制度，定期检查
9—12	Ⅲ	要关注的风险	采取明确的预警监控和应对措施
13—16	Ⅳ	重大的风险	需配置资源，积极应对

3. 分析与评价客观风险。企业在逐项分析和评价需在风险矩阵中展示的风险时，注意考虑各风险的性质和企业对该风险的应对能力，对单个风险的发生后果严重程度的量化应注重参考相关历史财务数据。该过程可以通过相关问卷或表单辅助进行。综合各方面专家意见后，得到每一风险发生可能性和后果严重程度的评分结果。

4. 在风险矩阵中描绘出风险点。企业应将每一风险发生的可能性和后果严重程度的评分结果组成的唯一坐标点标注在建立好的空白风险矩阵图中，标明各点的含义并给风险矩阵命名，完成风险矩阵的绘制。

5. 对风险矩阵展示的风险信息进行沟通报告。企业应将绘制完成的风险矩阵及时传递给企业管理层、各职能部门和业务部门。企业还可将风险矩阵纳入企业风险管理报告，以切实指导风险预警和应对活动，提高风险管理效果。

6. 持续修订。企业应根据风险管理的需要或企业管理层的要求，定期或不定期地更新风险矩阵所展示的各类风险及其重要性等级。

（三）对风险矩阵工具方法的评价

风险矩阵的主要优点：一是为企业确定各项风险重要性等级提供了流程化、规范化、可视化的工具，增强风险沟通和报告效果，有利于企业采取有效的监管预警和及时应对；二是简便明了、直观易懂，列示形式灵活多样，适用于各类企业不同类型和不同层级的风险管理责任部门应用。

风险矩阵的主要缺点：一是需要对风险重要性等级标准、风险发生可能性、后果严重程度等做出主观判断，可能影响使用的准确性；二是应用风险矩阵所确定的风险重要性等级是通过相互比较确定的，因而无法将列示的个别风险重要性等级通过数学运算得到总体风险的重要性等级。

二、风险清单

风险清单是识别企业风险的一种方法。根据专业人员设计的较为全面的风险损失清单，来排查企业可能面临的风险。风险清单列示的一般是此前已经存在的、较为普遍的基本风险。因风险清单试图列示所有可能存在的风险，通常会很长。企业需制定适用于本单位的风险识别清单，以供风险管理人员使用。风险清单的具体使用方法为：参照风险清单逐一检查，预见企业可能面临的各种风险，使用者只需对照清单上列示的项目分析风险，并视风险事故可能造成危害的严重程度，确定风险管理的先后顺序，采取不同措施。

在制定风险清单时，将资产分为有形资产和无形资产，然后对两种资产做详细列举，并将风险分为直接风险、间接风险和责任风险，然后对各种情况再进一步细分（见表10－2）。

表10－2　　　　风险清单示例

资产	有形资产	实物资产
		金融资产
	无形资产	专利权
		非专利技术
		商标权
		著作权
		土地使用权
		特许权
损失风险	直接风险	无法控制和无法预期的损失
		可控制或可预期的损失
	间接风险	额外费用——租金等
		资产集中
		破产——员工、管理人员、供应商等
		经济波动——通货膨胀、经济衰退等
		版权或专利权遭到侵犯
		管理失误
		……
	责任风险	广告或出版商责任
		合同责任
		受托人和额外计划福利责任
		董事长或高级管理人员责任
		非所有者责任
		交通责任
		……

企业应根据自身状况设计风险损失清单，然后按照风险的轻重程度确定风险管理次序。

在使用风险清单分析法时，需要注意以下事项：（1）风险清单要根据企业自身的情况，设计得越详细、完善，越能更多地概括企业的资产，越能全面识别可能面临的风险，越有利于减少风险的发生；（2）风险管理单位应按照企业的需要设计清单，按照对企业有利的方式排列风险。同时根据环境的变化，及时调整清单；（3）风险清单不能识别企业的所有风险，即风险清单可以帮助企业识别纯粹风险，但没有考虑特殊风险，如投机风险等，企业不能单纯地依靠风险清单来控制企业风险，要全面把握风险。

第四节 风险管理的应用案例

本节以迈朗公司破产重组为例，讲述风险管理在企业中的应用。这家能源公司能够成功实现破产重组，有赖于公司早已实施的风险管理实践。公司将这些实践进一步发展成为全面的企业风险管理措施，创建了具有风险意识并且积极变革的企业文化。

迈朗公司是一家电力公司，主要为美国、菲律宾和加勒比海地区的客户生产并输送电力。迈朗公司将风险管理视为其商业模式的一部分。

保罗·索伯（Paul Sobel）是迈朗的内部审计副总裁。他的同事安妮·克莱瑞（Anne Cleary）是迈朗的副总裁兼首席风险官。索伯表示："如果没有现有的风险管理实践，我们也许永远不可能从破产阴影中走出来。"

在破产重组后，迈朗公司开展风险管理的第一步是向公司新成立的审计委员会说明公司处理风险的方法。这项工作由克莱瑞领导并由内部审计团队支持，在审计委员会成立初期，也就是迈朗破产重组之前已经完成。第二步是更新迈朗的业务风险组（Business Risk Profile），这是迈朗公司企业风险管理成功的一个重要因素，目的是向审计委员会或董事会正式汇报所有重大风险的状况。迈朗公司的业务风险组就是公司所面临的所有风险的汇总，公司对所有风险的剩余影响和可能性采用5分制进行评估，通过这种方式，风险被分成四类：重大风险、关键风险、中度风险和轻度风险。

迈朗的企业风险管理能够获得成功，主要有赖于三个要素：

（一）制定完善的风险管理政策

迈朗的风险管理政策主要针对四个重点：如何监控市场风险；如何使用不同的模型；如何管理运营风险和如何处理信用风险。

1. 市场风险。迈朗公司的市场风险管理工作主要集中于存在商品收入毛利风险的市场；另外，迈朗公司主要针对美国市场的业务，因为迈朗公司的海外市场业务的价格都受到监管。

2. 模型监控。这一政策涉及与迈朗市场风险模型相关的控制，模型的输入及其核心逻辑都受到严格控制。例如，如果有人要变更发电厂的某项模型设置，这些控制将规定有关的审批签核程序和变更条件。

3. 运营风险。这一政策的目的是审查迈朗公司如何保证已准确、完整地记录所有交易，确保公司的产品组合按照市场定价，并验证公司所使用的产品生命周期曲线。这一部分详细规定了如何提交报告、必须由谁提交报告、如何以及何时可以变更报告架构等内容。若控制发生任何变更或被违反，则需向风险监管委员会及更高级别的管理层报告。

4. 信用风险。最后，迈朗还检查如何授信以及如何计算潜在的和真实的交易对手风险。这一政策确定了当交易对手情况有所变化时，公司应如何追踪交易活动，确保有关风险处于风险监管委员会的监控范围。这部分政策也包含对抵押要求的管理。

所有控制及与这些控制有关的活动都要定期向管理层、风险监管委员会和审计委员会报告。“我们对上述四个领域都有明确的报告要求，”索伯说，“我们也列明了控制失效时须采取的具体纠正措施，以及须遵守的报告规定。”

（二）设立风险监管委员会

风险监管委员会由迈朗的高级管理层组成，每月召开会议审阅公司中各个风险领域的报告，包括市场和产品定价趋势、法务合规、保险、环境健康与安全和监管要求等。例如，在风险监管委员会的指导下，风险控制职能须每日、每周及每月编制不同的报告来向高级管理层报告交易操作情况。此外，业务单元也就运营绩效以及环境健康与安全作出报告。

（三）监督和报告

迈朗的风险管理政策只是列明了对控制和报告的最低要求，实际的报告远超出了这些政策的要求。运营交易控制领域每天都向管理层提交一系列的报告。在报告时，迈朗会将错误和违规情况区分开来。例如，某人执行任务时可能做得不好，但并不代表他违反政策。“这是一个重要的区别：如果你同时跟踪违规情况和错误，你便能获得更完整的数据。即使某人没有违反政策，但他所犯的错误仍会给公司制造麻烦。非故意造成的不准确信息虽然并没有违反政策，但是仍然会在我们的下游流程中被发现。风险控制职能检查错误是否发生，在哪里出现以及我们需要多久才发现它们。这样一来，我们便可以分析错误的趋势并设法改进。”

企业风险管理已经融入迈朗的资源分配流程，但比起其他实践尚不够规范化。克莱瑞和索伯目前正寻求进一步整合风险控制、合规和内部控制资源与工具，以在风险控制和合规领域达到更佳的规模效益和经济效益。这样将加强所有部门对风险的重视程度。

风险评估继续在迈朗的企业风险管理措施中担当着关键的角色。“在我们的企业风险评估方面，安妮召集业务人员开会讨论，这些人员对重大风险都有着自己的意见和深入独到的看法，”索伯说，“这是大家共同协作的成果，使我们对公司的剩余风险水平达成了共识。风险评估并不只是限于首席风险官和内审团队在讨论风险，而是一个群策群力的过程。”

复 习 题

一、单项选择题

1. 下列不属于企业战略风险的是（　　）。

A. 声誉风险　　B. 领导力风险　　C. 信用风险　　D. 品牌风险

2. 不属于企业风险管理的原则的是（　　）。

A. 合规性原则　　B. 全面性原则　　C. 重要性原则　　D. 有效性原则

3. 企业风险管理，是指企业对风险进行有效评估、预警、应对，为企业风险管理目标的实现提供（　　）的过程和方法。

A. 合理保证　　B. 有限保证　　C. 绝对保证　　D. 有效保证

4. 企业无须对（　　）进行评价。

A. 风险管理制度和工具方法设计的健全性　B. 实施后的有效性
C. 风险管理目标的达成情况　D. 风险管理的成本
5. 下列不属于企业直接风险的是（　　）。
A. 无法控制和无法预期的损失　B. 可控制或可预期的损失
C. 广告商或出版商责任　D. 一般的财务风险

二、多项选择题

1. 下列属于企业灾害风险的有（　　）。
A. 自然灾害　B. 产品失效
C. 服务失效　D. 恐怖活动
E. 品牌风险
2. 下列属于企业风险管理基本流程的有（　　）。
A. 风险管理目标的设立　B. 风险识别
C. 风险分析　D. 风险应对
E. 风险监测与预警
3. 风险矩阵适用的环节包括（　　）。
A. 风险应对　B. 风险重要性等级的展示
C. 风险的分析评价　D. 沟通报告
E. 持续修订
4. 下列属于风险矩阵优点的是（　　）。
A. 为企业确定各项风险重要性等级提供了流程化、规范化、可视化的工具
B. 增强风险沟通和报告效果，有利于企业采取有效的监管预警和及时应对
C. 简便明了、直观易懂，列示形式灵活多样，适用于各类企业不同类型和不同层级的风险管理责任部门应用
D. 不需要对风险重要性等级标准、风险发生可能性、后果严重程度等做出主观判断
E. 可以将列示的个别风险重要性等级通过数学运算得到总体风险的重要性等级
5. 下列关于风险清单，说法正确的有（　　）。
A. 风险清单设计得越详细、完善，越有利于减少风险的发生
B. 风险管理单位应按照企业的需要设计清单
C. 风险管理单位按照对企业有利的方式排列风险
D. 风险清单不能识别企业的所有风险
E. 企业需根据环境的变化，及时调整清单

三、判断题

1. 风险是指未来的不确定性对组织实现其既定目标的影响。（　　）
2. 财务风险包括因外币、利率和商品期货的波动而产生的风险；还包括与组织的人力资源、业务流程、技术、效率、生产能力和变革整合相关的风险。（　　）
3. 企业应建立统一的风险分类框架。（　　）
4. 企业应将信息技术应用于风险管理的主要环节，并建立与财务信息系统和业务信息

系统的信息共享机制与方式。 ( )

5. 风险管理目标是在确定企业风险偏好的基础上，将企业的总体风险和主要类型的风险降至最低。 ( )

6. 企业应在风险识别的基础上，对风险成因和特征、风险之间的相互关系，以及风险发生的可能性、对目标影响严重程度和可能持续的时间进行分析。 ( )

7. 风险应对策略包括风险承担、风险规避、风险转移、风险分担、风险转换、风险对冲、风险补偿、风险降低等。 ( )

8. 风险管理部门应定期对各职能部门和业务部门的风险管理实施情况和有效性进行考核。 ( )

9. 风险矩阵仅适用于企业各类风险重要性等级的展示。 ( )

10. 风险清单是企业风险管理考核的一种方法。 ( )

四、简答题

1. 简述风险管理的定义及其分类。

2. 企业风险管理的基本流程有哪些？

第十一章

绩效管理

【学习目标】 通过本章的学习，学生应在熟悉绩效管理基本概念、原则及业务流程的基础上，重点掌握绩效管理领域应用的管理会计工具方法，一般包括关键绩效指标法、经济增加值法、平衡计分卡、绩效棱柱模型等。掌握不同工具方法的含义、特征及其应用程序。

【引导案例】 目前，华为公司的产品和服务覆盖全球170多个国家和地区，为全球1/3以上的人口服务。2016年，华为在世界500强企业排行榜中的排名从第228名上升至第129名。华为公司核心竞争力和价值增值的主导力量就是企业创新能力。企业创新能力主要表现为公司的新技术和新产品的研发。研发人员方面，公司约45%的员工都是研发人员，为了提高员工工作积极性，华为在创业初期就开始酝酿员工持股计划，在公司成立3年之时就开始实行内部股权计划。随着公司的不断壮大，员工持股制度的涉及面越来越广，激励力度越来越大，制度设计也越来越规范。到目前为止，公司已执行5次股权激励制度。研发资金方面，在华为的初创期，任正非就决定利用所有的利润来研发交换机。后来，他又规定必须把每年10%的收入作为研发资金。华为重视研发，在海外设有7家研发机构（美国达拉斯、美国硅谷、印度班加罗尔、瑞典斯德哥尔摩、瑞典哥德堡、俄罗斯莫斯科、加拿大渥太华），在国内也有多家研发机构，形成了一个整体性较好的全球研发体系，产品与服务已达业界先进水平。

华为的股权激励政策在提升公司管理效率，降低代理成本，增强公司凝聚力和市场竞争力等方面起着非常积极的作用。同时，研发投入发挥着重要作用，高强度的研发投入有助于迅速提升技术水平，通过技术创新促进企业绩效增长。

1. 华为公司绩效的快速增长源于其研发资源的优化配置，而研发资源的优化配置源于其员工的股权激励。华为公司股东分为华为投资控股有限公司工会委员会（以下简称“工会”）和任正非两部分，公司通过工会实施员工持股计划。据《商界》报道，2013年，华为内部发行的虚拟受限股股票价格约合5元每股，发行数量已达110亿股之多。截至2015年底，参加持股计划的人员数量已达79563人，且全部是公司员工。华为公司股权的98.6%都在员工手中，任正非只拥有公司股权的1.4%。不过员工手中的股权只享受分红、获得企业价值增值部分的权利，没有表决权。任正非通过仅占公司股本的1.4%的股权行使着公司的控制权和所有权。凭借这种“舍小财”的行为，任正非赢得了公司员工的认可，促进了公司飞速发展，实际上得到了“大财”。

如果有员工想要退出股权激励计划，公司会计算出其拥有股票的相应股本和增值部分并返还给员工，但是只有工会有权利回购相应的股票。员工普遍乐于接受这种可选择的持股计划。同时，华为也因为持续良好的发展而获得了良性循环：一方面，持股员工受益于公司的发展，获得了丰厚的股票增值，这使得员工乐于持股，从而使公司获得有效的内部融资支持，使公司有足够的资金实现更好的发展。另一方面，股权激励计划中规定，只有考评结果较好的员工才能持股，这使得员工的个人利益和公司的未来发展目标趋向一致。

2. 华为公司激励制度设计科学，尤其侧重对高管和核心技术人员股权激励的制度安排。股权激励使公司高管和核心技术人员由雇员身份向股东身份转变，激励高管和核心技术人员积极承担研发风险，优化研发资源配置，提高研发投入产出效率，提升公司绩效。高管股权激励能够激励高管增加研发投资总量，优化研发投资结构和研发资源的区域配置；核心技术人员股权激励能够增强员工归属感，激励核心技术人员提高研发投入产出效率。两者的有机结合大大提升了公司的创新能力、竞争能力和获利能力。

从华为案例中，可以得到如下几点启示：

第一，企业应实施股权激励政策。股权激励政策是公司保持长期可持续发展的一种策略，能够使公司价值的真正创造者分享公司的经营成果，从而保持公司价值创造者的积极性，而目前我国对上市公司股权激励的对象和方式，控制较为严格，上市公司很难结合公司自身特点制定合适的股权激励政策。希望国家能放宽公司股权激励的限制，使股权激励真正成为公司激励的一种手段，促使企业不断进步。

第二，股权激励在设计方案时，激励对象不仅要包括公司的高管，而且还要包括核心技术人才。所以股权激励政策解决了股东与高管分离产生的委托—代理问题，同时也激发了核心技术人员的工作热情，使得他们与公司共同成长，把公司的发展与个人发展紧密联系起来，不断地追求创新发展，从而使得公司拥有核心竞争力。

第三，针对不同的激励对象可设计不同的激励力度，尤其注意激励力度要侧重于高管和核心技术人员。高管可以制定出更适合企业发展的战略，核心技术人员可以促进发展战略转化为公司绩效。对于高新技术企业，股权激励可以有效地激励公司高管减少“短视行为”，加大研发投入力度，提高研发配置效率，有效激励核心技术人员减少“搭便车”行为，提高研发投入产出效率。

注：本案例改编自许杰宇，刘振．股权激励、研发资源配置与公司绩效——基于华为公司的案例分析[J]．管理会计研究，2018（1）。

第一节　绩效管理的基本框架

一、绩效管理的含义

绩效管理，是指企业与所属单位（部门）、员工之间就绩效目标及如何实现绩效目标达成共识，并帮助和激励员工取得优异绩效，从而实现企业目标的管理过程。绩效管理的核心是绩效评价和激励管理。

绩效评价，是指企业运用系统的工具方法，对一定时期内企业营运效率与效果进行综合评判的管理活动。绩效评价是企业实施激励管理的重要依据。

激励管理，是指企业运用系统的工具方法，调动企业员工的积极性、主动性和创造性，激发企业员工工作动力的管理活动。激励管理是促进企业绩效提升的重要手段。

绩效管理领域应用的管理会计工具方法，一般包括关键绩效指标法、经济增加值法、平衡计分卡、股权激励等。企业可根据自身战略目标、业务特点和管理需要，结合不同工具方法的特征及适用范围，选择一种适合的绩效管理工具方法单独使用，也可选择两种或两种以上的工具方法综合运用。

二、绩效管理的基本原则

企业进行绩效管理，一般应遵循以下原则：

1. 战略导向原则。绩效管理应为企业实现战略目标服务，促进价值创造能力提升。

2. 客观公正原则。绩效管理应实事求是，评价过程应客观公正，激励实施应公平合理。

3. 规范统一原则。绩效管理的规章和制度应统一明确，并严格执行规定的程序和流程。

4. 科学有效原则。绩效管理应做到目标符合实际，方法科学有效，激励与约束并重，操作简便易行。

三、绩效管理的业务流程

企业应用绩效管理工具方法，一般按照制定绩效计划与激励计划、执行绩效计划与激励计划、实施绩效评价与激励、编制绩效评价与激励管理报告等程序进行。

（一）制定绩效计划与激励计划

企业应根据战略目标，综合考虑绩效评价期间宏观经济政策、外部市场环境、内部管理需要等因素，结合业务计划与预算，按照上下结合、分级编制、逐级分解的程序，在沟通反馈的基础上，编制各层级的绩效计划与激励计划。

1. 绩效计划是企业开展绩效评价工作的行动方案，包括构建指标体系、分配指标权重、确定绩效目标值、选择计分方法和评价周期、拟定绩效责任书等一系列管理活动。制定绩效计划通常从企业级开始，层层分解到所属单位（部门），最终落实到具体岗位和员工。

（1）构建指标体系。企业可单独或综合运用关键绩效指标法、经济增加值法、平衡计分卡等工具方法构建指标体系。指标体系应反映企业战略目标实现的关键成功因素，具体指标应含义明确、可度量。

（2）分配指标权重。指标权重的确定可选择运用主观赋权法和客观赋权法，也可综合运用这两种方法。主观赋权法是利用专家或个人的知识与经验来确定指标权重的方法，如德尔菲法、层次分析法等。客观赋权法是从指标的统计性质入手，由调查数据确定指标权重的方法，如主成分分析法、均方差法等。

①德尔菲法（也称专家调查法）：是指邀请专家对各项指标进行权重设置，将汇总平均后的结果反馈给专家，再次征询意见，经过多次反复，逐步取得比较一致结果的方法。

②层次分析法：是指将绩效指标分解成多个层次，通过下层元素对于上层元素相对重要性的两两比较，构成两两比较的判断矩阵，求出判断矩阵最大特征值所对应的特征向量作为指标权重值的方法。

③主成分分析法：是指将多个变量重新组合成一组新的相互无关的综合变量，根据实际

需要从中挑选出尽可能多地反映原来变量信息的少数综合变量，进一步求出各变量的方差贡献率，以确定指标权重的方法。

④均方差法：是指将各项指标定为随机变量，指标在不同方案下的数值为该随机变量的取值，首先求出这些随机变量（各指标）的均方差，然后根据不同随机变量的离散程度确定指标权重的方法。

（3）确定绩效目标值。绩效目标值的确定可参考内部标准与外部标准。内部标准有预算标准、历史标准、经验标准等；外部标准有行业标准、竞争对手标准、标杆标准等。

（4）选择计分方法。绩效评价计分方法可分为定量法和定性法。定量法主要有功效系数法和综合指数法等，定性法主要有素质法和行为法等。

①功效系数法：是指根据多目标规划原理，将所要评价的各项指标分别对照各自的标准，并根据各项指标的权重，通过功效函数转化为可以度量的评价分数，再对各项指标的单项评价分数进行加总，得出综合评价分数的一种方法。该方法的优点是从不同侧面对评价对象进行计算评分，满足了企业多目标、多层次、多因素的绩效评价要求；缺点是对标准值确定的难度较大、比较复杂。功效系数法的计算公式为：

$$\text{绩效指标总得分} = \sum \text{单项指标得分} \tag{11-1}$$

$$\text{单项指标得分} = \text{本档基础分} + \text{调整分} \tag{11-2}$$

$$\text{本档基础分} = \text{指标权重} \times \text{本档标准系数} \tag{11-3}$$

$$\text{调整分} = \text{功效系数} \times (\text{上档基础分} - \text{本档基础分}) \tag{11-4}$$

$$\text{上档基础分} = \text{指标权重} \times \text{上档标准系数} \tag{11-5}$$

$$\text{功效系数} = \frac{\text{实际值} - \text{本档标准值}}{\text{上档标准值} - \text{本档标准值}} \tag{11-6}$$

对评价标准值的选用，应结合评价的目的、范围、企业所处行业、企业规模等具体情况，参考国家相关部门或研究机构发布的标准值确定。

②综合指数法：是指根据指数分析的基本原理，计算各项绩效指标的单项评价指数和加权评价指数，据以进行综合评价的方法。该方法的优点是操作简单，容易理解；缺点是标准值存在异常时影响结果的准确性。综合指数法的计算公式为：

$$\text{绩效指标总得分} = \sum (\text{单项指标评价指数} \times \text{该项评价指标的权重}) \tag{11-7}$$

③素质法：是指评估员工个人或团队在多大程度上具有组织所要求的某种基本素质、关键技能和主要特质的方法。

④行为法：是指专注于描述与绩效有关的行为状态，考核员工在多大程度上采取了管理者所期望或工作角色所要求的组织行为的方法。

（5）评价周期。绩效评价周期一般可分为月度、季度、半年度、年度、任期。月度、季度绩效评价一般适用于企业基层员工和管理人员，半年度绩效评价一般适用于企业中高层管理人员，年度绩效评价适用于企业所有被评价对象，任期绩效评价主要适用于企业负责人。

（6）拟定绩效责任书。绩效计划制定后，评价主体与被评价对象一般应签订绩效责任书，明确各自的权利和义务，并作为绩效评价与激励管理的依据。绩效责任书的主要内容包括绩效指标、目标值及权重、评价计分方法、特别约定事项、有效期限、签订日期等。绩效责任书一般按年度或任期签订。

2. 激励计划是企业为激励被评价对象而采取的行动方案，包括激励对象、激励形式、激励条件、激励周期等内容。激励计划按激励形式可分为薪酬激励计划、能力开发激励计划、职业发展激励计划和其他激励计划。

（1）薪酬激励计划。薪酬激励计划按期限可分为短期薪酬激励计划和中长期薪酬激励计划。短期薪酬激励计划主要包括绩效工资、绩效奖金、绩效福利等。中长期薪酬激励计划主要包括股票期权、股票增值权、限制性股票以及虚拟股票等。

（2）能力开发激励计划。能力开发激励计划主要包括对员工知识、技能等方面的提升计划。

（3）职业发展激励计划。职业发展激励计划主要是对员工职业发展做出的规划。

（4）其他激励计划。其他激励计划包括良好的工作环境、晋升与降职、表扬与批评等。

激励计划的制定应以绩效计划为基础，采用多元化的激励形式，兼顾内在激励与外在激励、短期激励与长期激励、现金激励与非现金激励、个人激励与团队激励、正向激励与反向激励，充分发挥各种激励形式的综合作用。

3. 绩效计划与激励计划管理要求。绩效计划与激励计划制定完成后，应经薪酬与考核委员会或类似机构审核，报董事会或类似机构审批。经审批的绩效计划与激励计划应保持稳定，一般不予调整，若受国家政策、市场环境、不可抗力等客观因素影响确需调整的，应严格履行规定的审批程序。

（二）绩效计划与激励计划的执行

审批后的绩效计划与激励计划，应以正式文件的形式下达执行，确保与计划相关的被评价对象能够了解计划的具体内容和要求。绩效计划与激励计划下达后，各计划执行单位（部门）应认真组织实施，从横向和纵向两方面落实到各所属单位（部门）、各岗位员工，形成全方位的绩效计划与激励计划执行责任体系。

绩效计划与激励计划执行过程中，企业应建立配套的监督控制机制，及时记录执行情况，进行差异分析与纠偏，持续优化业务流程，确保绩效计划与激励计划的有效执行。

1. 监控与记录。企业可借助信息系统或其他信息支持手段，监控和记录指标完成情况、重大事项、员工的工作表现、激励措施执行情况等内容。收集信息的方法主要有观察法、工作记录法、他人反馈法等。

2. 分析与纠偏。根据监控与记录的结果，重点分析指标完成值与目标值的偏差、激励效果与预期目标的偏差，提出相应整改建议并采取必要的改进措施。

3. 编制分析报告。分析报告主要反映绩效计划与激励计划的执行情况及分析结果，其频率可以是月度、季度、年度，也可根据需要编制。

在绩效计划与激励计划执行过程中，绩效管理工作机构应通过会议、培训、网络、公告栏等形式，进行多渠道、多样化、持续不断地沟通与辅导，使绩效计划与激励计划得到充分理解和有效执行。

（三）绩效评价与激励的实施

绩效管理工作机构应根据计划的执行情况定期实施绩效评价与激励，按照绩效计划与激励计划的约定，对被评价对象的绩效表现进行系统、全面、公正、客观地评价，并根据评价结果实施相应的激励。

1. 评价主体应按照绩效计划收集相关信息，获取被评价对象的绩效指标实际值，对照目标值，应用选定的计分方法，计算评价分值，并进一步形成对被评价对象的综合评价结果。

2. 绩效评价过程及结果应有完整的记录，结果应得到评价主体和被评价对象的确认，并进行公开发布或非公开告知。公开发布的主要方式有召开绩效发布会、企业网站绩效公示、面板绩效公告等；非公开发布一般采用一对一书面、电子邮件函告或面谈告知等方式进行。

3. 评价主体应及时向被评价对象进行绩效反馈，反馈内容包括评价结果、差距分析、改进建议及措施等，可采取反馈报告、反馈面谈、反馈报告会等形式进行。

4. 绩效结果发布后，企业应依据绩效评价的结果，组织兑现激励计划，综合运用绩效薪酬激励、能力开发激励、职业发展激励等多种方式，逐步兑现激励承诺。

（四）绩效评价与激励管理报告

绩效管理工作机构应定期或根据需要编制绩效评价与激励管理报告，对绩效评价和激励管理的结果进行反馈。

绩效评价与激励管理报告是企业管理会计报告的重要组成部分，应确保内容真实、数据可靠、分析客观、结论清楚，为报告使用者提供满足决策需要的信息。

绩效评价报告根据评价结果编制，反映被评价对象的绩效计划完成情况，通常由报告正文和附件构成。报告正文主要包括以下两部分：（1）评价情况说明，包括评价对象、评价依据、评价过程、评价结果、需要说明的重大事项等；（2）管理建议。

报告附件包括评价计分表、问卷调查结果分析、专家咨询意见等报告正文的支持性文档。

激励管理报告根据激励计划的执行结果编制，反映被评价对象的激励计划实施情况。激励管理报告主要包括两部分：（1）激励情况说明，包括激励对象、激励依据、激励措施、激励执行结果、需要说明的重大事项等；（2）管理建议。其他有关支持性文档可以根据需要以附件形式提供。

绩效评价与激励管理报告可分为定期报告、不定期报告。定期报告主要反映一定期间被评价对象的绩效评价与激励管理情况。每个会计年度至少出具一份定期报告。不定期报告根据需要编制，反映部分特殊事项或特定项目的绩效评价与激励管理情况。

绩效评价与激励管理报告应根据需要及时报送薪酬与考核委员会或类似机构审批。

企业应定期通过回顾和分析，检查和评估绩效评价与激励管理的实施效果，不断优化绩效计划和激励计划，进一步完善未来的绩效管理工作。

（五）绩效管理的内部控制要求

1. 绩效管理的组织管理。企业进行绩效管理时，应设立薪酬与考核委员会或类似机构，主要负责审核绩效管理的规章和制度、绩效计划与激励计划、绩效评价结果与激励实施方案、绩效评价与激励管理报告等，协调解决绩效管理工作中的重大问题。薪酬与考核委员会或类似机构下设绩效管理工作机构，主要负责制订绩效管理的规章和制度、绩效计划与激励计划，组织绩效计划与激励计划的执行与实施，编制绩效评价与激励管理报告等，协调解决绩效管理工作中的日常问题。

2. 绩效管理的制度体系。企业应建立健全绩效管理的制度体系，明确绩效管理的工作目标、职责分工、工作程序、工具方法、信息报告等内容。

3. 信息系统支撑。企业应建立有助于绩效管理实施的信息系统，为绩效管理工作提供信息支持。

第二节　关键绩效指标法

一、关键绩效指标法的含义

关键绩效指标法，是指基于企业战略目标，通过建立关键绩效指标（Key Performance Indicator，简称KPI）体系，将价值创造活动与战略规划目标有效联系，并据此进行绩效管理的方法。关键绩效指标，是对企业绩效产生关键影响力的指标，是通过对企业战略目标、关键成果领域的绩效特征分析，识别和提炼出的最能有效驱动企业价值创造的指标。

关键绩效指标法可单独使用，也可与经济增加值法、平衡计分卡等其他方法结合使用。关键绩效指标法的应用对象可为企业、所属单位（部门）和员工。

关键绩效指标法的主要优点是：一是使企业业绩评价与战略目标密切相关，有利于战略目标的实现；二是通过识别价值创造指标把握关键价值驱动因素，能够更有效地实现企业价值增值目标；三是评价指标数量相对较少，易于理解和使用，实施成本相对较低，有利于推广实施。

关键绩效指标法的主要缺点是：关键绩效指标的选取需要透彻理解企业价值创造模式和战略目标，有效识别核心业务流程和关键价值驱动因素，指标体系设计不当将导致错误的价值导向或管理缺失。

二、制定以关键绩效指标为核心的绩效计划

企业应用关键绩效指标法，一般也按照制订绩效计划与激励计划、执行绩效计划与激励计划、实施绩效评价与激励、编制绩效评价与激励管理报告等程序进行。但最为关键的是制定以关键绩效指标为核心的绩效计划，其他应用程序参照本章第一节相关内容。

1. 企业构建关键绩效指标体系，一般按照以下程序进行：（1）制定企业级关键绩效指标。企业应根据战略目标，结合价值创造模式，综合考虑内外部环境等因素，设定企业级关

键绩效指标。（2）制定所属单位（部门）级关键绩效指标。根据企业级关键绩效指标，结合所属单位（部门）关键业务流程，按照上下结合、分级编制、逐级分解的程序，在沟通反馈的基础上，设定所属单位（部门）级关键绩效指标。（3）制定岗位（员工）级关键绩效指标。根据所属单位（部门）级关键绩效指标，结合员工岗位职责和关键工作价值贡献，设定岗位（员工）级关键绩效指标。

2. 企业的关键绩效指标一般可分为结果类和动因类两类指标。结果类指标是反映企业绩效的价值指标，主要包括投资回报率、净资产收益率、经济增加值、息税前利润、自由现金流等综合指标；动因类指标是反映企业价值关键驱动因素的指标，主要包括资本性支出、单位生产成本、产量、销量、客户满意度、员工满意度等。

关键绩效指标应含义明确、可度量、与战略目标高度相关。指标的数量不宜过多，每一层级的关键绩效指标一般不超过10个。

3. 关键绩效指标选取的方法主要有关键成果领域分析法、组织功能分解法和工作流程分解法。

（1）关键成果领域分析法，是基于对企业价值创造模式的分析，确定企业的关键成果领域，并在此基础上进一步识别关键成功要素，确定关键绩效指标的方法。

（2）组织功能分解法，是基于组织功能定位，按照各所属单位（部门）对企业总目标所承担的职责，逐级分解和确定关键绩效指标的方法。

（3）工作流程分解法，是按照工作流程各环节对企业价值贡献程度，识别出关键业务流程，将企业总目标层层分解至关键业务流程相关所属单位（部门）或岗位（员工），确定关键绩效指标的方法。

4. 关键绩效指标的权重分配应以企业战略目标为导向，反映被评价对象对企业价值贡献或支持的程度，以及各指标之间的重要性水平。

单项关键绩效指标权重一般设定在5%—30%之间，对特别重要的指标可适当提高权重。对特别关键、影响企业整体价值的指标可设立“一票否决”制度，即如果某项关键绩效指标未完成，无论其他指标是否完成，均视为未完成绩效目标。

5. 企业确定关键绩效指标目标值，一般参考以下标准：（1）依据国家有关部门或权威机构发布的行业标准或参考竞争对手标准。（2）参照企业内部标准，包括企业战略目标、年度生产经营计划目标、年度预算目标、历年指标水平等。（3）不能按前两项方法确定的，可根据企业历史经验值确定。

关键绩效指标的目标值确定后，应规定因内外部环境发生重大变化、自然灾害等不可抗力因素对绩效完成结果产生重大影响时，对目标值进行调整的办法和程序。一般情况下，由被评价对象或评价主体测算确定影响额度，向相应的绩效管理工作机构提出调整申请，报薪酬与考核委员会或类似机构审批。

6. 常见的关键绩效指标及计算：

（1）投资资本回报率，是指企业在一定会计期间取得的息前税后利润占其所使用的全部投资资本的比例，反映企业在会计期间有效利用投资资本创造回报的能力。一般计算公式如下：

$$\text{投资资本报酬率} = \frac{\text{税前利润} \times (1 - \text{所得税税率}) + \text{利息支出}}{\text{投资资本平均余额}} \times 100\% \tag{11-8}$$

$$投资资本平均余额 = \frac{期初投资资本 + 期末投资资本}{2} \tag{11-9}$$

$$投资资本 = 有息债务 + 所有者(股东)权益 \tag{11-10}$$

（2）净资产收益率（也称权益净利率），是指企业一定会计期间取得的净利润占其所使用的净资产平均数的比例，反映企业全部资产的获利能力。一般计算公式如下：

$$净资产收益率 = \frac{净利润}{平均净资产} \times 100\% \tag{11-11}$$

（3）经济增加值回报率，是指企业一定会计期间内经济增加值与平均资本占用的比值。一般计算公式如下：

$$经济增加值回报率 = \frac{经济增加值}{平均资本占用} \times 100\% \tag{11-12}$$

（4）息税前利润，是指企业当年实现税前利润与利息支出的合计数。一般计算公式如下：

$$息税前利润 = 税前利润 + 利息支出 \tag{11-13}$$

（5）自由现金流，是指企业在一定会计期间经营活动产生的净现金流超过付现资本性支出的金额，反映企业可动用的现金。一般计算公式如下：

$$自由现金流 = 经营活动净现金流 - 付现资本性支出$$

（6）资产负债率，是指企业负债总额与资产总额的比值，反映企业整体财务风险程度。一般计算公式如下：

$$资产负债率 = \frac{负债总额}{资产总额} \times 100\% \tag{11-14}$$

（7）总资产周转率，是指营业收入与总资产平均余额的比值，反映总资产在一定会计期间内周转的次数。一般计算公式如下：

$$总资产周转率 = \frac{营业收入}{总资产平均余额} \times 100\% \tag{11-15}$$

（8）存货周转率，是指企业营业收入与存货平均余额的比值，反映存货在一定会计期间内周转的次数。一般计算公式如下：

$$存货周转率 = \frac{营业收入}{存货平均余额} \times 100\% \tag{11-16}$$

（9）资本周转率，是指企业在一定会计期间内营业收入与平均资本占用的比值。一般计算公式如下：

$$资本周转率 = \frac{营业收入}{平均资本占用} \times 100\% \tag{11-17}$$

（10）资本性支出，是指企业发生的、其效益涉及两个或两个以上会计年度的各项支出。

（11）产量，是指企业在一定时期内生产出来的产品的数量。

（12）销量，是指企业在一定时期内销售商品的数量。

（13）单位生产成本，是指生产单位产品而平均耗费的成本。

（14）客户满意度，是指客户期望值与客户体验的匹配程度，即客户通过对某项产品或服务的实际感知与其期望值相比较后得出的指数。客户满意度收集渠道主要包括问卷调查、客户投诉、与客户的直接沟通、消费者组织的报告、各种媒体的报道和行业研究的结果等。

（15）员工满意度，是指员工对企业的实际感知与其期望值相比较后得出的指数。主要通过问卷调查、访谈调查等方式，从工作环境、工作关系、工作内容、薪酬福利、职业发展等方面进行衡量。

（16）市场份额，是指一个企业的销售量（或销售额）在市场同类产品中所占的比重。

（17）客户获得率，是指企业在争取新客户时获得成功部分的比例。该指标可用客户数量增长率或客户交易额增长率来描述。一般计算公式如下：

$$客户数量增长率=\frac{本期客户数量-上期客户数量}{上期客户数量}\times 100\% \tag{11-18}$$

$$客户交易额增长率=\frac{本期客户交易额-上期客户交易额}{上期客户交易额}\times 100\% \tag{11-19}$$

（18）客户保持率，是指企业继续保持与老客户交易关系的比例。该指标可用老客户交易增长率来描述。一般计算公式如下：

$$老客户交易增长率=\frac{老客户本期交易额-老客户上期交易额}{老客户上期交易额}\times 100\% \tag{11-20}$$

（19）客户获利率，是指企业从单一客户得到的净利润与付出的总成本的比率。一般计算公式如下：

$$单一客户获利率=\frac{单一客户净利润}{单一客户总成本}\times 100\% \tag{11-21}$$

（20）战略客户数量，是指对企业战略目标实现有重要作用的客户数量。

（21）交货及时率，是指企业在一定会计期间内及时交货的次数占其总交货次数比例。一般计算公式如下：

$$交货及时率=\frac{及时交货的订单个数}{总订单个数}\times 100\% \tag{11-22}$$

（22）生产负荷率，是指投产项目在一定会计期间内的产品产量与设计生产能力的比例。一般计算公式如下：

$$生产负荷率=\frac{实际产量}{设计生产能力}\times 100\% \tag{11-23}$$

（23）产品合格率，是指合格产品数量占总产品数量的比例。一般计算公式为：

$$产品合格率=\frac{合格产品数量}{总产品数量}\times 100\% \tag{11-24}$$

（24）员工流失率，是指企业一定会计期间内离职员工占员工平均人数的比例。一般计算公式如下：

$$员工流失率 = \frac{本期离职员工人数}{员工平均人数} \times 100\% \qquad (11-25)$$

$$员工保持率 = 1 - 员工流失率$$

(25) 员工生产率，是指员工在一定会计期间内创造的劳动成果与其相应员工数量的比值。该指标可用人均产品生产数量或人均营业收入进行衡量。一般计算公式如下：

$$人均产品生产数量 = \frac{本期产品生产总量}{生产人数} \qquad (11-26)$$

$$人均营业收入 = \frac{本期营业收入}{员工人数} \qquad (11-27)$$

(26) 培训计划完成率，是指培训计划实际执行的总时数占培训计划总时数的比例，一般计算公式如下：

$$培训计划完成率 = \frac{培训计划实际执行的总时数}{培训计划总时数} \times 100\% \qquad (11-28)$$

三、应用关键绩效指标法的内部控制要求

1. 企业应用关键绩效指标法，应综合考虑绩效评价期间宏观经济政策、外部市场环境、内部管理需要等因素构建指标体系。

2. 企业应有明确的战略目标。战略目标是确定关键绩效指标体系的基础，关键绩效指标反映战略目标，对战略目标实施效果进行衡量和监控。

3. 企业应清晰识别价值创造模式，按照价值创造路径识别出关键驱动因素，科学地选择和设置关键绩效指标。

第三节 经济增加值法

一、经济增加值法的含义

经济增加值法，是指以经济增加值（Economic Value Added，简称 EVA）为核心，建立绩效指标体系，引导企业注重价值创造，并据此进行绩效管理的方法。

经济增加值，是指税后净营业利润扣除全部投入资本的成本后的剩余收益。经济增加值及其改善值是全面评价经营者有效使用资本和为企业创造价值的重要指标。经济增加值为正，表明经营者在为企业创造价值；经济增加值为负，表明经营者在损毁企业价值。

经济增加值法较少单独应用，一般与关键绩效指标法、平衡计分卡等其他方法结合使用。企业应用经济增加值法进行绩效管理的对象，可为企业及其所属单位（部门）（可单独计算经济增加值）和高级管理人员。

经济增加值法的主要优点有：考虑了所有资本的成本，更真实地反映了企业的价值创造能力；实现了企业利益、经营者利益和员工利益的统一，激励经营者和所有员工为企业创造更多价值；能有效遏制企业盲目扩张规模以追求利润总量和增长率的倾向，引导企业注重长期价值创造。

经济增加值法的主要缺点有：一是仅对企业当期或未来1—3年价值创造情况进行衡量和预判，无法衡量企业长远发展战略的价值创造情况；二是计算主要基于财务指标，无法对企业的运营效率与效果进行综合评价；三是不同行业、不同发展阶段、不同规模等的企业，其会计调整项和加权平均资本成本各不相同，计算比较复杂，影响指标的可比性。

二、经济增加值法的应用程序

企业应用经济增加值法，一般按照制定以经济增加值指标为核心的绩效计划、制定激励计划、执行绩效计划与激励计划、实施绩效评价与激励、编制绩效评价与激励管理报告等程序进行。

（一）制定以经济增加值指标为核心的绩效计划

绩效计划是企业开展业绩评价工作的行动方案，包括构建指标体系、分配指标权重、确定业绩绩效目标值、选择计分方法和评价周期、拟定业绩绩效责任书等。

1. 构建经济增加值指标体系，一般按照以下程序进行：

（1）制定企业级经济增加值指标体系。首先应结合行业竞争优势、组织结构、业务特点、会计政策等情况，确定企业级经济增加值指标的计算公式、调整项目、资本成本等，并围绕经济增加值的关键驱动因素，制定企业的经济增加值指标体系。

（2）制定所属单位（部门）级经济增加值指标体系。根据企业级经济增加值指标体系，结合所属单位（部门）所处行业、业务特点、资产规模等因素，在充分沟通的基础上，设定所属单位（部门）级经济增加值指标的计算公式、调整项目、资本成本等，并围绕所属单位（部门）经济增加值的关键驱动因素，细化制定所属单位（部门）的经济增加值指标体系。

（3）制定高级管理人员的经济增加值指标体系。根据企业级、所属单位（部门）级经济增加值指标体系，结合高级管理人员的岗位职责，制定高级管理人员的经济增加值指标体系。

2. 经济增加值的计算公式为：

$$\text{经济增加值} = \text{税后净营业利润} - \text{平均资本占用} \times \text{加权平均资本成本} \qquad (11-29)$$

式中：税后净营业利润衡量的是企业的经营盈利情况；平均资本占用反映的是企业持续投入的各种债务资本和股权资本；加权平均资本成本反映的是企业各种资本的平均成本率。

计算经济增加值时，需要进行相应的会计项目调整，以消除财务报表中不能准确反映企业价值创造的部分。会计调整项目的选择应遵循价值导向性、重要性、可控性、可操作性与行业可比性等原则，根据企业实际情况确定。常用的调整项目有：（1）研究开发费、大型广告费等一次性支出但收益期较长的费用，应予以资本化处理，不计入当期费用；（2）反映付息债务成本的利息支出，不作为期间费用扣除，计算税后净营业利润时扣除所得税影响后予以加回；（3）营业外收入、营业外支出具有偶发性，将当期发生的营业外收支从税后净营业利润中扣除；（4）将当期减值损失扣除所得税影响后予以加回，并在计算资本占用时相应调整资产减值准备发生额；（5）递延税金不反映实际支付的税款情况，将递延所得税资产及递延所得税负债变动影响的企业所得税从税后净营业利润中扣除，相应调整资本占用；（6）其他非经常性损益调整项目，如股权转让收益等。

税后净营业利润等于会计上的税后净利润加上利息支出等会计调整项目后得到的税后利润。

平均资本占用是所有投资者投入企业经营的全部资本，包括债务资本和股权资本。其中债务资本包括融资活动产生的各类有息负债，不包括经营活动产生的无息流动负债。股权资本中包含少数股东权益。资本占用除根据经济业务实质相应调整资产减值损失、递延所得税等，还可根据管理需要调整研发支出、在建工程等项目，引导企业注重长期价值创造。

加权平均资本成本是债务资本成本和股权资本成本的加权平均，反映了投资者所要求的必要报酬率。加权平均资本成本的计算公式如下：

$$K_{WACC} = K_D \frac{DC}{TC}(1-T) + K_S \frac{EC}{TC} \quad (11-30)$$

式中：TC 代表资本占用，EC 代表股权资本，DC 代表债务资本；T 代表所得税税率；K_{WACC}代表加权平均资本成本，K_D代表债务资本成本，K_S代表股权资本成本。

债务资本成本是企业实际支付给债权人的税前利率，反映的是企业在资本市场中债务融资的成本率。如果企业存在不同利率的融资来源，债务资本成本应使用加权平均值。

股权资本成本是在不同风险下，所有者对投资者要求的最低回报率。通常根据资本资产定价模型确定，计算公式为：

$$K_s = R_f + \beta(R_m - R_f) \quad (11-31)$$

其中：R_f 为无风险收益率，R_m 为市场预期回报率，$R_m - R_f$ 为市场风险溢价。β 是企业股票相对于整个市场的风险指数。上市企业的 β 值，可采用回归分析法或单独使用最小二乘法等方法测算确定，也可以直接采用证券机构等提供或发布的 β 值；非上市企业的 β 值，可采用类比法，参考同类上市企业的 β 值确定。

企业级加权平均资本成本确定后，应结合行业情况、不同所属单位（部门）的特点，通过计算（能单独计算的）或指定（不能单独计算的）的方式确定所属单位（部门）的资本成本。通常情况下，企业对所属单位（部门）所投入资本即股权资本的成本率是相同的，为简化资本成本的计算，所属单位（部门）的加权平均资本成本一般与企业保持一致。

3. 分配指标权重。经济增加值法指标体系通常包括经济增加值、经济增加值改善值、经济增加值回报率、资本周转率、产量、销量、单位生产成本等。应用经济增加值法建立的绩效评价体系，应赋予经济增加值指标较高的权重。

4. 确定业绩绩效目标值。经济增加值目标值根据经济增加值基准值（简称 EVA 基准值）和期望的经济增加值改善值（简称期望的 ΔEVA）确定。

$$\text{EVA 目标值} = \text{EVA 基准值} + \text{期望的 } \Delta\text{EVA} \quad (11-32)$$

企业在确定 EVA 基准值和期望的 ΔEVA 值时，要充分考虑企业规模、发展阶段、行业特点等因素。其中，EVA 基准值可参照上年实际完成值、上年实际完成值与目标值的平均值、近几年（比如前 3 年）实际完成值的平均值等确定。期望的 ΔEVA 值，根据企业战略目标、年度生产经营计划、年度预算安排、投资者期望等因素，结合价值创造能力改善等要求综合确定。

（二）制定激励计划

经济增加值法的激励计划按激励形式可分为薪酬激励计划、能力开发激励计划、职业发展激励计划和其他激励计划。应用经济增加值法建立的激励体系，应以经济增加值的改善值为基础。

1. 薪酬激励计划主要包括目标奖金、奖金库和基于经济增加值的股票期权。

（1）目标奖金。目标奖金是达到经济增加值目标值所获得的奖金，只对经济增加值增量部分实施奖励。

（2）奖金库。奖金库是基于对企业经济增加值长期增长目标实施的奖励。企业设立专门的账号管理奖金，将以经济增加值为基准计算的奖金额存入专门账户中，以递延奖金形式发放。

（3）股票期权。根据经济增加值确定股票期权的行权价格和数量，行权价格每年以相当于企业资本成本的比例上升，授予数量由当年所获得的奖金确定。

2. 能力开发激励计划主要包括对员工知识、技能等方面的提升计划。

3. 职业发展激励计划主要是对员工职业发展做出的规划。

4. 其他激励计划包括良好的工作环境、晋升与降职、表扬与批评等。

（三）其他应用程序

绩效评价计分方法和周期的选择、绩效责任书的签订，参照本章前述绩效管理有关内容。

绩效计划和激励计划制定后，执行、实施及编制报告参照本章前述绩效管理有关内容。

企业应用经济增加值法，应循序渐进，在企业及部分所属单位试点的基础上，总结完善后稳步推开。

三、应用经济增加值法的内部控制要求

1. 企业应用经济增加值法，应树立价值管理理念，明确以价值创造为中心的战略目标，建立以经济增加值为核心的价值管理体系，使价值管理成为企业的核心管理制度。

2. 企业应综合考虑宏观环境、行业特点和企业的实际情况，通过价值创造模式的识别，确定关键价值驱动因素，构建以经济增加值为核心的指标体系。

3. 企业应建立清晰的资本资产管理责任体系，确定不同被评价对象的资本资产管理责任。

4. 企业应建立健全会计核算体系，确保会计数据真实可靠、内容完整，并及时获取与经济增加值计算相关的会计数据。

5. 企业应加强融资管理，关注筹资来源与渠道，及时获取债务资本成本、股权资本成本等相关信息，合理确定资本成本。

6. 企业应加强投资管理，把能否增加价值作为新增投资项目决策的主要评判标准，以保持持续的价值创造能力。

第四节 平衡计分卡

一、平衡计分卡的含义

平衡计分卡是指，基于企业战略，从财务、客户、内部业务流程、学习与成长四个维度，将战略目标逐层分解转化为具体的、相互平衡的绩效指标体系，并据此进行绩效管理的方法。平衡计分卡通常与战略地图等其他工具结合使用。平衡计分卡适用于战略目标明确、管理制度比较完善、管理水平相对较高的企业。平衡计分卡的应用对象可为企业、所属单位（部门）和员工。

（一）财务维度

平衡计分卡从财务、客户、内部流程、学习与成长四个维度对绩效进行分解，客户、内部业务流程、学习与成长三个维度是以财务维度为起始点和中心，可以说财务维度更是战略目标的最终体现，是公司股东最关心的维度，财务绩效指标也是股东最关注的，财务指标直接反映出公司的运营状况和股东的收益情况。

（二）客户维度

客户是企业赖以生存的根本，为了满足股东获得令人鼓舞的回报，需要关注利益相关者——客户，关注市场表现。企业战略的细分市场、客户维护和发展通过平衡计分卡的客户维度得以体现，客户维度的绩效指标包括客户满意度、新增客户率、客户保持率和市场占有率等。客户维度使企业找到目标客户并根据客户需求提供客户价值，从而为企业财务维度指标提供强有力的支持。

（三）内部业务流程维度

内部业务流程维度关注确定优化完整的内部流程价值链，这个价值链包括创新流程、经营流程、服务流程等。开端是创新流程，这个流程的目的在于确定市场。产品和服务是否满足客户需要，关键在于获得市场规模和客户偏好的有效信息，进而进入开发阶段，进行产品和服务的开发生产。经营流程是指企业接到客户订单—进行生产—客户收到产品或服务。服务流程是内部流程的最后一环，可以从时间、质量和成本方面进行衡量。创新流程通过平衡计分卡融入内部业务流程中，需要企业创造更新和差异化的产品及服务来提高企业竞争优势，从而使企业获得长远发展。

（四）学习与成长维度

学习与成长维度是指企业在制定战略中关于员工成长进步的关键部分，直接影响企业核心竞争力的保持和提高。员工是企业经营成败的重要因素，是最能体现企业核心竞争力的重要参数，也是企业保持强劲发展势头的资本。学习与成长维度在平衡计分卡体系中承担基础性作用，分为三方面：人力资本、信息资本和组织资本。人力资本衡量有三种指标：员工满意度、员工保持率、员工生产率。信息资本是企业战略发展所必需的，可以帮助员工改进业务流程，快速、及时、准确地得到产品和服务的信息。组织资本可以调动员工的工作积极性，使收入与业绩挂钩，改善员工关系等。

（五）平衡计分卡的优点与缺点

平衡计分卡的主要优点有：一是战略目标逐层分解并转化为被评价对象的绩效指标和行动方案，使整个组织行动协调一致；二是从财务、客户、内部业务流程、学习与成长四个维度确定绩效指标，使绩效评价更为全面完整；三是将学习与成长作为一个维度，注重员工的发展要求和组织资本、信息资本等无形资产的开发利用，有利于增强企业可持续发展的动力。

应用平衡计分卡的主要缺点有：一是对专业技术要求高，工作量比较大，操作难度也较大，需要持续地沟通和反馈，实施比较复杂、成本高；二是各指标权重在不同层级及各层级不同指标之间的分配比较困难，且部分非财务指标的量化工作难以落实；三是系统性强、涉及面广，需要专业人员的指导、企业全员的参与和长期持续地修正与完善，对信息系统、管理能力有较高的要求。

二、平衡计分卡的应用程序

企业应用平衡计分卡工具方法，一般按照制定战略地图、制定以平衡计分卡为核心的绩效计划、制定激励计划、制定战略性行动方案、执行绩效计划与激励计划、实施绩效评价与激励、编制绩效评价与激励管理报告等程序进行。

1. 制定战略地图。企业首先应制定战略地图，即基于企业愿景与战略，将战略目标及因果关系、价值创造路径以图示的形式直观、明确、清晰地呈现。战略地图基于战略主题构建，战略主题反映企业价值创造的关键业务流程，每个战略主题包括相互关联的1—2个目标。

2. 制定以平衡计分卡为核心的绩效计划。战略地图制定后，应以平衡计分卡为核心编制绩效计划。绩效计划是企业开展绩效评价工作的行动方案，包括构建指标体系、分配指标权重、确定绩效目标值、选择计分方法和评价周期、签订绩效责任书等一系列管理活动。制定绩效计划通常从企业级开始，层层分解到所属单位（部门），最终落实到具体岗位和员工。

（1）构建指标体系。平衡计分卡指标体系的构建应围绕战略地图，针对财务、客户、内部业务流程和学习与成长四个维度的战略目标，确定相应的评价指标。构建平衡计分卡指标体系的一般程序：①制定企业级指标体系。根据企业层面的战略地图，为每个战略主题的目标设定指标，每个目标至少应有1个指标。②制定所属单位（部门）级指标体系。依据企业级战略地图和指标体系，制定所属单位（部门）的战略地图，确定相应的指标体系，协同各所属单位（部门）的行动与战略目标保持一致。③制定岗位（员工）级指标体系。根据企业、所属单位（部门）级指标体系，按照岗位职责逐级形成岗位（员工）级指标体系。

平衡计分卡指标体系构建时，应注重短期目标与长期目标的平衡、财务指标与非财务指标的平衡、结果性指标与动因性指标的平衡、企业内部利益与外部利益的平衡。平衡计分卡每个维度的指标通常为4—7个，总数量一般不超过25个。

平衡计分卡指标体系构建时，企业应以财务维度为核心，其他维度的指标都与核心维度的一个或多个指标相联系。通过梳理核心维度目标的实现过程，确定每个维度的关键驱动因素，结合战略主题，选取关键绩效指标。

财务维度用财务术语描述了战略目标的有形成果。企业常用指标有投资资本回报率、净资产收益率、经济增加值、息税前利润、自由现金流、资产负债率、总资产周转率等。

客户维度界定了目标客户的价值主张。企业常用指标有市场份额、客户满意度、客户获得率、客户保持率、客户获利率、战略客户数量等。

内部业务流程维度确定了对战略目标产生影响的关键流程。企业常用指标有交货及时率、生产负荷率、产品合格率、存货周转率、单位生产成本等。

学习与成长维度确定了对战略最重要的无形资产。企业常用指标有员工保持率、员工生产率、培训计划完成率、员工满意度等。

企业可根据实际情况建立通用类指标库，不同层级单位和部门结合不同的战略定位、业务特点选择适合的指标体系。

（2）分配指标权重。平衡计分卡指标的权重分配应以战略目标为导向，反映被评价对象对企业战略目标贡献或支持的程度，以及各指标之间的重要性水平。

企业绩效指标权重一般设定在5%—30%之间，对特别重要的指标可适当提高权重。对特别关键、影响企业整体价值的指标可设立“一票否决”制度，即如果某项绩效指标未完成，无论其他指标是否完成，均视为未完成绩效目标。

（3）确定绩效目标值。平衡计分卡绩效目标值应根据战略地图的因果关系分别设置。首先确定战略主题的目标值，其次确定主题内的目标值，然后基于平衡计分卡评价指标与战略目标的对应关系，为每个评价指标设定目标值，通常设计3—5年的目标值。

平衡计分卡绩效目标值确定后，应规定因内外部环境发生重大变化、自然灾害等不可抗力因素对绩效完成结果产生重大影响时，对目标值进行调整的办法和程序。一般情况下，由被评价对象或评价主体测算确定影响程度，向相应的绩效管理工作机构提出调整申请，报薪酬与考核委员会或类似机构审批。

3. 其他程序。绩效评价计分方法和周期的选择、绩效责任书的签订、激励计划的制定，参照本章绩效管理有关内容。

绩效计划与激励计划制定后，企业应在战略主题的基础上，制定战略性行动方案，实现短期行动计划与长期战略目标的协同。战略性行动方案的制定主要包括以下内容：（1）选择战略性行动方案。制定每个战略主题的多个行动方案，并从中区分、排序和选择最优的战略性行动方案。（2）提供战略性资金。建立战略性支出的预算，为战略性行动方案提供资金支持。（3）建立责任制。明确战略性行动方案的执行责任方，定期回顾战略性行动方案的执行进程和效果。

绩效计划与激励计划执行过程中，企业应按照纵向一致、横向协调的原则，持续地推进组织协同，将协同作为一个重要的流程进行管理，使企业和员工的目标、职责与行动保持一致，创造协同效应。

绩效计划与激励计划执行过程中，企业应持续深入地开展流程管理，及时识别存在问题的关键流程，根据需要对流程进行优化完善，必要时进行流程再造，将流程改进计划与战略目标相协同。

绩效计划与激励计划的执行、实施及编制报告，参照本章绩效管理有关内容。

平衡计分卡的实施是一项长期的管理改善工作，在实践中通常采用先试点后推广的方式，循序渐进，分步实施。

三、应用平衡计分卡的内部控制要求

1. 企业应用平衡计分卡工具方法，应有明确的愿景和战略。平衡计分卡应以战略目标为核心，全面描述、衡量和管理战略目标，将战略目标转化为可操作的行动。

2. 平衡计分卡可能涉及组织和流程变革，具有创新精神、变革精神的企业文化有助于成功实施平衡计分卡。

3. 企业应对组织结构和职能进行梳理，消除不同组织职能间的壁垒，实现良好的组织协同，既包括企业内部各级单位（部门）之间的横向与纵向协同，也包括与投资者、客户、供应商等外部利益相关者之间的协同。

4. 企业应注重员工学习与成长能力的提升，以更好地实现平衡计分卡的财务、客户、内部业务流程目标，使战略目标贯彻到每一名员工的日常工作中。

5. 平衡计分卡的实施是一项复杂的系统工程。企业一般需要建立由战略管理、人力资源管理、财务管理和外部专家等组成的团队，为平衡计分卡的实施提供机制保障。

6. 企业应建立高效集成的信息系统，实现绩效管理与预算管理、财务管理、生产经营等系统的紧密结合，为平衡计分卡的实施提供信息支持。

第五节 绩效棱柱模型

一、绩效棱柱模型的含义

绩效棱柱模型，是指从企业利益相关者角度出发，以利益相关者满意为出发点，利益相关者贡献为落脚点，以企业战略、业务流程、组织能力为手段，用棱柱的五个构面构建三维绩效评价体系，并据此进行绩效管理的方法。其中，利益相关者，是指有能力影响企业或者被企业所影响的人或者组织，通常包括股东、债权人、员工、客户、供应商、监管机构等。

绩效棱柱模型是一个三棱柱模型，模型建立的基础就是首先要在明确公司利益相关者需求的基础上，明确公司发展的目标，制定公司的发展战略，之后将公司流程和公司能力与公司战略相结合，把公司利益相关者的贡献和满意度纳入公司的治理之中，从而为公司的发展提供动力。

绩效棱柱模型主要包括五个关键的层面：什么是利益相关者以及他们的愿景与需求形成了绩效棱柱模型中五个层面中的重要层面之一。与之相对的是绩效棱柱模型的第二个层面，公司作为一个利益主体希望从利益相关者那里得到什么，这一层面就是利益相关者的贡献。之后对于侧面的三个棱面分别是与公司和利益相关者都息息相关的战略、流程和能力层面。战略层面从公司来说是选取适当的战略实现自己的目标，而对于其他利益相关者而言则是公司选取的战略是否与其他利益相关者本身的战略目标存在一致性。流程层面对于公司本身来讲，是对自身战略实现的实施过程；而对于其他利益相关者来讲，一方面是自身行为对公司

的影响，另一方面是公司实施流程对利益相关者的影响。最后一个方面，也是不可忽视的一个方面就是能力，公司需要什么能力来实现公司制定的战略目标；相反，利益相关者需要以什么样的能力去辅助公司实现自身的战略目标。绩效棱柱模型如图 11－1 所示。

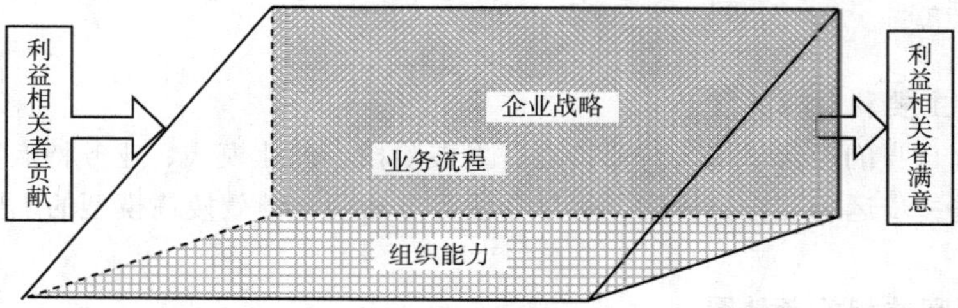

图 11－1 绩效棱柱模型图

总的来说，这五个方面相辅相成，每个部分都相互影响，相互作用。任何侧面的缺失都不可能构成三棱柱模型，更不能推动公司可持续发展。虽然绩效棱柱模型的各个层面相互存在关联，但是利益相关者及愿景与需求是绩效棱柱模型中的重中之重。将绩效棱柱的每个侧面的问题加以定量和定性的分析，就能够达到区别于传统的财务指标衡量公司绩效的效果，从而为促进公司管理水平的不断进步，实现公司的长期发展做出重要贡献。

二、绩效棱柱模型的优缺点

绩效棱柱模型适用于管理制度比较完善、业务流程比较规范和管理水平相对较高的大中型企业。绩效棱柱模型的应用对象可为企业和所属单位（部门）。

绩效棱柱模型的主要优点在于：坚持利益相关者价值取向，使利益相关者与企业紧密联系，有利于实现企业与利益相关者的共赢，为企业可持续发展创造良好的内外部环境。

绩效棱柱模型的主要缺点在于：涉及多个利益相关者，对每个利益相关者都要从五个构面建立指标体系，指标选取复杂，部分指标较难量化，对企业信息系统和管理水平有较高要求，实施难度大、门槛高。

三、绩效棱柱模型的应用环境

1. 企业应坚持主要利益相关者价值取向，建立有效的内外部沟通协调机制，与利益相关者建立良好的互动关系。

2. 企业应根据主要利益相关者的需求制定战略，优化关键流程，提升组织能力，在满足主要利益相关者需求的基础上分享其做出的贡献。

3. 企业应用绩效棱柱模型工具方法，一般需要建立由负责战略、人力资源、财务、客户和供应商等有关部门及外部专家等组成的项目团队。

4. 企业应对人力资源管理、客户关系管理、供应商关系管理、财务管理等系统进行集成，为绩效棱柱模型的实施提供信息支持。

四、绩效棱柱模型的应用程序

企业应用绩效棱柱模型工具方法，一般按照明确主要利益相关者、绘制利益相关者地图、制定行动方案、制定以绩效棱柱模型为核心的业绩计划、制定激励计划、制定执行业绩计划与激励计划、实施业绩评价与激励、编制业绩评价与激励管理报告等程序进行。绩效棱柱模型的实施是一项长期管理改善工作，企业在实践中通常可采用先试点后推广的方式，循序渐进分步实施。

（一）明确主要利益相关者

企业应结合自身的经营环境、行业特点、发展阶段、商业模式、业务特点等因素界定利益相关者范围，进一步运用态势分析法、德尔菲法等方法确定绩效棱柱模型的主要利益相关者。

（二）绘制利益相关者地图

企业应根据确定的主要利益相关者，绘制基于绩效棱柱模型的利益相关者地图。利益相关者地图是以利益相关者满意为出发点，按照企业战略、业务流程、组织能力依次展开，并以利益相关者贡献为终点的平面展开图。

利益相关者地图可将绩效棱柱模型五个构面以图示形式直观、明确、清晰地呈现出来。

（三）制定行动方案

绘制利益相关者地图后，企业应及时查找现有的战略、业务流程和组织能力在满足主要利益相关者满意方面存在的不足和差距，进一步优化战略和业务流程，提升组织能力，制定行动方案并有效地实施。

（四）制定以绩效棱柱模型为核心的绩效计划

绘制利益相关者地图后，企业还应以绩效棱柱模型为核心编制绩效计划。绩效计划是企业开展绩效评价工作的行动方案，包括构建指标体系、分配指标权重、确定绩效目标值、选择计分方法和评价周期、签订绩效责任书等一系列管理活动。

1. 构建指标体系。企业应围绕利益相关者地图，构建绩效棱柱模型指标体系。指标体系的构建应坚持系统性、相关性、可操作性、成本效益原则。各项指标应简单明了，易于理解和使用。主要内容如下：

（1）制定企业级指标体系。根据企业层面的利益相关者地图，分别设计出各个构面的绩效评价指标。

（2）制定所属单位（部门）级指标体系。根据企业级利益相关者地图和指标体系，绘制所属单位（部门）级利益相关者地图，制定相应的指标体系。

绩效棱柱模型指标体系通常包括以下内容：

（1）利益相关者满意评价指标：与投资者（包括股东和债权人，下同）相关的指标有总资产报酬率、净资产收益率、派息率、资产负债率、流动比率等；与员工相关的指标有员工满意度、工资收入增长率、人均工资等；与客户相关的指标有客户满意度、客户投诉率等；与供应商相关的指标有逾期付款次数等；与监管机构相关的指标有社会贡献率、资本保值增值率等。

（2）企业战略评价指标：与投资者相关的指标有可持续增长率、资本结构、研发投入比率等；与员工相关的指标有员工职业规划、员工福利计划等；与客户相关的指标有品牌意识、客户增长率等；与供应商相关的指标有供应商关系质量等；与监管机构相关的指标有政策法规认知度、企业的环保意识等。

（3）业务流程评价指标：与投资者相关的指标有标准化流程比率、内部控制有效性等；与员工相关的指标有员工培训有效性、培训费用支出率等；与客户相关的指标有产品合格率、准时交货率等；与供应商相关的指标有采购合同履约率、供应商的稳定性等；与监管机构相关的指标有环保投入率、罚款与销售比率等。

（4）组织能力评价指标：与投资者相关的指标有总资产周转率、管理水平评分等；与员工相关的指标有员工专业技术水平、人力资源管理水平等；与客户相关的指标有售后服务水平、市场管理水平等；与供应商相关的指标有采购折扣率水平、供应链管理水平等；与监管机构相关的指标有节能减排达标率等。

（5）利益相关者贡献评价指标：与投资者相关的指标有融资成本率等；与员工相关的指标有员工生产率、员工保持率等；与客户相关的指标有客户忠诚度、客户毛利水平等；与供应商相关的指标有供应商产品质量水平、按时交货率等；与监管机构相关的指标有当地政府支持度、税收优惠程度等。

2. 分配指标权重。企业分配绩效棱柱模型指标权重，应以主要利益相关者价值为导向，反映所属各单位或部门、岗位对主要利益相关者价值贡献或支持的程度，以及各指标之间的重要性水平。首先根据重要性水平分别对主要利益相关者分配权重，权重之和为100%；然后对不同主要利益相关者五个构面分别设置权重，权重之和为100%；单项指标权重一般设定在5%—30%之间，对特别重要的指标可适当提高权重。

3. 确定绩效目标值。企业设定绩效棱柱模型的绩效目标值，应根据利益相关者地图的因果关系，以利益相关者满意指标目标值为出发点，逐步分解得到企业战略、业务流程、组织能力的各项指标目标值，最终实现利益相关者贡献的目标值。各目标值应符合企业实际，具有可实现性和挑战性，使被评价对象经过努力可以达到。

绩效棱柱模型绩效目标值确定后，因内外部环境发生重大变化、自然灾害等不可抗力因素对绩效完成结果产生重大影响时，企业应规定对目标值进行调整的办法和程序。一般情况下，由被评价对象或评价主体测算确定影响额度，向相应的绩效管理工作机构提出调整申请，报薪酬与考核委员会或类似机构审批。

对于其他活动，企业可参照本章第一节关于绩效管理的业务流程，明确业绩评价计分方法，选择业绩评价周期，签订绩效责任书，制定激励计划以及执行、实施业绩计划与激励计划并编制报告。

第六节 KPI的应用案例

A公司由转制科研院所合并组建，是一家国资委直接监管的科技型中央企业。在绩效评价实践中，A公司以自身发展战略为指引，采用KPI绩效评价方法，建立了业绩考核体系。实施几年来，企业战略目标得到了员工的广泛认同，员工的工作积极性得到了充分调动，企业的收入、利润快速增长，科技创新收入、科研奖项和专利数量连年攀升。

一、A 公司的战略与战略目标

公司的战略目标和愿景可以描述为：做强做优，坚持培育创新能力、实现引领支撑的原则，提供以客户需求为核心的集成式服务，努力发展成为提供一体化解决方案的工程服务商和装备供应商，建设具有国际影响力和竞争力的大型高科技企业集团。同时，A 公司明确了到 2020 年的收入和利润目标。

为实现公司战略目标和愿景，A 公司采用一体化、差异化和国际化三大战略，并制定了分阶段的战略目标。

二、确定驱动战略目标的关键流程及 KPI

（一）实现公司战略的主要业绩指标

根据公司战略，A 公司确定了驱动战略目标实现的关键流程及 KPI，主要业绩指标（见表 11－1）包含两类指标，分别为：经营业绩指标（占 80%）和科技创新能力及重点工作指标（占 20%）。

1. 经营业绩指标

（1）基本指标。为保障到 2020 年收入、利润目标的实现，切实履行企业国有资产出资人职责，维护所有者权益，落实国有资产保值增值责任，A 企业将利润总额和经济增加值作为经营业绩指标中的分项指标，各占 30%。

（2）分类指标。分类指标主要针对企业管理"短板"，综合考虑企业经营管理水平及风险控制能力等因素确定。随着企业经营环境和经营状况的变化，分类指标经论证后随之改变。此类指标可以是绝对指标也可以是相对指标，如成本费用利润率、应收账款周转率、资产负债率等。

2. 科技创新能力及重点工作指标

（1）科技创新能力指标。A 企业坚持培育创新能力，以建设具有国际影响力和竞争力的大型高科技企业集团为战略目标。因此，技术创新能力是其绩效评价体系中的重要内容。科技创新能力指标包括科技开发投入、企业专利及知识产权、行业标准及规范、科技规划重点目标等方面的指标，由董事会根据集团公司的科技创新战略发展规划设置并进行评价。比如：科技投入金额，专利、著作等知识产权数量，新承担纵向科技项目数量等。

（2）重点工作指标。由董事会根据集团公司的战略实施、科技创新、改革发展、管理短板、安全生产、节能减排等方面的集团公司年度重点工作设置并进行评价。比如：①实施一体化战略、发展成为提供一体化解决方案的工程服务商和装备供应商。为此必须全面推进五大板块统筹规划、业务拓展、资源整合等工作。②实施国际化战略、走出去。为此需全面推进协调企业国内外生产经营工作。此类重点工作指标还需进行进一步分解和细化。

表 11－1　　　　A 公司主要业绩指标表

指标	权重	分项指标	分项权重	分解指标	分解指标权重	目标值
经营业绩指标	80%	利润总额	30%	—	—	
		经济增加值	30%	—	—	
		科技创新收入	15%	—	—	
		……		—	—	
科技创新能力及重点工作指标	20%	科技创新能力	30%	科技投入	30%	
				专利、著作等知识产权	30%	
				新承担纵向科技项目	20%	
				……		
		重点工作	70%	全面推进五大板块统筹规划、业务拓展、资源整合等工作	20%	
				全面推进协调企业国内外生产经营工作	20%	
				……		

（二）企业高管的个人绩效评价

企业高管的年度业绩考核指标分为主要业绩指标、个人 KPI、个人能力素质指标三个部分。

（1）主要业绩指标为上述经营业绩指标和科技创新能力及重点工作指标。该指标占总经理个人绩效评价指标的权重为 85%，占各副总个人绩效评价指标的权重为 70%。

（2）个人 KPI 主要依据高管人员的岗位职责及分管工作确定，一般为 3—5 项考核指标。需在分管工作指标基础上进一步提出细化标准，列清每项分管工作指标的分解目标、完成时间和完成效果。该指标占总经理个人绩效评价指标的权重为 10%，占各副总个人绩效评价指标的 25%。

（3）个人能力素质指标。包括：①个人素质考核要素：政策水平、全局意识、民主作风、业务知识、廉洁自律等；②工作能力考核要素：分析处理问题能力，组织协调能力，科学决策能力、改革创新能力、驾驭全局能力等；③工作态度考核要素：责任感、事业心、敬业精神、奉献精神等。该指标占高管人员个人绩效评价指标的权重为 5%，由董事会成员和其他高管进行打分。

（三）对下属单位的业绩考核

A 公司在确定了集团整体 KPI 后，向各二级单位进行指标分解。经营业绩指标中的基本指标（利润总额和经济增加值）对所有单位都适用，经营业绩指标中的分类指标依据各单位的特点、管理“短板”和重要风险点来设立，科技创新能力和重点工作指标的设立也是结合各单位的实际情况。

本书以科技业绩考核指标的分解为例，对 A 公司对下属单位的考核进行说明。

1. 科技业绩考核指标体系

A 公司的下属单位多是转制科研院所，A 公司对科技业绩考核制定了专门的考核办法，并通过签订科技业绩考核责任书的方式实现了指标的有效分解和责任落实。在这个过程中，集团公司与所属企业负责人签订科技业绩责任书，对责任书中规定的考核指标完成情况进行量化计分。考核项目设立 2 个一级指标，13 个二级指标和 2 个三级指标（见表 11－2）。

表 11－2　　科技业绩考核指标表

一级指标	权重	二级指标	权重
1. 科技创新收入与投入	50%	1.1　科技创新收入	10%
		1.2　新产品收入	5%
		1.3　科技投入	25%
		1.3.1　R&D 投入	15%
		1.3.2　其他科技投入	10%
		1.4　科技投入占主营业务的比例	5%
		1.5　科技投入增长率	5%
2.　科技创新能力	50%	2.1　纵向科技项目立项数	12%
		2.2　省部级以上科技奖励	10%
		2.3　专利等情况	8%
		2.4　标准规范	8%
		2.5　论文和论著	4%
		2.6　科技项目完成率	5%
		2.7　科技信息发布量	1%
		2.8　科技创新管理	2%

2. 科技业绩考核目标值的确定

（1）考核指标目标值的确定程序。首先由各企业按照集团公司年度科技创新业绩责任书考核指标目标值确定的原则和本企业发展规划及经营状况，对照同行业国际国内先进水平，提出本年度拟完成的年度科技创新业绩考核目标值；再由集团公司依据集团公司“十二五”科技发展规划中的发展目标，参考“十一五”期间及上年度科技创新业绩，并结合各企业实际最终确定。

（2）考核指标目标值确定的原则。A 公司对每个指标的定义、数据来源和计算方式都做出了明确规定，同时，规定了考核指标目标值的确定原则，旨在对各下属单位做出引导和激励。部分指标确定原则列举如下：

科技投入：对科研单位的科技投入占主营业务收入的比例做出最低规定，每年或者每两年根据实际情况进行最低线的调整。如对科研单位和工程设计单位的科技投入占当年主营业务收入的最低比例进行规定。

专利等情况：指当年获得的授权专利数量、软件著作权、核心技术秘密等。要求年度目标值不低于本企业在上个五年规划中的年度平均值，且逐年应有一定增长。

省部级以上科技奖励：指当年获得的国家科学技术奖励工作办公室认定的国家、省及社会力量设立的奖项。并分别就科技奖励总数占科技成果总数的比例做出指导性的最低规定。如省部级以上科技奖励总数年度目标值不低于近三年年均取得的科技成果数的一定比例。

科技项目完成率：对此做出最低规定。如要求年度目标值不低于当年列入集团公司年度科技发展计划应完成项目数的一定比例。

论文和论著：鼓励论文和论著，对年度目标值做出最低规定。如要求不低于各企业中级职称以上科技人员总数的一定比例。

科技创新管理：该指标考核内容有科技进步工作体系或技术创新体系建设情况；科技进步考核、科研项目管理、技术创新激励、知识产权保护等制度的完善性与执行情况；组织参加国内外学术活动情况，为国家政府提供技术咨询并被采纳的情况，只设考核指标，不设具体目标值。

3. 考核评分及结果应用

（1）考核指标评分标准。考核指标满分为 100 分。各类考核指标（除科技创新管理）完成值低于目标值 50%，该项不得分；完成值不低于目标值 50% 的，按该项权重计算得分，完成值每超过目标值 10%，得分增加权重分的 10%，最多加 30%，完成值每低于目标值 10%，得分减去权重分的 10%，最多减 30%。

科技创新管理评价由集团公司根据各企业年度科技工作总结，按照科技创新管理评价标准进行打分。对该指标的评价可以进一步细分为 3 个一级指标和 6 个二级指标（见表 11－3）。

（2）最终考核成绩。业绩考核结果分成优秀、良好、中等、差四档。90 分以上可评为优秀，90—80 分可评为良好，79—60 分可评为中等，低于 60 分可评为差。

（3）考核结果应用。考核结果与企业负责人年度经营业绩考核挂钩，同时与科研项目的立项挂钩。对于考评结果为优秀的企业，集团公司将给予精神和物质奖励。

表 11－3　　科技创新管理评价表

一级指标	二级指标	评价内容	权重
科技创新体系 30%		是否有创新体系，合理性	30%
制度建设 40%	科技考核制度	是否建立完善制度，执行情况	10%
	科技项目管理制度	是否建立完善制度，执行情况	10%
	科技创新奖励制度	是否建立完善制度，执行情况	10%
	知识产权保护制度	是否建立完善制度，执行情况	10%
科技影响 30%	国内外学术活动	组织国内外学术会议、开展国际合作	12%
	国家政府战略咨询	为国家政府提供咨询建议并采用	18%

4. 考核基础数据来源及确认

A 公司的指标体系设计充分考虑了数据来源的可靠性和真实性，并且明确了数据填报部门和审核确认部门。例如：（1）当年科技创新收入、新产品收入、科技投入、R&D 投入、科技投入增长率占主营业务比例为财务数据，由各企业财务部门填报，经集团公司资产财务部审核后确认。（2）当年立项项目数，以科技立项部门批准立项的文件或盖有公章的计划任务书（合同书）为依据。由各企业科技管理部门报集团公司科技发展部，经审核后确认。

（四）下属单位对考核指标的进一步分解

以A公司科技业绩考核办法为指导，各下属单位确定驱动科技业绩的关键部门并对相关指标进行进一步分解，确定关键部门的科技KPI后，根据岗位职责和团队角色确定个人KPI。

在这个过程中，各单位可能先将本单位KPI分解到承担科技创新项目或业务的分院或者研究所，进而分解到关键处室和个人。其中，各级单位或部门的KPI占该单位或部门负责人个人KPI的权重一般超过80%。

复 习 题

一、单项选择题

1. 制定具体岗位的绩效指标时，一般从两方面进行考虑，即（　　）。

A. 对结果的关注和对过程行为的关注

B. 对结果的关注和对组织目标的关注

C. 对过程行为的关注和对组织目标的关注

D. 对组织目标的关注和对岗位职责的关注

2. 下列与KPI相关的陈述中，不正确的是（　　）。

A. KPI的理论基础是经济学家帕累托提出的“二八原理”。

B. KPI可以和平衡计分卡、目标管理法等管理工具结合使用。

C. 企业应根据经营环境的变化适时对各个部门的指标内容做出相应调整。

D. KPI考核结果只需与薪酬挂钩就可以达到激励的目的。

3. 在具体岗位KPI设定的过程中，下列说法不正确的是（　　）。

A. 企业高层管理者的工作内容更多的是决策和管理，在达成结果过程中的行为很难进行严格规范，因此其绩效指标应以企业的KPI为主

B. 员工对结果的影响主要是通过其完成任务过程中表现出来的行为规范性来决定的，因此基层员工的绩效指标中行为指标占更大的权重

C. 部门的主管负责对部门KPI进行进一步细分以确定各岗位的KPI

D. 越是基层的员工越难与企业或部门的KPI建立直接的联系

4. 收入增长率和市场份额指标属于平衡计分卡的（　　）。

A. 财务层面　　B. 顾客层面　　C. 内部流程层面　　D. 学习与成长层面

5. 创新循环、经营循环和售后服务循环的绩效指标属于平衡计分卡的（　　）。

A. 财务层面　　B. 顾客层面　　C. 内部流程层面　　D. 学习与成长层面

二、多项选择题

1. 相较平衡计分卡，以下属于传统业绩考核的缺点的有（　　）。

A. 只注重对过去经营业绩的考评

B. 只注重财务因素，不反映非财务因素

C. 只注重短期财务成果，不关注长期价值创造

D. 只注重内部各种因素，不考虑外部因素影响

E. 不能对未来应采取的行动提供充分指导

2. 平衡计分卡一般应包含的要素有（ ）。

A. 维度/层面　　B. 战略目标

C. 绩效指标　　D. 目标值

E. 行动方案

3. 以下属于平衡计分卡中衡量创新能力的指标有（ ）。

A. 新产品开发所用的时间　　B. 市场占有率

C. 专利申请数量　　D. 新产品销售收入占总收入的比例

E. 客户满意度

4. 以下属于内部流程业绩考核指标的有（ ）。

A. 产品生产周期　　B. 客户满意度

C. 员工满意度　　D. 产品返工率

E. 市场占有率

5. 绩效棱柱模型的主要优点在于（ ）。

A. 坚持利益相关者价值取向

B. 使利益相关者与企业紧密联系

C. 有利于实现企业与利益相关者的共赢

D. 为企业可持续发展创造良好的内外部环境

E. 指标选项简单

三、判断题

1. KPI 可以既是财务指标，也可以是非财务指标。（ ）

2. KPI 强调考核工作的主要精力要放在关键的结果和关键的过程上，因此 KPI 指标越少越好。（ ）

3. KPI 方法为我们提供了一套完整的、具有具体操作指导意义的指标框架体系，可以直接用于指导实践。（ ）

4. KPI 指标目标值应该是该指标的行业最高值。（ ）

5. 经济增加值为正，表明经营者在为企业创造价值。（ ）

四、简答题

1. 企业进行绩效管理，应遵循哪些原则？

2. 关键绩效指标法的优缺点有哪些？

3. 计算经济增加值时，常用的调整项目有哪些？

4. 平衡计分卡是什么，分别从几个维度对绩效进行分解？

5. 绩效棱柱模型指标体系通常包括哪些内容？

第十二章

管理会计报告

【教学目标】 理解管理会计报告的内涵与特征；掌握管理会计报告的分类、管理会计报告的功能及编制原则；了解不同层次管理会计报告的基本格式及编制要点，并能结合企业的具体情况灵活应用。

【引导案例】 改革开放以来，钢铁工业作为我国国民经济的基础产业，得到了迅猛的发展，在经历了以数量扩张为主的发展时期后，目前我国钢铁行业进入了低迷时期。受大环境的影响，A钢企的经营状况也不容乐观。通过调查发现，A钢企不久前引进了ERP系统，同时推广使用TNPM（Total Normalized Productive Maintenance，全面规范化生产维护）系统进行生产和设备管理。然而，由于系统推进实施的时间不长，未同步后续管理，导致ERP系统中部分模块仍未得到较好的开发和应用。此外，发现企业管理者的市场意识和竞争意识较为欠缺。为了在激烈的市场竞争中不被淘汰，A钢企不断创新发展模式，从战略角度出发，放眼于未来。提高A钢企竞争力的核心在于提高管理水平，管理水平的提高依赖于管理者能够正确地进行决策，而正确的决策离不开及时、准确的信息。因此，目前A钢企急需建立一个完整的管理会计报告体系。

第一节　管理会计报告概述

一、管理会计报告的内涵与特征

管理会计报告是运用管理会计方法，根据财务和业务的基础信息加工整理形成的，满足企业价值管理和决策支持需要或非营利组织目标管理需要的内部报告。管理会计报告是企业管理会计信息的输出载体，是企业加强内部沟通、提供决策信息支持、确保战略目标实现的有效工具，在企业管理会计应用过程中扮演了重要的角色。理解管理会计报告内涵，应具体把握以下几个方面：

1. 目标。管理会计报告的目标是以管理会计目标为导向和依据，为企业各层级进行规划、决策、控制和评价等管理活动提供有用信息。

2. 对象。管理会计报告的对象是一个企业内部对管理会计信息有需求的各个层级、各环节的管理者。

3. 形式要件。企业管理会计报告的形式要件包括报告的名称、报告期间或时间、报告对象、报告内容和报告人等。

4. 报告期间。报告期间的设定可根据企业管理的需要和管理会计活动的性质而定。一般应以日历期间（月度、季度、年度）作为企业管理会计报告期间，也可根据特定需要设定企业管理会计报告期间。

与一般对外财务报告相比较，管理会计报告有四个特征：第一，管理会计报告没有统一的格式和规范，不受会计准则的约束与规范，主要根据企业内部的管理需要来提供。相对于报告形式，更注重报告实质内容；第二，管理会计报告遵循问题导向，根据企业内部实际需解决的管理问题来组织、编制、审批、报送和使用；第三，管理会计报告提供的信息更强调决策的相关性，不仅包括财务信息，也包括非财务信息；不仅包括内部信息，也可能包括外部信息；不仅包括结果信息，也可以包括过程信息，有时也包括剖析原因、提出改进意见和建议的信息；第四，管理会计报告如果涉及会计业绩的报告，比如责任中心报告，其主要的报告格式应该是边际贡献格式，而不是财务会计准则中规范的对外财务报告格式。

二、管理会计报告的分类

企业管理会计报告体系可按照多种标准进行分类，包括但不限于：

1. 按照企业管理会计报告使用者所处的管理层级，可分为战略层管理会计报告、经营层管理会计报告和业务层管理会计报告。

2. 按照企业管理会计报告内容不同，可分为综合性管理会计报告和专项管理会计报告。综合性管理会计报告是指出具的报告所涉及事物范围较大，内容较多，涉及各个方面的一类报告。其可以是企业员工在进行工作时针对所遇到的各种问题而得出的解决方案及管理建议等报告，如制度的不完善、资源的不可用性、管理工作中仍存在的漏洞等。专项管理会计报告则是指出具的报告涉及范围相对较小，更加偏向于对某一方面事物进行专项的、有较强针对性分析的报告。

3. 按照管理会计功能，可分为管理规划报告、管理决策报告、管理控制报告和管理评价报告；管理会计活动是企业利用管理会计信息，运用管理会计工具方法，在规划、决策、控制、评价等方面服务于企业管理需要的相关活动。因此，管理者应根据企业具体的业务编制规划、决策、控制、评价相关报告，以服务于企业管理。

4. 按照责任中心，可分为成本中心报告、利润中心报告和投资中心报告。

成本中心报告的评价重点是可控成本之和，即责任成本，通常是按照成本中心可控成本的各明细项目列示其预算数、实际数和成本差异数的三栏式表格。以某企业车间为一个成本中心，其成本中心报告的参考格式和内容如表 12－1 所示：

表 12－1　成本中心报告

单位：元

项目	实际数	预算数	差异	差异产生原因	备注
工人工资					
原材料					
行政人员工资					
水电费					
折旧费用					
设备维修					
保险费					

利润中心报告的评价重点是该利润中心的边际贡献、分部经理边际贡献和该利润中心部门边际贡献，通常应该包括利润中心的销售收入、变动成本、贡献毛益、部门可控边际贡献、部门税前利润等指标的预算数、实际数、差异数以及差异产生原因四栏。利润中心报告的参考格式和内容如表 12－2 所示：

表 12－2 利润中心报告 单位：元

项目	实际数	预算数	差异	差异产生原因	备注
销售收入					
减：变动成本					
边际贡献					
经理人员可控的可追溯固定成本					
分部经理边际贡献					
分部经理不可控但高层管理部门可控的可追溯固定成本					
部门边际贡献					

投资中心报告的评价重点是投资报酬率和剩余收益，同时也应评价现金回收率和剩余现金流量。投资中心报告格式和内容通常如表 12－3 所示：

表 12－3 投资中心报告 单位：元

项目	实际数	预算数	差异	差异产生原因	备注
部门税前经营利润					
部门投资资本					
企业资本成本率					
投资报酬率（ROI）					
部门剩余收益（RI）					
贡献毛益					
调整后的税前经营利润					
调整后的投资资本					
经济增加值					

5. 按照报告主体整体性程度，可分为整体报告和分部报告。整体报告是指以企业为整体，全面系统地反映企业的财务状况、经营成果和现金流量等信息的报告。分部报告则是指以企业的经营分部和地区分部为主体编制的提供分部信息的报告。

三、管理会计报告的功能

管理会计报告作为企业组织内部沟通的有效工具，为企业经营管理提供大量有用信息。管理者利用这些信息进行有效的沟通、决策、控制和业绩评价等，因此，管理会计报告的作用不可忽视。通常，管理会计报告应实现以下具体功能：

1. 全面支持企业的战略。在企业中，由于各层次人员缺乏有效的沟通，高层管理者制定的战略规划常常与企业日常运作脱节，导致中低层不能按照战略规划配置资源，最终企业的战略目标很可能发生偏离。通过有效的管理会计报告流程和报告指标，使企业战略渗透到各个层级、各位员工的日常经营行为中，以保证企业各部门员工具有“价值”的同向性，并方便高层管理者对战略执行、业务经营、财务状况、风险程度等实行实时监控。

2. 为管理者提供决策信息支持，促进组织学习。管理会计报告的直接目标是为企业内部管理者提供决策有用信息，促进知识学习，进而辅助内部管理者进行决策。管理会计报告信息辅助决策作用指的是，提供信息以降低事前决策的不确定性和改进企业内部判断与决策绩效，增加员工知识，从而提高他们做出令企业满意的判断、决策和选择更合理行动的能力。例如，提供给管理者生产成本的数据，以帮助管理者定价决策。企业向管理者提供标准成本差异，以便管理者决定偏离计划业绩的来源并采取改进行动。

3. 提高组织沟通效率与效果。企业的决策环境较为复杂，成员之间会产生不同的认知差异，为解决这些冲突，企业需要引入正式和非正式的协商，管理会计信息可以促进这种协商过程，使成员更好的合作，达成判断的共识，最终达成一致。管理会计报告承担起企业内部不同部门之间、部门内不同成员之间沟通桥梁的任务，有助于加强高层对企业流程的了解，对员工工作环境的了解，及时发现企业在创造价值和传递价值中所存在的问题。同时，有助于促进部门与部门之间的横向沟通，实现信息共享，避免造成业务流程各环节的脱钩，使各部门清楚以何种方式工作，促进部门间合作，有助于实现各部门对企业整体目标的认知。

四、管理会计报告的编制原则

管理会计报告为了满足企业管理者对内部管理与控制的决策需要，应立足于规划与战略的执行，同时定位于过程的沟通，进而弥补企业外部财务报告的决策相关性的缺失。尽管企业管理会计报告的形式和作用各有不同，但有效的管理会计报告应当遵循以下编制原则：

1. 管理会计报告体系与组织结构相匹配。管理会计报告的设计应与企业组织结构及相关的环境特征相匹配。企业判断和决策提供多少信息和哪种信息，最直接的依据就是企业的组织结构，组织结构中不同管理者需要和应该需要的信息由于职责范围不同而有所区别。企业应该根据组织结构建立信息沟通渠道。每个管理层主管都可获得一份管理会计报告，列示其责任范围内所有单位和经营活动的相关信息。此种报告遍及整个企业组织，每个主管都可定期收到管理会计报告，上下层报告亦可相互连接，侧重点有所不同。这样，当上级管理人员在报告上发现重大差异时，可迅速透过此报告体系与组织结构，追查责任归属。从业务层面到经营层面再到战略层面的信息，其复杂程度和因果关联程度应逐步提高，满足决策和控制的相关性需求。

2. 重要性。管理会计报告内容不应面面俱到，应以重要的信息为限，否则会削弱重要信息的有用性。判断重要性的标准，主要是看管理信息与报告使用者经济决策的相关程度的大小，有定量和定性两种判断标准。定量的标准会因具体企业有所不同，为协助管理者判断何项差异为“重要”，可事先制定控制界限。控制界限可用金额或比率表示，当差异额超过此限额或差异幅度超过此比率者，均视为重要，应予追查。定性的判断标准有两种，一种是经常需要的信息，一种是某一时期特别需要的信息。管理会计报告的设计可将这些重要信息特别标明，以便加速管理者的反应行动。同时，要有一个完整的报告结构，避免在报告中某部分提到一件认为重要的事情，而在报告其他部分不再提及，也避免将重要的事情放到报告的结尾部分。

3. 报告结构力求逻辑清晰，内容简明相关且可比。管理会计报告结构应逻辑清晰，逻辑清晰的报告结构有助于报告使用者给予报告更多的关注并被报告说服。管理跨级报告的内容和对应报表的种类、格式尽可能做到清晰、简明、易懂，便于理解和利用。管理会计报告使用者通常并非会计人员，所用词语要尽量通俗化，在不损害报告完整性的前提下，各项数据尽量采用列表汇总，并辅以文字加以注释、说明。另外，管理会计报告应注意其相关性，其内容应根据其报告使用者的不同而不同，提供的信息与信息使用者的决策相关联，考虑信息使用者对信息需要的不同特点。同一种管理会计报表的内容、格式、项目和指标在前后期尽可能一致，保持相对稳定，以便提供的信息相互可比。

4. 适时提供。由于管理决策对于经营结果具有即时和持续性的影响，故应尽量缩短决策与报告提供之间的时间差，因为不利的情况与问题在发生当时最能引起管理者追查与更正的兴趣，在此之后，企业管理者将较关注新发生的事件，而对过去的问题较不注意。不利的情况持续越久，企业遭受的损失越大。随着时间推移，管理者将倾向于视此不利情况为正常现象。因此，在考虑成本的前提下，应适时向管理者提供管理跨级报告。一般情况下，企业定期报告要在固定时间如每日、周、月、季内做出，并与正常的业务周期联系起来。遇有突发事件或意外事项时，可就所涉及的事件或部门编制非定期的个性化报告，要符合决策所需的时效性，满足管理者的快速响应需求，及时提供例外报告进行预警。

5. 关注非财务信息。管理会计报告需要关注除了财务信息之外的非财务信息，进而推动整个企业的信息整合。财务信息具有综合性的特点，但企业信息绝非都出自财会部门。企业内部尚有技术信息、物流信息、统计信息、业务信息、人事信息等。为了更好地帮助信息使用者理解和综合运用企业信息，要在管理跨级报告中纳入相关的非财务信息，以解释和辅助说明财务信息。管理会计报告中采用货币计量与非货币计量方式，实现数字化财务信息和相关非财务信息互相配合，以保证信息的一致性、完整性和互补性。

第二节 战略层管理会计报告

战略层管理会计报告是为战略层开展战略规划、决策、控制和评价以及其他方面的管理活动提供相关信息的对内报告。其重点在于企业的宏观分析，通过竞争形势分析、运营环境分析、客户分析与供应商分析，确定企业的长期战略目标与产品的定位，从而采取相应的市场策略。战略层管理会计报告统领着经营层管理报告和业务层管理会计报告。

战略层管理会计报告的报告对象是企业的战略层，包括股东大会、董事会和监事会等。

战略层管理会计报告包括但不仅限于战略管理报告、综合业绩报告、价值创造报告、经营分析报告、风险分析报告、重大事项报告、例外事项报告等。这些报告可独立提交，也可根据不同需要整合后提交。

1. 战略管理报告是企业传递战略管理信息的有效工具，其内容一般包括内外部环境分析、战略选择与目标设定、战略执行及其结果、战略评价等。管理者会综合评价影响企业目前和今后发展的关键因素，分析企业宏观环境、产业环境及竞争环境等外部环境，同时分析企业资源与能力、价值链、业务组合等内部环境。在此基础上，管理者制定战略选择方案并评估战略备选方案，选择最适合企业的发展战略，从而建立一个有效的组织结构及制度环境以协调好战略、结构、文化和控制诸方面的关系。在战略执行后，企业管理者会进行战略评价以进行后续的战略调整。

2. 综合业绩报告是企业对战略管理实施及资源配置效率结果的反馈，其内容一般包括关键绩效指标预算及其执行结果、差异分析以及其他重大绩效事项等。通常，关键绩效指标的建立是综合业绩报告最重要的方面。不同企业在设置关键业绩指标体系时，应结合企业实际来进行构建。

3. 价值创造报告通常是把企业内部各经营单元作为一个独立的分析对象，分析企业内部各经营单元的获利能力，甄别出企业内部具有竞争优势的经营单元，寻找出能够真正创造价值的产品，为企业以后的行业布局、战略决策和资源配置提供依据，其内容一般包括价值创造目标、价值驱动的财务因素与非财务因素、内部各业务单元的资源占用与价值贡献以及提升公司价值的措施等。

4. 经营分析报告是企业为满足董事会、管理层及员工的决策与控制而编制的反映企业财务状况、经营成果和管理状况的信息文件，是对外财务报表的基础与补充，综合反映了企业财务状况与经营成果的情况。其内容一般包括过去经营决策执行情况回顾、本期经营目标执行的差异及原因、影响未来经营状况的内外部环境与主要风险分析、下一期的经营目标及管理措施等。经营分析报告以一种更灵活、更详尽的方式为企业内部管理者提供企业经营的反馈信息。管理者可以便捷地结合所需求的分析报告，对某一特定阶段或是特定项目进行全面深入的了解，最有效率地做出前段时间的经营总结和下期经营的计划。

5. 风险分析报告的内容一般包括企业全面风险管理工作回顾、内外部风险因素分析、主要风险识别与评估、风险管理工作计划等。风险主要指与财务相关的风险，包括高风险业务、或有事项及税收等风险。由于风险业务给企业带来的损失往往是巨大的，尤其要引起高层管理者的关注。企业要将风险业务限定在可控范围内，积极管理或有事项，避免产生新的负债或损失。企业风险管理报告中，管理者主要考虑以下内容：企业现阶段面临的重大风险、针对这些重大风险的具体管理策略及解决方案、重大风险事件对企业的影响及造成风险事件的原因、企业在今后防范此类风险发生的手段等。风险分析报告的参考格式具体如表 12－4 所示：

表 12－4　　某企业××年风险分析报告

序号	重大风险名称	风险类别	风险源	风险原因	风险发生的可能性	风险发生后对企业影响	风险管理策略	风险解决方案	预警指标	责任部门	时效
1											
2											
…											

6. 重大事项报告主要报告企业重大财务和经营决策信息，包括针对企业的重大投资项目、重大资本运作、重大融资、重大担保事项、关联交易等事项进行的报告。下面以重大投

资报告和重大融资报告为例进行说明。

重大投资报告主要是指从财务角度进行的经济评价，对于单项的重大投资进行专题的可行性研究报告，对投资项目有关的社会、经济和技术等方面进行深入、细致的调查研究，辅以投资决策。通常，重大投资决策报告包括对重大投资的购买，也包括对重大投资的出售、处置等内容。

重大融资报告的内容主要包括筹资目的、筹资渠道、筹资方式、筹资规模、资本成本以及对企业资本结构和损益的影响。不同筹资渠道的筹资成本、筹资风险、可行性存在差异，这就要求对所有可行的筹资渠道评估后，对资本结构进行科学规划，对筹资渠道进行组合，以最大限度降低筹资成本和筹资风险，保证企业运行所必需的资金供给。

7. 例外事项报告是针对企业发生的管理层变更、股权变更、安全事故、自然灾害等偶发性事项进行的报告。管理者通过例外事项报告，可以及时快速地了解企业全方位的偶发事项，并根据偶发事项的严重程度进行战略、人员等相关调整。

第三节 经营层管理会计报告

经营层管理会计报告是为经营管理层开展与经营管理目标相关的管理活动提供相关信息的对内报告。其重点关注重大业务，比如：预算模块的实际执行差异；投资模块的效益分析、风险变化和方案可行性分析；盈利模块的投资回报等。

经营层管理会计报告的报告对象是经营管理层。经营层管理会计报告主要包括全面预算管理报告、投资分析报告、项目可行性报告、融资分析报告、盈利分析报告、资金管理报告、成本管理报告和绩效评价报告等。

1. 全面预算管理报告的内容一般包括预算目标制定与分解、预算执行差异分析以及预算考评等。

预算目标制定是指，根据企业发展战略目标以及企业预算年度的行动计划来制定年度预算目标，一般在每年的三季度末或四季度开展下一年度的预算制定工作。通过全面预算管理报告，预算制定实现自上而下和自下而上的多次反复，使最终的预算既符合企业的整体利益，有利于各部门间的相互协调，又适应基层单位的具体情况。

预算执行与控制是指对预算具体实施过程的动态控制。在将实际经营情况与预算控制标准进行对比的基础上，对一个组织战略执行的结果进行分析，查找差异及其形成原因，进而纠正偏差，以确保预算目标的实现。预算执行与控制报告主要包括差异计量、差异程度和差异分析等内容。

预算评价是指以预算目标为标杆，对各责任单元的预算完成情况进行评价。预算评价报告以企业各级预算执行主体为考核对象，以预算目标为考核标准，以预算完成情况为考核核心，通过预算实际执行情况与预算目标的比较，确定差异并查明产生差异的原因进而评价各责任单元和个人的工作业绩，并与相应的激励制度挂钩，以充分调动各级责任单位和个人的积极性，促进企业整体绩效的提高。

以制造业企业为例，其全面预算管理报告中的现金预算部分参考格式如表 12－5 所示：

表 12-5　**现金预算报告**　单位：元

项目	预算数	实际数	差异额	差异率	差异分析
期初现金余额					
现金收入：					
本期销售本期收款					
上期销售本期收款					
现金收入合计					
现金支出：					
直接材料					
直接人工					
制造费用					
销售与管理费用					
所得税费用					
购买设备支出					
现金支出合计					
现金多余或不足					
向银行借款					
归还银行借款					
支付借款利息					
期末现金余额					

2. 投资分析报告是针对某一特定的、以谋取商业利益、竞争优势为目的的投资行为，就其具体方案的投入产出预期进行分析和选择的管理会计报告，其内容一般包括投资对象、投资额度、投资结构、投资进度、投资效益、投资风险和投资管理建议等。投资分析报告是企业进行投资决策的重要依据，管理者利用投资分析报告可以对项目的投融资方案以及未来收益等进行自我诊断和预知，以适应资本市场的投资要求。

3. 项目可行性报告是通过对项目的主要内容和配套条件，从技术、经济、工程等方面进行调查研究和分析比较，并对项目建成以后可能取得的财务、经济效益及社会影响进行预测，从而提出该项目是否值得投资和如何进行建设的咨询意见，为项目决策提供依据的一种综合性的管理会计报告。其内容一般包括项目概况、市场预测、产品方案与生产规模、厂址选择、工艺与组织方案设计、财务评价、项目风险分析、项目可行性研究结论与建议等。

4. 融资分析报告的内容一般包括融资需求测算、融资渠道与融资方式分析及选择、资本成本、融资程序、融资风险及其应对措施、融资管理建议等。

5. 盈利分析报告的内容一般包括盈利目标及其实现程度、利润的构成及其变动趋势、影响利润的主要因素及其变化情况、提高盈利能力的具体措施等。企业还应对收入和成本进行深入分析。盈利分析报告可基于企业集团、单个企业，也可基于责任中心、产品、区域、客户等进行，可以是一种产品也可以是多种产品。盈利分析报告包括产品收入、销售成本、毛利的对比分析，可借此找出盈利产品与相对亏损产品并提出改进方案。产品盈利分析报表参考格式如表 12-6 所示：

表 12－6 产品盈利分析报表

产品名称	价格	单位成本	销售量	收入	销售成本	毛利	营销成本	销售提成率	销售提成	产品利润	利润率
产品 1											
产品 2											
⋮											
合计											

6. 资金管理报告的内容一般包括资金管理目标、主要流动资金项目（如现金、应收票据、应收账款、存货）的管理状况、资金管理存在的问题以及解决措施等。企业集团资金管理报告的内容一般还包括资金管理模式（集中管理还是分散管理）、资金集中方式、资金集中程度、内部资金往来等。

7. 成本管理报告的内容一般包括成本预算、实际成本及其差异分析、成本差异形成的原因以及改进措施等。成本管理报告是管理者进行成本管理的一份重要参考资料，主要是以成本核算提供的资料为基础，并结合其他的诸如计划、统计等资料，按照一定的原则，采用恰当的方法，对影响成本的各种因素进行计算分析，找出成本升降的主要原因，并根据单位的实际情况和各种条件，制定出切实可行的降低成本的方案，以便企业进行资源分配。

8. 业绩评价报告的内容一般包括绩效目标、关键绩效指标、实际执行结果、差异分析、考评结果以及相关建议等。企业可以根据报告中预算的完成情况实施奖惩，通过综合业绩报告反映各责任中心的预算执行进度、关键业绩指标完成情况及分析建议，从而为完成计划或预算的目标提供保障。同时还可以提供本期业绩与往期业绩的对比分析数据，以反映本期业务的增长情况。如果企业的数据渠道比较完备的话，还可以提供企业业绩与行业平均值或标杆企业业绩的对比分析数据，以反映企业业绩在行业中的水平或与标杆企业的差距。

第四节　业务层管理会计报告

业务层管理会计报告是为企业开展日常业务或作业活动提供相关信息的对内报告。其更多的是提供程序化信息，信息需求与结构相对稳定，对信息的及时性要求较高。此层级的内部管理报告多以表格为主，简洁明了，响应速度快。比如订单的履行率、付款的周期、采购报告等。

业务层管理会计报告的报告对象是企业的业务部门、职能部门以及车间、班组等。

业务层管理会计报告应根据企业内部各部门、车间或班组的核心职能或经营目标进行设计，主要包括研究开发报告、采购业务报告、生产业务报告、配送业务报告、销售业务报告、售后服务业务报告和人力资源报告等。

1. 研究开发报告的内容一般包括研发背景、主要研发内容、技术方案、研发进度、项目预算等。研究开发涉及一系列活动，如研发经费的筹集与管理、研发机构和研发人员的配备与管理、研发需求与成本管理、研发材料和研发设备的购置、使用和库存管理、研发成果的应用与转让管理等。研发涉及多个部门，销售部门负责收集和提供市场需求的信息，并提出产品研发项目建议和成本控制需求；人力资源部负责产品研发人员的合理配置；研发部门负责提出产品研发项目，负责产品研发项目的设计、试验、试制和评审；生产部门负责产品试制；采购部门负责产品试制所涉及的采购工作；质量测试部门负责产品试制的质量检测和记录工作等等。企业应根据自身的实际情况，建立研究开发报告制度，满足部门间沟通协作的信息需求以及对研发项目进展的动态跟踪与控制。

以制造业企业为例，其研究开发报告参考格式如表 12 - 7 所示：

表 12 - 7　　新产品研发报告　　单位：元

流程	具体项目	相关成本	成功概率	市场收益	增值额
用户需求分析	信息收集				
	信息分析				
创意设计	创意收集				
	创意评价				
研发	形成产品概念				
	新产品可行性评估				
产品设计	外观、功能与结构的设计				
	生产新品				
产品测试	产品品名测试				
	产品价格测试				
	产品包装测试				
	产品性能测试				
批量生产	生产				
合计					

2. 采购业务报告的内容一般包括采购业务预算、采购业务执行结果、差异分析及改善建议等。采购业务报告要重点反映采购质量、数量以及时间、价格等方面的内容。由于原材料成本占企业成本比重较大，原材料采购工作是首要关注点。重点关注原材料收购量、价格、付款、质量、竞争状况、付款情况、新品种推广、是否具有开发潜力及不同区域间的差异等。

3. 生产业务报告的内容一般包括生产业务预算、生产业务执行结果、差异分析及改善建议等。生产业务报告要重点反映生产成本、生产数量以及产品质量、生产时间等方面的内容。通常，生产业务报告主要包括生产日报表、资源耗用报表、废品统计报表和存货统计表等。以生产日报表为例，生产日报表提供每日产量信息，通过每日实际产量与预计产量对比，反映每日产量完成情况；将每日产量进行累计，与本月预计产量进行对比，有助于对生产的过程控制，并同时提供在产品信息，为生产决策提供依据。生产日报表参考格式如表 12 - 8 所示：

表 12 - 8　　　　　　　　　　生产日报表

×年×月×日　　　　　　　　　　　　　　单位：元

产品类别	产品型号	项目	预算数	预算总成本			实际总成本			差异数	差异分析
				直接材料	直接人工	制造费用	直接材料	直接人工	制造费用		
产品1	A	期初库存									
		销售量									
		期末库存									
		生产量									
	B	期初库存									
		销售量									
		期末库存									
		生产量									
	小计	期初库存									
		销售量									
		期末库存									
		生产量									
产品2	A	期初库存									
		销售量									
		期末库存									
		生产量									
	小计	期初库存									
		销售量									
		期末库存									
		生产量									
合计		期初库存									
		销售量									
		期末库存									
		生产量									

4. 配送业务报告的内容一般包括配送业务预算、配送业务执行结果、差异分析及改善建议等。配送业务报告要重点反映配送的及时性、准确性以及配送损耗等方面的内容。

5. 销售业务报告的内容一般包括销售业务预算、销售业务执行结果、差异分析及改善建议等。销售业务报告重点反映销售的数量结构、质量结构、销售价格和市场规模、各个客户的销售情况及与往期的比较等，通过对上述要素的数据收集和差异分析，为下一步的销售业务计划和措施提供有益信息。销售业务报告可以从客户出发，提供与客户相关的产品、销量、销价、毛利率、客户贡献度、客户业务量变化和应收款情况等信息。

6. 售后服务业务报告的内容一般包括售后服务业务预算、售后服务业务执行结果、差异分析及改善建议等。售后服务业务报告重点反映售后服务的客户满意度等方面的内容。售后服务业务报告主要是以非财务信息反映企业现有客户构成、客户需求与投诉情况，对一些大客户，应重点揭示。管理者通过售后服务业务报告，可以仔细分析客户、客户群及各主要目标市场，真正找到企业在产品、服务组合及客户需求方面可以改进的地方，针对不同客户群体提供有针对性的个性化服务，进而提高客户的满意度和忠诚度。

7. 人力资源报告是利用人力资源的财务及非财务信息，反映企业人力资源选择、开发、配置及评价的状况的报告，其内容一般包括人力资源预算、人力资源执行结果、差异分析及改善建议等。

人力资源报告是在调查情况的基础上进行分析的，可以从企业人员的结构（职务）、企业员工年龄结构、企业学历的结构、企业人员增长率、企业人员的流动率等这些层面对企业人力资源状况进行调查分析，也可以从企业的内部环境、外部环境下手进行分析。

在分析企业人力资源的统计基础上，可以从公司的人才招聘选拔、人岗匹配、资源投入方面、组织的架构、人力资源的规划、人力资源部门的问题、培训开发、企业文化建设、绩效考评等多个角度分析公司所存在的问题。如公司的培训效果不佳，分析后发现存在培训计划的制定缺乏长期规划、培训经费不足等问题。针对企业发现的问题，提出切实合理的建议，比如怎样做好人员储备，通过什么手段来降低员工流失率，用什么方法来激发员工的工作热情等。

复　习　题

一、单选题

1. 管理会计报告是管理会计活动成果的重要表现形式，旨在为报告使用者提供满足管理需要的信息，按内容可以分为综合性报告和（　　）等类别。

A. 定期报告　　B. 不定期报告　　C. 专题报告　　D. 专项报告

2. 下列不属于管理会计报告的特征的是（　　）。

A. 管理会计报告没有统一的格式和规范

B. 管理会计报告遵循结果导向

C. 管理会计报告提供的信息不仅仅包括结果信息，也可以包括过程信息

D. 管理会计报告如果涉及会计业绩的报告，其主要的格式应该是边际贡献格式

3. 下列不属于利润中心报告所应披露的考核指标为（　　）。

A. 边际贡献　　B. 分部经理边际贡献

C. 部门边际贡献　　D. 剩余收益

二、多选题

1. 管理会计报告是满足企业价值管理和决策支持需要或非营利组织目标管理需要的内部报告，其提供的信息可能包括（　　）。

A. 财务信息　　B. 非财务信息

C. 内部信息　　D. 外部信息

E. 业务信息

2. 企业管理会计报告体系按照管理会计功能可以分为（　　）。

A. 管理规划报告　　B. 管理决策报告

C. 管理控制报告　　D. 管理评价报告

E. 管理咨询报告

3. 投资中心报告的评价指标包括（　　）。

A. 投资报酬率　　B. 剩余收益

C. 现金回收率　　D. 剩余现金流量

E. 资产周转率

4. 下列属于经营层管理会计报告的有（　　）。

A. 全面预算管理报告　　B. 投资分析报告

C. 盈利分析报告　　D. 研究开发报告

E. 融资分析报告

三、简答题

1. 管理会计报告与一般对外财务报告相比较，具有哪些特征？

2. 管理会计报告按照责任中心可划分为哪些种类的报告？每类报告的评价重点是什么？

3. 管理会计报告的编制原则有哪些？请具体说明。

第十三章

管理会计信息系统

【**教学目标**】理解管理会计信息系统的含义、应用环境和应用原则；了解管理会计信息系统的建设和应用程序；掌握成本管理、预算管理、绩效管理、投资管理等管理会计信息系统等主要模块的功能；能够将相关知识运用在管理会计信息系统建设工作实践中。

【**引导案例**】A公司目前应用的能够提供管理会计信息的系统有ERP系统和FMIS系统。ERP系统是覆盖财务、人事、采购、销售、生产计划等企业日常运作全过程的软件系统，其目标是通过整合企业资源、优化资源配置，提高企业的运行与管理水平。FMIS是中国石油为加强财务管理工作推行的会计集中核算系统，用于编制A公司的各类财务报表。ERP与FMIS的融合是指上述两个系统在数据上、流程上、业务上的有机结合。但目前A公司对ERP系统的应用尚未达到预期目标，A公司对ERP系统和FMIS系统融合的应用仅仅体现在成本管理方面。A公司需要继续开发ERP系统，将ERP作为基础数据库，并结合现有的信息系统，建立新的管理会计信息系统，准确高效地完成管理会计报告的编制工作。

第一节　管理会计信息系统概述

一、管理会计信息系统的发展历程

管理会计信息系统是会计信息系统的延伸。会计信息系统出现在20世纪50年代，作为企业管理信息系统的一部分，其发展经历了电子数据处理阶段、会计电算化阶段、会计信息系统阶段。电子数据处理阶段，只是利用一些辅助工具如计算机进行会计数据的辅助计算。计算机的程序还比较简单，是初始形态下的会计电算化。会计电算化阶段，主要是运用计算机完成会计方面的工作和任务，代替手工的复杂操作。会计信息系统阶段，最初会计信息系统只模仿传统的手工记账，但是在ERP环境下，会计信息系统的自动化程度被充分显现。ERP环境下，会计信息系统与ERP下的其他子系统完全融合，实现了业财一体化。比如：产品销售以后，销售人员将有关存储在数据库中，财务人员可以方便地读取销售量、库存的增减信息，很多情况下财务人员也不用手工生成凭证，系统自动调用会计引擎即可完成制证。

随着企业越来越多地应用管理会计工具方法，预算管理、绩效管理、投融资管理系统、内外部管理报告系统与ERP环境下的会计信息系统融合，形成了管理会计信息系统。管理会计信息系统与传统的会计信息系统相比，搜集信息的目标区域显著增大，集成业务信息和财务信息，实现一体化管理。自动化代替了很多传统的财务工作，将财务人员解放出来去做更多的信息分析、决策支持工作。很多管理控制可以固化在信息系统上，实现更为有效的过程控制。在客户关系系统、供应链管理系统的帮助下，管理会计信息系统可以更为准确高效地搜集到各个企业的相关信息，使财务决策支持功能得以优化。

二、管理会计信息系统的含义

管理会计信息系统，是指以财务和业务信息为基础，借助计算机、网络通信等现代信息技术手段，对管理会计信息进行收集、整理、加工、分析和报告等操作处理，为企业有效开展管理会计活动提供全面、及时、准确信息支持的各功能模块的有机集合。

信息传递是管理会计报告能否顺利编制的前提。仅仅靠人工进行表格、文字的汇集整理，会耗费大量的人力物力，而且很容易出现遗漏和错误。在信息化建设的大背景下，企业应当建立一套符合自身需求的管理会计信息系统，通过现代化的信息手段来实现管理会计报告信息的收集、分类、整理和汇总工作，最终形成完整、准确、符合各层管理需求特点的管理会计报告。

管理会计信息系统的模块包括成本管理、预算管理、绩效管理、投资管理、管理会计报告以及其他功能模块。

三、管理会计信息系统应用环境和应用原则

（一）管理会计信息系统应用环境

企业建设管理会计信息系统，一般应具备以下条件：（1）对企业战略、组织结构、业务流程、责任中心等有清晰定义；（2）设有具备管理会计职能的相关部门或岗位，具有一定的管理会计工具方法的应用基础以及相对清晰的管理会计应用流程；（3）具备一定的财务和业务信息系统应用基础，包括已经实现了相对成熟的财务会计系统的应用，并在一定程度上实现了经营计划管理、采购管理、销售管理、库存管理等基础业务管理职能的信息化。

（二）管理会计信息系统应用原则

企业建设和应用管理会计信息系统，一般应遵循以下原则：

1. 系统集成原则。管理会计信息系统各功能模块应集成在企业整体信息系统中，与财务和业务信息系统紧密结合，实现信息的集中统一管理及从财务和业务信息到管理会计信息的自动生成。

2. 数据共享原则。企业建设管理会计信息系统应实现系统间的无缝对接，通过统一的规则和标准，实现数据的一次采集，全程共享，避免产生信息孤岛。

3. 规则可配原则。管理会计信息系统各功能模块应提供规则配置功能，实现其他信息系统与管理会计信息系统相关内容的映射和自定义配置。

4. 灵活扩展原则。管理会计信息系统应具备灵活扩展性，通过及时补充有关参数或功能模块，对环境、业务、产品、组织和流程等的变化及时做出响应，满足企业内部管理需要。

5. 安全可靠原则。应充分保障管理会计信息系统的设备、网络、应用及数据安全，严格权限授权，做好数据灾备建设，具备良好的抵御外部攻击能力，保证系统的正常运行并确

保信息的安全、保密、完整。

四、管理会计信息系统建设和应用程序

管理会计信息系统的建设和应用程序既包括系统的规划和建设过程，也包括系统的应用过程，即输入、处理和输出过程。

（一）系统规划和建设

管理会计信息系统规划和建设流程一般包括系统规划、系统实施和系统维护等环节。

1. 系统规划环节。企业应将管理会计信息系统规划纳入企业信息系统建设的整体规划中，遵循整体规划、分步实施的原则，根据企业的战略目标和管理会计应用目标，形成清晰的管理会计应用需求，因地制宜逐步推进。

2. 系统实施环节。企业应制定详尽的实施计划，清晰划分实施的主要阶段、有关活动和详细任务的时间进度。实施阶段一般包括项目准备、系统设计、系统实现、测试和上线等过程。

3. 系统维护环节。企业应做好管理会计信息系统的运维和支持，实现日常运行维护支持及上线后持续培训和系统优化。

（二）系统应用过程

管理会计信息系统的应用程序一般包括输入、处理和输出三个环节。

1. 输入环节，是指管理会计信息系统采集或输入数据的过程。管理会计信息系统需提供已定义清楚数据规则的数据接口，以自动采集财务和业务数据。同时，系统还应支持本系统其他数据的手工录入，以满足相关业务调整和信息补充的需要。

2. 处理环节，是指借助管理会计工具模型进行数据加工处理的过程。管理会计信息系统可以充分利用数据挖掘、在线分析处理等商业智能技术，借助相关工具对数据进行综合查询、分析统计，挖掘出有助于企业管理活动的信息。

3. 输出环节，是指提供丰富的人机交互工具、集成通用的办公软件等成熟工具，自动生成或导出数据报告的过程。最终的系统输出结果不仅可以采用独立报表或报告的形式展示给用户，也可以输出到或嵌入其他信息系统中，为各级管理部门提供管理所需的相关、及时的信息。

第二节　管理会计信息系统的主要模块

管理会计信息系统的主要模块包括成本管理、预算管理、绩效管理、投资管理、管理会计报告以及其他功能模块。

一、成本管理模块

成本管理模块应实现成本管理的各项主要功能，应根据企业业务模式和管理目标的实际情况进行系统设计。一般包括对成本要素、成本中心、成本对象等参数的设置，成本核算方

法的配置，进行精细化成本核算，生成多维度的成本信息，基于成本信息进行成本分析，实现成本的有效控制，为企业成本管理的事前计划、事中控制、事后分析提供有效的支持。

成本核算子模块主要完成对企业生产经营过程各个交易活动或事项的实际成本信息的收集、归纳、整理，并计算出实际发生的成本数据，支持多种成本计算和分摊方法，准确地度量、分摊和分配实际成本。成本核算的输入信息一般包括业务事项的记录和货币计量数据等。企业应使用具体成本工具方法（如完全成本法、变动成本法、作业成本法、目标成本法、标准成本法等），建立相应的计算模型，以各级成本中心为核算主体，完成成本核算的处理过程。成本核算处理过程结束后，应能够输出实际成本数据、管理层以及各个业务部门所需要的成本核算报告等。

成本分析子模块主要实现对实际成本数据分类比较、因素分析比较等，发现成本和利润的驱动因素，形成评价结论，编制成各种形式的分析、评价指标报告等。成本分析的输入信息一般包括成本标准或计划数据、成本核算子模块生成的成本实际数据等。企业应根据输入数据和规则，选择具体分析评价方法（如差异分析法、趋势分析法、结构分析法等），对各个成本中心的成本绩效进行分析比较，汇总形成各个责任中心及企业总体成本绩效报告，并输出成本分析报告、成本绩效评价报告等。

成本预测子模块主要实现不同成本对象的成本估算预测。成本预测的输入信息一般包括业务计划数据、成本评价结果、成本预测假设条件以及历史数据、行业对标数据等。企业应运用成本预测模型（如算术平均法、加权平均法、平滑指数法等）对下一个工作周期的成本需求进行预测，根据经验或行业可比数据对模型预测结果进行调整，并输出成本预测报告。

成本控制子模块主要按照既定的成本费用目标，对构成成本费用的诸要素进行规划、限制和调节，及时纠正偏差，控制成本费用超支，把实际耗费控制在成本费用计划范围内。成本控制的输入信息一般包括成本费用目标和政策、成本分析报告、预算控制等。企业应建立工作流审批授权机制以实现费用控制过程，通过成本预警机制实现成本控制的处理过程，输出费用支付清单、成本控制报告等。

二、预算管理模块

预算管理模块实现的主要功能包括对企业预算参数设置、预算管理模型搭建、预算目标制定、预算编制、预算执行控制、预算调整、预算分析和评价等全过程的信息化管理。预算管理模块应根据企业业务模式和管理目标的实际情况进行系统设计。

预算目标和计划制定子模块主要完成企业目标的设定和业务计划的制定，实现预算的启动和准备过程。预算目标和计划设定的输入信息一般包括企业远景与战略规划、内外部环境信息、投资者和管理者期望、往年绩效数据、经营状况预测公司战略举措以及各业务板块主要业绩指标等。企业应对内外部环境和问题进行分析，评估预算备选方案，制定详细的业务计划，输出企业与各业务板块主要绩效指标和部门业务计划等。

预算编制子模块主要完成预算目标设定、预算分解和目标下达、预算编制和汇总以及预算审批过程，实现自上而下、自下而上等多种预算编制流程，并提供固定预算、弹性预算、零基预算、滚动预算、作业预算等一种或多种预算编制方法的处理机制。预算编制的输入信息一般包括历史绩效数据、关键绩效指标、预算驱动因素、管理费用标准等。企业应借助适用的预测方法（如趋势预测、平滑预测、回归预测等）建立预测模型，辅助企业制定预算目标，依据预算管理体系，自动分解预算目标，辅助预算的审批流程，自动汇总预算。最终输出结果应为各个责任中心的预算方案等。预算管理模块应能为企业提供根据业务需要编制多期间、多情景、多版本、多维度预算计划的功能，以满足预算编制的要求。

预算执行控制子模块主要实现预算信息模块与各财务和业务系统的及时数据交换，实现对财务和业务预算执行情况的实时控制等。预算执行控制的输入信息一般包括企业各业务板块及部门的主要绩效指标、业务计划、预算执行控制标准及预算执行情况等。企业应通过对数据的校验、比较和查询汇总，比对预算目标和执行情况的差异；建立预算监控模型，预警和冻结超预算情形，形成预算执行情况报告；执行预算控制审核机制以及例外预算管理等。最终输出结果为预算执行差异分析报告、经营调整措施等。

预算调整子模块主要实现对部分责任中心的预算数据进行调整，完成调整的处理过程等。预算调整的输入信息一般包括企业各业务板块及部门的主要绩效指标、预算执行差异分析报告等。企业对预算数据进行调整，并依据预算管理体系，自动分解调整后的预算目标，辅助调整预算的审批流程，自动汇总预算。最终输出结果为各个责任中心的预算调整报告、调整后的绩效指标等。

预算分析和评价子模块主要提供多种预算分析模型，实现在预算执行的数据基础上，对预算数和实际发生数进行多期间、多层次、多角度的预算分析，最终完成预算的业绩评价，为绩效考核提供数据基础。预算分析和评价的输入信息一般包括预算指标及预算执行情况，以及业绩评价的标准与考核办法等数据。企业应建立差异计算模型，实现预算差异的计算，辅助实现差异成因分析过程，最终输出部门、期间、层级等多维度的预算差异分析报告等。

三、绩效管理模块

绩效管理模块主要实现业绩评价和激励管理过程中各要素的管理功能，一般包括业绩计划和激励计划制定、业绩计划和激励计划的执行控制、业绩评价与激励实施管理等，为企业的绩效管理提供支持。绩效管理模块应根据企业业务模式和管理目标的实际情况进行系统设计。

绩效管理模块应提供企业各项关键绩效指标的定义和配置功能，并可从其他模块中自动获取各业务单元或责任中心相应的实际绩效数据，进行计算处理，形成绩效执行情况报告及差异分析报告。

业绩计划和激励计划制定子模块主要完成绩效管理目标和标准的设定、绩效管理目标的分解和下达、业绩计划和激励计划的编制，以及计划的审批。业绩计划和激励计划制定的输入信息一般包括企业及各级责任中心的战略关键绩效指标和年度经营关键绩效指标，以及企业绩效评价考核标准、绩效激励形式、条件等基础数据。处理过程一般包括构建指标体系、分配指标权重、确定业绩目标值、选择业绩评价计分方法以及制定薪酬激励、能力开发激励、职业发展激励等多种激励计划，输出各级考核对象的业绩计划、绩效激励计划等。

业绩计划和激励计划的执行控制子模块主要实现与预算系统及各业务系统的及时数据交换，实现对业绩计划与激励计划执行情况的实时控制等。业绩计划和激励计划的执行控制的输入信息一般包括绩效实际数据以及业绩计划和激励计划等。企业应建立指标监控模型，根据指标计算办法计算指标实际值，比对实际值与目标值的偏差，输出业绩计划和激励计划执行差异报告等。

业绩评价和激励实施管理子模块主要实现对计划的执行情况进行评价，形成综合评价结果，向被评价对象反馈改进建议及措施等。业绩评价和激励实施管理的输入信息一般包括被评价对象的业绩指标实际值和目标值、指标计分方法和权重等。企业应选定评分计算方法计算评价分值，形成被评价对象的综合评价结果，输出业绩评价结果报告和改进建议等。

四、投资管理模块

投资管理模块主要实现对企业投资项目进行计划和控制的系统支持过程，一般包括投资计划的制定和对每个投资项目进行的及时管控等。投资管理模块应与成本管理模块、预算管理模块、绩效管理模块和管理会计报告模块等进行有效集成和数据交换。

投资计划子模块主要辅助企业实现投资计划的编制和审批过程。企业可以借助投资管理模块定义投资项目、投资程序、投资任务、投资预算、投资控制对象等基本信息；在此基础上，制定企业各级组织的投资计划和实施计划，实现投资计划的分解和下达。

投资管理模块应实现对企业具体投资项目的管控过程。企业可以根据实际情况，将项目管理功能集成到投资管理模块中，也可以实施单独的项目管理模块来实现项目的管控过程。

项目管理模块主要实现对投资项目的系统化管理过程，一般包括项目设置、项目计划与预算、项目执行、项目结算与关闭、项目报告以及项目后审计等功能。

1. 项目设置。主要完成项目定义（如项目名称、项目期间、成本控制范围、利润中心等参数）、工作分解定义以及作业和项目文档等的定义和设置，为项目管理提供基础信息。

2. 项目计划与预算。主要完成项目里程碑计划、项目实施计划、项目概算、项目利润及投资测算、项目详细预算等过程，并辅助实现投资预算的审核和下达过程。项目里程碑计划，一般包括对项目的关键节点进行定义，在关键节点对项目进行检查和控制，以及确定项目各阶段的开始和结束时间等。

3. 项目执行。主要实现项目的拨款申请，投资计量，项目实际发生值的确定、计算和汇总，以及与目标预算进行比对，对投资进行检查和成本管控。

4. 项目结算。通过定义的结算规则，运用项目结算程序，对项目实现期末结账处理。结算完成后，对项目执行关闭操作，保证项目的可控性。

5. 项目报告。项目管理模块应向用户提供关于项目数据的各类汇总报表及明细报表，主要包括项目计划、项目投资差异分析报告等。

6. 项目后审计。企业可以根据实际需要，在项目管理模块中提供项目后辅助审计功能，依据项目计划和过程建立工作底稿，对项目的实施过程、成本、绩效等进行审计和项目后评价。

第三节 管理会计信息系统构建案例

A 公司为一家大型国有金融企业，随着业务发展的不断扩大，原有的业财系统的局限性越来越明显，已无法满足 A 公司未来上市信息披露和企业精细化管理的需求。为此，A 公司于 2015 年启动了管理会计信息系统建设工作。

一、系统规划设计和需求编制

（一）顶层设计

A公司管理会计信息系统构建目标为：增强前台业务信息和后台核算信息的统一性、完整性和及时性，满足IPO信息披露、监管报送及内部管理的需求。为此，A公司成立了总裁负责、相关部门负责人参与的管会领导小组，由相关部门具体经办人员组成的管会工作小组，并成立了由财务部门和信息技术部门的有关人员专岗的管会小组办公室。在咨询机构的帮助下，A公司对自身业务、上市信息披露、外部监管要求和内部管理信息需求进行了全面梳理，在此基础上，形成公司的管理会计信息系统建设架构（见图13－1）和各子系统的建设目标。

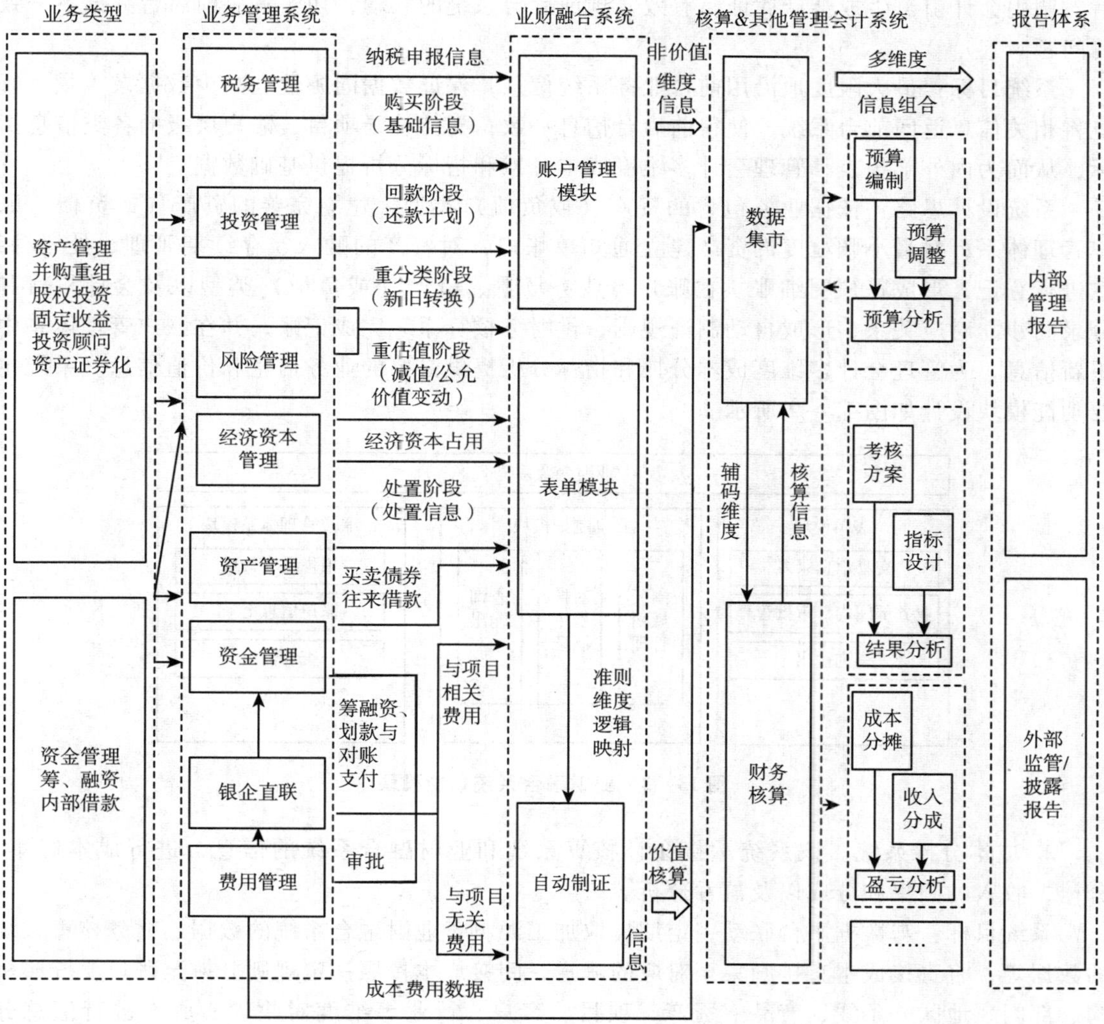

图13－1 A公司管理会计系统架构

（二）具体需求编制

在咨询机构的帮助下，A 公司编制了新的财务核算系统、费用管理系统、银企直联系统、业财融合系统、成本分摊系统、数据平台、预算管理、绩效考核管理等系统。其中，新财务核算系统在实现旧核算系统既有功能的基础上，部署至集团下属的多家子公司，实现财务一体化、规范化管理；费用管理系统和银企直联系统将原有的线下报销、资金支付转为线上管理，方便成本费用规范管理和信息的有效收集。其他系统都可以纳入管理会计系统的范畴，具体介绍如下：

1. 业财融合系统。该系统是连接业务系统和核算系统的桥梁，将业务系统的核算有关数据承接过来，直接调用会计引擎，生成会计凭证或经业务人员补充信息，提交财务处理后，调用会计引擎生成会计凭证，有效实现前后台系统的联动，切实解决前后台数据不一致的问题。

系统目标：最大限度地沿用前台业务系统信息，保证数据同源性、减少数据录入量，并能将相关信息返回前台系统，使得前后台信息一致；支持补录项目、账户层级的各类信息指标，从而为内外部报表、管理会计多维度成本分摊和指标分析提供基础数据。

系统设计思路：依据业务包含的资产（或负债）类型，建立完善的资产（或负债）账户管理体系；对最小颗粒度的资产建立通知单账户，对资产的购入、存续期管理、处置/回款进行登记，形成账户明细账。在账户、业务场景、资产（或负债）类型以及会计科目和分录间建立对应关系，形成自动制证规则，供财务核算系统完成记账，并在账户管理体系中更新信息，为管理会计多维度成本分摊和指标分析提供必要的业务信息和价值信息。系统主要功能模块设计如图 13－2 所示。

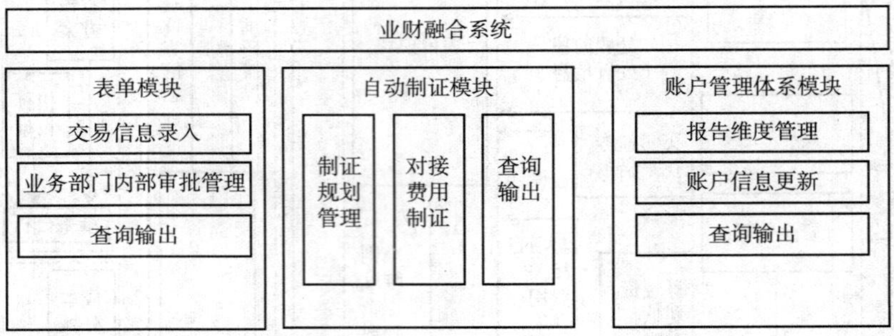

图 13－2　业财融合系统功能模块

2. 成本分摊系统。该系统承接会计核算系统和业财融合系统的信息，进行成本归集、分摊，收入的归集和分成以及盈亏分析。

系统目标：与数据平台联动，定期提取加工源自于业财融合系统的数据、财务核算系统的数据等，将直接成本直接归集至对应的账户，间接成本按照一定规则分摊至账户。按照机构、部门、地区、条线、产品、资产、项目、客户、行业等维度对收入、成本进行汇总分析，进而生成各维度的盈亏分析报表。系统主要功能模块设计如图 13－3 所示。

3. 预算管理系统。化线下 EXCEL 收集、分析的粗放式预算管理为线上精细、高效的预算管理。实现更为有效地进行预算目标的分解和下达、更为方便高效的预算编制和汇总，更

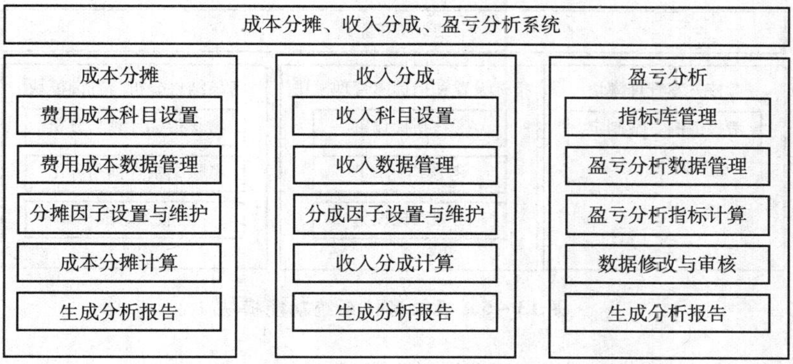

图 13－3　成本分摊、收入分成、盈亏分析系统功能模块

为自动和精细的预算分析和控制。

系统目标：为管理层、预算管理部门提供管理支持，完善预算编制主体。支持独立的业务预算、财务预算、资金预算和资本性支出预算四类预算，与数据平台系统关联，获取源自于核算系统、业财融合系统、费用管理系统的数据，实现预算执行情况的定期分析、预算调整的申报，并将费用预算编制结果传递至数据平台，供费用系统读取，进行预算控制。系统主要功能模块设计如图 13－4 所示。

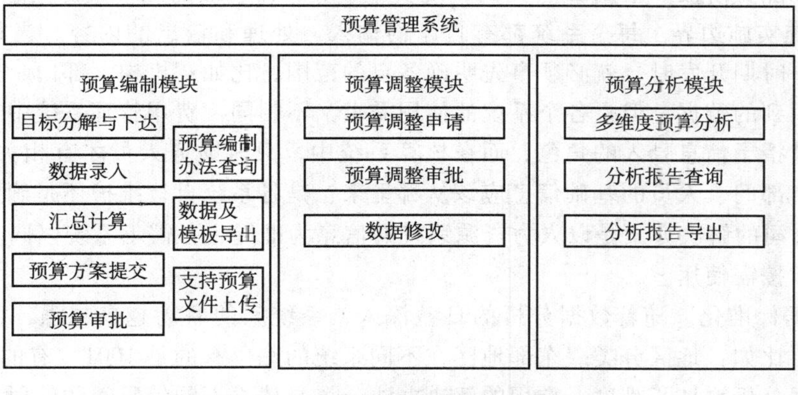

图 13－4　预算管理系统功能模块

4. 绩效考核系统。将现行线下的平衡计分卡考核转移至线上，实现更为高效的绩效管理。

系统目标：支持总部、分公司和平台公司的考核工作。绩效考核系统涵盖考核方案管理、指标设置和指标库管理、考核结果分析与查询所有功能点，优化关键管理组织、流程、考核指标等，提升绩效考核自动化管理水平。与数据平台建立关联，获取源自于业财融合系统、财务核算系统、费用管理平台、经济资本管理系统、成本分摊系统等系统的数据，并将绩效考核分析结果传输至数据平台，实现有关数据的自动化传递和获取。系统主要功能模块设计如图 13－5 所示。

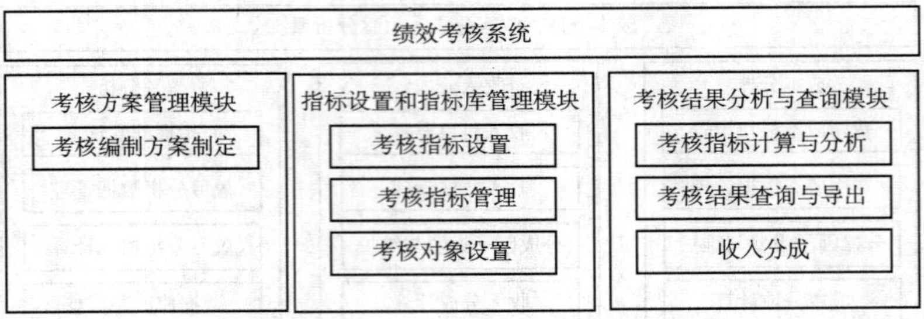

图 13-5　绩效考核系统功能模块

5. 数据平台系统：信息汇集、传递和报告的平台。

系统目标：将各系统的管理会计信息收集汇总至该系统，并按照各系统对源自于其他系统的数据需求提供相关数据。

二、系统实施和应用

经公开招标，先后确定了各系统的实施商。各系统实施商对需求进行仔细分析形成《需求分析报告》，对 A 公司的用户系统需求进行解读，基于《需求分析报告》完成《软件需求说明书》，进而完成《系统设计报告》等文档，实现客户需求到计算机语言的转变，系统进入开发和配置阶段。根据 A 公司的系统实施经验，需解决的几个关键问题如下：

（1）系统实施边界。每个系统都有自己的输入、处理和输出的内容。当相互关联的几个系统在同一时期开发时，就必须事先明确各自的范围，比如：机构、部门、人员信息是各个系统都会用到的数据，但是各个系统的使用需求又不相同。费用管理系统中，本公司的所有人员都会被授予信息录入的角色，而在核算系统中，只有财务人员才有相关的角色权限。那么，机构、部门、人员的基础信息应该从哪里来？是各系统自行维护还是确定一个统一信息来源？A 公司的解决方案是以人力资源系统的信息为准绳，各需求系统以同步的人力资源数据为基础，按需使用。

（2）数据标准化。随着数据分析的日益深入，系统间的联动越来越强，数据标准化要求越来越高。比如：地区分类。东部地区在不同系统的编码有的是 1001，有的是 1，这就为跨系统的数据分析增加了难度。常用的解决办法一个是建立不同编码间的映射关系，一个是所有系统都统一为唯一标准。

（3）单个系统测试和多系统联动测试。系统开发完成后会进入测试阶段。系统开发商在交付用户测试前会自行进行多轮集成测试。用户测试时，需由相关系统的关键用户进行，一般应按照有关业务流程编制典型测试案例，将业务中的各种场景纳入其中。A 公司的用户测试分为两轮：第一轮是管理会计办公室各系统的负责人员进行测试，旨在发现影响系统业务进程的关键问题，系统实施商解决后进入第二轮测试；第二轮是抽调组织各机构的关键用户进行测试，人数更多，案例更为丰富，旨在更为全面地发现问题。

（4）系统数据的初始化。新旧系统切换的关键问题就是新系统的初始化数据要与旧系统保持一致。将旧系统数据同步至新系统，需要早做安排，制定详尽计划，涉及多系统关联的，还需要统筹考虑对其他系统的影响，必要时进行系统数据初始化的演练。A 公司业财融合系统既涉及与业务系统的关联，又涉及与核算系统的关联，那么核算系统和业务系统关键数据的一致性就尤为重要，在启用新的业财融合系统前，就需要对业务系统和核算系统的项目信息、余额信息进行核对和纠错。为此，A 公司在新系统上线前半年就开始设计新系统的数据初始化方案，上线前两个月完成业务系统和核算系统的数据核对和纠错，上线前一个月进行各机构的数据初始化演练。最终，在既定的时间窗口内顺利完成各机构的新旧系统切换工作。

三、系统运维和优化

系统上线后，A 公司组织了多种形式的系统培训，包括视频会议以及录制专门的课程挂在公司的网络学习平台，同时编制详尽的系统操作手册。设立运维专线电话和 QQ 群、微信群，方便系统操作人员及时询问。

为确保企业信息的准确、稳定，系统上线伊始都有一定时间（一般是半年）的新旧系统并行期，对新旧系统输出数据进行核对分析，进一步完善新系统。并行期届满时，聘请中介机构对新旧系统数据一致性进行专项审计，审计结果符合要求后，停用旧系统。

在系统上线运行稳定后，组织业务人员和财务人员提出系统优化建议，管理会计办公室对有关建议进行整合、分析，提炼出下一步的系统优化需求。按照提出需求、需求分析、系统开发、用户测试、上线发布的流程不断进行系统的升级优化。

复 习 题

一、单选题

1. 关于管理会计信息系统的应用环境，下列说法错误的是（　　）。

A. 企业建设管理会计信息系统，应对企业战略、组织结构、业务流程、责任中心等有清晰定义

B. 企业建设管理会计信息系统，应设有具备管理会计职能的相关部门或岗位

C. 企业建设管理会计信息系统，应具备一定的财务和业务信息系统应用基础

D. 企业建设管理会计信息系统，应优先于经营计划管理、采购管理等的信息化

2. 关于管理会计信息系统的实施环节，下列说法错误的是（　　）。

A. 管理会计信息系统实施环节主要是完成管理会计信息系统的数据标准化建设、系统配置、功能和接口开发及单元测试等工作

B. 在项目准备阶段，企业主要应完成系统建设前的基础工作，包括确定实施目标、实施组织范围和业务范围，调研信息系统需求，进行可行性分析，制定项目计划、资源安排和项目管理标准，开展项目动员及初始培训等

C. 系统设计阶段，企业主要应对组织现有的信息系统应用情况、管理会计工作现状和信息系统需求进行调查，梳理管理会计应用模块和应用流程

D. 测试和上线阶段，企业主要应实现管理会计信息系统的整体测试、权限设置、系统部署、数据导入、最终用户培训和上线切换过程。必要时，企业还应根据实际情况进行预上线演练

二、多选题

1. 管理会计信息系统建设和应用原则包括（　　）。

A. 系统集成原则　　　　　　B. 数据共享原则

C. 规则可配原则　　　　　　D. 灵活扩展原则

E. 安全可靠原则

2. 关于管理会计信息系统实施环节的项目准备阶段，下列说法正确的是（　　）。

A. 企业应确定实施目标、实施组织范围和业务范围

B. 企业应调研信息系统需求，进行可行性分析

C. 企业应制定项目计划、资源安排和项目管理标准

D. 企业应开展项目动员

E. 企业应开展初始培训

三、判断题

1. 传统的会计信息系统作为企业管理信息系统的一部分，其发展经历了电子数据处理阶段、会计电算化阶段、会计信息系统阶段。（　　）

2. 管理会计信息系统是传统会计信息系统的一部分。（　　）

3. 管理会计信息系统的模块包括成本管理、预算管理、绩效管理、投资管理、管理会计报告以及其他功能模块。（　　）

4. 绩效管理模块应根据企业业务模式和管理目标的实际情况进行系统设计。（　　）

5. 预算管理模块应根据企业业务模式和管理目标的实际情况进行系统设计。（　　）

四、简答题

1. 简述管理会计信息系统的应用环境和应用原则。

2. 简述管理会计信息系统的主要模块。

附录 终值及现值系数表

附录 1 复利终值系数 = $(1+i)^n$

利率 / 年限	1%	2%	3%	4%	5%	6%	7%	8%	9%	10%	11%	12%	13%	14%	15%
1	1.01	1.02	1.03	1.04	1.05	1.06	1.07	1.08	1.09	1.1	1.11	1.12	1.13	1.14	1.15
2	1.0201	1.0404	1.0609	1.0816	1.1025	1.1236	1.1449	1.1664	1.1881	1.21	1.2321	1.2544	1.2769	1.2996	1.3225
3	1.0303	1.0612	1.0927	1.1249	1.1576	1.191	1.225	1.2597	1.295	1.331	1.3676	1.4049	1.4429	1.4815	1.5209
4	1.0406	1.0824	1.1255	1.1699	1.2155	1.2625	1.3108	1.3605	1.4116	1.4641	1.5181	1.5735	1.6305	1.689	1.749
5	1.051	1.1041	1.1593	1.2167	1.2763	1.3382	1.4026	1.4693	1.5386	1.6105	1.6851	1.7623	1.8424	1.9254	2.0114
6	1.0615	1.1262	1.1941	1.2653	1.3401	1.4185	1.5007	1.5869	1.6771	1.7716	1.8704	1.9738	2.082	2.195	2.3131
7	1.0721	1.1487	1.2299	1.3159	1.4071	1.5036	1.6058	1.7138	1.828	1.9487	2.0762	2.2107	2.3526	2.5023	2.66
8	1.0829	1.1717	1.2668	1.3686	1.4775	1.5938	1.7182	1.8509	1.9926	2.1436	2.3045	2.476	2.6584	2.8526	3.059
9	1.0937	1.1951	1.3048	1.4233	1.5513	1.6895	1.8385	1.999	2.1719	2.3579	2.558	2.7731	3.004	3.2519	3.5179
10	1.1046	1.219	1.3439	1.4802	1.6289	1.7908	1.9672	2.1589	2.3674	2.5937	2.8394	3.1058	3.3946	3.7072	4.0456
11	1.1157	1.2434	1.3842	1.5395	1.7103	1.8983	2.1049	2.3316	2.5804	2.8531	3.1518	3.4785	3.8359	4.2262	4.6524
12	1.1268	1.2682	1.4258	1.601	1.7959	2.0122	2.2522	2.5182	2.8127	3.1384	3.4985	3.896	4.3345	4.8179	5.3503
13	1.1381	1.2936	1.4685	1.6651	1.8856	2.1329	2.4098	2.7196	3.0658	3.4523	3.8833	4.3635	4.898	5.4924	6.1528
14	1.1495	1.3195	1.5126	1.7317	1.9799	2.2609	2.5785	2.9372	3.3417	3.7975	4.3104	4.8871	5.5348	6.2613	7.0757
15	1.161	1.3459	1.558	1.8009	2.0789	2.3966	2.759	3.1722	3.6425	4.1772	4.7846	5.4736	6.2543	7.1379	8.1371
16	1.1726	1.3728	1.6047	1.873	2.1829	2.5404	2.9522	3.4259	3.9703	4.595	5.3109	6.1304	7.0673	8.1372	9.3576
17	1.1843	1.4002	1.6528	1.9479	2.292	2.6928	3.1588	3.7	4.3276	5.0545	5.8951	6.866	7.9861	9.2765	10.7613
18	1.1961	1.4282	1.7024	2.0258	2.4066	2.8543	3.3799	3.996	4.7171	5.5599	6.5436	7.69	9.0243	10.5752	12.3755
19	1.2081	1.4568	1.7535	2.1068	2.527	3.0256	3.6165	4.3157	5.1417	6.1159	7.2633	8.6128	10.1974	12.0557	14.2318
20	1.2202	1.4859	1.8061	2.1911	2.6533	3.2071	3.8697	4.661	5.6044	6.7275	8.0623	9.6463	11.5231	13.7435	16.3665

附录 2

复利现值系数 $=1/(1+i)^n$

年限＼利率	1%	2%	3%	4%	5%	6%	7%	8%	9%	10%	11%	12%	13%	14%	15%
1	0.9901	0.9804	0.9709	0.9615	0.9524	0.9434	0.9346	0.9259	0.9174	0.9091	0.9009	0.8929	0.885	0.8772	0.8696
2	0.9803	0.9612	0.9426	0.9246	0.907	0.89	0.8734	0.8573	0.8417	0.8264	0.8116	0.7972	0.7831	0.7695	0.7561
3	0.9706	0.9423	0.9151	0.889	0.8638	0.8396	0.8163	0.7938	0.7722	0.7513	0.7312	0.7118	0.6931	0.675	0.6575
4	0.961	0.9238	0.8885	0.8548	0.8227	0.7921	0.7629	0.735	0.7084	0.683	0.6587	0.6355	0.6133	0.5921	0.5718
5	0.9515	0.9057	0.8626	0.8219	0.7835	0.7473	0.713	0.6806	0.6499	0.6209	0.5935	0.5674	0.5428	0.5194	0.4972
6	0.942	0.888	0.8375	0.7903	0.7462	0.705	0.6663	0.6302	0.5963	0.5645	0.5346	0.5066	0.4803	0.4556	0.4323
7	0.9327	0.8706	0.8131	0.7599	0.7107	0.6651	0.6227	0.5835	0.547	0.5132	0.4817	0.4523	0.4251	0.3996	0.3759
8	0.9235	0.8535	0.7894	0.7307	0.6768	0.6274	0.582	0.5403	0.5019	0.4665	0.4339	0.4039	0.3762	0.3506	0.3269
9	0.9143	0.8368	0.7664	0.7026	0.6446	0.5919	0.5439	0.5002	0.4604	0.4241	0.3909	0.3606	0.3329	0.3075	0.2843
10	0.9053	0.8203	0.7441	0.6756	0.6139	0.5584	0.5083	0.4632	0.4224	0.3855	0.3522	0.322	0.2946	0.2697	0.2472
11	0.8963	0.8043	0.7224	0.6496	0.5847	0.5268	0.4751	0.4289	0.3875	0.3505	0.3173	0.2875	0.2607	0.2366	0.2149
12	0.8874	0.7885	0.7014	0.6246	0.5568	0.497	0.444	0.3971	0.3555	0.3186	0.2858	0.2567	0.2307	0.2076	0.1869
13	0.8787	0.773	0.681	0.6006	0.5303	0.4688	0.415	0.3677	0.3262	0.2897	0.2575	0.2292	0.2042	0.1821	0.1625
14	0.87	0.7579	0.6611	0.5775	0.5051	0.4423	0.3878	0.3405	0.2992	0.2633	0.232	0.2046	0.1807	0.1597	0.1413
15	0.8613	0.743	0.6419	0.5553	0.481	0.4173	0.3624	0.3152	0.2745	0.2394	0.209	0.1827	0.1599	0.1401	0.1229
16	0.8528	0.7284	0.6232	0.5339	0.4581	0.3936	0.3387	0.2919	0.2519	0.2176	0.1883	0.1631	0.1415	0.1229	0.1069
17	0.8444	0.7142	0.605	0.5134	0.4363	0.3714	0.3166	0.2703	0.2311	0.1978	0.1696	0.1456	0.1252	0.1078	0.0929
18	0.836	0.7002	0.5874	0.4936	0.4155	0.3503	0.2959	0.2502	0.212	0.1799	0.1528	0.13	0.1108	0.0946	0.0808
19	0.8277	0.6864	0.5703	0.4746	0.3957	0.3305	0.2765	0.2317	0.1945	0.1635	0.1377	0.1161	0.0981	0.0829	0.0703
20	0.8195	0.673	0.5537	0.4564	0.3769	0.3118	0.2584	0.2145	0.1784	0.1486	0.124	0.1037	0.0868	0.0728	0.0611

附录 3 年金终值系数 = $[(1+i)^n - 1]/i$

年限＼利率	1%	2%	3%	4%	5%	6%	7%	8%	9%	10%	11%	12%	13%	14%	15%
1	1	1	1	1	1	1	1	1	1	1	1	1	1	1	1
2	2. 01	2. 02	2. 03	2. 04	2. 05	2. 06	2. 07	2. 08	2. 09	2. 1	2. 11	2. 12	2. 13	2. 14	2. 15
3	3. 0301	3. 0604	3. 0909	3. 1216	3. 1525	3. 1836	3. 2149	3. 2464	3. 2781	3. 31	3. 3421	3. 3744	3. 4069	3. 4396	3. 4725
4	4. 0604	4. 1216	4. 1836	4. 2465	4. 3101	4. 3746	4. 4399	4. 5061	4. 5731	4. 641	4. 7097	4. 7793	4. 8498	4. 9211	4. 9934
5	5. 101	5. 204	5. 3091	5. 4163	5. 5256	5. 6371	5. 7507	5. 8666	5. 9847	6. 1051	6. 2278	6. 3528	6. 4803	6. 6101	6. 7424
6	6. 152	6. 3081	6. 4684	6. 633	6. 8019	6. 9753	7. 1533	7. 3359	7. 5233	7. 7156	7. 9129	8. 1152	8. 3227	8. 5355	8. 7537
7	7. 2135	7. 4343	7. 6625	7. 8983	8. 142	8. 3938	8. 654	8. 9228	9. 2004	9. 4872	9. 7833	10. 089	10. 4047	10. 7305	11. 0668
8	8. 2857	8. 583	8. 8923	9. 2142	9. 5491	9. 8975	10. 2598	10. 6366	11. 0285	11. 4359	11. 8594	12. 2997	12. 7573	13. 2328	13. 7268
9	9. 3685	9. 7546	10. 1591	10. 5828	11. 0266	11. 4913	11. 978	12. 4876	13. 021	13. 5795	14. 164	14. 7757	15. 4157	16. 0853	16. 7858
10	10. 4622	10. 9497	11. 4639	12. 0061	12. 5779	13. 1808	13. 8164	14. 4866	15. 1929	15. 9374	16. 722	17. 5487	18. 4197	19. 3373	20. 3037
11	11. 5668	12. 1687	12. 8078	13. 4864	14. 2068	14. 9716	15. 7836	16. 6455	17. 5603	18. 5312	19. 5614	20. 6546	21. 8143	23. 0445	24. 3493
12	12. 6825	13. 4121	14. 192	15. 0258	15. 9171	16. 8699	17. 8885	18. 9771	20. 1407	21. 3843	22. 7132	24. 1331	25. 6502	27. 2707	29. 0017
13	13. 8093	14. 6803	15. 6178	16. 6268	17. 713	18. 8821	20. 1406	21. 4953	22. 9534	24. 5227	26. 2116	28. 0291	29. 9847	32. 0887	34. 3519
14	14. 9474	15. 9739	17. 0863	18. 2919	19. 5986	21. 0151	22. 5505	24. 2149	26. 0192	27. 975	30. 0949	32. 3926	34. 8827	37. 5811	40. 5047
15	16. 0969	17. 2934	18. 5989	20. 0236	21. 5786	23. 276	25. 129	27. 1521	29. 3609	31. 7725	34. 4054	37. 2797	40. 4175	43. 8424	47. 5804
16	17. 2579	18. 6393	20. 1569	21. 8245	23. 6575	25. 6725	27. 8881	30. 3243	33. 0034	35. 9497	39. 1899	42. 7533	46. 6717	50. 9804	55. 7175
17	18. 4304	20. 0121	21. 7616	23. 6975	25. 8404	28. 2129	30. 8402	33. 7502	36. 9737	40. 5447	44. 5008	48. 8837	53. 7391	59. 1176	65. 0751
18	19. 6147	21. 4123	23. 4144	25. 6454	28. 1324	30. 9057	33. 999	37. 4502	41. 3013	45. 5992	50. 3959	55. 7497	61. 7251	68. 3941	75. 8364
19	20. 8109	22. 8406	25. 1169	27. 6712	30. 539	33. 76	37. 379	41. 4463	46. 0185	51. 1591	56. 9395	63. 4397	70. 7494	78. 9692	88. 2118
20	22. 019	24. 2974	26. 8704	29. 7781	33. 066	36. 7856	40. 9955	45. 762	51. 1601	57. 275	64. 2028	72. 0524	80. 9468	91. 0249	102. 4436

附录 4

年金现值系数 = $[1-(1+i)^{-n}]/i$

年限 \ 利率	1%	2%	3%	4%	5%	6%	7%	8%	9%	10%	11%	12%	13%	14%	15%
1	0.9901	0.9804	0.9709	0.9615	0.9524	0.9434	0.9346	0.9259	0.9174	0.9091	0.9009	0.8929	0.885	0.8772	0.8696
2	1.9704	1.9416	1.9135	1.8861	1.8594	1.8334	1.808	1.7833	1.7591	1.7355	1.7125	1.6901	1.6681	1.6467	1.6257
3	2.941	2.8839	2.8286	2.7751	2.7232	2.673	2.6243	2.5771	2.5313	2.4869	2.4437	2.4018	2.3612	2.3216	2.2832
4	3.902	3.8077	3.7171	3.6299	3.546	3.4651	3.3872	3.3121	3.2397	3.1699	3.1024	3.0373	2.9745	2.9137	2.855
5	4.8534	4.7135	4.5797	4.4518	4.3295	4.2124	4.1002	3.9927	3.8897	3.7908	3.6959	3.6048	3.5172	3.4331	3.3522
6	5.7955	5.6014	5.4172	5.2421	5.0757	4.9173	4.7665	4.6229	4.4859	4.3553	4.2305	4.1114	3.9975	3.8887	3.7845
7	6.7282	6.472	6.2303	6.0021	5.7864	5.5824	5.3893	5.2064	5.033	4.8684	4.7122	4.5638	4.4226	4.2883	4.1604
8	7.6517	7.3255	7.0197	6.7327	6.4632	6.2098	5.9713	5.7466	5.5348	5.3349	5.1461	4.9676	4.7988	4.6389	4.4873
9	8.566	8.1622	7.7861	7.4353	7.1078	6.8017	6.5152	6.2469	5.9952	5.759	5.537	5.3282	5.1317	4.9464	4.7716
10	9.4713	8.9826	8.5302	8.1109	7.7217	7.3601	7.0236	6.7101	6.4177	6.1446	5.8892	5.6502	5.4262	5.2161	5.0188
11	10.3676	9.7868	9.2526	8.7605	8.3064	7.8869	7.4987	7.139	6.8052	6.4951	6.2065	5.9377	5.6869	5.4527	5.2337
12	11.2551	10.5753	9.954	9.3851	8.8633	8.3838	7.9427	7.5361	7.1607	6.8137	6.4924	6.1944	5.9176	5.6603	5.4206
13	12.1337	11.3484	10.635	9.9856	9.3936	8.8527	8.3577	7.9038	7.4869	7.1034	6.7499	6.4235	6.1218	5.8424	5.5831
14	13.0037	12.1062	11.2961	10.5631	9.8986	9.295	8.7455	8.2442	7.7862	7.3667	6.9819	6.6282	6.3025	6.0021	5.7245
15	13.8651	12.8493	11.9379	11.1184	10.3797	9.7122	9.1079	8.5595	8.0607	7.6061	7.1909	6.8109	6.4624	6.1422	5.8474
16	14.7179	13.5777	12.5611	11.6523	10.8378	10.1059	9.4466	8.8514	8.3126	7.8237	7.3792	6.974	6.6039	6.2651	5.9542
17	15.5623	14.2919	13.1661	12.1657	11.2741	10.4773	9.7632	9.1216	8.5436	8.0216	7.5488	7.1196	6.7291	6.3729	6.0472
18	16.3983	14.992	13.7535	12.6593	11.6896	10.8276	10.0591	9.3719	8.7556	8.2014	7.7016	7.2497	6.8399	6.4674	6.128
19	17.226	15.6785	14.3238	13.1339	12.0853	11.1581	10.3356	9.6036	8.9501	8.3649	7.8393	7.3658	6.938	6.5504	6.1982
20	18.0456	16.3514	14.8775	13.5903	12.4622	11.4699	10.594	9.8181	9.1285	8.5136	7.9633	7.4694	7.0248	6.6231	6.2593

参考文献

1. ［美］查尔斯·T. 亨格瑞，等著．管理会计（第14版）［M］. 潘飞，沈红波，译．北京：北京大学出版社，2011.

2. ［美］理查德·林奇，著．公司战略（第4版）［M］. 文红，陈涛，杨晶晶，译．北京：中国市场出版社，2007.

3. ［美］斯蒂芬·罗斯，等，公司理财精要［M］. 北京：人民邮电出版社，2003.

4. ［美］尤金·F. 布里格姆，乔尔·F. 休斯顿．财务管理基础［M］. 北京：中信出版社，2004.

5. 阿特金森，等著．管理会计（第6版）［M］. 刘曙光，陈静，等译．北京：清华大学出版社，2011.

6. 冯巧根．管理会计［M］. 北京：中国人民大学出版社，2013.

7. 韩沚清．基于现代价值链理论的成本控制［D］. 博士学位论文．山东农业大学，2005.

8. 李彦．基于价值链的企业财务战略研究［D］. 硕士学位论文．西南财经大学，2007.

9. 刘平．战略管理：流程、方法与工具［M］. 北京：机械工程出版社，2011.

10. 刘群，华琦．管理会计［M］. 武汉：华中科技大学出版社，2009.

11. 毛付根．管理会计［M］. 北京：高等教育出版社，2000.

12. 潘飞．管理会计［M］. 上海：上海财经大学出版社，2009.

13. 任浩．战略管理——现代的观点［M］. 北京：清华大学出版社，2008.

14. 宋献中．管理会计：战略与价值链分析［M］. 北京：北京大学出版社，2006.

15. 王昶．战略管理：理论与方法［M］. 北京：清华大学出版社，2010.

16. 王雪珍，俞雪华．财务管理案例研究［M］. 苏州：苏州大学出版社，2004.

17. 温素彬．管理会计［M］. 北京：机械工程出版社，2008.

18. 吴大军．管理会计［M］. 辽宁：东北财经大学出版社有限责任公司，2010.

19. 项保华．战略管理——艺术与实务［M］. 上海：复旦大学出版社，2007.

20. 徐飞．战略管理［M］. 北京：中国人民大学出版社，2009.

21. 刘运国．高级管理会计理论与实务［M］. 北京：中国人民大学出版社，2018.

22. 戴国华．管理会计实践与案例［M］. 北京：中国财政经济出版社，2018.

23. 李天民．现代管理会计学［M］. 上海：立信会计出版社，2018.

24. 中国总会计师协会．中国管理会计案例选辑［M］. 北京：经济科学出版社，2018.

25. 许萍．管理会计［M］. 厦门：厦门大学出版社，2010.

26. 余怒莲．管理会计［M］. 北京：对外经济贸易大学出版社，2009.

27. 袁天荣．管理会计［M］. 武汉：武汉大学出版社，2012.

28. 赵栓文，马国清．管理会计学［M］. 上海：立信会计出版社，2011.

29. 余绪缨．管理会计［M］．北京：首都经济贸易大学出版社，2011.

30. 孙茂竹，文光伟，杨万贵．管理会计学（第七版）［M］．北京：中国人民大学出版社，2017.

31. 美国管理会计师协会（IMA）．管理会计与报告（第二版）［M］．彭少兵，宋浩，译．北京：经济科学出版社，2018.

32. 刘俊勇，卢闯，王康．管理会计（第二版）［M］．大连：东北财经大学出版社，2013.

33. 张一贞．管理会计（第三版）［M］．上海：上海财经大学出版社，2012.

34. 张巧良．管理会计（第2版）［M］．北京：经济科学出版社，2013.

35. 宋常，宋家兴，陈茜．天地科技构建平衡计分卡绩效管理体系的做法［J］．财务与会计，2010（10）．

36. 王小刚．战略绩效管理最佳实践［M］．北京：中国经济出版社，2011.

37. 饶征，孙波．以KPI为核心的绩效管理［M］．北京：中国人民大学出版社，2003.

38. 于明俊．基于KPI的伊通移动客户经理绩效考核研究［D］．长春：吉林大学，2012.

39. ［美］戴维·帕门特，著．关键绩效指标：KPI的开发实施和应用［M］．王世权，杨斌，张倩，等译．北京：机械工业出版社，2012.

40. 牛彦秀．管理会计［M］．北京：经济科学出版社，2012.

41. 王晓辉．管理会计视角下企业会计信息系统新模式构建［J］．财会通讯，2017（22）．

42. 胡元木．成本与管理会计研究［M］．北京：经济科学出版社，2010.

43. 胡玉明．高级管理会计［M］．厦门：厦门大学出版社，2016.

44. 蒋占华．最新管理会计学［M］．北京：中国财政经济出版社，2014.

45. 蒋占华．信息化：管理会计的重要抓手［J］．财务与会计，2015（12）．

46. 蒋占华，宋家兴，吕良玉．管理会计体系建设：透视与展望［J］．财务与会计，2014（1）．

47. 蒋占华．与时俱进：做好财会人员职业转型［J］．财务与会计，2015（20）．

48. 蒋占华，等．与时俱进：《财政部关于全面推进管理会计体系建设的指导意见》发布会专辑［D］．北京：经济科学出版社，2014.

49. 蒋占华．央企总会计师管理会计理论与实践［M］．北京：中国财政经济出版社，2018.

50. 胡国柳．管理会计（第二版）［M］．北京：高等教育出版社，2016.

51. 刘运国，胡玉明．管理会计学（第三版）［M］．北京：中国人民大学出版社，2018.

52. 胡元林，杨锡春．管理会计（第二版）［M］．上海：立信会计出版社，2018.

53. 赵栓文，马国清．管理会计学（第二版）［M］．上海：立信会计出版社，2016.

54. 周亚力．管理会计理论·方法·案例（第二版）［M］．上海：立信会计出版社，2016.

55. 罗胜强．管理会计指引讲解重点、难点与案例解析［M］．北京：新华出版社，2018.